十二五 高职高专 "一
财会专业系列

税务代理实务
项目化教程

主　审　张　亮

主　编　刘彩霞

副主编　邓　晴　邱益林　宋　燕

参　编　余　婧　罗　旋　汤玉梅
　　　　张　娟　刘济勇　左　玲

南京大学出版社

图书在版编目（CIP）数据

税务代理实务项目化教程／刘彩霞主编. —南京：南京大学出版社，2011.8

高职高专"十二五"规划教材·财会专业系列

ISBN 978-7-305-08763-9

Ⅰ. ①税…　Ⅱ. ①刘…　Ⅲ. ①税收管理—代理（经济）—高等职业教育—教材　Ⅳ. ①F810·423

中国版本图书馆 CIP 数据核字（2011）第 171706 号

出版发行　南京大学出版社
社　　址　南京市汉口路 22 号　　　　邮编　210093
网　　址　http://www.NjupCo.com
出版人　左　健

丛 书 名　高职高专"十二五"规划教材·财会专业系列
书　　名　税务代理实务项目化教程
主　　编　刘彩霞
责任编辑　王抗战　王日俊　　　　　编辑热线 025-83596997

照　　排　南京玄武湖印刷实业有限公司
印　　刷　盐城市华光印刷厂
开　　本　787×1 092　1/16　印张 27　字数 620 千
版　　次　2011 年 8 月第 1 版　　2011 年 8 月第 1 次印刷
ISBN　978-7-305-08763-9
定　　价　49.00 元

发行热线　025-83594756
电子邮箱　Press@NjupCo.com
　　　　　Sales@NjupCo.com（市场部）

前　言

为了贯彻落实国家关于大力发展高等职业教育、培养高素质技能型人才的战略部署，我们按照教育部教高 16 号文件精神，在湖北省注册税务师协会专家以及湖北天遂税务事务有限公司和武汉金瑞君安税务事务有限公司的执业注册税务师的指导下，编写了这本《税务代理实务项目化教程》省级精品课程配套教材。本教材是"税务代理实务"湖北省省级精品课程建设的成果之一。根据税务代理行业人才培养的需要和教师的教学需求，本教材的编写具有以下几个特点：

第一，在教材内容方面，可操作性比较强，重视实践能力的培养。教材以学生日后的工作实际需要为核心，紧密结合税务代理行业工作中的实际，根据税务代理行业的《注册税务师涉税服务业务基本准则》、《注册税务师涉税鉴证业务基本准则》而设计工作流程，着重具体操作知识的编写，条理清晰，操作规范，重在学生的技能训练，主张"管用、够用、实用"。

第二，在教材编写模式方面，设计活泼，可读性强。围绕"案例导入—工作流程—知识导航—分析并完成工作任务—总结评价"5 个步骤，以工作流程为主线，以案例为依托，以工作任务为驱动，让学生得到实际工作全过程的真实体验。

第三，在教材的使用效果方面，实现学习、示范、模拟练习、教师指导和考核的培训环节相结合，力求体现高职教育特色，突出对学生实践能力的培养，充分体现教学过程的实践性、开放性和职业性，使学生边看边学、边学边练，从而起到强化技能、规范操作的效果。

本书介绍了税务代理的基本理论、税务登记代理实务、发票代理实务、涉税会计代理实务、纳税申报代理实务、纳税审核代理实务、税务行政复议代理实务等内容。

本书可作为高等职业学院、高等专科学校财经类专业的教学用书，也可作为成人高等学校、在职人员培训用书。

本书由刘彩霞主编，邓晴、邱益林、宋燕任副主编，余婧、罗旋、刘济勇、汤玉梅、左玲、张娟等参与了编写。全书由张亮主审。

由于编者水平有限，书中不妥之处在所难免，恳请读者在使用教材中提出宝贵意见，以便修订时改进。联系邮箱：lcxwdd@126.com。

编　者
2011 年 6 月 8 日

目　录

项目一 认识税务代理

知识目标

- 熟悉税务代理的定义和作用
- 熟悉税务代理的法律关系和法律责任
- 熟悉税务代理的风险来源
- 了解税务代理的质量控制措施

技能目标

- 能够确立税务代理的法律关系
- 能够判断税务代理的法律责任
- 能够树立防范税务代理风险的意识
- 能够评估税务代理的风险
- 能够正确选择税务代理的质量控制措施

模块一 税务代理基础任务设计

如果有人问你:什么是税务代理? 税务代理对纳税人和税务机关起什么作用? 税务代理是什么样的法律关系,代理双方各负什么样的法律责任? 对此,你应该如何回答呢? 为了回答这些问题,你需要认真学习本项目的内容,才能得出答案。

一、税务代理基础任务导读

小李刚刚大学毕业,听说大学生创业有很多优惠政策,于是和三个同窗好友成立了讯飞 IT 工作室,并很快接到了一家公司的大订单,金额为 100 万元。四位小伙子加班加点地很快完成了工作,对方答应付款。可令他们烦恼的是,对方要求他们出示正规发票后方付款。于是他们去税务机关办理,发现税务机关的各种要求、程序等令他们难以理解或完全照办,往返几次仍然无法办好。

同学们,替小李他们想个办法吧。

二、税务代理基础任务提出

无论是企事业单位,还是个人、个体工商户等,在经济生活中总要面对税收问题,需要和税务机关打交道。要回避税收方面的风险,就要求办税人员懂财务、懂税法,而企事业单位的财务人员或者个人对我国复杂的税制和征管程序往往不甚了解。

小李和一家税务师事务所签订了税务代理合同,税务师事务所派出注册税务师张伟代理讯飞 IT 工作室的涉税事宜。张伟在了解了讯飞 IT 工作室的具体情况后,提出了目前税务代理的主要任务:

任务 1——明确税务代理的业务范围、具体任务是什么?

任务 2——办理讯飞 IT 工作室税务登记证。

任务 3——办理讯飞 IT 工作室大学生创业税收优惠政策的备案。

任务 4——办理发票领购。

任务 5——替讯飞 IT 工作室建账建制。

任务 6——替讯飞 IT 工作室纳税申报。

任务 7——替讯飞 IT 工作室纳税审查。

三、税务代理基础任务分析

随着国家税制改革的开展,一方面,我国的税收从单一税制改变为复合税制,我国的税收征管改革进入深化阶段,税收征管实现了程序化,纳税难度相应加大,违法处罚力度加大;另一方面,法律规定纳税人必须自觉履行各项纳税义务。导读案例让我们明白了税务代理在现代经济生活中的地位,税务代理行业作为具有涉税鉴证和涉税服务双重职能社会中介组织的定位越来越清晰,在维护社会主义市场经济秩序和强化税收征管中发挥着越来越大的作用。要做好税务代理工作,就必须首先认识税务代理的作用和法律责任。通过本模块的学习我们将明白税务代理的含义和作用,以及税务代理的法律关系和法律责任,为解决税务代理具体工作打下基础。

四、知识导航

(一)税务代理的含义

税务代理是注册税务师从事的主要业务,是注册税务师执业的基本内容。注册税务师是在中华人民共和国境内依法取得注册税务师执业资格证书,从事涉税服务和鉴证业务的专业人员。注册税务师执业应当精通税收法律及财务会计制度,能够熟练地承担税务代理、税收筹划等业务,具备进行实务操作的素质和技能。注册税务师在纳税人、扣缴义务人的委托之下,从事相关涉税事宜。

注册税务师执业,应当依托于税务师事务所。税务师事务所是依法设立并承办法律、法规、规章规定的涉税服务和鉴证业务的社会中介机构。注册税务师和税务师事务所承办业务,应当以委托方自愿为前提,以有关法律、行政法规、规章为依据,并受法律保护。税务师事务所及注册税务师应当对其出具的鉴证报告及其他执业行为承担法律责任。

所谓代理,是指代理人以被代理人的名义在代理权限内进行直接对被代理人发生法律效力的法律行为。《民法通则》依照代理权产生的根据不同,将代理分为委托代理、法定代理和指定代理。税务代理是代理业的一个组成部分,具有代理的一般共性,是一种专项代理,属于民事代理中委托代理的一种。因此,注册税务师必须通过委托人的委托和授权才能以委托人(被代理人)的名义进行税务事宜的代理。所谓税务代理是指注册税务师在国家法律规定的代理范围内,以税务师事务所的名义,接受纳税人、扣缴义务人的委托,代为办理税务事宜的各项行为的总称。税务代理的兴起,适应了社会经济发展的需要,成千上万个企业和个人都可能通过税务代理履行纳税义务,量大面广,因此税务代理具有广泛的社会性。

(二)税务代理的作用

税务代理是税务机关和纳税人之间的桥梁和纽带,通过具体的代理活动,不仅有利于纳税人正确履行纳税义务,而且对国家税收政策的正确贯彻落实具有积极作用。

1. 税务代理有利于促进依法治税

依法治税是税收工作的基本原则。依法治税的基本要求是税务机关依法行政,纳税人、扣缴义务人依法纳税。推行税务代理制度,选用熟悉财税业务的专家作为沟通征纳双方的桥梁,以客观公正的立场协调征纳双方的行为,帮助纳税人准确及时地缴纳税款,并监督纠正征纳双方可能的背离税法规定的行为,将有利于推进我国依法治税的进程。

2. 税务代理有利于完善税收征管的监督制约机制

加强税收征管工作的一个重要环节,是建立科学、严密的监督制约体系,确保税收任务的完成。实行税务代理制度,可在税收征纳双方之间通过注册税务师,形成纳税人、注册税务师、税务机关三方制约关系。纳税人作为履行纳税义务的主体,要自觉纳税,同时,受到税务机关与注册税务师的依法监督制约;税务机关作为税收征收的主体,要严格执法,同时又受到纳税人与注册税务师的监督制约;注册税务师在开展代理活动中,也要受纳税人和税务机关的监督制约。这就形成了一个全方位的相互制约体系,必将促进税收征管制度的进一步完善。

3. 税务代理有利于增强纳税人自觉纳税的意识

我国宪法规定,每个公民都有依法纳税的义务。从国际上看,无论是经济发达国家还是发展中国家,一般都建立了申报纳税制度。我国现行的《税收征管法》也对纳税人作了自觉申报纳税的规定,但由于税种多、计算复杂,让纳税人自行准确计算、申报纳税是有一定难度的。实行税务代理制度,正是适应了纳税人准确履行纳税义务的需要,他们可以选择自己信赖的注册税务师,代为履行申报纳税义务。税务代理制度的实施,有利于提高纳税人主动申报纳税的自觉性,增强纳税意识。

4. 税务代理有利于保护纳税人的合法权益

实行税务代理制度,纳税人可以在注册税务师的帮助下减少纳税错误;用足用好税收优惠政策,做好税收筹划。注册税务师还可协调税收征纳双方的分歧和矛盾,依法提出意见进行调解,如有需要,注册税务师可以接受纳税人委托向上级税务机关申请行政复议。这些都切实有效地维护了纳税人的合法权益。

(三)税务代理的法律关系与法律责任

税务代理的法律关系是指纳税人、扣缴义务人委托注册税务师办理纳税事宜而产生的委托方与受托方之间的权利、义务和责任关系。注册税务师以委托方的名义进行代理工作,其代理过程中所产生的法律后果直接归属委托方,税务代理法律关系的确定以委托代理协议书的签订为标志。同时,委托代理项目、委托期限等的变化,将直接影响双方的权利、义务关系,税务代理法律关系将随之发生变更。

1. 税务代理关系的确立

(1)税务代理关系确立的前提

税务代理不同于一般民事代理,税务代理关系的确立,应当以双方自愿委托和自愿受理为前提,同时还要受代理人资格、代理范围及委托事项的限制。

① 委托项目必须符合法律规定。

《注册税务师管理暂行办法》明确规定,注册税务师可以接受纳税人、扣缴义务人的委托从事规定范围内的业务代理,注册税务师不得超越法律规定范围进行代理,并严禁代理偷税、骗税行为。

② 受托代理机构及专业人员必须具有一定资格。

税务代理是一项政策性较强、法律约束较高的工作,因此,受托代理机构及从业人员必须取得一定资格。按现行规定,从事税务代理的机构只能是经国家税务总局及其授权部门确认批准的负有限责任的税务师事务所和合伙税务师事务所,其他机构不得从事税务代理业务。同时,税务代理专业人员必须经考试取得中华人民共和国注册税务师执业资格证书并经省、自治区、直辖市和计划单列市注册税务师管理机构备案,方可从事代理业务。

③ 注册税务师承办业务必须由所在的税务师事务所统一受理。

④ 签订委托代理协议书。

税务代理关系确立必须书面签订委托代理协议书,而不得以口头或其他形式。未经签订委托代理协议书而擅自开展代理业务的,不受法律保护。

(2)税务代理关系确立程序及形式

税务代理关系确立大致有两个阶段:第一阶段是准备阶段,主要就委托内容与权利义务进行洽谈;第二阶段是签约阶段,即委托代理关系确立阶段。

① 税务代理关系的准备阶段。

税务代理关系确立前代理双方应就委托项目及服务标准协商一致,并对双方权利义务进行商定,特别是应由纳税人、扣缴义务人提供的与委托税务事宜有关的情况、数据、证件、资料等必须如期、完整、准确地提供。同时,双方应就代理费收取等事宜协商一致。这一阶段,注册税务师处于税务代理关系确立前的主导地位,必须向委托人阐明税务代理业务范围、税务代理责任、双方权利义务以及税务代理收费等,取得委托人认同。

② 委托代理协议书签约阶段。

在委托方、受托方就协议约定内容取得一致意见后，委托方、受托方应就约定内容签订委托代理协议书。委托代理协议书应当载明委托方、受托方名称、代理事项、代理权限、代理期限以及其他应明确的事项，并由注册税务师及其所在的税务代理机构和委托方签名盖章。协议书经委托方、受托方签章后，正式生效。

2. 税务代理关系的变更

委托代理协议书签订后，注册税务师及其助理人员应按协议约定的税务代理事项进行工作，但遇有下列问题之一的，应由协议双方协商对原订协议书进行修改和补充。

（1）委托代理项目发生变化的

这里有两种情况：第一种是原委托代理项目有了新发展，代理内容超越了原约定范围，经双方同意增加或减少代理内容的。如原来签订的是单项代理，后改为综合代理。第二种是由于客观原因，委托代理内容发生变化，需要相应修改或补充原协议内容的。

（2）注册税务师发生变化的

（3）由于客观原因，需要延长完成协议时间的

上述内容的变化都将使税务代理关系发生变化，因此，必须先修订委托代理协议书，并经过委托方和受托方以及注册税务师共同签章后生效，修订后的协议书具有同等法律效力。

3. 税务代理关系的终止

税务代理委托协议约定的代理期限届满或代理事项完成，税务代理关系自然终止。

（1）有下列情形之一的，委托方在代理期限内可单方终止代理行为：

① 税务代理执业人员未按代理协议的约定提供服务。

② 税务师事务所被注销资格。

③ 税务师事务所破产、解体或被解散。

（2）有下列情形之一的，税务师事务所在代理期限内可单方终止代理行为：

① 委托人死亡或解体、破产。

② 委托人自行实施或授意税务代理执业人员实施违反国家法律、法规行为，经劝告仍不停止其违法活动的。

③ 委托人提供虚假的生产经营情况和财务会计资料，造成代理错误的。

委托关系存续期间，一方如遇特殊情况需要终止代理行为的，提出终止的一方应及时通知另一方，并向当地主管税务机关报告，终止的具体事项由双方协商解决。

2. 税务代理的法律责任

为了维护税务代理双方的合法权益，保证税务代理活动顺利进行，使税务代理事业能够在法制的轨道上健康发展，必须明确税务代理的法律责任。

规范税务代理法律责任的法律是我国《民法通则》、《经济合同法》、《税收征管法》及其实施细则和其他有关法律、行政法规，承担的法律责任既包括民事法律责任，也

包括刑事法律责任。

（1）委托方的法律责任

根据《中华人民共和国合同法》规定，当事人一方不履行合同义务或者履行合同义务不符合约定的，应当承担继续履行、采取补救措施或者赔偿损失等违约责任。因此，如果委托方违反代理协议的规定，致使注册税务师不能履行或不能完全履行代理协议，由此而产生法律后果的法律责任应全部由委托方承担。其中，纳税人除了应按规定承担本身承担的税收法律责任以外，还应按规定向受托方支付违约金和赔偿金。

（2）受托方的法律责任

1）《民法通则》第六十六条规定：代理人不履行职责而给被代理人造成损害的应当承担民事责任。根据这项规定，税务代理如因工作失误或未按期完成税务代理事务等未履行税务代理职责，给委托方造成不应有的损失的，应由受托方负责。

2）《税收征管法实施细则》第九十八条规定：税务代理违反税收法律、行政法规，造成纳税人未缴或者少缴税款的，除由纳税人缴纳或者补缴应纳税款、滞纳金外，对税务代理人处纳税人未缴或者少缴税款50%以上3倍以下的罚款。

3）《注册税务师管理暂行办法》规定，对注册税务师及其所在机构违反该规定的行为，分别按下列规定进行处理：

注册税务师有下列行为之一的，由省税务局予以警告或者处1 000元以上5 000元以下罚款，责令其限期改正，限期改正期间不得对外行使注册税务师签字权；逾期不改正或者情节严重的，应当向社会公告，公告办法另行规定。

① 执业期间买卖委托人股票、债券的；

② 以个人名义承接业务或者收费的；

③ 泄露委托人商业秘密的；

④ 允许他人以本人名义执业的；

⑤ 利用执业之便，谋取不正当利益的；

⑥ 在一个会计年度内违反《注册税务师管理暂行办法》规定2次以上的。

税务师事务所有下列行为之一的，由省税务局予以警告或者处1 000元以上1万元以下罚款，责令其限期改正；逾期不改正或者情节严重的，向社会公告。

① 未按照《注册税务师管理暂行办法》规定承办相关业务的；

② 未按照协议规定履行义务而收费的；

③ 未按照财务会计制度核算，内部管理混乱的；

④ 利用执业之便，谋取不正当利益的；

⑤ 采取夸大宣传、诋毁同行、以低于成本价收费等不正当方式承接业务的；

⑥ 允许他人以本所名义承接相关业务的。

注册税务师和税务师事务所出具虚假涉税文书，但尚未造成委托人未缴或者少缴税款的，由省税务局予以警告并处1 000元以上3万元以下的罚款，并向社会公告。

注册税务师和税务师事务所违反税收法律、行政法规，造成委托人未缴或者少缴税款的。由省税务局按照《税收征管法实施细则》第九十八条的规定处以罚款；情节严重的,撤销执业备案或者收回执业证,并提请工商行政管理部门吊销税务师事务所的营业执照。出现上述规定情形的,省注册税务师管理中心应当将处罚结果向国家税务总局注册税务师管理中心备案,并向社会公告。

  3. 对属于共同法律责任的处理

《民法通则》第六十七条规定:代理人知道被委托代理的事项违法,仍进行代理活动的,或者被代理人知道代理人的代理行为违法,不表示反对的,由被代理人和代理人负连带责任。根据这项规定,注册税务师与被代理人如果互相勾结、偷税抗税、共同违法,应按共同违法论处,双方都要承担法律责任;涉及刑事犯罪的,还要移送司法部门依法处理。

模块二 税务代理基础工作任务

我国的税务代理制度是适应国家建立和完善社会主义市场经济体制,税制改革特别是税收征管改革不断深化的要求,顺应纳税人的客观需求而逐步产生和发展的。

工作任务一 划分税务代理业务范围

一、确定税务代理业务范围的流程

引导案例:

某先进性服务性企业的吴总经理,看到国家最近下达了一系列针对该行业的税收优惠政策,却不知该如何办理。一家税务师事务所和一家会计师事务所听说后,都主动提出为该企业办理,吴总经理不知该交给谁,你将提出什么建议?

确定税务代理业务范围的步骤如下:

第一步,明确国家对注册税务师和注册税务师事务所的基本要求;

第二步,明确税务代理规则;

第三步,明确税务代理业务范围。

二、知识导航

(一)注册税务师和注册税务所的基本要求

  1. 注册税务师资格的取得

为了提高税务代理人员的执业素质,《注册税务师资格制度暂行规定》对从事税务代理业务的专业技术人员实行注册税务师制度,并将其纳入国家职业资格证书制度范畴,以促进税务代理的健康发展。

  (1)注册税务师资格考试制度

注册税务师应是精通税法和财务会计制度,并能熟练进行实务操作的专业技术人员,必须具备从事税务代理工作的素质和工作技能。实行注册税务师资格考试制度是保证执业准入控制的基本前提。

1)报名参加注册税务师资格考试的条件

凡中华人民共和国公民,遵纪守法并具备下列条件之一者,可申请参加注册税务师资格考试:

① 非经济类、法学类大专毕业后从事经济、法律工作满 8 年。

② 经济类、法学类大专毕业后,或非经济类、法学类大学本科毕业后,从事经济、法律工作满 6 年。

③ 经济类、法学类大学本科毕业后,或非经济、法学类第二学士或研究生班毕业后,从事经济、法律工作满 4 年。

④ 经济类、法学类第二学位或研究生班毕业后,或非经济、法学类硕士毕业后,从事经济、法律工作满 2 年。

⑤ 获得经济类、法学类硕士学位后,从事经济、法律工作满 1 年。

⑥ 获得经济类、法学类博士学位。

⑦ 在全国实行专业技术资格考试前,按照国家有关规定已评聘了经济、会计、统计、审计和法律中级专业职务或参加全国统一考试,取得经济、会计、统计、审计专业中级专业技术资格者,从事税务代理业务满 1 年,可报名参加注册税务师全部科目考试。

⑧ 已评聘经济、会计、统计、审计、法律等高级专业技术职务,从事税收工作满 2 年的人员,可以免予部分科目考试。

⑨ 人事部和国家税务总局规定的其他条件。

2)注册税务师资格考试科目

注册税务师资格考试实行全国统一大纲、统一命题、统一组织的考试制度,原则上每年举行一次,具体考试办法由人事部与国家税务总局共同制定。考试科目共分五科:《税法(Ⅰ)》、《税法(Ⅱ)》、《税务代理实务》、《税收相关法律》、《财务与会计》。

3)考试周期

除免予部分科目考试者必须在一个考试年度通过两个考试科目外,参加全部五个考试科目人员必须在连续 3 个考试年度(第一年至第三年为一个周期,第二年至第四年为一个周期,依此类推)内通过全部五个科目的考试。

(2)注册税务师备案制度

国家税务总局及其授权的省、自治区、直辖市和计划单列市注册税务师管理中心,为注册税务师的备案管理机构。按照《注册税务师资格制度暂行规定》的要求,通过考试取得中华人民共和国注册税务师资格证书者,必须在取得证书后 3 个月内到所在省、自治区、直辖市和计划单列市注册税务师管理中心申请办理备案手续。经注册税务师管理中心审核后,对在税务师事务所执业满 2 年的,给予执业备案,在证书备注栏加盖"执业备案"章;对在税务师事务所执业不满 2 年或者暂不执业的,给予非执业备案,在证书备注栏加盖"非执业备案"章。注册税务师管理中心应当将本地注册税务师的备案情况上报国家税务总局注册税务师管理中心。执业备案和注销备案的注册税务师应当向社会公告,公告办法由国家税务总局另行规定。

(3)注册税务师的权利与义务

1)税务代理作为民事代理的一种,其代理人注册税务师享有民法所规定的权利。注册税务师执业,享有下列权利:

① 注册税务师有权依照《注册税务师管理暂行办法》规定的范围,代理由委托人委托的代理事宜;注册税务师对委托人违反税收法律、法规行为的委托,有权拒绝;

② 注册税务师依法从事税务代理业务,受国家法律保护,任何机关、团体、单位和个人不得非法干预;

③ 注册税务师可以向税务机关查询税收法律、法规、规章和其他规范性文件;

④ 注册税务师可以要求委托人提供有关会计、经营等涉税资料(包括电子数据),以及其他必要的协助;

⑤ 注册税务师可以对税收政策存在的问题向税务机关提出意见和修改建议;可以对税务机关和税务人员的违法、违纪行为提出批评或者向上级主管部门反映;

⑥ 注册税务师对行政处分决定不服的,可以依法申请复议或向人民法院起诉。

2)注册税务师应按其代理职责履行义务并承担相关的法律责任。注册税务师执业,需履行下列义务:

① 注册税务师执业由税务师事务所委派,个人不得承接业务;

② 注册税务师应当在对外出具的涉税文书上签字盖章,并对其真实性、合法性负责;

③ 注册税务师执业中发现委托人有违规行为并可能影响审核报告的公正、诚信时,应当予以劝阻;劝阻无效时,应当终止执业;

④ 注册税务师对执业中知悉的委托人的商业秘密,负有保密义务;

⑤ 注册税务师应当对业务助理人员的工作进行指导与审核,并对其工作结果负责;

⑥ 注册税务师与委托人有利害关系的,应当回避;委托人有权要求其回避;

⑦ 注册税务师应当不断更新执业所需的专业知识,提高执业技能,并按规定接受后续教育培训。

2. 税务师事务所

税务师事务所是专职从事税务代理的工作机构,由注册税务师出资设立,其组织形式为有限责任制税务师事务所和合伙制税务师事务所,以及国家税务总局规定的其他形式。

(1)申请设立税务师事务所,应当向省以上注册税务师管理中心提出书面申请,并报送下列有关资料:

① 税务师事务所的名称、组织机构、业务场所;

② 税务师事务所主要负责人的姓名、简历及有关证明文件;

③ 税务师事务所的从业人员情况,包括注册税务师的姓名、简历及有关证明文件;

④ 税务师事务所章程、合同和协议;

⑤ 注册税务师管理中心要求的其他资料。

（2）税务师事务所的经营、变更及注销等有关事宜，应按以下规定办理：

① 税务师事务所应当就本所注册税务师变动情况，向省注册税务师管理中心备案；省注册税务师管理中心应当将本地区当年注册税务师变动情况汇总，上报国家税务总局注册税务师管理中心。

② 税务师事务所应当依法纳税，并建立健全内部管理制度，严格财务管理，建立职业风险基金，办理职业保险。

③ 税务师事务所承接委托业务，应当与委托人签订书面合同并按照国家价格主管部门的有关规定收取费用。

④ 税务师事务所在工商行政管理部门办理合并、变更、注销等手续后，应当到省注册税务师管理中心备案。

⑤ 对合并、变更的税务师事务所，符合设立条件的，核发新的税务师事务所执业证；不符合设立条件的，收回税务师事务所执业证，不再核发。

⑥ 注销的税务师事务所，由省注册税务师管理中心核销税务师事务所执业证。

⑦ 合并、变更、注销的税务师事务所，省注册税务师管理中心办理完相关手续后，应当在30日内报国家税务总局注册税务师管理中心备案。省注册税务师管理中心应当将已办理完相关备案手续的税务师事务所通报税务师事务所所在地主管税务机关并向社会公告。

（二）税务代理中注册税务师的执业规则

1. 注册税务师执业时，遇有下列情形之一的，应当拒绝出具有关报告：

① 委托人示意其作不实报告或者不当证明的；

② 委托人故意不提供有关资料和文件的；

③ 因委托人有其他不合理的要求，致使注册税务师出具的报告不能对涉税的重要事项作出正确的表述的。

2. 注册税务师执业，应当按照业务规程确定的工作程序建立工作底稿、出具有关报告。

注册税务师出具报告时，不得有下列行为：

① 明知委托人对重要涉税事项的处理与国家税收法律、法规及有关规定相抵触，而不予指明。

② 明知委托人对重要涉税事项的处理会损害报告使用人或者其他利害关系人的合法权益，而予以隐瞒或者作不实的报告。

③ 明知委托人对重要涉税事项的处理会导致报告使用人或者其他利害关系人产生重大误解，而不予指明。

④ 明知委托人对重要涉税事项的处理有其他不实内容，而不予指明。

3. 注册税务师不得有下列行为：

① 执业期间，买卖委托人的股票、债券；

② 索取、收受委托合同约定以外的酬金或者其他财物，或者利用执业之便，谋取

其他不正当的利益；

③ 允许他人以本人名义执业；

④ 向税务机关工作人员行贿或者指使、诱导委托人行贿；

⑤ 其他违反法律、行政法规的行为。

（三）税务代理的范围

税务代理的范围是指按照国家有关法律规定，允许注册税务师所从事的业务内容。尽管世界各国所规定的业务不尽相同，但其基本原则是大致一样的，即税务代理的业务范围主要是纳税人所委托的各项涉税事宜。

《注册税务师管理暂行办法》规定，注册税务师可以接受委托人的委托从事下列范围内的业务代理：

（1）代办税务登记。

（2）办理纳税、退税和减免税申报。

（3）建账记账。

（4）办理增值税一般纳税人资格认定申请。

（5）利用主机共事服务系统为增值税一般纳税人代开增值税专用发票。

（6）代为制作涉税文书。

（7）开展税务咨询（顾问）、税收筹划、涉税培训等涉税服务业务。

（8）注册税务师还可承办下列涉税鉴证业务：

① 企业所得税汇算清缴纳税申报的鉴证；

② 企业税前弥补亏损和财产损失的鉴证；

③ 国家税务总局和省税务局规定的其他涉税鉴证业务。

根据现行有关法律的规定，注册税务师不能违反法律、行政法规的规定行使税务机关的行政职能。同时，对税务机关规定必须由纳税人、扣缴义务人自行办理的税务事宜，注册税务师不得代办。

工作任务评价标准

按照要求和流程完成了引导案例中提出的问题后，参照老师给出的标准，任务的完成者与老师共同来评价工作任务的完成情况。

评价标准：

（1）是否确定了税务师事务所的资质；

（2）是否符合注册税务师的执业规则；

（3）是否包含在税务代理的业务范围内。

工作任务二　控制税务代理执业风险

一、确定控制税务代理执业风险的流程

引导案例：

　　天瑞税务师事务所和该先进性服务性企业建立了税务代理关系，首先替该先进性服务性企业办理税收优惠政策的备案手续，事务所派出刚大学毕业尚未取得注册税务师资格的小刘去办理。年底时，该企业又要办理财产损失的报批手续，事务所仍派出小刘去办理。据了解，小刘持有该企业的股票，对事务所的安排，你将提出什么建议？

　　控制税务代理工作风险的步骤如下：

　　第一步，明确税务代理执业风险的来源；

　　第二步，评估具体税务代理执业的风险；

　　第三步，采取相应税务代理执业风险控制措施。

二、知识导航

（一）税务代理的执业风险

　　税务代理的执业风险是注册税务师因未能完成代理事项和履行代理职责所要承担的法律责任。它主要表现在两个方面：其一，注册税务师未能完成代理事项而使纳税人、扣缴义务人遭受税收权益的损失；其二，注册税务师未能履行代理职责而使纳税人、扣缴义务人承担纳税风险。

　　1. 从纳税人、扣缴义务人方面产生执业风险的因素

　　产生税务代理执业风险的原因是多方面的，从根本上分析主要来自征纳双方的牵制和注册税务师的专业胜任能力。

　　（1）企业委托代理的意向

　　税务代理的特点是委托代理。确定税务代理关系的前提之一是由纳税人、扣缴义务人委托某一代理事项，其委托代理的意向与税收法律法规和主管税务机关的要求偏离度越大，就意味着税务代理的执业风险越高。税务师事务所作为中介机构，它受托的代理项目不能完全独立控制完成，必须接受税务机关的监督管理，通过法定的程序和特定的环节加以运作。

　　（2）企业纳税意识的强弱

　　纳税人、扣缴义务人委托代理的初衷各有不同，纳税意识较强的企业，委托代理的目的是通过注册税务师的指导和帮助，降低企业的纳税风险，尽可能杜绝因不通晓税法发生纳税方面的错误而导致被课以重罚，或者因不了解税收政策而失去获得税收权益的机会。注册税务师只要能严格按照规范化的工作程序履行代理职责，且企业能够提供真实、完整的计税资料，其代理风险一般不高。但是，有的纳税意识淡薄

的企业委托代理的目的是为了通过税务代理的运作尽可能地少缴税款,甚至采用少报收入、虚列成本费用的手段偷税。这类企业的代理风险就会很高。

（3）企业财务核算的基础

企业财务会计制度是否健全,财务人员业务素质的高低既影响其所提供的计税资料的真实程度,也影响税务代理执业风险的高低。例如,注册税务师受托代理纳税申报,其前提是企业提供计税原始资料、会计账簿和会计报表,注册税务师将这些资料和数据分别整理后,形成申报纳税的资料。企业财务核算资料如果不能客观、全面、准确地反映其生产经营的情况,代理纳税申报就容易产生错误,出现少缴或多缴税款的问题。

2. 从税务代理执业人员方面产生风险的因素

注册税务师作为征纳双方的中介,必须具备一定的专业水平和操作技能。如果执业人员不具备专业胜任能力,不能把握实际操作的环节,其执业风险也是随时可能发生的。

（1）执业人员的职业道德水平

税务代理执业人员的职业道德水平影响其工作态度和代理事项最终完成的结果。在能够坚持税务代理执业准则的前提下,则会防患于未然,减少诱发执业风险的因素;反之,则会降低税务代理的执业质量,损害税务代理的声誉,甚至带来不可挽回的消极影响。

（2）执业人员的专业胜任能力

注册税务师的专业素质和实际操作能力是评价税务代理执业风险的重要因素。凡是独立执业的应是取得注册税务师资格的人员,这是执业水准要求的基本前提。在此基础上,执业人员还必须对税收政策有深入的研究,具备丰富的办税经验,从而保证代理的质量。否则,因发生代理失误或是未能履行代理职责而带来的执业风险就难以控制。

（3）税务代理机构执业质量控制程度

从注册税务师方面分析产生税务代理执业风险的因素,除了执业人员的个人行为外,还与税务代理机构自身有无健全的质量控制体系有关,它包括税务代理的工作规程、工作底稿的编制与审核,注册税务师与助理人员的工作分工,重要税务代理文书的两级复核制,注册税务师的继续教育与培训,税务代理档案的管理,等等。税务代理机构质量控制体系越完备,其税务代理执业风险就会越小。

（二）税务师事务所的质量控制

税务师事务所的质量控制是税务师事务所为实现涉税鉴证和涉税服务目标而制定的约束注册税务师执业行为的政策,以及为执行政策和监控政策的遵守情况而设计的必要程序。它是降低注册税务师及其税务师事务所执业风险的重要基础。

税务师事务所应当考虑自身规模和业务特征等因素,制定质量控制政策和程序。税务师事务所的质量控制制度应当包括的要素有:质量控制的组织结构与领导责任;职业道德规范;业务承接与保持;人力资源管理;执业规范;业务工作底稿;质量控制与监督；记录与归档。

1. 质量控制的组织结构与领导责任

税务师事务所的法定代表人或主要负责人对质量控制制度承担最终责任。税务师事务所各级管理层应当通过清晰、一致及经常的行动示范和信息传达，强调质量控制政策和程序的重要性，并对自身及下属人员提出下列要求：

① 树立质量至上的意识，以避免重商业利益、轻业务质量；

② 遵守法律法规、职业道德规范和执业准则的规定；

③ 根据具体情况出具真实、合法的报告。

2. 职业道德规范

职业道德规范要求税务师事务所及其人员恪守客观、公正的原则，保持专业胜任能力和应有的职业怀疑态度，并对执业过程中获知的信息保密，尤其是保持涉税鉴证业务的独立性。

（1）独立性的要求

税务师事务所应当制定政策和程序，合理保证税务师事务所及其人员，包括聘用的专家和其他需要满足独立性要求的人员，保持职业道德规范要求的独立性。这些政策和程序应当使税务师事务所能够做到以下两点：

① 向与业务相关人员传达独立性要求；

② 识别和评价对独立性造成威胁的情况和关系，并采取适当的防护措施以消除对独立性的威胁，使之降至可以接受的水平；必要时，可解除业务约定。

（2）独立性的监控

① 项目负责人应及时提供与客户委托业务相关的信息，以使税务师事务所能够评价这些信息对执业过程中保持独立性的总体影响。

② 执业过程中，从业人员发现对独立性造成威胁的情形，应立刻报告税务师事务所，以便采取适当的应对措施。

③ 税务师事务所应及时向适当人员传达收集的相关信息，以确认：税务师事务所及其人员是否满足独立性要求；税务师事务所及其人员是否保持并更新有关独立性的记录；税务师事务所及其人员针对已识别的对独立性造成威胁的情形是否已采取适当的应对措施。

（3）获知或解决违反独立性的情况

税务师事务所应当制定政策和程序，以合理保证能够获知违反独立性要求的情况，并采取适当的应对措施予以解决。这些政策和程序应当包括下列要求：

① 所有应当保持独立性的人员，均应将注意到的违反独立性要求的信息立即报告税务师事务所。

② 税务师事务所将已识别的违反独立性要求的情况，立即传达给需要与税务师事务所共同处理这些情况的项目负责人，以及事务所内部的其他相关人员和受独立性要求约束的人员。

③ 项目负责人、税务师事务所内部的其他相关人员，以及需要保持独立性的其他人员。在必要时，立即向税务师事务所告知他们为解决有关问题采取的应对措施，

以便税务师事务所决定是否采取进一步行动。

税务师事务所和相关项目负责人采取的适当应对措施包括以下两种：

① 采取适当的防护措施以消除对独立性的威胁或将威胁降至可接受的水平；

② 解除业务约定书。

税务师事务所应当为需要保持独立性的人员提供关于独立性政策和程序的培训；每年至少一次向所有受独立性要求约束的人员获取其遵守独立性政策和程序的书面确认函。

税务师事务所应当制定下列政策和程序，以防范同一高级人员由于长期执行某一客户的鉴证业务可能对独立性造成的威胁：

① 建立适当的标准，以便确定是否需要采取防护措施，将由于关系密切造成的威胁降至可以接受的水平；

② 对大中型企业的涉税鉴证业务，定期轮换项目负责人。

在建立适当标准时，税务师事务所应当考虑下列事项：

① 鉴证业务的性质及类别；

② 高级管理人员或项目负责人提供该项鉴证业务的服务年限。

3. 业务承接与保持

（1）业务承接

税务师事务所应当制定业务承接与保持的政策和程序，以合理保证只有在下列情况下，才能接受具体业务或保持客户关系：

① 没有信息表明拟定的客户缺乏诚信；

② 具有执行业务必要的素质、专业胜任能力、时间和资源；

③ 执业人员能够遵守职业道德规范。

当出现违背第① 项至第③ 项的情形，而又决定接受或保持客户关系或具体业务时，税务师事务所应当记录问题如何得到解决。

针对有关客户的诚信，税务师事务所应当考虑下列事项：

① 客户主要股东、关键管理人员、关联方及治理层的身份和商誉；

② 客户的经营性质及业务环境；

③ 客户主要股东、关键管理人员及治理层对内部控制和税收法律法规等的态度；

④ 客户是否过分考虑将税务师事务所的收费维持在尽可能低的水平；

⑤ 工作范围受到不适当限制的迹象；

⑥ 客户可能涉嫌违法犯罪行为的迹象；

⑦ 变更税务师事务所的原因。

税务师事务所及其人员可以通过下列途径，获取与客户诚信相关的信息：

① 与为客户提供专业涉税业务的现任与前任人员进行沟通，了解相关信息；

② 向税务师事务所其他人员、税务机关、监管机构、金融机构、法律顾问和客户的同行等第三方询问；

③ 从相关机构或相关数据库中收集客户信息。

在确定是否接受新业务时,税务师事务所应当考虑下列事项:

① 税务师事务所人员是否熟悉相关行业或业务对象;

② 税务师事务所人员是否具有执行类似业务的经验,或是否具备必要的技能和知识能力;

③ 税务师事务所是否拥有足够的具有必要素质和专业胜任能力的人员;

④ 在需要时,是否能得到专家的帮助;

⑤ 如果需要项目质量控制复核,是否具有符合标准和资格要求的项目质量控制复核人员;

⑥ 税务师事务所是否能够在提交报告的最后期限内完成业务。

在确定是否接受新业务时,税务师事务所还应当考虑接受业务是否会导致现实或潜在利益冲突。如果识别出潜在的利益冲突,税务师事务所应当考虑接受该业务是否恰当。

（2）业务保持

在确定是否持续保持客户关系时,税务师事务所应当考虑本期或以前业务执行过程中发现的重大事项及其对保持客户关系可能造成的影响。

如果遇有在接受业务后获知了某项信息,而该信息如果在接受业务前获知可能导致拒绝该业务的情形,税务师事务所制定保持该业务及其客户关系相关的政策和程序时,应当包括下列内容:

① 适用该项业务环境的法律责任,包括是否要求税务师事务所向委托人报告或在必要情况下向税务机关或其他监管机构报告;

② 解除该项业务约定,或同时解除客户关系的可能性。

4. 人力资源管理

税务师事务所应当制定政策和程序,保证拥有足够的具有必要素质和专业胜任能力并遵守职业道德规范的人员,以使税务师事务所和项目负责人能够按照法律法规、职业道德规范和执业准则的规定执行业务,并根据具体情况出具真实、合法的报告。人力资源包括如下内容:招聘、人员素质、专业胜任能力、业绩评价、职业发展规划、晋升、薪酬、人员需求预测。

5. 执业规范

（1）业务工作委派

税务师事务所应当制定政策和程序,保证所委派的执业人员按照法律法规、职业道德规范和执业准则的规定执行业务,并根据具体情况出具真实、合法的报告。

税务师事务所通常使用书面或电子手册、标准化底稿以及指南性材料等文件使其制定的政策和程序得到贯彻。税务师事务所应当对每项业务委派至少一名项目负责人,项目负责人应当通过适当的团队工作和培训,使经验较少的项目组成员清楚了解所分派工作的目标。

税务师事务所应当制定政策和程序,监控项目负责人的工作负荷及可供调配的项目负责人数量,以使项目负责人有足够的时间履行对业务的执行及监督职责。在业务执行过程中,项目组应当实施内部复核程序。在确定内部复核人员时,应当由项目组内部经验较多的人员复核经验较少的人员执行的工作。

（2）咨询与意见分歧

税务师事务所应当制定政策和程序，形成良好的氛围，鼓励员工就疑难问题或争议事项进行咨询，以合理保证：就疑难问题或争议事项进行适当咨询；可获得充分的资源进行适当咨询；咨询的性质和范围得以记录；咨询形成的结论得到记录和执行。

咨询包括与税务师事务所内部或外部具有专门知识的人员，在适当专业层次上进行的讨论。税务师事务所利用其他税务师事务所、职业团体、监管机构或商业机构提供的咨询服务时，应当考虑外部咨询提供者是否能够胜任这项工作。

税务师事务所应当制定政策和程序，以解决项目内部、项目组与被咨询者之间以及项目负责人与项目质量控制复核人员之间的意见分歧，形成的结论应当得以记录和执行。只有分歧问题得以解决，项目负责人才能出具报告。

（3）项目质量控制复核

项目质量控制复核是指在出具报告前，对项目组作出重大判断和在拟订报告时形成的结论作出客观评价的过程。

税务师事务所执行涉税鉴证业务或其他鉴证业务应当实施项目质量控制复核。对鉴证业务外的涉税服务业务及相关服务业务是否需要实施项目质量控制复核，税务师事务所应当考虑：业务的性质和类型；在某项或某类业务中已识别的异常情况或风险；法律法规及监管机构是否要求实施项目质量控制复核。

项目质量控制复核通常包括下列程序：

① 与项目负责人讨论；

② 复核财务报表、纳税申报表及涉税资料或其他业务对象信息及报告；

③ 选取与项目组作出重大判断及形成结论有关的工作底稿进行复核；

④ 判断项目质量控制复核的范围与业务复杂程度是否相匹配；

⑤ 判断拟出具报告的格式，其内容是否存在不恰当的风险。

项目质量控制复核并不减轻项目负责人的责任。

税务师事务所应当制定政策和程序，保证项目质量控制复核人员的客观性。在确定项目质量控制复核人员时，税务师事务所应当避免下列情形：由项目负责人挑选；在复核期间以其他方式参与该业务；代替项目组进行决策；存在可能损害复核人员客观性的其他情形。

在业务执行过程中，项目负责人可以向项目质量控制复核人员进行咨询。当咨询问题的性质和范围十分重大时，税务师事务所应当委派其他人员或聘请具有适当资格的外部人员担当该项业务的咨询，以保持复核人员的客观性。

6. 业务工作底稿

业务工作底稿是注册税务师及助理人员在执业过程中所形成的工作记录、书面工作成果和获得的资料。它如实反映了执业的全部过程和所有事项以及开展业务的专业判断，既是记录执业内容的重要资料，也是评价考核工作质量的依据。

（1）工作底稿的分类

工作底稿一般分为综合类工作底稿、业务类工作底稿和备查类工作底稿。

综合类工作底稿是指执业注册税务师为承揽、规划、控制和管理服务项目所形成的内部工作记录。

备查类工作底稿是指执业注册税务师为形成涉税鉴证或涉税服务结论所获取、整理的各类备查性质的记录。包括：各种委托协议，纳税人、扣缴义务人的税务登记证、工商营业执照副本的复印件，企业合同章程，税务机关有关纳税事项的鉴定，各种批准文书，历年税务检查处理结论或处理决定书、处罚决定书，注册税务师的查账报告，年度会计决算报告等。

业务类工作底稿是指执业注册税务师在涉税鉴证或涉税服务业务实施阶段为执行具体涉税服务程序所形成的内部工作记录。包括：代理税务登记、代理发票领购与审查、代理纳税申报、代理纳税审核、代理税务行政复议、提供税务咨询、进行税收筹划、实施涉税鉴证和从事其他涉税服务等业务的工作记录，计税资料汇总、计算、审核、复核以及各种涉税文书制作等。

（2）工作底稿的编制和复核

编制工作底稿是注册税务师执业的重要基础工作，要符合各种执业规程的要求，做到内容完整、格式规范、标识一致，记录清晰、结论准确。各种执业事项将编制不同的工作底稿。编制工作底稿一般包括如下基本内容：① 委托方和相关当事方的名称或类型；② 涉税服务或鉴证的对象；③ 涉税服务或鉴证基准日；④ 涉税服务或鉴证实施过程有关内容、数据记录；⑤ 涉税服务或鉴证结论或结果：⑥ 索引号及页次；⑦ 编制人姓名及编制日期；⑧ 复核人姓名及复核日期；⑨ 其他应说明的事项。

注册税务师编制的工作底稿，应当由有关业务负责人进行复核，形成必要的复核记录，并由复核人签名。

工作底稿可以以纸质、电子或其他介质存在。

税务师事务所应当制定政策和程序，以使项目组在出具业务报告后及时将工作底稿归整为最终业务档案。

税务师事务所应当根据业务的具体情况，确定适当的业务工作底稿归档期限。

涉税鉴证及其他鉴证业务工作底稿的归档期限为业务报告日后 60 天内。

针对同一客户的同一信息执行不同的委托业务，出具两个或多个不同的报告，税务师事务所应当将其视为不同的业务，并在规定的归档期内分别将业务工作底稿归整为最终的业务档案。

除下列情况外，税务师事务所应当对业务工作底稿包含的信息予以保密：

① 取得客户授权；

② 根据法律法规的规定，税务师事务所为法律诉讼准备的文件或提供证据，以及向监管机构报告发现的违反法规行为；

③ 接受注册税务师协会和监管机构依法进行的质量检查。

税务师事务所应制定政策和程序，使业务工作底稿保存期限满足法律法规的规定和税务师事务所的需要。

涉税鉴证及其他鉴证业务，应当自出具鉴证业务报告之日起，对业务工作底稿至少保存 10 年。

业务工作底稿的所有权属于税务师事务所。税务师事务所可自主决定允许客户获取业务工作底稿部分内容,或摘录部分工作底稿,但披露这些信息不得损害税务师事务所执行业务的有效性。对鉴证业务,披露这些信息不得损害税务师事务所及其人员的独立性。

7. 质量控制与监督

对税务师事务所质量控制制度的监控应当由具有专业胜任能力的人员实施。监控内容包括质量控制制度设计的恰当性和运行的有效性。

履行监控责任的人员可以是法定代表人或合伙人,也可以是税务师事务所委派的具有足够、适当经验和权限的其他人员。

税务师事务所应当周期性地对已完成的业务进行检查,周期最长不得超过3年。在每个周期内,应当对每个项目负责人的业务至少选取一项进行检查。参与业务执行或项目质量控制复核的人员不应承担该业务的检查工作。小型税务师事务所可以利用具有适当资格的外部人员执行业务检查及其他监控程序。

8. 记录与归档

税务师事务所应当制定政策和程序,对质量控制制度各项要素的运行情况形成适当记录。

税务师事务所对质量控制记录整理归档的期限通常为完成质量控制程序之日起60天内。

税务师事务所对质量控制记录的保存期限,应当保证执行监控程序的人员能够评价质量控制制度的遵守情况。

工作任务评价标准

按照要求和流程完成了引导案例中提出的问题后,参照老师给出的标准,任务的完成者与老师共同来评价工作任务的完成情况。

评价标准:

(1) 是否进行了首次接受业务的风险测试及评价;

(2) 是否进行了必要的业务工作委派质量控制措施;

(3) 是否进行了再次接受业务的风险测试及评价;

(4) 是否进行了执业人员独立性的判断。

思　考　题

一、选择题

1. 下列有关注册税务师代理范围和注册税务师权利与义务的表述,正确的是（　　）。

A. 经纳税人同意,注册税务师可以代理领购增值税专用发票

B. 注册税务师可以代理办理开业税务登记、变更税务登记,但不能代理办理注

销税务登记

C. 注册税务师不得接受纳税人、扣缴义务人违反税收法律、法规事项的委托,但没有义务制止其行为或报告税务机关

D. 注册税务师承办业务时,必须由所在的税务师事务所统一受理,并与被代理人签订《税务代理协议书》,不得以个人名义承揽业务

2. 下列文书中,属于税务代理备查类工作底稿的有(　　)。

A. 税务代理协议书

B. 税务机关纳税检查结论书

C. 年度会计决算报告

D. 纳税申报工作底稿

案例分析

案例:

××国税局西乡税务分局近日在出口货物"免、抵、退"税审核中,发现一企业逾期向税务部门提供出口报关单和外汇核销单共7份,合计出口额438万元,应补税款33万元。这家企业的负责人在收到税务部门的补税通知书后拼命喊冤。原来,这家企业一直委托某税务代理机构代理企业办理出口退税事宜,企业按期向税务代理人提供相关单证。上述7份单证企业早已在有效期内提供给税务代理人了,但由于税务代理机构的税务代理人员疏忽,一直没有向税务部门提交。而该企业因没有与委托的税务代理机构签订代理合同,只能自认倒霉,按照规定补缴逾期的税款。

思考:

1. 你认为该案中企业和税务代理机构分别承担什么样的法律责任?

2. 如果该企业委托税务代理机构办理涉税事宜时签订了代理合同,企业和税务代理机构又分别承担什么样的法律责任?

项目二　税务登记代理实务

知识目标

- 熟悉税务登记的定义和作用
- 熟悉税务登记的范围
- 掌握税务登记的管理规程及操作规范

技能目标

- 能够代理企业设立税务登记
- 能够代理企业变更税务登记
- 能够代理企业停业、复业税务登记
- 能够代理企业注销税务登记
- 能够代理增值税一般纳税人认定登记
- 能够代理企业税种认定登记

模块一　企业税务登记代理实务

　　税务登记又称纳税登记，是指税务机关根据税法规定，对纳税人的生产、经营活动进行登记管理的一项法定制度，也是纳税人依法履行纳税义务的法定手续。税务登记是税务机关对纳税人实施税收管理的首要环节和基础工作，是征纳双方法律关系成立的依据和证明，也是纳税人必须依法履行的义务。

　　企业税务登记的范围主要涉及两个方面：企业、企业设在外地的分支机构和从事生产、经营的场所，个体工商户和从事生产、经营的事业单位的税务登记；纳税事项的税务登记。

　　企业税务登记的基本类型主要包括：设立登记，变更税务登记，停业、复业登记和注销税务登记。

工作任务一　企业设立税务登记

一、制定操作流程

引导案例：

宏昌服饰有限公司经长江市工商行政管理部门批准,于 2008 年 5 月 1 日取得中华人民共和国企业法人营业执照,营业执照注册号:421123000120123。法人代表:王雪峰。财务负责人:张金。注册地址:长江市人民大道中山路 18 号。生产经营地址:长江市人民大道中山路 18 号。邮政编码:430000。生产经营范围:服饰原料收购、服装的生产和销售。公司同时办理了组织机构代码证,组织机构代码:66918934－2。从业人数:30 人。生产经营方式:自制生产。核算方式:独立核算。登记注册类型:有限责任公司。注册资本:300 万元。记账本位币:人民币。单位适用会计制度:企业会计制度。会计报表种类:资产负债表、损益表。低值易耗品摊销方式:一次性摊销法。折旧方式:平均年限法。公司委托××税务师事务所代理设立税务登记手续,所长安排李真办理此项涉税事宜。

(1) 李真何时为公司办理设立税务登记和领取税务登记证件?

(2) 李真需要提交哪些证件和资料?

(3) 李真怎样填报税务登记表?

(4) 没按规定期限办理税务登记公司要承担法律责任吗?

企业设立税务登记的操作流程:

第一步,代理税务登记申报;

第二步,代理填报《税务登记表》,提交税务机关审核;

第三步,代理领取税务登记证件。

二、知识导航

(一) 设立登记的范围及时间地点

企业,企业设在外地的分支机构和从事生产、经营的场所,个体工商户和从事生产、经营的事业单位(以下统称从事生产、经营的纳税人),向生产、经营所在地税务机关申报办理税务登记:

(1) 从事生产、经营的纳税人领取工商营业执照(含临时工商营业执照)的,应当自领取工商营业执照之日起 30 日内申报办理税务登记,税务机关核发税务登记证及副本(纳税人领取临时工商营业执照的,税务机关核发临时税务登记证及副本);

(2) 从事生产、经营的纳税人未办理工商营业执照但经有关部门批准设立的,应当自有关部门批准设立之日起 30 日内申报办理税务登记,税务机关核发税务登记证及副本;

(3) 从事生产、经营的纳税人未办理工商营业执照也未经有关部门批准设立的,

应当自纳税义务发生之日起 30 日内申报办理税务登记,税务机关核发临时税务登记证及副本;

（4）有独立的生产经营权、在财务上独立核算并定期向发包人或者出租人上交承包费或租金的承包承租人,应当自承包承租合同签订之日起 30 日内,向其承包承租业务发生地税务机关申报办理税务登记,税务机关核发临时税务登记证及副本;

（5）从事生产、经营的纳税人外出经营,自其在同一县（市）实际经营或提供劳务之日起,在连续的 12 个月内累计超过 180 天的,应当自期满之日起 30 日内,向生产、经营所在地税务机关申报办理税务登记,税务机关核发临时税务登记证及副本;

（6）境外企业在中国境内承包建筑、安装、装配、勘探工程和提供劳务的,应当自项目合同或协议签订之日起 30 日内,向项目所在地税务机关申报办理税务登记,税务机关核发临时税务登记证及副本。

上述规定以外的其他纳税人,除国家机关、个人和无固定生产、经营场所的流动性农村小商贩外,均应当自纳税义务发生之日起 30 日内,向纳税义务发生地税务机关申报办理税务登记,税务机关核发税务登记证及副本。

已办理税务登记的扣缴义务人应当自扣缴义务发生之日起 30 日内,向税务登记地税务机关申报办理扣缴税款登记。税务机关在其税务登记证件上登记扣缴税款事项,不再发给扣缴税款登记证件。

根据税收法律、行政法规的规定可不办理税务登记的扣缴义务人,应当自扣缴义务发生之日起 30 日内,向机构所在地税务机关申报办理扣缴税款登记。税务机关核发扣缴税款登记证件。

（二）提交有关证件和资料

纳税人在申报办理税务登记时,应当根据不同情况向税务机关如实提供以下证件和资料:

① 工商营业执照或其他核准执业证件;

② 有关合同、章程、协议书;

③ 组织机构统一代码证书;

④ 法定代表人或负责人或业主的居民身份证、护照或者其他合法证件。

（三）注意事项

注册税务师以企业的名义向税务机关办理税务登记申报,应注意以下几个问题:

（1）按法定期限即 30 日内申报登记,时间不能滞后。

（2）提供办理税务登记所必备的资料和复印件。

（3）纳税人在申报办理税务登记时,应当如实填写税务登记表。

税务登记表分三种类型,分别适用于单位纳税人、个体经营、临时任务登记纳税人、企业分支机构、个体工商户和其他单位。

适用于单位纳税人的税务登记表,具体格式见表 2-1。注册税务师应根据企业的经济类型领取相应的表式,填登完毕后将登记表及有关资料报送税务机关审核。

（4）代理领取税务登记证件。

税务机关对纳税人填报的税务登记表以及提供的证件和资料，应当在收到之日起 30 日内审核完毕，符合规定的，按照税务登记代码的编制要求为纳税人设立税务登记代码，予以登记。对不符合登记的不予登记，并在 30 日内予以答复。

发放税务登记证件时，注册税务师应及时到税务机关领取税务登记证件，并将其交给企业，进行税务登记证使用管理方面的辅导。

表 2 - 1　税务登记表

（适用单位纳税人）

填表日期：

纳税人名称			纳税人识别号			
登记注册类型			批准设立机关			
组织机构代码			批准设立证明或文件号			
开业（设立）日期	生产经营期限		证照名称		证照号码	
注册地址			邮政编码		联系电话	
生产经营地址			邮政编码		联系电话	
核算方式	请选择对应项目打"√"□独立核算　□非独立核算				从业人数	＿＿＿ 其中外籍人数＿＿＿
单位性质	请选择对应项目打"√"□企业　□事业单位　□社会团体　□民办非企业单位　□其他					
网站网址			国标行业	□□　□□　□□　□□		
适用会计制度	请选择对应项目打"√" □企业会计制度　□小企业会计制度　□金融企业会计制度　□行政事业单位会计制度					
经营范围	请将法定代表人（负责人）身份证复印件粘贴在此处					

内容 ＼ 项目　　联系人	姓名	身份证件		固定电话	移动电话	电子邮箱
		种类	号码			
法定代表人（负责人）						
财务负责人						
办税人						
税务代理人名称		纳税人识别号		联系电话		电子邮箱
注册资本或投资总额	币种	金额	币种	金额	币种	金额

（续表）

投资方名称	投资方经济性质	投资比例	证件种类	证件号码	国籍或地址

自然人投资比例		外资投资比例		国有投资比例	
分支机构名称		注册地址		纳税人识别号	

总机构名称		纳税人识别号	
注册地址		经营范围	
法定代表人姓名	联系电话	注册地址邮政编码	

代扣代缴、代收代缴税款业务情况	代扣代缴、代收代缴各款业务内容	代扣代缴、代收代缴税种

附报资料：

经办人签章： 年　月　日	法定代表人（负责人）签章： 年　月　日	纳税人公章： 年　月　日

纳税人所处街乡		隶属关系	
国税主管税务局	国税主管税务所（科）	是否属于国税、地税共管户	
地税主管税务局	地税主管税务所（科）		

经办人（签章）： 国税经办人： 地税经办人： 受理日期： 年　月　日	国家税务登记机关 （税务机关专用章）： 核准日期： 年　月　日 国税主管税务机关：	地方税务登记机关 （税务登记专用章）： 核准日期： 年　月　日 地税主管税务机关：

国税核发《税务登记证副本》数量：　　本　　发证日期：　年　月　日
地税核发《税务登记证副本》数量：　　本　　发证日期：　年　月　日

国家税务总局监制

（四）法律责任

（1）纳税人未按规定的限期申报办理税务登记、变更、注销登记的，由税务机关责令限期改正，可处以 2 000 元以下的罚款；情节严重的，处以 2 000 元以上 1 万元以下的罚款。

（2）纳税人不办理税务登记的,由税务机关责令限期改正;逾期不改正的,经税务机关提请,由工商行政管理机关吊销其营业执照。

（3）纳税人未按照规定使用税务登记证件,或者转借、涂改、损毁、买卖、伪造税务登记证件的,处2 000元以上1万元以下的罚款;情节严重的,处1万元以上5万元以下的罚款。

（4）纳税人未按规定办理税务登记证件验证或者换证手续的,由税务机关责令改正,可以处2 000元以下的罚款;情节严重的,处2 000元以上1万元以下的罚款。

工作任务评价标准

按照要求和规程完成了宏昌公司的设立税务登记后,参照老师给出的标准,任务的完成者与老师共同来评价工作任务的完成情况。

评价标准:

（1）申报设立登记和领取证件的时间是否正确;

（2）提交的证件和资料是否正确;

（3）税务登记表的填写是否正确;

（4）税务登记的法律责任有哪些。

工作任务二 企业变更税务登记

变更税务登记是指纳税人办理税务登记后,需要对原登记内容进行更改,而向税务机关申报办理的税务登记。

一、制定操作流程

引导案例:

假设工作任务一中的引导案例资料发生如下变化:2011年3月15日,宏昌服饰有限公司财务负责人张金离职,财务负责人更换为张诚。税务师事务所还是安排李真为企业办理变更税务登记的涉税事宜。

（1）李真何时为公司办理变更税务登记?

（2）李真需要提交哪些证件和资料?

（3）李真是否需要重新领取税务登记证件?

企业变更税务登记操作流程:

第一步,代理变更税务登记申报;

第二步,代理填写《税务登记变更表》(见表2-2)提交税务机关审核;

第三步,领取变更后的税务登记证及有关资料。

二、知识导航

(一) 变更税务登记的范围

纳税人变更税务登记的适用范围主要有以下几种：① 改变名称；② 改变法人代表；③ 改变经济性质；④ 增设或撤销分支机构；⑤ 改变住所或经营地点(涉及主管税务机关变动的办理注销登记)；⑥ 改变生产、经营范围或经营方式；⑦ 增减注册资本；⑧ 改变隶属关系；⑨ 改变生产经营期限；⑩ 改变开户银行和账号；⑪ 改变生产经营权属以及改变其他税务登记内容。

(二) 变更税务登记的时间地点及提交证件、资料

纳税人已在工商行政管理机关办理变更登记的，应当自工商行政管理机关变更登记之日起 30 日内，向原税务机关如实提供下列证件、资料，申报办理变更税务登记：

① 工商登记变更表及工商营业执照；

② 纳税人变更登记内容的有关证明文件；

③ 税务机关发放的原税务登记证件(登记证正、副本和登记表等)；

④ 其他有关资料。

纳税人按照规定不需要在工商行政管理机关办理变更登记，或者其变更登记的内容与工商登记内容无关的，应当自税务登记内容实际发生变化之日起 30 日内，或者自有关机关批准或者宣布变更之日起 30 日内，持下列证件到原税务登记机关申报办理变更税务登记：

① 纳税人变更登记内容的有关证明文件；

② 税务机关发放的原税务登记证件(登记证正、副本和税务登记表等)；

③ 其他有关资料。

(三) 注意事项

税务机关应当自受理之日起 30 日之内，审核办理变更税务登记。纳税人税务登记表和税务登记证中的内容都发生变更的，税务机关按变更后的内容重新核发税务登记证件；纳税人税务登记表的内容发生变更而税务登记证中的内容未发生变更的，税务机关不再核发税务登记证件。

注册税务师应及时到税务机关领取重新核发的税务登记证件及有关资料，送交企业存档。

表 2-2　变更税务登记表

纳税人名称		纳税人识别号		
变更登记事项				
序号	变更项目	变更前内容	变更后内容	批准机关名称及文件

送缴证件情况：

纳税人
经办人：　　　　　　法定代表人（负责人）：　　　　　纳税人（签章）
　年　月　日　　　　　　年　月　日　　　　　　年　月　日

经办税务机关审核意见：
经办人：　　　　　　负责人：　　　　　　　税务机关（签章）
　年　月　日　　　　　　年　月　日　　　　　　年　月　日

工作任务评价标准

　　按照要求和规程完成了宏昌公司的变更税务登记后，参照老师给出的标准，任务的完成者与老师共同来评价工作任务的完成情况。
　　评价标准：
　　（1）变更登记和领取证件的时间是否正确；
　　（2）提交的证件和资料是否正确；
　　（3）重新核发税务登记证件有什么要求。

工作任务三　企业停业、复业登记

一、制定操作流程

引导案例：

　　武汉市武昌区居民张明是经营毛线的个体工商户（单位名称：芳芳毛线经营部），因夏天是经营淡季，因此，张明向武昌区国税局提出停业申请，从 2010 年 2 月 1 日至

5月31日停业。税务局对张明的情况进行了调查核实,在张明结清税款等税务事宜的情况下,准予停业,并责成张明按要求填写"税务停业登记申请表"。税务登记证号:210202808076808,开户银行为中国建设银行武泰闸支行,账号为:210202567402123123。张明委托××税务师事务所代理经营部停业、复业的相关涉税事宜,安排李真办理。

(1)李真何时办理停业、复业登记?

(2)李真怎样填报停业申请登记表和《停、复业报告书》?

(3)李真怎样为经营部结清税款等税务事宜?

企业停业、复业登记操作流程:

第一步,代理停业、复业登记申报;

第二步,代理填报停业、复业登记表;

第三步,代理领取企业停业、复业登记的有关批件。

二、知识导航

(一)企业停业、复业登记的范围

仅限于实行定期定额征收方式的个体工商户。

(二)企业停业、复业登记的时间

需要停业的,应当在停业前向税务机关申报办理停业登记,纳税人的停业期不得超过一年。

纳税人在申报办理停业登记时,应如实填写停业申请登记表(见表2-3),说明停业理由、停业期限、停业前的纳税情况和发票的领、用、存情况,并结清应纳税款、滞纳金、罚款。税务机关应收存其税务登记证件及副本、发票领购簿、未使用完的发票和其他税务证件。

纳税人应当于恢复生产经营之前,向税务机关申报办理复业登记,如实填写《停业复业报告书》(见表2-4),领回并启用税务登记证件、发票领购簿及其停业前领购的发票。

(三)提交有关证件和资料

纳税人应在规定的期限向主管税务机关办理停业、复业登记申报,填报停业、复业报告书,并提交相关证明文件和资料。

①《停业登记表》;

② 纳税人若有上级主管部门的,提交上级主管部门批准停业的文件;

③ 工商行政管理部门及其他相关部门要求停业的,提交工商行政管理部门及其他相关部门的停业文件;

④ 主管税务机关原发放的税务登记证件(正、副本);

⑤《发票领购簿》、发票专用章和未使用完的发票等;

⑥ 主管税务机关要求提供的其他证件、资料。

（四）注意事项

纳税人在停业期间发生纳税义务的，应当按照税收法律、行政法规的规定申报缴纳税款。

纳税人停业期满不能及时恢复生产经营的，应当在停业期满前向税务机关提出延长停业登记申请，并如实填写《停、复业报告书》。

税务登记岗受理纳税人停复业登记报告后，告知纳税人持《停、复业报告书》办结以下事项：到申报征收岗缴清税（费）款、滞纳金、罚款；到发票验审缴销岗封存《普通发票领购簿》、发票专用章和未使用完的发票；到本单位税源管理部门核实税收日常检查事项或到税务稽查部门核实税务稽查事项。

表 2 - 3　税务停业登记申请表

编号　鄂税　字　　年第　　号

以下项目由纳税人填写			
纳税人名称		登记注册类型	
税务登记号		电脑编码	
联系人		联系电话	
联系地址		邮　编	
停业时间	自　年　月　日至　年　月　日		
停业事由			
停业前的纳税情况	税	税款　　　元，滞纳金，罚款　　　元	
	税	税款　　　元，滞纳金，罚款　　　元	
	税	税款　　　元，滞纳金，罚款　　　元	
经办人（签字或盖章） 年　月　日	财务主管（签字或盖章） （部门盖章） 年　月　日		法人代表（签字或盖章） （单位公章） 年　月　日
以下项目由主管税务机关填写			
欠税情况	税	税款　　　元，滞纳金，罚款　　　元	
	税	税款　　　元，滞纳金，罚款　　　元	
	税	税款　　　元，滞纳金，罚款　　　元	

（续表）

	税务登记证件	发票	其他票证
票证上缴情况	国税:正本　本,副本　本	发票购用印制簿　本	
	地税:正本　本,副本　本	号码	
	国税:注册正本　本,副本　本	增值税专用发票　份	
	地税:注册正本　本,副本　本	统一发票　份	
		另附:《空白发票上缴(附存)清单》	
税务所意见 (经办人、负责人 签字或盖章) (部门盖章) 年　月　日	科室意见 (经办人、负责人 签字或盖章) (部门盖章) 年　月　日	科室意见 (经办人、负责人 签字或盖章) (部门盖章) 年　月　日	分局、县局意见 (盖章) 年　月　日

表 2-4 停业复业(提前复业)报告书

填表日期:　　年　月　日

纳税人 基本情况	纳税人名称						
	经营地点						
	纳税人识别号			纳税人编码			
停业期限	年　月　日至　年　月　日			复业时间			
缴回 发票 情况	种　类	号　码	份　数	领回 发票 情况	种　类	号　码	份　数
缴存税务 资料情况	发票 领购簿	税务 登记证	其他资料	领用税务 资料情况	发票 领购簿	税务 登记证	其他 资料
	是(否)	是(否)	是(否)		是(否)	是(否)	是(否)
结清税 款情况	应纳税款	滞纳金	罚款	停业期是 (否)纳税	已缴 应纳税款	已缴 滞纳金	已缴 罚款
	是(否)	是(否)	是(否)		是(否)	是(否)	是(否)
纳税人(签章): 　　　　　　年 月 日							
税务 机关 复核	经办人: 年 月 日		负责人: 年 月 日		税务机关(签章) 年 月 日		

⬤ **工作任务评价标准**

　　按照要求和规程完成了芳芳毛线经营部停业、复业登记后,参照老师给出的标准,任务的完成者与老师共同来评价工作任务的完成情况。

　　评价标准:

　　(1)停业、复业登记的时间是否正确;

　　(2)填报停业登记申请表和《停业复业报告书》是否正确;

　　(3)结清税款等税务事宜办理是否正确。

工作任务四　企业注销税务登记

一、制定操作流程

引导案例:

　　天天乐酒店因经营管理不善,准备于 2011 年 7 月份结束营业,注销税务登记。酒店委托××税务师事务所代理注销税务登记的相关涉税事宜,所长安排李真办理。

　　(1)李真何时为天天乐酒店办理注销税务登记?

　　(2)李真怎样填报《注销税务登记申请审批表》?

　　(3)李真怎样为天天乐酒店结清税款等税务事宜?

　　企业注销税务登记操作流程:

　　第一步,代理注销税务登记申报;

　　第二步,代理填报《注销税务登记申请审批表》;

　　第三步,代理领取注销税务登记的有关批件。

二、知识导航

(一)注销税务登记的范围及时间地点

　　1. 纳税人发生解散、破产、撤销以及其他情形,依法终止纳税义务的,应当在向工商行政管理机关或者其他机关办理注销登记前,持有关证件和资料向原税务登记机关申报办理注销税务登记;按规定不需要在工商行政管理机关或者其他机关办理注册登记的,应当自有关机关批准或者宣告终止之日起 15 日内,持有关证件和资料向原税务机关申报办理注销税务登记。

　　2. 纳税人被工商行政管理机关吊销营业执照或者被其他机关予以撤销登记的,应当自营业执照被吊销或者被撤销登记之日起 15 日内,向原税务机关申报办理注销税务登记。

　　3. 纳税人因住所、经营地点变动,涉及改变税务登记机关的,应当在向工商行政管理机关或者其他机关申请办理变更、注销登记前,或者住所、经营地点变动前,持有关证件和资料,向原税务登记机关申报办理注销税务登记,并自注销税务登记之日起

30日内向迁达地税务机关申报办理税务登记。

4. 境外企业在中国境内承包建筑、安装、装配、勘探工程和提供劳务的,应当在项目完工、离开中国境内前15日内,持有关证件和资料,向原税务登记机关申报办理注销税务登记。

（二）提交有关证件、资料

纳税人办理注销税务登记前,应当向税务机关提交相关证明文件和资料,结清应纳税款、多退（免）税款、滞纳金和罚款,缴销发票、税务登记证件和其他税务证件,经税务机关核准后,办理注销税务登记手续。

税务登记岗收到发票验审缴销岗、本单位税源管理部门和税务稽查部门签字的《注销税务登记申请审批表》,要求纳税人提交下列证明文件和资料:

(1) 主管部门或者董事会（职代会）的决议及其他有关证明文件;

(2) 营业执照被吊销的,工商行政管理机关发放的吊销决定;

(3) 清算组织提供的债权债务文件;

(4) 被其他机关撤销 撤销的,其他机关发放的撤销决定;

(5) 税务登记证（正、副本）;

(6) 主管地方税务机关要求提供的其他证件、资料。

（三）注意事项

1. 在提交有关证件和资料前需要办结相关手续

税务登记岗受理纳税人注销税务登记申请,当即向纳税人发放《注销税务登记申请审批表》一式三份,并告知纳税人持《注销税务登记申请审批表》办结以下手续:

(1) 到发票验审缴销岗缴销发票及《普通发票领购簿》;

(2) 到本单位税源管理部门办理注销前的税收日常检查事宜或者税务稽查部门办理注销前的涉税案件结案事宜;

(3) 到申报征收岗缴清税（费）款、滞纳金、罚款。

2. 及时领取注销税务登记的有关批件

税务机关在纳税人结清全部纳税事项后,核发《注销税务登记通知书》。注册税务师应及时到税务机关领回有关注销税务登记的批件、资料,交给纳税人。

表 2-5　注销税务登记申请审批表

纳税人名称		纳税人识别号	
注销原因			
附送资料			

（续表）

纳税人 经办人：	法定代表人（负责人）：	纳税人（签章）		
年　月　日	年　月　日	年　月　日		
以下由税务机关填写				
受理时间	经办人： 年　月　日	负责人： 年　月　日		
清缴税款、 滞纳金、 罚款情况	经办人： 年　月　日	负责人： 年　月　日		
缴销发票情况	经办人： 年　月　日	负责人： 年　月　日		
税务检查意见	检查人员： 年　月　日	负责人： 年　月　日		
收缴税务 证件情况	种类	税务登记 证正本	税务登记 证副本	临时税务 登记证正本	临时税务 登记证副本
	收缴数量				
	经办人： 年　月　日	负责人： 年　月　日		
批准意见	部门负责人： 年　月　日	税务机关（签章） 年　月　日		

工作任务评价标准

　　按照要求和规程完成了天天乐酒店注销税务登记后，参照老师给出的标准，任务的完成者与老师共同来评价工作任务的完成情况。

　　评价标准：

　　（1）注销税务登记的时间是否正确；

　　（2）填报的《注销税务登记申请审批表》是否正确；

　　（3）结清税款等税务事宜办理是否正确。

模块二　纳税事项税务登记代理实务

　　纳税事项税务登记代理实务主要包括增值税一般纳税人认定登记、税种认定登记。

根据《增值税暂行条例》及其实施细则的规定,划分一般纳税人和小规模纳税人的基本依据是纳税人的会计核算是否健全、是否能够提供准确的税务资料以及企业规模的大小。而衡量企业规模的大小一般以年销售额为依据。因此,现行增值税制度是以纳税人年销售额的大小和会计核算水平这两个标准为依据来划分一般纳税人和小规模纳税人的。对增值税纳税人进行分类的目的,是为了配合增值税专用发票的管理。这两类纳税人在税款计算方法、适用税率以及管理办法上都有所不同。对一般纳税人实行凭发票扣税的计税方法;对小规模纳税人规定简便易行的计税方法和征收管理办法。

税种认定登记是在纳税人办理了开业税务登记和变更税务登记之后,由主管税务局(县级以上国税局、地税局)根据纳税人的生产经营项目,进行适用税种、税目、税率的鉴定,以指导纳税人、扣缴义务人办理纳税事宜。

工作任务一　增值税一般纳税人认定登记

一、制定操作流程

引导案例:

××管件有限公司委托××税务师事务所代理增值税一般纳税人登记手续,所长安排李真办理。经查,该公司根据合同规定生产经营规模为每年加工生产各种铸铁件1 200吨,其产品全部由合资韩方在中国境外销售,年出口销售额200万美元,销售利润率应保持16%以上。该公司会计年度采用历年制,按照工业企业会计制度和外商投资企业财务会计核算的有关规定进行财务处理。公司财务会计2人,均有会计师执业证书。

××管件有限公司的产品于2011年10月开始出口销售。注册税务师经审核该公司出口产品销售收入明细账、增值税应缴税金明细账、出口产品原始单据等资料,确认该公司2011年10月出口销售额26.20万美元,按当月1日汇率折算人民币215.10万元。出口产品销售成本179.40万元,产品销售毛利率16.60%,公司财务核算制度较为健全。

(1)李真需要调查核实公司的哪些资料?

(2)李真怎样填报《增值税一般纳税人申请认定表》?

增值税一般纳税人资格认定操作流程:

第一步,代理核查企业是否具备增值税一般纳税人的条件;

第二步,向主管税务机关提交核查报告和《增值税一般纳税人申请认定表》;

第三步,代理领取认定资料交企业存档,并告知增值税一般纳税人办税的要求。

二、知识导航

（一）增值税一般纳税人的认定范围

增值税纳税人，年应税销售额超过财政部、国家税务总局规定的小规模纳税人标准的，除另有规定外，应当向主管税务机关申请一般纳税人资格认定。

根据规定，凡符合下列条件的视为增值税一般纳税人：

① 从事货物生产或提供应税劳务的纳税人，以及以从事货物生产或提供应税劳务为主，并兼营货物批发或零售的纳税人，年应税销售额在 50 万元（含）以上的。

② 其他纳税人，年应税销售额在 80 万元（含）以上的。

年应税销售额未超过财政部、国家税务总局规定的小规模纳税人标准以及新开业的纳税人，可以向主管税务机关申请一般纳税人资格认定。

对提出申请并且同时符合下列条件的纳税人，主管税务机关应当为其办理一般纳税人资格认定：

① 有固定的生产经营场所；

② 能够按照国家统一的会计制度规定设置账簿，根据合法、有效凭证核算，能够提供准确税务资料。

下列纳税人不办理一般纳税人资格认定：

① 个体工商户以外的其他个人。其他个人指自然人。

② 选择按照小规模纳税人纳税的非企业性单位。

③ 选择按照小规模纳税人纳税的不经常发生应税行为的企业。

（二）增值税一般纳税人认定登记的时间地点

符合增值税一般纳税人条件的企业，应在向税务机关办理税务登记的同时，申请办理一般纳税人认定手续；已开业经营的小规模企业（商业零售企业除外），若当年应税销售额超过小规模纳税人标准的，应在次年 1 月底之前，申请办理一般纳税人认定手续。

企业申请办理一般纳税人认定手续，应向所在地主管国税局提出书面申请，说明企业的经济形式、生产经营范围、产品名称及用途、企业注册资本、会计核算等问题，经税务机关审核后填写《增值税一般纳税人申请认定表》（见表 2-6）。

企业总、分支机构不在同一县市的，应分别向其机构所在地主管税务机关申请办理一般纳税人认定登记手续。企业总机构已被认定为增值税一般纳税人的，其分支机构可持总机构为增值税一般纳税人的证明，向主管税务机关申请认定为一般纳税人。除商业企业外，纳税人总分支机构实行统一核算，其总机构年应税销售额超过小规模企业标准，但分支机构年应税销售额未超过小规模企业标准的，其分支机构可申请办理一般纳税人认定手续。在办理认定手续时，须提供总机构所在地主管税务机关批准其总机构为一般纳税人的证明。

（三）提交有关证件、资料

纳税人年应税销售额超过小规模纳税人标准的，要求企业提供有关资料，如企业设立的合同、章程，企业申办工商登记、税务登记的报表和证件，企业已实现销售的情况，会计、财务核算的原始资料等。对企业可能实现或已经实现的年度应税销售额，企业会计、财务处理的方法和管理制度，企业财务人员的办税能力能否具备增值税一般纳税人的条件等问题，写出有关增值税一般纳税人认定登记的核查报告，作为《增值税一般纳税人申请认定表》的附件，报送主管国税局。

纳税人年应税销售额未超过小规模纳税人标准以及新开业的纳税人，向主管税务关填报申请表，并提供下列资料：

① 《税务登记证》副本；
② 财务负责人和办税人员的身份证明及其复印件；
③ 会计人员的从业资格证明或者与中介机构签订的代理记账协议及其复印件；
④ 经营场所产权证明或者租赁协议，或者其他可使用产地证明及其复印件。
⑤ 国家税务总局规定的其他资料。

（四）注意事项

县级以上国家税务机关对经审核符合增值税一般纳税人条件的企业，在《增值税一般纳税人申请认定表》上签署意见，并将企业的《税务登记证》副本首页上方加盖"增值税一般纳税人"戳记。对从事商业经营的新办企业和小规模企业，一般是先认定为"增值税临时一般纳税人"，经过 3 个月或半年时间的考核后，再转为正式的一般纳税人。

新办小型商贸企业是指新办小型商贸批发企业。由于新办小型商贸批发企业尚未进行正常经营，对其一般纳税人资格，一般情况下需要经过一定时间的实际经营才能审核认定。对新办工业企业增值税一般纳税人的认定，主管税务机关也应及时组织对纳税人的实地查验，核实是否拥有必要的厂房、机器设备和生产人员，是否具备一般纳税人财务核算条件。在 2004 年 6 月 30 日前已办理税务登记并正常经营的属于小规模纳税人的商贸企业，按其实际纳税情况核算全年销售额实际达到 180 万元后，经主管税务机关审核，可直接认定为一般纳税人，不实行辅导期一般纳税人管理。

对于税务机关审核后认定为正式一般纳税人的企业，注册税务师可将加盖一般纳税人戳记的税务登记证副本、《增值税一般纳税人申请认定表》交企业存档，并告知增值税一般纳税人办税的要求。如果企业暂被认定为临时一般纳税人，应指导企业准确核算增值税的进项税额、销项税额，待临时一般纳税人期满后，向税务机关提出转为正式一般纳税人的申请。

表 2 - 6　增值税一般纳税人申请认定表

纳税人识别号 210211610450116

纳税人名称：　　　　　　　　　　　申请时间：

年度实际销售额或年度预计销售额	生产货物的销售额	
	加工、修理修配的销售额	
	批发、零售的销售额	
	应税销售额合计	
	固定资产规模	
会计财务核算状况	专业财务人员人数	
	设置账簿种类	
	能否准确核算进项、销项税额	
企业类别	工业	
	商业	
核发税务登记证副本数量		
基层税务部门意见（盖章）年　月　日	县（区）级税务部门意见（盖章）年　月　日	市（地）级税务部门意见（盖章）年　月　日

期限：　　年　　月　　日至　　年　　月　　日

注：1. 本表一式三份，纳税人填报后，经主管税务机关审核后，一份交给纳税人，两份主管税务机关自存。

2. 纳税人在办理开业登记时，可以按预计销售额填写。经主管税务机关审核后，认定为增值税一般纳税人。享有增值税一般纳税人的所有权利及义务。一个会计年度结束后，纳税人根据实际经营情况，据实填写本表，交主管税务机关审核。

🌀 工作任务评价标准

　　按照要求和规程完成了××管件有限公司增值税一般纳税人认定登记后，参照老师给出的标准，任务的完成者与老师共同来评价工作任务的完成情况。

　　评价标准：

　　（1）调查核实的资料是否正确；

　　（2）填报的《增值税一般纳税人申请认定表》是否正确。

工作任务二　税种认定登记

一、制定操作流程

引导案例：

　　××管件有限公司委托××税务师事务所办理税种认定登记手续，所长委托李

真办理。李真除取得前述资料以外,有关纳税事项其他情况核查如下:

①××管件有限公司具有进出口经营权,出口货物采用进料加工复出口的贸易形式,出口方式主要采用自营出口。

②根据××内外贸企业代理出口,在中国境内不销售本公司的产品,中国境内、境外亦不设立专营销售的分支机构。

③根据公司合同附件"中方与外方投资明细表",注册会计师的"验资报告",经核查"实收资本"、"固定资产"账户及相关原始凭证,确认中方以厂房投资面积726平方米,原值41万元人民币;办公楼投资152平方米,原值9.2万元人民币。外方以交通工具投资的车辆有2吨叉车1辆、载重3吨的生产用车1辆、8人座位面包车1辆,折合人民币共计28.9万元。

(1)何时为公司办理税种认定登记?

(2)需要核查哪些资料?

(3)怎样填报纳税人税种登记表?

税种认定登记的操作流程:

第一步,核查纳税人有关资料;

第二步,向主管税务机关提交核查报告和《纳税人税种认定表》;

第三步,取得税种认定通知,指导纳税人办税事宜。

二、知识导航

(一)税种认定登记的时间地点

纳税人应在领取《税务登记证》副本后和申报纳税之前,到主管税务机关的征收管理部门申请税种认定登记,填写《纳税人税种登记表》(见表2-7)。纳税人如果变更税务登记的内容涉及税种、税目、税率变化的,应在变更税务登记之后重新申请税种认定登记,并附送申请报告。

税务机关对纳税人报送的《税种认定登记表》及有关资料进行审核,也可根据实际情况派人到纳税人的生产经营现场调查之后,对纳税人适用的税种、税目、税率、纳税期限、纳税方法等作出确认,在《纳税人税种登记表》的有关栏目中注明,或书面通知纳税人税种认定结果,以此作为办税的依据。

(二)注意事项

1. 代理税种认定登记。注册税务师应在核查纳税人有关资料的基础上,结合纳税事项深入调查。特别是对于增值税企业的混合销售行为,兼营非应税劳务的纳税事项,生产加工应税消费品的企业消费税适用税目、税率的纳税事项,外商投资企业生产性与非生产性的认定,以及产品出口企业、先进技术企业的认定,应详细核查纳税人的合同、章程有关的批文和证件,会计科目处理及原始凭证等资料,逐一核实认定后,再向主管税务机关提交核查报告和《纳税人税种认定表》,履行申报手续。

2. 在取得主管税务机关税种认定的通知之后,注册税务师应指导纳税人具体的办税事宜。如果纳税人对税务机关的认定提出异议,应进一步调查并提出意见,提交主管税务机关重新加以认定。对于税种认定涉及国税、地税两套税务机构的纳税人,应分别申办税种认定手续。

表 2-7　纳税人税种登记表

纳税人识别号 210211610450116

纳税人名称:××管件有限公司

一、增值税:			
类别	1. 销售货物　□✓ 2. 加工　　　□ 3. 修理修配　□ 4. 其他　　　□	货物或 项目名称	主营 兼营
纳税人认定情况	1. 增值税一般纳税人　□　　2. 小规模纳税人□ 3. 临时增值税一般纳税人□		
经营方式	1. 境内经营货物　□　　2. 境内加工修理　□ 3. 自营出口　　　□　　4. 间接出口　　　□ 5. 收购出口　　　□　　6. 加工出口　　　□		
备注:自营出口和委托代理出口　　采用进料加工等出口方式			

二、消费税:			
类别	1. 生产　　　□ 2. 委托加工　□ 3. 零售　　　□	应税消费 品名称	1. 烟　□　2. 酒及酒精　□　3. 化妆品　□ 4. 护肤护发品　□　5. 贵重首饰及珠宝玉石　□ 6. 鞭炮、焰火　□　7. 汽油　□　8. 柴油　□ 9. 汽车轮胎　□　10. 摩托车　□ 11. 小汽车　□
经营方式	1. 境内销售　□　　2. 委托加工出口　□ 3. 自营出口　□　　4. 境内委托加工　□		
备注:自营出口			

三、营业税:		
经营项目	主营	
及税目	兼营	
备注:		

四、内资企业、外商投资企业和外国企业所得税:	
法定或申请 纳税方式	1. 按实纳税　□　　　　　　　　2. 核定利润率计算纳税　□ 3. 按经费支出换算收入计算纳税□　4. 按佣金率换算收入纳税　□ 5. 航空、海运企业纳税方式　□　　6. 其他纳税方式　　　　□

（续表）

非生产性收入占总收入的比例（%）	生产性收入占全部销售收入的比例为100%		
备注:季度预缴 1. 按上年度四分之一□　2. 按每季度实际所得□			
五、资源税:			
产品名称		应税项目	
备注:			
六、土地增值税:			
七、房产税:			
计税类别	1. 自有房产　□　　2. 出租房产　□		
备注:房屋面积878平方米,原值50.2万元人民币			
八、车船税:			
车船类别	1. 机动船　□　2. 非机动船　□　3. 机动车　□　4. 非机动车　□		
备注:2吨叉车1辆;载重3吨货车1辆;8座面包车1辆			
九、屠宰税:			
屠宰类别	1. 猪　□　　2. 牛　□　　3. 羊　□		
十、城镇土地使用税:			
税额类别			
备注			
十一、城市维护建设税:			
十二、教育费附加:			
十三、矿区使用费:			
原油　□	不超过一百万吨　　　　　　□　一百万吨至一百五十万吨　□ 一百五十万吨至二百万吨　□　二百万吨至三百万吨　　　□ 三百万吨至四百万吨　　　□　四百万吨以上　　　　　　□		
天然气　□	不超过二十亿立方米　　　□　二十亿至三十五亿立方米　□ 三十五亿至五十亿立方米　□　五十亿立方米以上　　　　□		
预缴方式	分次　□　　分期　□		

以下由税务机关填写

税种	税目或品目	子目	行业	申报期限	纳税期限	征收率或单位税额	征集分类	缴库方式	预算款名	预算项名	级次分配比例	是否单独纳税

鉴定人		鉴定日期		录入人		录入日期	

工作任务评价标准

按照要求和规程完成了××管件有限公司税种认定登记后,参照老师给出的标准,任务的完成者与老师共同来评价工作任务的完成情况。

评价标准:

(1) 调查核实的资料是否正确;

(2) 填报的《纳税人税种登记表》是否正确。

思 考 题

一、单项选择题

1. 从事生产经营的纳税人应当自领取营业执照之日起( )内,向主管税务机关办理税务登记。

    A. 10 日   B. 15 日   C. 30 日   D. 60 日

2. 已开业的小规模企业,其年应税销售额超过小规模纳税人标准的应在( )申请办理一般纳税人认定手续。

    A. 当年 12 月底   B. 次年 1 月底前   C. 次年 1 月底后   D. 当月

3. 某公司为已办理税务登记的企业,今年 3 月经有关部门批准增加注册资本,该企业应办理( )

    A. 开业税务登记   B. 注销税务登记

    C. 变更税务登记   D. 注册税务登记

4. 纳税人发生解散、破产等情形依法终止纳税义务后,应当在向工商行政管理机关办理注销登记(   ),持证申报办理注销税务登记。

A. 15 日   B. 之前   C. 之后   D. 30 日

5. 纳税人被工商行政管理部门吊销营业执照的,应当自营业执照被吊销之日起(   )内,向原税务登记机关申请办理注销税务登记。

A. 7 日   B. 10 日   C. 15 日   D. 30 日

二、多项选择题

1. 企业税务登记的种类主要包括(   )

A. 开业登记   B. 注销登记

C. 变更登记   D. 重新登记

2. 税务登记表的主要内容有(   )

A. 单位名称   B. 住所、经营地点

C. 生产经营范围   D. 财务负责人、联系电话

3. 应办理变更税务登记的情形有(   )。

A. 改变了法定代表人   B. 改变了经营地点

C. 单位员工发生改变   D. 经营范围发生改变

4. 应办理注销税务登记的情形有(   )。

A. 因经营期满而发生解散   B. 破产

C. 被吊销营业执照   D. 改变经营范围

5. 纳税人在办理理注销税务登记前,应向税务机关结算(   )。

A. 税款   B. 滞纳金

C. 税务登记证   D. 账簿、凭证、报表

案例分析

案例:

某从事饮食业的个体户,于 2011 年 6 月 1 日起由该地的一街迁移到同一行政管辖区域内的二街经营。

思考:

1. 请问该个体户应该申报办理什么税务登记?在什么时候办理?

2. 如果该个体户没按规定期限办理税务登记要承担什么法律责任?

项目三　发票领购与审查代理实务

知识目标

- 熟悉发票的种类与适用范围
- 熟悉发票管理权限的划分
- 熟悉发票领购的管理制度
- 掌握纳税人适用的发票种类和领购发票的方式,发票领购与审查的操作流程。

技能目标

- 能够代理企业发票领购
- 能够代理企业发票填开
- 能够代理企业发票审查
- 能够出具代理企业发票审查报告

模块一　发票领购代理业务

发票是指一切单位和个人在购销商品、提供或者接受劳务服务以及从事其他经营活动时,所提供给对方的收付款的书面证明。它是财务收支的法定凭证,是会计核算的原始凭据,是税务检查的重要依据。

注册税务师代理发票领购与审查事宜的范围主要涉及两个方面:领购方面首先要了解发票的种类与适用范围、税务机关有关发票管理权限的划分、发票领购的管理制度等各项规定,根据纳税人适用的发票种类和领购发票的方式,办理发票领购;审查方面应明确发票审查的目的和要求,以及审查的对象和范围,然后深入纳税人的生产经营场所进行实地审查。

工作任务一　领购发票

一、制定发票领购代理工作流程

引导案例：

远华大厦有限公司将于 2011 年 10 月 1 日开业,主要开展下列业务:

① 收购鲜活螃蟹、鲍鱼、龙虾等海产品,对外提供餐饮服务;

② 拥有客房 1 000 套供客人居住使用;

③ 娱乐项目有卡拉 OK 歌舞厅、保龄球、台球等;

④ 洗刷车并提供修理修配汽车服务。

公司委托××税务师事务所代理发票领购事宜,所长安排张三办理此项涉税事宜。

（1）张三应该到国税还是地税申请领购发票?

（2）张三需要提供哪些证件和资料?

（3）张三如何填写发票领购申请审批表?

（4）填写审批表的同时,需要加盖哪些印章?

代理发票领购的工作流程:

第一步,了解委托人的基本情况,判断职业胜任能力及执业风险,决定是否要接受委托;

第二步,就委托相关事项,双方签订《委托代理协议书》;

第三步,由此项目负责人定制执业计划;

第四步,组织实施发票领购代理工作;

第五步,为该公司办理发票领购手续时,应根据使用发票的不同种类分别到国税、地税办理领购手续;

第六步,向主管国税、地税局提出购票申请,同时附送经办人身份证明、税务登记证件、银行开户证明和财务印章等;

第七步,填写“发票领购申请审批表”,详细写明需要发票种类、名称、数量等内容,并加盖用票单位公章和经办人印章后提交主管税务机关审核,领取“发票领购簿”;

第八步,凭“发票领购簿”及税务机关核准的领购发票的种类、方式、限量领购发票。

二、知识导航

（一）发票的种类与使用范围

根据《发票管理办法》和国家税务总局的有关规定,发票的管理权限按流转税主体税种划分。增值税纳税人使用的发票由国家税务局管理,如增值税专用发票,工业、商业企业销货发票,加工修理发票等;营业税纳税人使用的发票由地方税务局管理,如服务业、建筑安装业、运输业、金融保险业等开具的结算营业收入的各种发票。有的发票对于增值税或营业税纳税人都适用,如临时经营发票用于临时经营单位销售货物,或提供营业税应税劳务时使用。因此,增值税企业发票领购到国税局办理,营业税企业发票领购到地税局办理。如果一个企业以增值税为主并兼有营业税的经营项目,就应该分别到国税和地税主管税务机关办理。

发票种类繁多,主要是按行业特点和纳税人的生产经营项目分类。每种发票都有特定的使用范围。

1. 增值税专用发票

增值税专用发票(以下简称专用发票)只限于增值税一般纳税人领购使用,增值税小规模纳税人和非增值税纳税人不得领购使用。从行业划分来讲,它是工业、商业企业用于结算销售货物和加工修理修配劳务使用的发票。根据《关于修订〈增值税专用发票使用规定〉的通知》(国税发[2006]156号),一般纳税人有下列情形之一的,不得领购开具专用发票:

(1) 会计核算不健全,不能向税务机关准确提供增值税销项税额、进项税额和应纳税额数据及其他有关增值税税务资料的。

(2) 有《税收征管法》规定的税收违法行为,拒不接受税务机关处理的。

(3) 有下列行为之一,经税务机关责令限期改正而仍未改正的:

① 虚开增值税专用发票;

② 私自印制专用发票;

③ 向税务机关以外的单位和个人取得专用发票;

④ 借用他人专用发票;

⑤ 未按规定开具专用发票;

⑥ 未按规定保管专用发票和专用设备;

⑦ 未按规定申请办理防伪税控系统变更发行;

⑧ 未按规定接受税务机关检查。

(4) 销售的货物全部属于免税项目者。

(5) 从1995年7月1日起,一般纳税人经营商业零售的烟、酒、食品、服装、鞋帽(不包括劳保专用的部分)、化妆品等消费品不得开具专用发票;一般纳税人生产经营机器、机车、汽车、轮船、锅炉等大型机械电子设备,凡直接销售给使用单位的,不再开具专用发票,而改用普通发票。

2003年7月1日起,增值税一般纳税人必须通过防伪税控系统开具专用发票,同时全国统一废止增值税一般纳税人所用的手写版专用发票。

2. 普通发票

普通发票主要由营业税纳税人和增值税小规模纳税人使用,增值税一般纳税人在不能开具专用发票的情况下也可使用普通发票,所不同的是具体种类要按适用范围选择。如普通发票中的商业批发零售发票、加工修理修配发票是由增值税纳税人使用的,而属于结算服务收入、运输收入等的普通发票主要由营业税纳税人使用。普通发票由行业发票和专用发票组成。前者适用于某个行业的经营业务,后者仅适用于某一经营项目,可以说是在行业发票划分的基础上再细分,其作用在于控制一些特定经营项目的税收征管和进行社会经济管理,除此以外,其结算内容在票面设计上也有特殊要求,如广告费用结算发票、出售地下水专用发票、商品房销售发票等。

（1）增值税纳税人使用的普通发票

增值税纳税人使用的普通发票主要有工业企业产品销售统一发票、工业企业材料销售统一发票、工业企业加工产品统一发票、工业加工修理统一发票、商业零售统一发票、商业批发统一发票、农林牧水产品收购统一发票、废旧物资收购发票、机动车专项修理专用发票、电业局电力销售专用发票、自来水公司水销售专用发票、公共事业联合收费处缴费专用发票、临时经营发票等。

（2）营业税纳税人使用的普通发票

营业税纳税人使用的普通发票主要有建筑安装企业统一发票、旅店业统一发票、饮食业统一发票、广告业统一发票、社会服务业统一发票、代理购销业务统一发票、商品房销售专用发票、社会办医疗机构收费统一发票、产权交易专用发票、房屋出租专用发票、全国联运行业统一发票、水路货运结算发票、临时经营发票等。

（3）货物运输发票

2003年10月,国家税务总局发布《货物运输业营业税征收管理办法》和《运输发票增值税抵扣管理试行办法》。从2003处11月1日起,提供货物运输劳务的纳税人必须经主管地方税务局认定方可开具货物运输业发票。凡未经地方税务局认定的纳税人开具货物运输发票不得作为记账凭证和增值税抵扣凭证。"两法"主要内容如下:

1）纳税人的认定

① 从事货物运输的承包人、承租人、挂靠人和个体运输户不得认定为自开票纳税人。

② 铁路运输（包括中央、地方、工矿及其他单位所属铁路）、管道运输、国际海洋运输业,装卸搬运以及公路、内河客运业务的纳税人不需要进行自开票纳税人资格认定,不需要报送货物运输业发票清单。

2）关于办理税务登记前发生的货物运输劳务征税问题

① 单位和个人在领取营业执照之日起30日内向主管地方税务局申请办理税务登记的,对其自领取营业执照之日至取得税务登记证期间提供的货物运输劳务,办理税务登记手续后,主管地方税务局可为其代开货物运输业发票。

② 单位和个人领取营业执照超过30日未向主管地方税务局申请办理税务登记的,主管地方税务局应按《税收征管法》及其实施细则的规定进行处理,在补办税务登记手续后,对其自领取营业执照之日至取得税务登记证期间提供的货物运输劳务,可为其代开货物运输业发票。

③ 地方税务局对提供货物运输劳务的单位和个人进行税收管理过程中,凡发现代开票纳税人（包括承包人、承租人、挂靠人以及其他单位和个人）未办理税务登记、符合税务登记条件的,必须依法办理税务登记。

3）关于货运发票开具问题

① 代开票纳税人管理的所有单位和个人（包括外商投资企业、特区企业和其他单位、个人）。凡按规定应当征收营业税，在代开货物运输业发票时一律按开票金额3‰征收营业税，按营业税税款7‰预征城建税，按营业税税款3‰征收教育费附加。同时按开票金额33‰预征所得税，预征的所得税年终时进行清算。但代开票纳税人实行核定征收企业所得税办法的，年终不再进行所得税清算。

在代开票时已征收的属于法律法规规定的减征或者免征的营业税及城市维护建设税、教育费附加、所得税以及高于法律法规规定的城市维护建设税税率的税款，在下一征期退税，具体退税办法按《国家税务总局、中国人民银行、财政部关于现金退税问题的紧急通知》（国税发〔2004〕47号）执行。

② 提供了货物运输劳务但按规定不需办理工商登记和税务登记的单位和个人，凭单位证明或个人身份证在单位机构所在地或个人车籍地由代开票单位代开货物运输业发票。

4）关于税款核定征收问题

① 按照《运输发票增值税抵扣管理试行办法》的规定，对代开票纳税人实行定期定额征收方法。凡核定的营业额低于当地确定的营业税起征点的，不征收营业税；凡核定的营业额高于当地确定的营业税起征点的，代开发票时按规定征收税款。

② 单位和个人利用自备车辆偶尔对外提供货物运输劳务的，可不进行定期定额管理，代开票时对其按次征税。

③ 代开票纳税人实行定期定额征收方法时，为避免在代开票时按票征收发生重复征税。对代开票纳税人可采取以下征收方法：

a. 在代开票时按开具的货物运输业发票上注明的营业税应税收入按规定征收（代征）营业税、所得税及附加。

b. 代开票纳税人采取按月还是按季结算，由省级地方税务局确定。

c. 代开票纳税人在缴纳定额税款时，其在代开票时取得的税收完税凭证上注明的税款大于定额税款的，不再缴纳定额税款；完税凭证上注明的税款小于定额的，则补缴完税凭证上注明的税款与定额税款差额部分。

5）关于货运发票的抵扣问题

① 增值税一般纳税人外购货物（固定资产除外）和销售应税货物所取得的由自开票纳税人或代开票单位为代开票纳税人开具的货物运输业发票准予抵扣进项税额。

② 增值税一般纳税人取得税务机关认定为自开票纳税人的联运单位和物流单位开具的货物运输业发票准予计算抵扣进项税额。准予抵扣的货物运费金额是指自开票纳税人和代开票单位为代开票纳税人开具的货运发票上注明的运费、建设基金和现行规定允许抵扣的其他货物运输费用；装卸费、保险费和其他杂费不予抵扣。货运发票应当分别注明运费和杂费，对未分别注明，而合并注明为运杂费的不予抵扣。

③ 增值税一般纳税人取得的货物运输业发票，可以在自发票开具日180天后的第一个纳税申报期结束以前申报抵扣。

④ 增值税一般纳税人在 2004 年 3 月 1 日以后取得的货物运输业发票,必须按照《增值税运费发票抵扣清单》的要求填写全部内容,对填写内容不全的不得予以抵扣进项税额。

⑤ 增值税一般纳税人取得的联运发票应当逐票填写在《增值税运费发票抵扣清单》的"联运"栏次内。

⑥ 增值税一般纳税人取得的内海及近海货物运输发票,可暂填写在《增值税运输发票抵扣清单》内河运输栏内。

3. 专业发票

专业发票是指国有金融、保险企业的存贷、汇兑、转账凭证及保险凭证;国有邮政、电信企业的邮票、邮单、话务、电报收据;国有铁路、民用航空企业和交通部门、国有公路、水上运输企业的客票、货票等。经国家税务总局或者省、市、自治区税务机关批准,专业发票可由政府主管部门自行管理,不套印税务机关的统一发票监制章,也可根据税收征管的需要纳入统一发票管理。

(二) 发票领购管理规程

1. 发票领购的适用范围

(1) 依法办理税务登记的单位和个人,在领取《税务登记证》后可以申请领购发票,属于法定的发票领购对象;

(2) 依法不需要办理税务登记的单位,发生临时经营业务需要使用发票的,可以凭单位介绍信和其他有效证件,到税务机关代开发票;

(3) 临时到本省、自治区、直辖市以外从事经营活动的单位和个人,凭所在地税务机关开具的《外出经营活动税收管理证明》,在办理纳税担保的前提下,可向经营地税务机关申请领购经营地的发票。

2. 发票领购手续

按照发票管理法规的规定:申请领购发票的单位和个人应当提出购票申请,同时提供经办人身份证明、税务登记证件及财务印章、发票专用章的印模等资料,经主管税务机关审核后发给《发票领购簿》。领购发票的单位和个人凭《发票领购簿》核准的种类、数量,向主管税务机关领购发票。需要临时使用发票的单位和个人,可以直接向税务机关申请办理发票的开具。

对于跨省、市、自治区从事临时经营活动的单位和个人申请领购发票,税务机关应要求提供保证人,或者缴纳不超过 1 万元的保证金,并限期缴销发票。

(三) 代理领购发票操作要点

1. 代理自制发票审批程序与操作要点

《发票管理办法实施细则》规定:凡有固定生产经营场所、财务核算和发票管理制度健全、发票使用量较大的单位,可以申请印制印有本单位名称的发票即自制发票。如果统一发票式样不能满足业务需要,也可以自行设计本单位的发票式样,报经县(市)以上税务机关批准到指定的印刷厂印制。自制发票仅限于普通发票。

（1）要求用票单位根据业务特点和经营需要，设计发票式样，预计使用数量。

（2）代理填写《企业自制发票申请审批表》，写明所需发票的种类、名称、格式、联次和需求数量，连同发票式样一同提交主管税务机关审批。

（3）取得税务机关核准的《发票印制通知书》后，到指定的印刷厂印制。发票印制完毕，注册税务师应指导用票单位建立发票领用存的管理制度，按季度向主管税务机关报送《发票领用存情况季报表》。

2. 代理统印发票领购操作要点

统印发票的领购方式有如下三种：

第一，批量供应。税务机关根据用票单位业务量对发票需求量的大小，确定一定时期内的合理领购数量，用量大的可以按月提供，用量不太大的可以按季领购，防止其积存较多发票而引起管理上的问题。这种方式主要适用于财务制度较健全、有一定经营规模的纳税人。

第二，交旧购新。用票单位交回旧的（已填用过的）发票存根联，经主管税务机关审核后留存，才允许购领新发票。主管税务机关对旧发票存根联进行审核，主要看其存根联是否按顺序号完整保存，作废发票是否全份缴销，填开的内容是否真实、完整、规范等。

第三，验旧购新。这种方式与交旧购新基本相同，主要区别是税务机关审验旧发票存根以后，由用票单位自己保管。

后两种方式适用于财务制度不太健全、经营规模不大的单位和个体工商业户，以便于税务机关能及时检查并纠正其发票使用过程中出现的问题。

（1）注册税务师应根据用票单位适用的发票领购方式，办理发票领购手续。在初次办理统印发票的领购时，应填写《发票领购申请审批表》，经核准后，持《普通发票领购簿》、单位公章、经办人印章等到主管税务机关办理发票领购手续，按规定缴纳发票工本费，并取得收据。

（2）发票领购以后。注册税务师应将其与《发票领购簿》记载的种类、数量、字轨号码进行核对，确认无误后交给用票单位并履行签收手续。

（3）对于再次领购发票的用票单位，注册税务师应按税务机关发票保管与使用的规定，认真审查发票存根联的各项内容，对于发现的问题应提示用票单位予以纠正后，再按用票单位适用的购票方式办理发票领购手续。

（4）对于用票单位已经发生的发票丢失、发票使用不符合规范等问题，注册税务师应指导用票单位向主管税务机关提交检查报告，并办理有关手续。

工作任务评价标准

按照要求和规程完成了远华大厦公司的代理发票领购工作后，参照老师给出的标准，任务的完成者与老师共同来评价工作任务的完成情况。

评价标准：

（1）是否正确地判断了领购地点；

（2）提交的证件和资料是否正确；

（3）审批表填写是否正确；

（4）加盖印章是否正确。

工作任务二　填开发票

一、制定发票填开工作流程

引导案例：

利民有限公司销售货物时，由于购买单位无法确定单位全称，所以要求开票人不要填开购货方单位名称，由购买者单位的会计补填发票联，打电话告诉利民有限公司开票人员具体单位名称，再补填剩余联次。税务师张三代理涉税事宜。

（1）张三如何填写这张发票？

（2）张三填写发票时需要注意哪些问题？

（3）张三填写发票的期限？

1. 代理增值税普通发票填开的工作流程

第一步，了解委托人的基本情况，判断职业胜任能力及执业风险，决定是否要接受委托；

第二步，就委托相关事项，双方签订《委托代理协议书》；

第三步，由此项目负责人定制执业计划；

第四步，组织实施发票填开的代理工作；

第五步，确定开票需要的相关资料，包括购货单位名称、地址、日期等；

第六步，如实填写发票项目、单位、数量、单价、合计金额（大、小写）；

第七步，签上开票人、收款人的姓名；

第八步，盖上收款单位章。

2. 代理增值税专用发票填开的工作流程

进入系统→发票管理→发票开具管理→发票填开→发票号码确认→进入"专用发票填开"界面→填写购货方信息→点击"清单"按钮→进入销货清单填开界面→填写各条商品信息→点击"退出"返回发票界面→打印发票→加盖财务专用章或发票专用章。

二、知识导航

注册税务师在代理建账建制、办理账务、开展税务咨询、受聘税务顾问等业务过程中，必然涉及企业在经济业务往来中如何开具和取得发票的问题。因此，对于发票的开具要求和填开的操作要点也是注册税务师必备的专业技术要求。

（一）发票的开具要求

1. 发票开具使用的要求

任何填开发票的单位和个人必须在发生经营业务并确认营业收入时，才能开具发票,未发生经营业务一律不得开具发票;不得转借、转让或者代开发票;未经税务机关批准,不得拆本使用发票,也就是说不能将一本发票拆成一份一份使用;不得自行扩大专用发票的使用范围,如将增值税专用发票用于非增值税一般纳税人。

2. 发票开具时限的要求

增值税专用发票开具的时限:采用预收货款、托收承付、委托银行收款结算方式的,为货物发出的当天;采用交款发货结算方式的,为收到货款的当天;采用赊销、分期付款结算方式的,为合同约定的收款日期的当天;将货物交给他人代销,为收到受托人送交的代销清单的当天;设有两个以上机构并实行统一核算的纳税人,将货物从一个机构移送其他机构用于销售,按照规定应当征收增值税的,为货物移送的当天;将货物作为投资提供给其他单位或者个体经营者,将货物分给股东或投资者的,均为货物移送的当天。一般纳税人必须按照上述规定的时限开具增值税专用发票,不得提前或滞后。

3. 发票开具地点的要求

发票限于领购单位和个人在本省(直辖市、自治区)范围内开具。有些省级税务机关规定仅限于在本县、市内开具;有些省级税务机关虽然规定在本省(直辖市、自治区)跨县、市开具,但附有限定条件。任何单位和个人未经批准,不得跨规定的使用区域携带、邮寄或者运输发票,更不得携带、邮寄或者运输发票出入国境。

4. 电子计算机开具发票的要求

用票单位使用电子计算机开具发票,必须报经主管税务机关批准,并使用税务机关统一监制的机外发票,即经税务机关批准的在定点印制发票企业印制的供电子计算机开具的发票;同时,开具后的存根联应当按照顺序号装订成册,以备税务机关检查。

(二) 发票填开的操作要点

1. 发票的开具

任何单位和个人销售商品、提供服务以及从事经营活动时,对外发生经营业务收取款项,收款方应当向付款方开具发票。特殊情况下,由付款方向收款方开具发票:一是收购单位收购货物或者农副产品付款时,应当向收款人开具发票;二是扣缴义务人支付个人款项时,应当向收款人开具发票。

增值税一般纳税人除《增值税专用发票使用规定(试行)》第四条所列情形外,销售货物(包括视同销售货物)、应税劳务,根据《增值税暂行条例实施细则》规定应当征收增值税的非应税劳务(以下简称销售应税项目),必须向购买方开具专用发票。但有下列情形的,不得开具专用发票:向消费者销售应税项目;销售免税项目;销售报关出口的货物、在境外销售应税劳务;将货物用于非应税项目;将货物用于集体福利或个人消费;将货物无偿赠送他人;提供非应税劳务(应当征收增值税的除外)、转让无形资产或销售不动产。向小规模纳税人销售应税项目,可以不开具专用发票。

2. 发票的填写

开具发票应当按照规定的时限、顺序,逐栏、全部联次一次性如实填开,即必须做到按号码顺序填开,填写项目齐全,内容真实,字迹清楚,全部联次一次性复写或打印,内容完全一致,并在发票联或者抵扣联加盖单位财务印章或发票专用章。填写专用发票还要求:字迹不得涂改;票面品名与货物相符,票面金额与实际收取的金额相符;各项目内容正确无误,发票联和抵扣联盖财务专用章或发票专用章;按照《增值税专用发票使用规定(试行)》第六条所规定的时限开具专用发票;不得拆本使用专用发票以及不得开具票样与国家税务总局统一制定的票样不相符的专用发票。同时,填写发票应当使用中文;民族自治地方可以同时使用当地通用的一种民族文字;外商投资企业和外国企业可以同时使用一种外国文字。

3. 发票的取得

为了便于进行会计核算,任何单位和从事生产经营活动的个人在购买商品、接受服务以及从事其他经营活动中支付款项,应当向收款方索取发票。根据《发票管理办法》规定,在取得发票时,不得要求变更品名和金额。同时,不符合规定的发票,即应经而未经税务机关监制的发票,填写项目不齐全,内容不真实,字迹不清楚的发票,没有加盖财务印章或者发票专用章的发票,伪造、作废以及其他不符合税务机关规定的发票,一律不得作为财务报销凭证,任何单位和个人有权拒收。

4. 发票的作废

用票单位和个人开具发票发生错填、误填等需要重新开具发票的,可在原发票上注明"作废"字样后,重新开具发票;如果发生销货退回需开红字发票,必须收回原发票并注明"作废"字样或者取得对方的有效凭证;发生销售折让的,在收回原发票并注明"作废"字样后,重新开具销售发票。开具专用发票填写有误的,应当另行开具,并在误填的专用发票上注明"误填作废"四字;如专用发票开具后因购货方不索取而成为废票,也应按填写有误办理。

◕ 工作任务评价标准

按照要求和规程完成了利民有限公司发票填开工作后,参照老师给出的标准,任务的完成者与老师共同来评价工作任务的完成情况。

评价标准:

(1) 项目是否齐全,与实际交易相符;

(2) 字迹是否清楚,不得压线、错格;

(3) 发票联和抵扣联是否加盖财务专用章或者发票专用章;

(4) 是否按照增值税纳税义务的发生时间开具。

模块二　发票审查代理实务

发票检查是税收检查的重要内容和发票管理的重要环节。注册税务师开展发票审查业务属于用票单位自查,可以有效地指导用票单位的发票管理,减少纳税风险。

工作任务　审查发票

一、发票审查工作的执行

引导案例:

　　××税务师事务所张三于 2011 年 5 月受托对某食品加工厂(系增值税一般纳税人)2011 年 4 月份发票使用情况进行审查,发现如下问题:① 从农民手中收购小麦 20 000 公斤,用自制内部收购凭证(未经税务机关核准)注明收购价 30 000 元,按 10% 计提进项税额。② 某工厂从食品厂购进一批食品发放给职工作为福利,经对方财会人员要求,食品厂会计以原材料名义开具增值税专用发票一张,以便对方能将支付的增值税作进项税处理。③ 小规模纳税人甲企业一次从该厂购买价值 1 万元的面包,要求食品厂会计以甲企业客户乙的名义作购买方,开具给乙企业增值税专用发票一张,发票联、抵扣联上注明价款 2 万元、税金 0.34 万元,而存根联和记账联注明价值 2 000 元、税金 340 元。④ 购入原材料一批,取得自开票纳税人开具的货物运输发票一张,共计 500 元,其中运费 350 元,建设基金 50 元,装卸费 80 元,保险费 20 元,食品厂按 500 元计提进项税额 35 元。⑤ 食品厂于 2011 年 4 月 10 日收到丙企业预付货款 10 000 元,当天开具了增值税专用发票,2011 年 4 月 20 日食品厂才将货物发出。公司委托××税务师事务所代理发票领购事宜,所长安排张三办理此项涉税事宜。

　　(1) 张三如何审查发票的真实情况?

　　(2) 张三如何审查发票的填开情况?

　　(3) 张三如何审查发票是否符合发票管理制度的规定?

　　审查发票的工作流程:

　　1. 增值税普通发票

　　第一步,了解委托人的基本情况,判断职业胜任能力及执业风险,决定是否要接受委托。

　　第二步,就委托相关事项,双方签订《委托代理协议书》。

　　第三步,由此项目负责人定制执业计划。

　　第四步,组织实施增值税普通发票的审查工作。

　　第五步,审查发票基础管理情况,包括发票管理人员的配备、发票存放的安全性、发票取得与开具管理环节的严密性等。

　　第六步,审查发票领购、发放、保管情况,将用票单位发票使用的实际情况与《发票领购簿》及发票领用存的情况核对。

　　第七步,审查发票使用情况。审查发票开具内容是否真实;审查发票有无超经济范围填开的问题,填开的方法是否符合规定的要求;审查发票取得是否符合发票管理制度的规定,有无转借、代开或虚开发票的问题。

　　第八步,审查发票真伪。

第九步,在实施过程中,应就一些重要内容与委托人进行沟通交流。

第十步,完成发票审查,并出具发票审查报告,将有关意见及问题及时传达给委托人。

2. 增值税专用发票

第一步,了解委托人的基本情况,判断职业胜任能力及执业风险,决定是否要接受委托;

第二步,就委托相关事项,双方签订《委托代理协议书》;

第三步,由此项目负责人定制执业计划;

第四步,组织实施增值税专用发票审查工作;

第五步,审查增值税专用发票开具的范围;

第六步,审查增值税专用发票抵扣联的取得;

第七步,审查增值税专用发票的缴销,从开具第一张专用发票的时间算起至60天内要办理缴销手续;

第八步,审查增值税专用发票真伪;

第九步,在实施过程中,应就一些重要内容与委托人进行沟通交流;

第十步,完成发票审查,并出具发票审查报告,将有关意见及问题及时传达给委托人。

二、知识导航

(一)代理发票审查的基本内容

代理发票审查一般不单独进行,而是注册税务师在填报纳税申报表和办理发票领购手续之前所做的准备工作。当然,在审查纳税情况时,代理发票审查也是不可缺少的环节。

注册税务师接受纳税人委托进行发票审查时,首先应明确发票审查的目的和要求以及审查的对象和范围,然后深入纳税人的生产经营场所进行实地审查。

1. 普通发票代理审查操作要点

(1)审查发票基础管理情况

发票基础管理工作的状况,直接影响到发票使用、保管等各个环节的管理成效。发票基础管理工作包括用票单位发票管理人员的配备、发票存放的安全性、发票取得与开具管理环节的严密性等。

(2)审查发票领购、发放、保管情况

对发票领购环节主要审查发票领购的手续是否合法,有无私印、私售发票的问题;对发票发放环节主要审查发票的发放是否符合规定的范围,按序时登记并有领取人的签收手续;对发票保管环节主要审查发票存根、库存未用的发票是否保存完整,账面数与实际库存数是否相等,有无发生丢失、霉烂等情况;已用的发票存根联及作废发票是否完整保存,是否按规定造册登记并报税务机关销毁。

(3)审查发票使用情况

注册税务师审查发票的使用情况,主要从三个方面入手:第一,审查发票开具内容是否真实,即票面各项内容所反映的业务是否为用票单位的真实情况。第二,审查发票有无超经济范围填开的问题,填开的方法是否符合规定要求,如发票各栏项目的填写是否准确无误、各联次是否一次性开具、是否加盖了财务专用章或发票专用章、大小写金额是否封顶等。第三,审查发票取得是否符合发票管理制度的规定,有无转借、代开或虚开发票的问题。对于从中国境外取得的发票如有疑问,可要求纳税人提供境外公证部门或注册会计师的确认证明。

2. 增值税专用发票代理审查操作要点

增值税专用发票是纳税人经济活动中的重要原始凭证,是兼记销货方纳税义务和购货方进项税额的合法证明,对增值税的计算和管理起着决定性的作用。因此,做好增值税专用发票的代理审查工作,对保证纳税人正确核算应纳税额是十分重要的。增值税专用发票的审查除上述审查普通发票的操作要点以外,还应侧重以下几个方面:

(1)增值税专用发票开具的范围。审查发生销售免税项目、在境外销售应税劳务、向消费者销售应税项目时,用票单位是否有开具增值税专用发票的问题。

(2)增值税专用发票抵扣联的取得。对用票单位取得增值税专用发票的时间、内容、税额计算等方面进行详细核查,凡属于未按规定取得增值税专用发票的情况,应提示纳税人不得计算抵扣进项税额。

(3)增值税专用发票的缴销。为了保证增值税专用发票的安全使用,纳税人要按规定的期限缴销,如从开具第一张专用发票的时间算起至 60 天内要办理缴销手续。对于填开有误的专用发票要加盖"误填作废"的条形专用章后予以缴销。

(二)代理发票审查的基本方法

注册税务师审查发票的方法可以因事而异,其目的是帮助纳税人严格按照发票管理制度的规定取得和开具发票,保证原始凭证的真实性与合法性。

1. 对照审查法

对照审查法是将用票单位发票使用的实际情况与《发票领购簿》及发票领用存的情况核对,审查私印发票、丢失发票、转借发票、虚开发票、代开发票、使用作废发票和超经营范围填开发票的问题。

【例3-1】 ××税务师事务所受托对亚桑公司 2010 年 10 月—2011 年 12 月的发票使用情况进行审查。注册税务师通过增值税应交税费明细账与增值税专用发票抵扣联等进项原始凭证核对、其他业务收入与开出发票的记账联核对等方法,发现问题如下:

(1)2010 年 12 月筹建期内采购低值易耗品从某商场取得增值税专用发票未附"销货清单"3 份。

(2)2011 年 2 月 5 日、11 日、23 日从某生铁厂采购原料取得的增值税专用发票抵扣联 3 份为旧版专用发票,应予以缴销金额为 124 000 元,已计提进项税额21 080 元。

（3）2010 年 10 月—12 月销售边角余料取得其他业务收入 74 100 元，已作销售处理，但是开具企业事业单位往来结算收据，属于以非经营性票据结算经营性收入。

（4）2011 年 10 月—12 月该公司采购原材料，取得运费发票 6 份未加盖财务专用章，金额 25 070 元。

针对上述问题，注册税务师提出如下建议：

对旧版作废发票，应要求销货方收回并重新开具增值税专用发票；对未开具销货清单和未加盖财务专用章的问题，要求销售方予以补正，否则，应将已提取的进项税额从增值税应交税费明细账的贷方转出，补缴增值税。销售边角料应到主管国税局申请购买工业企业产品销售普通发票，用以结算收入。

2．票面逻辑推理法

这是根据发票各个栏目所列内容之间、发票与用票单位有关经济业务之间的关系进行分析审核，从中发现问题的一种审查方法。

（1）利用发票的各项内容之间的逻辑关系进行分析审核。发票所列各项内容之间有其内在的逻辑关系或规律性，如果违背了这些规律，就说明发票使用存在问题。如增值税专用发票中购销双方的名称与税务登记号有着直接的对应关系；根据销售货物或劳务的名称可以确定适用税率；根据计量单价、数量、单位、金额、税率和税额之间的逻辑关系可以推断金额和税额的计算有无错误等。

（2）利用发票和企业经济业务的关系进行分析审核。发票与企业的购销业务有着直接的联系，而购销业务与企业存货数量及货币资金（包括债权、债务）的增减变化有着一定的对应关系，利用这一逻辑关系就可以审查发票使用有无问题。

首先，取得发票的金额与存货、费用增加额，货币资金减少额、流动负债增加额呈同步变化趋势；其次，填开发票的金额与存货减少额、货币资金或应收债权增加额呈同步变化趋势。如果企业取得或填开的发票与购销业务之间的关系违背了上述规律，在数量、金额上的逻辑关系不符，就有可能存在问题，需进一步审查核实。

3．发票真伪鉴别方法

在实际工作中，用票单位和个人往往会遇到真伪发票的鉴别问题。因此，注册税务师学会鉴别真伪发票的方法，对于指导纳税人依法取得合法有效的结算凭证，保护自身的经济利益是十分有益的。

（1）普通发票真伪鉴别方法

① 发票监制章是识别发票真伪的法定标志之一。全国统一启用的新版发票的"发票监制章"，其形状为椭圆形，上环刻制"全国统一发票监制章"字样，下环刻制"税务局监制"字样，中间刻制国税、地税税务机关所在地的省、市全称或简称，字体为正楷，印色为大红色，套印在发票联的票头正中央。

② 从发票联底纹、发票防伪专用纸等方面识别。这些防范措施也是识别发票真伪的重要依据。

③ 采用发票防伪鉴别仪器，识别是否为统一的防伪油墨。

（2）增值税专用发票真伪鉴别方法

为鉴别增值税专用发票的真伪，首先应了解其防伪措施，然后，采取特定的审查方法来鉴别其真伪。

① 对照光线审查增值税专用发票的发票联和抵扣联,看是否为国家税务总局统一规定的带有水印图案的防伪专用纸印制。

② 用紫外线灯和发票鉴别仪鉴别无色和有色荧光防伪标志。

【**例3-2**】　××科学仪器有限公司是高新技术企业,生产高分子光谱科学仪器。该公司除销售产品外,还提供计算机软件和光谱分析服务,属于增值税混合销售并有营业税纳税义务的企业。为了指导企业正确区分纳税义务,准确认定销售和经营收入适用税种、税目,××税务师事务所按季度审查该公司发票使用及计税情况,2011年第四季度审查后的资料如下:

(1) 取得采购计算机增值税专用发票金额30万元,原材料、包装物、低值易耗品增值税专用发票价税合计129万元,已按票面注明税额计提进项税额。其中:有6台计算机(单价4 500元)用于色谱柱分析服务,随同材料采购支付的运输费用2.2万元,已按7%计提进项税额。其中有3份套印××市国税局发票监制章的发票,运费金额0.62万元。

(2) 2011年第4季度销售产品和提供色谱柱分析服务开具发票情况如下:

① 销售光谱分析柱增值税专用发票价税合计375万元。

② 销售外购计算机和色谱分析柱计算机软件产品,开具增值税专用发票价税合计112万元,同时提供的软件产品分析服务开具服务业收入发票金额合计28万元,并按5%计算缴纳营业税。

③ 向医院、高新技术企业提供色谱柱分析服务开具服务业收入发票结算收入44.10万元。

④ 向科研单位和大专院校提供色谱分析服务,以往来款项结算凭证"企事业单位收款收据"结算收入26万元,挂在往来款项未作计税收入。

(3) 发票开具与取得其他方面的问题如下:

① 营销部租用金鼎大厦写字间租赁费8万元,取得的原始凭证为服务业收入发票。

② 外购低值易耗品取得增值税专用发票7份,小写金额未封顶3份。

③ 该公司销售软件产品的同时发生的混合销售行为,未在同一张增值税专用发票或产品销售发票上开具并分别列示计税收入。

(三) 发票审查报告的出具

【**例3-3**】　绿苑商场为增值税一般纳税人,为指导企业正确填开和取得增值税专用发票,了解增值税专用发票使用管理的重要性,注册税务师按季度审查该商场的发票使用情况。2011年第一季度审查后的资料如下:

(1) 为他人代开专用发票1份,价税合计金额为9 360元。

(2) 应购货单位要求,该商场在开具增值税专用发票时,将客户购买的消费品填写为"原辅材料",价税合计金额为57 115元,使得购货单位非法抵扣增值税进项税额8 298.76元。

（3）其他未按规定填开的商业零售发票 41 份。例如，单联填开发票，开具的发票无购货单位税务登记号，无商品名称、单价、计算金额差错等。

关于代理绿苑商场发票审查的报告

绿苑商场股份有限公司：

我们接受委托，审查贵公司 2011 年第一季度发票使用与管理情况，根据贵公司提供的原始凭证和发票使用的有关资料，发现如下问题提请贵公司予以改正：

第一，发票使用及管理中存在的问题。

（1）未按规定开具发票的行为。为他人代开增值税专用发票 1 份，价税合计 9 360 元。开具票物不符的发票，将"消费品"更名为"原辅材料"，使购货单位非法抵扣增值税进项税额 8 298.76 元。其他未按规定填开的商业零售发票 41 份，如发票填开项目不全、大小写金额未封顶、未附"销货清单"等。

（2）增值税专用发票管理上较混乱，没有明确的使用管理责任制，没有设专人保管、专人开具，这也给一些法律意识淡薄的人私下为他人代开发票提供了方便。

第二，解决问题的具体建议和方法。

针对你商场上述使用增值税专用发票存在的问题，应采取下列措施杜绝此类问题发生：

（1）指定专人填开增值税专用发票。你商场应指定一至两名思想好、业务精、法制观念强的人员专职开具增值税专用发票，由单位领导与其签订"责任状"，以明确责任。

（2）你商场销售商品凡向购买方开具增值税专用发票的，必须严格执行国税明电（1994）035 号文件的规定，即购买方必须持盖有"增值税一般纳税人"戳记的税务登记证（副本），未提供证件的，一律不得开具增值税专用发票。

（3）你商场为他人代开增值税专用发票一份应予以追回。原已开具的发票应予以缴销，并由直接责任人员做出检查，接受税务机关的处罚。

××税务师事务所

注册税务师　张三

2011 年 4 月 30 日

⬤ 工作任务评价标准

按照要求和规程完成了食品加工厂的发票审查后，参照老师给出的标准，任务的完成者与老师共同来评价工作任务的完成情况。

评价标准：

（1）进项税抵扣是否标准？

（2）是否按规定开具专用发票？

（3）是否符合发票管理制度？

（4）运费发票的抵扣是否符合税法规定？

（5）开具发票的时间是否按纳税义务发生时间？

（6）是否出示了发票审查报告？

思 考 题

一、单项选择题

1. 属于营业税纳税人使用的普通发票是( )。
　　A. 商品房销售专用发票　　　　　　　B. 机动车修理专用发票
　　C. 材料销售统一发票　　　　　　　　D. 自来水公司水销售专用发票

2. 专业发票是指( )。
　　A. 店业统一发票　　　　　　　　　　B. 国有邮政、电信企业的电报收据
　　C. 权交易专用发票　　　　　　　　　D. 企事业单位收款发票

3. 领购发票的单位和个人凭( )核准的种类、数量以及购票方式,向主管税务机关购发票。
　　A. 税务登记证　　　　　　　　　　　B. 发票交验簿
　　C. 发票领购簿　　　　　　　　　　　D. 发票领购登记台账

4. 对外省、自治区、直辖市来本辖区从事临时经营活动的单位和个人申请领购发票的,可根据所领购发票票面限额及数量,向主管税务机关交纳( )的保证金。
　　A. 不超过 10 000 元　　　　　　　　B. 10 000 元
　　C. 不超过 5 000 元　　　　　　　　 D. 5 000 元

5. 在审查发票填开情况时,对销售方为购买方开具的红字增值税专用发票,要有税务机关开具的( )作为依据。
　　A. 进货退出及索取折让证明单　　　　B. 外出经营税收管理证明单
　　C. 开具红字专用发票证明单　　　　　D. 销货退回证明单

6. 以下统印发票的领购方式中,适用于财务制度较健全、有一定经营规模的纳税人的是( )。
　　A. 验旧购新　　　　　　　　　　　　B. 交旧买新
　　C. 批量供应　　　　　　　　　　　　D. 小额购买

7. 下面几种发票类型中,属于专业发票类型的是( )。
　　A. 废旧物资收购发票　　　　　　　　B. 增值税专用发票
　　C. 国有电信企业的电报收据　　　　　D. 产权交易专用发票

8. 下列情形中,一般纳税人可以开具增值税专用发票的是( )。
　　A. 一般纳税人甲企业经营商业零售销售给消费者的化妆品
　　B. 一般纳税人乙企业将其生产的轮船直接销售给使用单位
　　C. 一般纳税人丙企业经营商业零售销售的劳保专用鞋帽
　　D. 一般纳税人丁企业将其生产的汽车直接销售给个人

9. 关于发票开具说法不正确的是( )。
　　A. 经允许发票可以拆本使用　　　　　B. 收入确认时才能开具发票
　　C. 不得代其他单位开具发票　　　　　D. 不得自行扩大专用发票使用范围

二、多项选择题

1. 发票的种类分为(　　)。

A. 增值税专用发票　B. 专业发票　　　　C. 行业统一发票　　D. 专用发票

2. 增值税一般纳税人(　　)，经税务机关责令限期改正而仍未改正者，不得领购使用增值税专用发票。

A. 未按规定办理纳税申报　　　　　　B. 未按规定期限清缴欠税入库

C. 未按规定填开增值税专用发票　　　D. 未按规定保管增值税专用发票

E. 未按规定期限将税款上解入库

3. 增值税纳税人使用的普通发票包括(　　　　)。

A. 工业企业产品销售统一发票　　　　B. 工业企业加工产品统一发票

C. 商业批发统一发票　　　　　　　　D. 临时经营发票

E. 水路货运统一发票

4. 跨省、市、自治区经营的纳税人采取提供保证人方式申请领购经营地发票，应由担保人填写担保书，经(　　　　)签字盖章后方为生效。

A. 购票人　　　　　B. 注册税务师　　　C. 保证人

D. 税务机关　　　　E. 法人代表

5. 企业自制发票，应凭(　　)及自行设计的发票式样，办理自制发票审批。

A. 税务登记证副本　　　　　　　　　B. 企业申请自制发票报告

C. 经办人身份证明　　　　　　　　　D. 发票领购簿

6. 用票单位申请自印发票的必须符合(　　)条件。

A. 企业零票使用量较大　　　　　　　B. 有固定的生产经营场所

C. 发票管理制度健全　　　　　　　　D. 财务管理制度健全

7. 用票单位发生(　　　　)情形，不得开具增值税专用发票。

A. 向消费者销售货物

B. 向小规模纳税人销售货物

C. 向被认定为临时一般纳税人的企业销售货物

D. 向境外提供应税劳

8. 下列有关发票开具和使用的说法，正确的是(　　　)。

A. 开具发票后，如果发生销货退回需开红字发票的，必须收回原发票并注明"作废"字样或取得对方的有效凭证

B. 民族自治地方的纳税人开具发票必须使用当地通用的民族文字

C. 专用发票开具后因购货方不索取而成为废票，应按填写有误办理

D. 没有加盖财务印章或发票专用章的发票，不得作为财务报销的凭证

9. 增值税纳税人使用的普通发票包括(　　　)。

A. 商业零售统一发票　　　　　　　　B. 商品房销售专用发票

C. 废旧物资收购发票　　　　　　　　D. 代理购销业务统一发票

10. 统印发票的购领方式包括(　　　)。

A. 批量供应　　　　B. 交旧购新　　　C. 验旧购新　　　　D. 按需领取

案例分析

案例：

　　某贸易公司11月发生了几笔业务，并开具发票：11月1日某企业向其采购了20余种办公用品，由于发票样式中产品品种行次不够，所以在发票中统一填写为其中一种办公用品，不列明其他办公用品。开具发票时，由于开票人失误，忘记加盖发票专用章，第二天取回原发票补盖发票专用章。11月3日销售货物按规定应开具增值税专用发票，由于开票人的错误，将对方单位的税务登记证号填错，对方单位将发票送回时，开票人在原发票错误处直接修改并在错误处盖章。

思考：

　　请问该公司发票开具有哪些问题？

项目四　企业涉税会计核算

知识目标

- ● 掌握现行企业会计中核算涉税业务的主要会计科目
- ● 掌握现行企业涉税业务中各税种的税务处理和计算
- ● 掌握现行企业涉税业务中各税种的会计核算

技能目标

- ● 能够进行企业涉税业务的税务处理和税额计算
- ● 能够进行工业企业涉税业务的会计核算
- ● 能够进行商业企业涉税业务的会计核算

模块一　工业企业涉税会计核算

工业企业,是指从事生产、加工以及维修的生产型企业,包含供应、生产、销售三个经营阶段。这三个阶段中,工业企业将发生很多复杂的涉税业务,如何正确地进行相关的税务处理和会计核算呢? 你需要认真学习本项目的内容,才能给出答案。

工作任务一　增值税的核算

一、确定工业企业增值税核算的流程

引导案例:

某工业企业为增值税一般纳税人,2011 年 4 月 1 日购入 A 材料 1 000 千克,增值税发票上注明的价款为 30 000 元,增值税额为 5 100 元,取得符合标准的货运发票注明支付运费 800 元,在入库前发生挑选整理费用 300 元;4 月 6 日,该批材料因管理不善导致被盗丢失 10%,至月底尚未查明原因;4 月 8 日,企业将剩余材料投产生产出甲产品,当月 25 日不含税销售额为 80 000 元,另收取甲产品包装物押金 1 000元;同时,当月该企业还将自产的一批乙产品用于本企业的厂房建设,成本为20 000 元。

　　针对以上资料,该企业财务部宋经理向刚来企业实习的大学毕业生小王提出以下问题:

　　(1)该业务涉及企业的哪些生产经营阶段及增值税的主要明细科目等?

　　(2)针对业务资料,增值税各明细科目的税额是多少?

　　(3)针对业务资料,如何进行相关的会计核算?

　　(4)企业当月应纳增值税额是多少?

　　确定工业企业增值税核算的步骤如下:

　　第一步,审核涉税业务相关的原始凭证;

　　第二步,选用并确立正确的会计科目;

　　第三步,计算相关税种的应纳税额,并编制记账凭证;

　　第四步,审核后,登记相关明细账和总账。

二、知识导航

(一)涉税业务的主要会计科目

　　工业企业增值税的会计核算涉及的会计科目,主要有:"应交税费——应交增值税"、"应交税费——未交增值税"、"应交税费——增值税检查调整"。

　　"应交税费——应交增值税",共设9个明细子目专栏,其中借方5个,为"进项税额"、"已交税金"、"减免税款"、"出口抵减内销产品应纳税额"、"转出未交增值税";贷方4个,分别为"销项税额"、"进项税额转出"、"出口退税"、"转出多交增值税"。

　　"应交税费"科目属负债类账户,本科目期末贷方余额,反映企业尚未缴纳的税费;期末借方余额,反映企业多缴或尚未抵扣的税金。

　　1."应交增值税"明细科目

　　现行税制实施以后,"应交增值税"明细科目的借、贷方增加了很多经济内容,如果仍沿用三栏式账户,很难完整反映企业增值税的抵扣、缴纳、退税等情况。因此,在账户设置上采用了多栏式账户的方式,在"应交税费——应交增值税"账户中的借方和贷方各设了若干个专栏加以反映。

　　(1)"进项税额"专栏,记录企业购入货物或接受应税劳务而支付的、准予从销项税额中抵扣的增值税额。企业购入货物或接受应税劳务支付的进项税额,用蓝字登记;退回所购货物应冲销的进项税额,用红字登记。

　　(2)"已交税金"专栏,核算企业当月缴纳本月增值税额。

　　(3)"减免税款"专栏,反映企业按规定减免的增值税款。企业按规定直接减免的增值税额借记本科目,贷记"营业外收入"科目。

　　(4)"出口抵减内销产品应纳税额"专栏,反映出口企业销售出口货物后向税务机关办理免抵退税申报按规定计算的应免抵税额,借记本科目,贷记"应交税费——应交增值税(出口退税)"科目。应免抵税额的计算确定有两种方法:第一种是在取得国税机关《生产企业出口货物免抵退税审批通知单》后进行免抵和退税的会计处理,按批准的免抵税额,借记本科目,贷记"应交税费——应交增值税(出口退税)"

科目;第二种是出口企业进行退税申报时,按当期《生产企业出口货物"免、抵、退"税汇总申报表》的免抵税额,借记本科目,贷记"应交税费——应交增值税(出口退税)"科目。

(5)"转出未交增值税"专栏,核算企业月终转出应缴未缴的增值税。月末企业"应交税费——应交增值税"明细账出现贷方余额时,根据余额借记本科目,贷记"应交税费——未交增值税"科目。

(6)"销项税额"专栏,记录企业销售货物或提供应税劳务应收取的增值税额。企业销售货物或提供应税劳务的销项税额,用蓝字登记;退回销售货物应冲销的销项税额,用红字登记。

(7)"出口退税"专栏,记录企业出口适用零税率的货物,向海关办理报关出口手续后,凭出口报关单等有关凭证,向税务机关申报办理出口退税而收到退回的税款。出口货物退回的增值税额,用蓝字登记;出口货物办理退税后发生退货或者退关而补缴已退的税款,用红字登记。

(8)"进项税额转出"专栏,记录企业的购进货物、在产品、产成品等发生非正常损失以及其他原因而不应从销项税额中抵扣,按规定转出的进项税额。按税法规定,对出口货物不得抵扣税额的部分,应在借记"主营业务成本"科目的同时,贷记本科目。

(9)"转出多交增值税"专栏,核算一般纳税人月终转出多缴的增值税。月末企业"应交税费——应交增值税"明细账出现借方余额时,根据当期预缴税款与余额相比较,按较小金额借记"应交税费——未交增值税"科目,贷记本科目。

需要说明的是,增值税小规模纳税人,其销售收入的核算与一般纳税人相同,也是不含增值税应税销售额,其应纳增值税额,也要通过"应交税费——应交增值税"明细科目核算,只是由于小规模纳税人不得抵扣进项税额,不需在"应交税费——应交增值税"科目的借、贷方设置若干专栏。小规模纳税人"应交税费——应交增值税"科目的借方发生额,反映已缴的增值税额,贷方发生额反映应缴增值税额;期末借方余额,反映多缴的增值税额;期末贷方余额,反映尚未缴纳的增值税额。

2. "未交增值税"明细科目

为了分别反映企业欠缴增值税税款和待抵扣增值税情况,企业应在"应交税费"科目下设置"未交增值税"明细科目,核算一般纳税人月终时转入的应缴未缴增值税额,转入多缴的增值税也在本明细科目核算。

月份终了,企业应将当月发生的应缴增值税额自"应交税费——应交增值税"科目转入"未交增值税"明细科目。会计分录如下:

借:应交税费——应交增值税(转出未交增值税)

　　贷:应交税费——未交增值税

月份终了,企业将本月多缴的增值税自"应交税费——应交增值税"科目转入"未交增值税"明细科目。会计分录如下:

借:应交税费——未交增值税

　　贷:应交税费——应交增值税(转出多交增值税)

企业当月上缴上月应缴未缴的增值税时：

借：应交税费——未交增值税

　　贷：银行存款

月末，本科目的借方余额反映的是企业期末留抵税额和专用税票预缴等多缴的增值税款，贷方余额反映的是期末结转下期应缴的增值税。

生产企业实行"免、抵、退"税后，退税的前提必须是当期期末有留抵税额，而当期期末留抵税额在月末须从"应交税费——应交增值税（转出多交增值税）"明细科目转入本科目，退税实际上是退的本科目借方余额中的一部分。

为了加强增值税管理，及时追缴欠税，解决增值税一般纳税人既欠缴增值税又有增值税留抵税额的问题，国税发［2004］112 号文件将纳税人用进项留抵税额抵减增值税欠税的有关问题作了进一步明确：

（1）对纳税人因销项税额小于进项税额而产生期末留抵税额的，应以期末留抵税额抵减增值税欠税。

（2）纳税人发生用进项留抵税额抵减增值税欠税时，会计处理方法如下：

① 增值税欠税税额大于期末留抵税额，按期末留抵税额红字借记"应交税费——应交增值税（进项税额）"科目，贷记"应交税费——未交增值税"科目。

② 若增值税欠税税额小于期末留抵税额，按增值税欠税税额红字借记"应交税费——应交增值税（进项税额）"科目，贷记"应交税费——未交增值税"科目。

3. "增值税检查调整"专门账户

根据国家税务总局《增值税日常稽查办法》的规定：增值税一般纳税人在税务机关对其增值税纳税情况进行检查后，凡涉及增值税涉税账务调整的，应设立"应交税费——增值税检查调整"专门账户。凡检查后应调减账面进项税额或调增销项税额和进项税额转出的数额，借记有关科目，贷记本科目；凡检查后应调增账面进项税额或调减销项税额和进项税额转出的数额，借记本科目，贷记有关科目；全部调账事项入账后，应结出本账户的余额，余额转入"应交税费——未交增值税"，期末本账户无余额。

（二）供应阶段的核算

此阶段，主要是增值税一般纳税人外购货物或接受应税劳务而发生支付增值税的业务，按增值税法的有关规定，应区别不同情况作相应的涉税账务处理。

1. 按价税合一记账的情况

根据《增值税暂行条例》及有关规定，纳税人购进货物或提供应税劳务，取得的增值税扣税凭证不符合法律、行政法规或国务院税务主管部门有关规定的，其进项税额不得从销项税额中抵扣，具体包括以下项目：① 用于非增值税应税项目、免税项目、集体福利或个人消费的购进货物或应税劳务；② 非正常损失的购进货物或相关的应税劳务；③ 非正常损失的在产品、产成品所耗用的外购货物或应税劳务；④ 国务院财政、税务主管部门规定的纳税人自用消费品；⑤ 上述第①项到第④项规定货物的运输费用和销售免税货物的运输费用。此外，小规模纳税人外购货物或应税劳务所支付的增值税,不得抵扣其应纳税额。因此,对于发生上述事项的外购业务,纳税人所支付的增值税额不能在"应交税费——应交增值税(进项税额)"专栏中核算,而应将此增值税额并入外购货物或应税劳务成本之中。

下面以 A 工业企业(系增值税一般纳税人,下同)为例,说明有关涉税核算内容。

【例 4-1】 A 企业 2011 年 9 月份从外地购入原材料一批,价款 100 000 元,税金 17 000 元。款项已付,取得一张专用发票,超过规定期限,未办理认证手续,则其正确的会计处理为:

借:原材料   117 000

  贷:银行存款   117 000

【例 4-2】 A 企业 2011 年 4 月外购运输设备若干,取得专用发票上注明价款 500 000 元,增值税金 85 000 元,发生运输费用 2 000 元,款项已从银行划转,则其正确的会计处理为:

借:固定资产   587 000

  贷:银行存款   587 000

2. 按价税分别记账的情况

根据税法规定,目前准予抵扣销项税额的扣税凭证,其所列明的税额或计算出来的税额,不列入外购货物或应税劳务成本之中,而应记入当期"应交税费——应交增值税(进项税额)"专栏,即在账务上要按价税分别记账,这也是增值税作为价外税的最直接体现。

仍以 A 工业企业为例,说明各种具体涉税核算内容。

(1)国内外购货物进项税额的账务处理

企业从国内采购货物,按专用发票上注明的增值税额和运费按规定计算可扣除的税额,借记"应交税费——应交增值税(进项税额)"科目;按发票上注明价款及发生的外地运杂费(扣除相关税额后)等应计入采购成本的金额,借记"材料采购"、"原材料"、"低值易耗品"、"包装物"、"管理费用"等科目,贷记"银行存款"、"应付票据"、"应付账款"等科目。购入货物发生退货作相反的会计分录。

【例 4-3】 A 企业于 2011 年 4 月外购钢材一批,已收到增值税专用发票一张,发票上注明价款 200 000 元,增值税 34 000 元,款项已付,钢材已验收入库,则其正确的会计处理为:

借:原材料   200 000

  应交税费——应交增值税(进项税额) 34 000

  贷:银行存款   234 000

(2)企业接受投资转入的货物进项税额的账务处理

按照增值税专用发票上注明的增值税额,借记"应交税费——应交增值税(进项税额)"科目;按确认的投资货物价值,借记"原材料"等科目,按增值税额与货物价值的合计数,贷记"实收资本"、"股本"等科目。

【例 4-4】 甲企业用原材料对 A 企业投资,该批原材料的成本为 150 万元,双方以该批材料的成本加税金 184 万元作为投资价值,假如该原材料的增值税税率为

17%,该批材料按当时的市场价格计算为 200 万元。两企业原材料均采用实际成本进行核算,则 A 企业正确的账务处理为:

借:原材料   1 500 000

     应交税费——应交增值税(进项税额)   340 000

     贷:实收资本   1 840 000

（3）企业接受捐赠转入的货物进项税额的账务处理

按专用发票上注明的增值税额,借记"应交税费——应交增值税(进项税额)"科目,按确认的捐赠货物的价值,借记"原材料"等科目,将接受捐赠的非货币资产的公允价值贷记"营业外收入"科目。

【例 4-5】 A 企业接受乙企业捐赠的注塑机一台,收到的增值税专用发票上注明设备价款 100 000 元,配套模具价款 4 000 元。增值税税额分别为 17 000 元和 680 元。则 A 企业正确的账务处理为:

借:固定资产   117 000

    低值易耗品   4 000

    应交税费——应交增值税(进项税额)   680

    贷:营业外收入   121 680

（4）企业接受应税劳务进项税额的账务处理

按专用发票上注明的增值税额,借记"应交税费——应交增值税(进项税额)"科目;按专用发票上记载的应计入加工、修理修配等货物成本的金额,借记"委托加工材料"等科目。按应付或实付的金额,贷记"银行存款"等科目。

【例 4-6】 A 企业材料采用计划成本核算,本月初发出棒料 1 吨,委托外单位加工成某种锻件 100 件,委托材料实际成本 4 000 元(计划成本 3 800 元),支付加工费 2 000 元,运费 200 元(取得货运定额发票若干),加工费专用发票上注明进项税额 340 元,加工完入库(委托加工材料的计划成本 6 000 元)。根据上述经济业务,A 企业会计正确账务处理为(不考虑运费应抵扣的进项税额):

①委托加工发出原料时

借:委托加工物资   4 000

    贷:原材料   3 800

       材料成本差异   200

②支付加工费、税金及运费时

借:委托加工物资   2 200

    应交税费——应交增值税(进项税额)   340

    贷:银行存款   2 540

③收回入库时

借:原材料——××锻件   6 000

    材料成本差异   200

    贷:委托加工物资   6 200

（5）企业进口货物进项税额的账务处理

按照海关提供的完税凭证上注明的增值税额,借记"应交税费——应交增值税(进项税额)"科目,按进口货物应计入采购成本的金额,借记"材料采购"等科目;按应付或实付的价款,贷记"应付账款"或"银行存款"等科目。

(6)企业购进免税农产品进项税额的账务处理

按照购进农产品的买价和规定的扣除率计算的进项税额,借记"应交税费——应交增值税(进项税额)"科目,按扣除进项税额后的买价,借记"材料采购"等科目;按实际支付的买价和税款,贷记"应付账款"、"银行存款"等科目。

【例 4-7】 A 企业为一食品加工厂,2010 年 11 月从某家庭农场购入小麦 100吨,每吨 600 元,开具的主管税务机关核准使用的收购凭证上收购款总计 60 000 元。则其会计处理为:

借:原材料　　　　　　　　　　　　　　　　52 200
　　应交税费——应交增值税(进项税额)　　　7 800
　　　　贷:银行存款　　　　　　　　　　　　　　60 000

(7)对运输费用允许抵扣进项税额的账务处理

对增值税一般纳税人外购货物(税法另有规定者除外)所支付的运输费用,根据国有铁路、民用航空、公路和水上运输单位以及从事货物运输的非国有运输单位开具的套印全国统一发票监制章的发票上的所列运费金额(包括货票上注明的运费、建设基金)依 7% 计算进项税额准予扣除,但随同运费支付的装卸费、保险费等其他杂费不得计算扣除进项税额。

【例 4-8】 A 企业 2010 年 9 月外购原材料一批,专用发票上注明的价款为6 000 元,增值税额为 1 020 元,另外销货方代垫运费 200 元(转来承运部门开具给 A企业的普通发票一张)。A 企业开出为期一个月的商业汇票一张,材料已验收入库。则其会计处理为:

借:原材料　　　　　　　　　　　　　　　　6 186
　　应交税费——应交增值税(进项税额)　　　1 034
　　　　贷:应付票据　　　　　　　　　　　　　　7 220

(8)外购货物发生非正常损失的账务处理

按税法规定,凡外购货物发生非正常损失的,其相应的进项税额不得作为当期进项税额抵减销项税额。因此,相应会计处理上,应并入损失货物的价值之中,全部借记"待处理财产损溢——待处理流动资产损溢"科目。按实际入库材料负担的增值税,借记"应交税费——应交增值税(进项税额)"科目,按实际入库材料的成本借记"原材料"等科目,按全部应付或实付价款贷记"应付账款"、"银行存款"等科目。

【例 4-9】 A 企业外购原材料一批,数量为 20 吨,取得专用发票上注明价款为100 000 元,税金 17 000 元,款项已付,因管理不善造成被盗 2 吨。则 A 企业正确会计处理为:

借:原材料　　　　　　　　　　　　　　　　　90 000
　　应交税费——应交增值税(进项税额)　　　　15 300
　　待处理财产损溢——待处理流动资产损溢　　11 700

贷：银行存款　　　　　　　　　　　　　　　117 000

若外购已按规定抵扣了相应的进项税额的免税农产品，后来发生非正常损失的，其已抵扣的进项税额应转出。应转出的进项税额＝损失的账面成本÷（1－13％）×13％。其会计处理为：

借：待处理财产损益——待处理流动资产损益

贷：原材料

应交税费——应交增值税（进项税额转出）

（三）生产阶段的核算

工业企业在生产周转过程中，一般按正常的生产经营业务进行会计核算就可以了，但发生下列情况，就会涉及增值税的会计核算。

1. 有用于非应税项目、免税项目、集体福利或个人消费的购进货物或应税劳务

企业外购的货物主要为了生产产品，则其支付的增值税必然已记入"进项税额"，生产过程中，如果企业将外购货物改变用途，其相应负担的增值税应从当期"进项税额"中转出，在账务处理上，应借记"在建工程"、"应付职工薪酬"、"应付福利费"等科目，贷记"应交税费——应交增值税（进项税额转出）"科目。

【例 4 - 10】 A 企业 2010 年 1 月将 2009 年 12 月外购的乙材料 10 吨，转用于企业的在建工程，按企业材料成本计算方法确定，该材料实际成本为 52 000 元，适用增值税税率为 17％。则 A 企业正确会计处理为：

应转出进项税额＝52 000×17％＝8 840（元）

借：在建工程　　　　　　　　　　　　　　　60 840

贷：原材料　　　　　　　　　　　　　　　52 000

应交税费——应交增值税（进项税额转出）　　8 840

2. 非正常损失的在产品、产成品所用购进货物或应税劳务

按税法规定，非正常损失的在产品、产成品所耗用的购进货物或应税劳务的进项税额不得从销项税额中抵扣。当发生非正常损失时，首先计算出在产品、产成品中耗用货物或应税劳务的购进额，然后按非正常损失的在产品、产成品的实际成本与负担的进项税额的合计数，借记"待处理财产损溢——待处理流动资产损溢"科目，按实际损失的在产品、产成品成本贷记"生产成本——基本生产成本"、"库存商品"科目，按计算出的应转出的税金数额，贷记"应交税费——应交增值税（进项税额转出）"科目。

【例 4 - 11】 A 企业 2010 年 8 月由于管理不善，一批产品发生霉烂变质，已知损失产品账面价值为 80 000 元，当期总的生产成本为 420 000 元。其中耗用外购材料、低值易耗品等价值为 300 000 元，外购货物均适用 17％增值税税率。

则：损失产品成本中所耗外购货物的购进额＝80 000×（300 000÷420 000）＝57 144（元），应转出进项税额＝57 144×17％＝9 714（元），相应会计分录为：

借：待处理财产损溢——待处理流动资产损溢　89 714

贷：库存商品　　　　　　　　　　　　　　80 000

应交税费——应交增值税（进项税额转出）　9 714

（四）销售阶段的核算

在此阶段，销售价格中不再含税，如果定价时含税，应还原为不含税价格作为销售收入，向购买方收取的增值税作为销项税额。

1. 一般纳税人销售货物或提供应税劳务的账务处理

企业销售货物或提供应税劳务（包括将自产、委托加工或购买的货物分配给股东或投资者），按照实现的销售收入和按规定收取的增值税额，借记"应收账款"、"应收票据"、"银行存款"、"应付利润"等科目；按照规定收取的增值税额，贷记"应交税费——应交增值税（销项税额）"科目，按实现的销售收入，贷记"主营业务收入"、"其他业务收入"等科目。发生的销售退回，作相反的会计分录。

【例 4-12】　A 企业 2011 年 1 月对外销售产品一批，应收取款项 1 049 600 元，其中：价款 880 000 元，税金 149 600 元，代垫运输费 20 000 元。则其会计处理为：

借：应收账款　　　　　　　　　　　　　　1 049 600
　　贷：主营业务收入　　　　　　　　　　　880 000
　　　　应交税费——应交增值税（销项税额）　149 600
　　　　银行存款　　　　　　　　　　　　　20 000

【例 4-13】　A 企业以自己生产的产品分配利润，产品成本为 500 000 元，不含税销售价格为 800 000 元，该产品的增值税税率为 17%。则该企业正确的会计处理为：计算销项税额＝800 000×17%＝136 000（元）

借：应付利润　　　　　　　　　　　　　　936 000
　　贷：主营业务收入　　　　　　　　　　　800 000
　　　　应交税费——应交增值税（销项税额）　136 000
借：利润分配——应付利润　　　　　　　　936 000
　　贷：应付利润　　　　　　　　　　　　　936 000
借：主营业务成本　　　　　　　　　　　　500 000
　　贷：库存商品　　　　　　　　　　　　　500 000

2. 出口货物的账务处理

企业出口适用零税率的货物，不计算销售收入应缴纳的增值税。企业向海关办理报关出口手续后，凭出口报关单等有关凭证，向税务机关申报办理该项出口货物的进项税额。

（1）企业自己计算出退税款时：

借：其他应收款——应收出口退税款——增值税
　　贷：应交税费——应交增值税（出口退税）

（2）实际收到出口退税款时：

借：银行存款
　　贷：其他应收款——应收出口退税款——增值税

出口货物办理退税后发生退货或退关补缴已退税款的，作相反的会计分录。

3. 视同销售行为的有关账务处理

（1）企业将自产或委托加工的货物用于非应税项目，应视同销售货物计算应缴增值税，借记"在建工程"等科目，贷记"应交税费——应交增值税（销项税额）"科目。

（2）企业将自产、委托加工或购买的货物作为投资，提供给其他单位或个体经营者，应视同销售货物计算应缴增值税，借记"长期股权投资"科目，贷记"应交税费——应交增值税（销项税额）"科目。

（3）企业将自产、委托加工的货物用于集体福利、个人消费等，应视同销售货物计算应缴增值税，借记"应付职工薪酬"等科目，贷记"应交税费——应交增值税（销项税额）"科目。

（4）企业将自产、委托加工或购买的货物无偿赠送他人，应视同销售货物计算应缴增值税，借记"营业外支出"等科目，贷记"应交税费——应交增值税（销项税额）"科目。

【例 4-14】乙公司为一家生产彩电的企业，共有职工 200 名，2011 年 2 月，公司以其生产的成本为 10 000 元的液晶彩电和外购的每台不含税价格为 1 000 元的电暖气作为春节福利发放给公司每名职工。该型号液晶彩电的售价为每台 14 000 元，乙公司适用的增值税率为 17%，已开具了增值税专用发票；乙公司以银行存款支付了购买电暖气的价款和增值税进项税额，已取得了增值税专用发票，增值税率为17%。假定 200 名职工中 170 名为直接参加生产的职工，30 名为总部管理人员。

分析：企业以自己生产的产品作为福利发放给职工，应计入成本费用的职工薪酬金以公允价值计量，计入主营业务收入，产品按照成本结转，要根据相关税收规定，计算增值税销项税额。外购商品发放给职工作为福利，应当将相关的进税额计入成本费用。

（1）发放的自产彩电要按销售处理，计算销项税：

彩电的售价总额 ＝ 14 000 × 170 ＋ 14 000 × 30 ＝ 2 380 000 ＋ 420 000 ＝ 2 800 000（元）

彩电增值税销项税额 ＝ 170 × 14 000 × 17% ＋ 30 × 14 000 × 17% ＝ 404 600 ＋ 71 400 ＝ 476 000（元）

公司决定发放非货币性福利时，应做如下账务处理：

```
借：生产成本（人工）                          2 784 600
    管理费用（人工）                            491 400
    贷：应付职工薪酬——非货币性福利                  3 276 000
借：应付职工薪酬——非货币性福利                  3 276 000
    贷：主营业务收入                               2 800 000
        应交税费——应交增值税（销项税额）              476 000
```

实际发放彩电时，应做如下账务处理：

```
借：主营业务成本                              2 000 000
    贷：库存商品                                  2 000 000
```

（2）发放的外购电暖气的进项税要么直接计入相关的成本、费用中，要么做"进项税额转出"处理：

电暖气的购买价款总额 = 170 × 1 000 + 30 × 1 000 = 170 000 + 30 000 = 200 000(元)

电暖气的进项税额 = 170 × 1 000 × 17% + 30 × 1 000 × 17% = 28 900 + 5 100 = 34 000(元)

公司决定发放非货币性福利时，应做如下账务处理：

借：生产成本(人工)	198 900
管理费用(人工)	35 100
贷：应付职工薪酬——非货币性福利	234 000

购买电暖气时，公司应做如下账务处理：

借：库存商品	234 000
贷：银行存款	234 000

实际发放电暖气时，公司应做如下账务处理：

借：应付职工薪酬——非货币性福利	234 000
贷：库存商品	234 000

4. 带包装销售货物的账务处理

随同产品出售但单独计价的包装物，按规定应缴纳的增值税，借记"应收账款"、"银行存款"等科目，贷记"应交税费——应交增值税(销项税额)"科目。

企业逾期未退还的包装物押金，按规定应缴纳的增值税，借记"其他应付款"等科目，贷记"应交税费——应交增值税(销项税额)"科目。

【例 4 - 15】 A 企业 2011 年 2 月销售产品一批，不含税售价为 50 000 元，随同产品出售但单独计价的包装物 1 000 个，普通发票上注明单价为 10 元，款尚未收到。则其正确的会计处理为：

借：应收账款	68 500
贷：主营业务收入	50 000
其他业务收入	8 547
应交税费——应交增值税(销项税额)	9 953

【例 4 - 16】 A 企业本月清理出租出借包装物，将某单位逾期未退还包装物押金 2000 元予以没收。按照有关规定，对于出租、出借包装物收取的押金，因逾期未收回包装物而没收的部分，应计入其他业务收入，企业收取押金时，借记"银行存款"科目，贷记"其他应付款"科目；因逾期未收回包装物而没收押金时，借记"其他应付款"科目，贷记"其他业务收入"科目。则其正确的会计处理为：

借：其他应付款	2 000
贷：其他业务收入	1 709.40
应交税费——应交增值税(销项税额)	290.60

5. 小规模纳税企业销售货物或提供应税劳务的账务处理

小规模纳税企业销售货物或提供应税劳务，按实现的销售收入和按规定收取的增值税，借记"应收账款"、"应收票据"、"银行存款"等科目，按实现的销售收入，贷记

"主营业务收入"、"其他业务收入"等科目,按规定收取的增值税额,贷记"应交税费——应交增值税"科目。

【例 4－17】　某小规模纳税企业 2011 年 2 月销售自产货物一批,取得价款100 000元,成本为 60 000 元,则正确的会计处理为:

借:银行存款　　　　　　　　　　　　　　　　　100 000
　　贷:主营业务收入　　　　　　　　　　　　　　　　9 708 738
　　　　应交税费——应交增值税　　　　　　　　　　　2 912.62
借:主营业务成本　　　　　　　　　　　　　　　　60 000
　　贷:库存商品　　　　　　　　　　　　　　　　　　60 000

3 月初,上缴 2 月应缴增值税 2 912.62 元时,再作分录为:

借:应交税费——应交增值税　　　　　　　　　　　2 912.62
　　贷:银行存款　　　　　　　　　　　　　　　　　　2 912.62

(五)一般纳税人企业当期应纳增值税的核算

通过前面三个阶段有关增值税涉税业务的介绍,根据企业所发生的业务进行正确的计算和账务处理后,便很容易计算出企业当期应纳的增值税。其计算公式为:

当期应纳税额＝(当期销项税额＋当期进项税额转出＋当期出口退税发生额)－(上期留抵＋当期允许抵扣的进项税额)

【例 4－18】　A 企业 2011 年 3 月外购货物,发生允许抵扣的进项税额合计100 000元,本月初"应交税费——应交增值税"明细账借方余额为 20 000 元,本月对外销售货物,取得销项税额合计为 210 000 元。则 A 企业本月应纳增值税＝210 000－(100 000＋20 000)＝90 000(元)。月末,企业会计作如下账务处理:

借:应交税费——应交增值税(转出未交增值税)90 000
　　贷:应交税费——未交增值税　　　　　　　　　　　90 000

次月初,企业依法申报缴纳上月应缴未缴的增值税 90 000 元后,应再作如下分录:

借:应交税费——未交增值税　　　　　　　　　　　90 000
　　贷:银行存款　　　　　　　　　　　　　　　　　　90 000

🌏 工作任务评价标准

按照要求和流程完成了引导案例中提出的问题后,参照老师给出的标准,任务的完成者与老师共同来评价工作任务的完成情况。

评价标准:

(1)是否能够确定工业企业的各经营阶段与涉及增值税的主要明细科目等;

(2)是否能够计算出增值税各明细科目的税额;

(3)是否能够进行正确的会计核算;

(4)是否能够确定企业当月应纳增值税额。

工作任务二 消费税的核算

一、制定工业企业消费税核算的流程

引导案例：

甲企业为生产高尔夫球具的增值税一般纳税人，2011年4月发生如下经济业务：

(1) 4月1日，向当地某商城销售A型高尔夫球具10套，销售不含税单价为1 000元/套，随同高尔夫球具销售出借的包装物押金是600元；

(2) 4月5日，将生产的A型高尔夫球具5套作为奖励发给企业的5名高管人员；同时将新生产的B型高尔夫球具100套赞助给某大型高尔夫球赛事作比赛用具，无同类产品售价，生产成本为30 000元。

(3) 4月10日，该企业委托另一生产高尔夫球具的乙企业加工生产一批C型高尔夫球具500套，甲企业提供原材料5 000公斤，单位成本12元。乙企业加工一套高尔夫球具耗料10公斤，收取加工费10元，代垫辅料10元。甲企业收回加工完成的高尔夫球具直接对外销售。企业当月无外购业务，上期留抵税额是6 000元。

针对以上资料，该企业财务部肖经理向来企业实习的大学毕业生小李提出以下问题：

(1) 该业务涉及的增值税和消费税的主要会计科目有哪些？

(2) 针对业务资料，增值税和消费税各科目的税额是多少？

(3) 针对业务资料，如何进行相关的会计核算？

(4) 企业当月应纳增值税额和应纳消费税额是多少？

确定工业企业消费税核算的步骤如下：

第一步，审核涉税业务相关的原始凭证；

第二步，选用并确立正确的会计科目；

第三步，计算相关税种的应纳税额，并编制记账凭证；

第四步，审核后，登记相关明细账和总账。

二、知识导航

（一）涉税业务的主要会计科目

工业企业消费税的会计核算涉及的会计科目，主要有"营业税金及附加"、"应交税费——应交消费税"。

"营业税金及附加"科目核算企业经营活动发生的营业税、消费税、城市维护建设税、资源税和教育费附加等相关税费。企业收到的返还的消费税、营业税等原记入本科目的各种税金，应按实际收到的金额借记"银行存款"科目，贷记本科目。

"应交税费——应交消费税"借方反映的是多缴的消费税，贷方反映的是尚未缴纳的消费税款。

（二）生产销售应税消费品的核算

《消费税暂行条例》中所称"纳税人生产的,于销售时纳税"的应税消费品,是指有偿转让消费品的所有权,即以从受让方取得货币、货物、劳务或者其他经济利益为条件转让应税消费品所有权的行为。因此,除以货币的方式进行的销售外,企业以应税消费品换取生产资料和消费资料、抵偿债务、支付代购手续费等也视同销售,在新准则中均要作销售处理,相应的消费税直接计入"营业税金及附加"中。

第一种情况:销售应税消费品,会计上要确认收入和成本。其会计分录为:

借:银行存款(应收账款、应收票据等)

　　贷:主营业务收入

　　　　应交税费——应交增值税(销项税额)

借:主营业务成本

　　贷:库存商品

借:营业税金及附加

　　贷:应交税费——应交消费税

第二种情况:以生产的应税消费品换取货物、劳务、其他经济利益及抵偿债务,在会计核算中按非货币性交换或债务重组等会计准则进行账务处理。新会计准则规定,债务重组和具有商业实质的非货币性交换,应确认收入;不具有商业实质的非货币性交换,不确认收入。

具有商业实质的非货币性交换,如用应税消费品换取固定资产的会计处理:

借:固定资产

　　应交税费——应交增值税(进项税额)

　　贷:主营业务收入

　　　　应交税费——应交增值税(销项税额)

借:主营业务成本

　　贷:库存商品

借:营业税金及附加

　　贷:应交税费——应交消费税

不具有商业实质的非货币性交换,如用应税消费品换取固定资产的会计处理:

借:固定资产

　　贷:库存商品

　　　　应交税费——应交增值税(销项税额)

　　　　应交税费——应交消费税

若以生产的应税消费品用于投资的,会计上也要按销售处理并确认收入,按规定计算的消费税计入长期股权投资的账面成本,具体分录为:

借:长期股权投资

　　贷:主营业务收入

　　　　应交税费——应交增值税(销项税额)
　　　　应交税费——应交消费税

(三) 自产自用应税消费品的核算

　　按税法规定,自产自用的应税消费品,用于连续生产应税消费品的,不纳税;用于其他方面的(用于生产非应税消费品、在建工程、管理部门、非生产机构、提供劳务、馈赠、赞助、集资、广告、样品、职工福利、奖励等方面),应视同销售,在移送使用时缴纳消费税。计算缴纳消费税时,先以同类消费品的销售价格计算,假如没有的,按组成计税价格计算。

　　从价定率办法计算纳税的组成计税价格计算公式:

　　组成计税价格=(成本+利润)÷(1-消费税比例税率)

　　应纳消费税=组成计税价格×比例税率

　　复合计税办法计算纳税的组成计税价格计算公式:

　　组成计税价格=(成本+利润+自产自用数量×定额税率)÷(1-比例税率)

　　应纳消费税=组成计税价格×比例税率+自产自用数量×定额税率

(四) 包装物缴纳消费税的核算

　　根据税法规定,实行从价定率办法计算应纳税额的应税消费品连同包装销售的,无论包装物是否单独计价,均应并入应税消费品的销售额中计缴消费税;对于出租、出借包装物收取的押金和已作价随同应税消费品销售,又另外加收的押金,因逾期未收回包装物而没收的部分,也应并入应税消费品的销售额征收消费税。此外,自1995年6月1日起,对酒类生产企业销售除啤酒、黄酒以外的其他酒类产品而收取的包装物押金,无论押金是否返还与会计上如何核算,均需并入酒类产品销售额中,依酒类产品的适用税率征收消费税。为此,现行会计规定中,对包装物的会计处理方法存在以下四种情况:

　　(1) 随同产品销售且不单独计价的包装物,其收入和成本随同所销售的产品一起计入产品销售收入和成本,应缴的消费税与因产品销售应缴的消费税应一同记入"营业税金及附加"。其会计处理为:

　　借:银行存款

　　　　贷:主营业务收入

　　　　　　应交税费——应交增值税(销项税额)

　　借:营业税金及附加

　　　　贷:应交税费——应交消费税

　　(2) 随同产品销售单独计价的包装物,其收入计入"其他业务收入",应缴的消费税记入"营业税金及附加"。其会计处理为:

　　借:银行存款

　　　　贷:其他业务收入

　　　　　　应交税费——应交增值税(销项税额)

借：营业税金及附加

　　贷：应交税费——应交消费税

（3）出租、出借的包装物收取的押金，会计处理如下：

收取包装物押金时：

借：银行存款

　　贷：其他应付款

若包装物按期返还而退回包装物押金时，作相反会计处理。

包装物逾期收不回而没收押金时：

借：其他应付款

　　贷：其他业务收入

　　　　应交税费——应交增值税（销项税额）

借：营业税金及附加

　　贷：应交税费——应交消费税

（4）包装物已经作价销售，为促使购货人将包装物退回而另外加收的押金，会计处理为：

销售产品、收取包装物押金时：

借：银行存款

　　贷：主营业务收入

　　　　应交税费——应交增值税（销项税额）

　　　　其他应付款

借：营业税金及附加

　　贷：应交税费——应交消费税

包装物逾期，押金没收时：

　　借：其他应付款

　　　　贷：应交税费——应交增值税（销项税额）

　　　　　　应交税费——应交消费税

然后根据借贷差计入"营业外收入"科目，具体如下：

　　借：其他应付款

　　　　贷：营业外收入

包装物没有逾期，押金退回时：

　　借：其他应付款

　　　　贷：银行存款

（五）委托加工应税消费品的核算

根据税法规定，委托加工的应税消费品，于委托方提货时由受托方代收代缴消费税．根据现行会计准则，委托方在委托加工时因发出的货物不同，涉及不同的科目，其不同的会计处理如下：

（1）委托加工收回后直接用于销售的，销售时不再缴纳消费税，由受托方代收代缴的消费税随同加工费一并计入委托加工应税消费品的成本，即：

借：委托加工物资（委托方发出原材料时用）

自制半成品——委托外部加工自制半成品（委托方发出自制半成品时用）

贷：银行存款（应付账款）

（2）委托加工的应税消费品收回后用于连续生产应税消费品的，应将受托方代收代缴的消费税计入"应交税费——应交消费税"的借方，待最终应税消费品缴纳消费税时，月末按规定冲抵销售产生的消费税款，不计成本。

委托方提货时：

借：委托加工物资

应交税费——应交消费税

应交税费——应交增值税（进项税额）

贷：银行存款等

加工成最终消费品再销售时：

借：营业税金及附加

贷：应交税费——应交消费税

实际缴纳消费税时：

借：应交税费——应交消费税（两笔借贷方差额）

贷：银行存款

（六）进口应税消费品的核算

进口应税消费品，在进口报关时由进口者缴纳消费税，并将其计入进口应税消费品的成本中。根据税法规定，企业进口应税消费品，应当自海关填发税款缴款书之日起15日内缴纳税款。一般来说，企业不缴税不得提货。因此，缴纳消费税与进口货物入账基本上没有时间差。为简化核算手续，进口应税消费品缴纳的消费税一般不通过"应交税费——应交消费税"科目核算，在将消费税计入进口应税消费品成本时，直接贷记"银行存款"科目。特殊情况下，出现先提货、后缴税的，或者用于连续生产其他应税消费品按规定允许抵扣的，也可以通过"应交税费——应交消费税"核算应缴的消费税额。

企业进口的应税消费品若是固定资产、原材料等时，会计处理为：

借：固定资产（材料采购等）

应交税费——应交增值税（进项税额）

贷：银行存款

工作任务评价标准

按照要求和流程完成了引导案例中提出的问题后，参照老师给出的标准，任务的完成者与老师共同来评价工作任务的完成情况。

评价标准：

（1）是否确定了增值税和消费税的主要会计科目；

（2）是否计算出了增值税和消费税各科目的税额；

（3）是否准确进行了相关的会计核算；

（4）是否计算出了企业当月应纳增值税额和应纳消费税额。

工作任务三　营业税的核算

一、确定工业企业营业税核算的流程

引导案例：

武汉市争锋汽车生产企业于 2000 年 1 月成立，为增值税一般纳税人，已经纳入防伪税控系统。2011 年 5 月发生以下几项经济业务：

（1）5 月 10 日，销售本企业使用过的外购仓库一栋，账面原值 150 000 元，累计折旧为 120 000 元，售价 70 000 元；售出 3 月购进的生产设备一台，原值 120 000 元，累计折旧 2 000 元（购进时抵扣已按规定抵扣了进项税，销售当月要提折旧），含税售价 141 570 元。上述业务分别开具普通发票。

（2）5 月 20 日，转让一项专利技术，该项无形资产的账面原值为 15 000 元，累计摊销 2 000 元，已提减值准备 3 000 元，转让取得的实际收入为 9 000 元。

（3）5 月 25 日，将拥有的一项专利技术使用权转让给 A 企业使用，双方在合同中约定转让期限为两年。该企业承诺合同生效后，只许可 A 企业一家使用该项专利技术，并在转让期限内，自己也不得使用该项专利技术。A 企业每年须支付技术转让费 10 万元，该企业提供技术指导及其他相关费用由 A 企业负担。该项专利技术的账面价值为 50 万元，预计使用期限为 10 年。

针对以上资料，该企业财务部刘经理向来企业实习的大学毕业生小云提出以下问题：

（1）该业务涉及营业税的主要会计科目有哪些？

（2）针对业务资料，如何进行相关的会计核算？

（3）企业当月应纳营业税额是多少？

确定工业企业营业税核算的步骤如下：

第一步，审核涉税业务相关的原始凭证；

第二步，选用并确立正确的会计科目；

第三步，计算相关税种的应纳税额，并编制记账凭证；

第四步，审核后，登记相关明细账和总账。

二、知识导航

（一）涉税业务的主要会计科目

工业企业营业税的会计核算涉及的会计科目，主要有"营业税金及附加"、"应交税费——应交营业税"、"应交税费——应交城建税"、"应交税费——应交教育费附加"。

（二）销售不动产的涉税核算

根据税法规定，企业销售不动产应缴纳营业税，并按向对方收取的全部价款计算征收，通过"固定资产清理"核算，期末将该科目的余额转到营业外收支中，具体的会计处理如下：

（1）收取转让款

借：银行存款（清理收入）

　　贷：固定资产清理

（2）结转固定资产、累计折旧科目金额

借：固定资产清理（固定资产账面价值）

　　累计折旧

　　固定资产减值准备

　　贷：固定资产（原值）

（3）相关清理费用的核算

借：固定资产清理（清理费用）

　　贷：银行存款

（4）计提相关税费

借：固定资产清理

　　贷：应交税费——应交营业税

　　　　应交税费——应交城建税

　　　　应交税费——应交教育费附加

（5）结转销售不动产的收益

借：固定资产清理

　　贷：营业外收入（固定资产清理收益）

或　借：营业外支出（固定资产清理损失）

　　　　贷：固定资产清理

提示：如果企业转让土地使用权需缴纳土地增值税时，也应通过"固定资产清理"核算。

（三）转让无形资产的涉税核算

根据税法规定，企业转让无形资产应缴纳营业税，并按向对方收取的全部价款计算征收。企业出售无形资产，表明其放弃了无形资产的所有权。无形资产准则规定，企业出售无形资产时，应将所取得的价款与该无形资产账面价值的差额计入当期损益。其具体的会计处理为：

借：银行存款（实际收到的款项）

　　累计摊销

　　无形资产减值准备（若没有提，则无本科目）

　　贷：无形资产（账面原值）

　　　　应交税费——应交营业税

　　　　应交税费——应交城建税

　　　　应交税费——应交教育费附加

　　　　银行存款（支付的转让费用等）

　　　　营业外收入——处置非流动资产处置利得（若净亏损，用"营业外支出——处置非流动资产处置损失"科目，在借方表示）

（四）出租无形资产的涉税核算

　　企业将所拥有的无形资产的使用权让渡给他人，并收取租金，在满足收入准则规定的确认标准的情况下，应确认相关的收入和成本。其具体会计处理如下：

　　（1）取得租金收入

　　借：银行存款

　　　　贷：其他业务收入

　　（2）摊销出租无形资产的成本并发生与转让有关的各种费用支出时

　　借：其他业务支出

　　　　贷：无形资产

　　（3）计提相关税金

　　借：营业税金及附加

　　　　贷：应交税费——应交营业税

　　　　　　应交税费——应交城建税

　　　　　　应交税费——应交教育费附加

（五）兼营行为的涉税核算

　　根据税法规定：兼营增值税和营业税项目的，要分别核算，分别纳税；未分别核算的，由主管税务机关核定其应税行为营业额。上述应税行为是指属于应缴营业税征税范围的劳务。其具体会计处理如下：

　　（1）企业取得收入时

　　借：银行存款

　　　　贷：其他业务收入（兼营非应税劳务）

　　　　　　主营业务收入（兼营应税行为）

　　（2）计提税费

　　借：营业税金及附加

　　　　贷：应交税费——应交营业税

　　　　　　应交税费——应交城建税

　　　　　　应交税费——应交教育费附加

工作任务评价标准

按照要求和流程完成了引导案例中提出的问题后,参照老师给出的标准,任务的完成者与老师共同来评价工作任务的完成情况。

评价标准:

(1) 是否确定了该企业业务涉及营业税的主要会计科目;

(2) 是否正确进行了相关的会计核算;

(3) 是否计算出该企业当月应纳的营业税额。

工作任务四　企业所得税的核算

一、确定企业所得税核算的流程

引导案例:

A 公司是一家生产各种电器开关的企业,为增值税一般纳税人。2008 年 12 月 25 日,其购入一台不需要安装的机器设备,该设备的入账价值为 60 万元,预计使用期限为 3 年,会计上采用直线法计提折旧,预计净残值为 0。税法规定应采用年数总和法计提折旧,折旧年限也为 3 年。2010 年 12 月 31 日,该设备出现减值迹象,经测试发现,该固定资产的可收回金额为 15 万元。假设该企业每年的利润总额均为 300 万元,无其他纳税调整项目,适用所得税率为 25%。

针对以上资料,该企业财务部陈经理向来企业实习的大学毕业生小钱提出以下问题:

(1) 会计和税法上计提折旧方法的差异对企业的纳税产生什么影响?

(2) 该业务涉及企业所得税的主要会计科目有哪些?

(3) 针对业务资料,如何进行相关的会计核算?

(4) 企业 2009—2011 年间应确认的递延所得税为多少?

确定企业所得税核算的步骤如下:

第一步,审核涉税业务相关的原始凭证;

第二步,选用并确立正确的会计科目;

第三步,计算相关税种的应纳税额,并编制记账凭证;

第四步,审核后,登记相关明细账和总账。

二、知识导航

(一)涉税业务的主要会计科目

企业所得税的会计核算涉及的会计科目,主要有"所得税费用"、"递延所得税资产"、"递延所得税负债"、"应交税费——应交所得税"。

"所得税费用"核算企业根据所得税准则确认的应从当期利润总额中扣除的所得

税费用,属损益类科目,本科目结转前先结转其他损益类科目,然后计算出税前利润,本科目结转后的本年利润为税后利润。本科目应按照"当期所得税费用"、"递延所得税费用"进行明细核算。

"递延所得税资产",反映企业根据新准则确定的(以后)可抵扣暂时性差异产生的所得税资产,如计提的资产减值准备。这是企业的一项资产,原理是先缴税,再抵税;相当于预付给税务局的所得税,可理解为:本年先做纳税调增,以后年度允许做纳税调减。税法上允许用以后年度税前利润弥补的亏损产生的所得税资产,也在本科目核算。

"递延所得税负债",反映企业根据新准则确定的(以后)应纳税暂时性差异产生的所得税负债,如固定资产折旧额的会计账面与税法计税基础的差异。这是企业的一项负债,原理是现在先不用缴税,以后再缴,相当于先(合法)欠着税务局的税款,以后再还,可简化理解为:现在先纳税调减,以后再做纳税调增的暂时性差异。

(二)企业所得税的核算

(1)资产负债表日,企业按税法计提当期应缴所得税时

借:所得税费用——当期所得税费用

    贷:应交税费——应交所得税。

(2)确认相关递延资产或负债时

① 确认递延所得税资产时

借:递延所得税资产

    贷:所得税费用——递延所得税费用

      (资本公积——其他资本公积)

以后年度做纳税调减或未来期间无法获得足够的应税所得抵扣时,做相反分录。

② 确认递延所得税负债时

借:所得税费用

    (资本公积——其他资本公积)

    贷:递延所得税负债

以后年度做纳税调增时,做相反分录。

🌐 工作任务评价标准

按照要求和流程完成了引导案例中提出的问题后,参照老师给出的标准,任务的完成者与老师共同来评价工作任务的完成情况。

评价标准:

(1)是否正确区分了永久性差异和暂时性差异;

(2)是否正确区分了递延所得税资产和递延所得税负债;

(3)是否正确进行了相关的会计核算。

工作任务五　出口货物"免抵退"税的核算

一、确定出口货物"免、抵、退"税核算的流程

引导案例：

某具有进出口经营权的生产企业(增值税一般纳税人)，对自产货物经营出口销售及国内销售。该企业 2010 年 8 月份购进所需原材料等货物，取得增值税专用发票注明进项税额 85 万元，内销产品取得销售额 300 万元(不含税)，出口货物离岸价折合人民币 2 400 万元。假设上期留抵税款 5 万元，增值税税率 17%，退税率 15%。

针对以上资料，该企业财务部刘经理向来企业实习的大学毕业生小赵提出以下问题：

(1) 该业务涉及"免、抵、退"税的主要会计科目有哪些？

(2) 针对业务资料，如何进行相关的会计核算？

(3) 企业当月是否有应退的增值税？ 如果有的话，为多少？

确定出口货物"免、抵、退"税核算的步骤如下：

第一步，审核涉税业务相关的原始凭证；

第二步，选用并确立正确的会计科目；

第三步，计算相关税种的应纳税额，并编制记账凭证；

第四步，审核后，登记相关明细账和总账

二、知识导航

(一) 涉税业务的主要会计科目

现行会计制度规定，生产企业免抵退税的会计核算主要涉及到"应交税费——应交增值税(出口抵减内销产品应纳税额)"、"应交税费——应交增值税(出口退税)"、"其他应收款——应收出口退税款"等科目。

"出口抵减内销产品应纳税额"专栏，反映生产企业出口产品按规定计算的应免抵的税额；这个子目实际反映的是出口产品的进项税"抵"了多少内销产品的销项税，不是国税局实际退的现金。

该科目金额＝当期免抵退税额－当期(实际)应退税额

其中：当期免抵退税额＝出口产品离岸价(FOB)×国家规定的该产品出口退税率；当期(实际)应退税额为当期期末"应交税费——应交增值税"明细账的借方余额与计算出的"当期免抵退税额"的金额相比较，谁小取谁。

如果当期"应交税费——应交增值税"明细账的余额在贷方，表示企业要实际缴税，就没有实际要退的税款了，这时，"当期(实际)应退税额"等于零，"出口抵减内销产品应纳税额"就等于"当期免抵退税额"。

"出口退税"专栏，反映企业享受的"抵税和实际退税"的合计数，在金额上等于出

口货物离岸价乘以出口退税率。具体来讲,该专栏记录企业向海关办理报关出口手续后,凭出口报关单等有关凭证,向税务局申报办理出口退税而收到退回的税款。出口货物退回的增值税额,用蓝字登记;出口货物办理退税后发生退货或退关而补缴已退的税款,用红字登记。

"其他应收款——应收出口退税款",借方反映生产企业出口货物计算得出的应退税额,贷方反映实际收到的出口货物退税款。实际业务中涉及以下两种核算思路:

(1) 按国税局的《"免、抵、退"税审批通知单》的批准数做账:

借:其他应收款——应收出口退税款

　　贷:应交税费——应交增值税(出口退税)

这时入账数据与可退回的数据一般没有差异,故不存在调整。

(2) 按企业退税申报表数做账:

借:其他应收款——应收出口退税款

　　贷:应交税费——应交增值税(出口退税)

因为企业的申报数据不一定就是国税局的最后审批数据,故有一些调整的分录(不足的用蓝字补充,多出的用红字冲减)。

(二)购进货物的涉税核算

1. 采购国内原材料

价款和运杂费计入采购成本,增值税专用发票上注明的增值税额计入进项税额,根据供货方的有关票据,作如下会计分录:

借:材料采购

　　应交税费——应交增值税(进项税额)

　　　贷:银行存款(应付账款等)

对可抵扣的运费金额按 7% 计算进项税额,作如下会计分录:

借:应交税费——应交增值税(进项税额)

　　贷:材料采购

原材料入库时,根据入库单作如下会计分录:

借:原材料

　　贷:材料采购

2. 进口原材料

(1) 报关进口。出口企业应根据进口合约规定,凭全套进口单证,作如下会计分录:

借:材料采购——进料加工——××材料名称

　　贷:应付外汇账款(或银行存款)

支付上述进口原辅料件的各项目内直接费用,作如下会计分录:

借:材料采购——进料加工——××材料名称

　　贷:银行存款

货到口岸时,计算应纳进口关税或消费税,作如下会计分录:

借:材料采购——进料加工——××材料名称

　　贷:应交税费——应交进口关税

　　　　应交税费——应交进口消费税

（2）缴纳进口料件的税金。出口企业应根据海关出具的完税凭证,作如下会计分录:

借:应交税费——应交进口关税

　　应交税费——应交进口消费税

　　应交税费——应交增值税（进项税额）

　　贷:银行存款

对按税法规定,不需缴纳进口关税、增值税的企业,不作“应交税费”的上述会计分录。

（3）进口料件入库。进口料件入库后,财会部门应凭储运或业务部门开其的入库单,作如下会计分录:

借:原材料——进料加工——××商品名称

　　贷:材料采购——进料加工——××商品名称

3. 外购出口配套的扩散、协作产品,委托加工产品

现行政策规定,生产企业出口的自产货物包括外购的与本企业所生产的产品名称、性能相同,且使用本企业注册商标的产品;外购的与本企业所生产的产品配套出口的产品;收购经主管出口退税的税务机关认可的集团公司（或总厂）成员企业（或分厂）产品;委托加工收回的产品。

（1）购入扩散、协作产品后,凭有关合同及有关凭证,作如下会计分录:

借:材料采购

　　应交税费——应交增值税（进项税额）

　　贷:银行存款

验收入库后,凭入库单作如下会计分录:

借:库存商品

　　贷:材料采购

（2）委托加工产品的会计处理

① 委托加工材料发出,凭加工合同和发料单作如下会计分录:

借:委托加工物资

　　贷:原材料

② 根据委托加工合同支付加工费,凭加工企业的加工费发票和有关结算凭证,作如下会计分录:

借:委托加工物资

　　应交税费——应交增值税（进项税额）

　　贷:银行存款

③ 委托加工产品收回:

可直接对外销售的,凭入库单作如下会计分录:

借:库存商品
　　贷:委托加工物资
还需要继续生产或加工的,凭入库单作如下会计分录:
借:原材料
　　贷:委托加工物资

(三) 销售货物的涉税核算

1. 内销货物会计处理
借:银行存款(应收账款)
　　贷:主营业务收入
　　　　应交税费——应交增值税(销项税额)

2. 自营出口销售
销售收入以及不得抵扣税额均以外销发票为依据。当期支付的国外费用在冲减销售收入后,在当期可暂不计算不得抵扣税额冲减数,而在年末进行统一结算补税;也可在当期同步计算不得抵扣税额冲减数。

(1) 一般贸易的核算

① 销售收入。财会部门收到储运或业务部门交来已出运全套出口单证,依开具的外销出口发票上注明的出口额折换成人民币后作如下会计分录:
借:应收外汇账款
　　贷:主营业务收入—— 一般贸易出口销售
收到外汇时,财会部门根据结汇水单等,作如下会计分录:
借:汇兑损益(本科目或在贷方)
　　银行存款
　　贷:应收外汇账款——客户名称(美元,人民币)

② 不得抵扣税额计算。其会计分录为:
借:主营业务成本—— 一般贸易出口
　　贷:应交税费——应交增值税(进项税额转出)

③ 运保佣冲减。运保佣的冲减有两个会计处理方法:

a. 暂不计算不得抵扣税额的,根据运保佣金额作如下会计分录:
借:主营业务收入—— 一般贸易出口
　　贷:银行存款

b. 在冲减的同时,按冲减金额同步计算不得抵扣税额的,作如下会计分录:
借:主营业务收入—— 一般贸易出口
　　贷:银行存款
同时:
借:主营业务成本—— 一般贸易出口(红字)
　　贷:应交税费——应交增值税(进项税额转出)(红字)

(2) 进料加工贸易的核算

　　进料加工贸易是指从国外进口原料、零部件，加工成产品再出口的一种贸易方式，可解决国内原料不足、零部件质量不符合国外要求等问题，增强出口创汇能力。所以，目前国家给予进料加工业务"免税并退税"的税收优惠。企业在记载销售账时原则上要将一般贸易与进料加工贸易通过二级科目分开进行明细核算，其核算与一般贸易相同。

　　进料加工业务中，有一个要点需要掌握，即"免抵退税不得免征和抵扣税额抵减额"的计算：

　　免抵退税不得免征和抵扣税额抵减额＝免税购进原材料价格×（出口货物征税率－出口货物退税率）

　　在实务工作中，对"免抵退税不得免征和抵扣税额抵减额"的处理，一般是分以下两个主要步骤完成的：

　　① 日常工作中，要用"每期进料加工贸易复出口的销售额"乘以"计划分配率"计算"免税核销进口料件组成计税价格"，向主管国税机关申请开具《生产企业进料加工贸易免税证明》，这时候先让企业冲一部分；出口企业收到主管国税机关《生产企业进料加工贸易免税证明》后，依据注明的"不得抵扣税额抵减额"作如下会计分录：

　　借：主营业务成本——进料加工贸易出口（红字）
　　　　贷：应交税费——应交增值税（进项税额转出）（红字）

　　② 等相关的进料加工业务结束时，企业要到海关办这笔进料加工业务的核销，并到主管国税局办理税款的清算，清算时，得根据企业的实际情况，重新算一个"实际分配率"（实际分配率与计划分配率一般会有一些差异，主要集中在存在免税进口料件的剩余边角余料金额、结转至其他手册料件金额、其他减少进口料件金额、结转至其他手册成品金额、剩余残次成品金额和其他减少出口成品金额），用实际进料加工的出口额乘以这个实际的分配率，得出真正要全部冲减的金额，然后扣除前期开具的《生产企业进料加工贸易免税证明》后的相关金额，补开少计的或冲回多计的金额。收到主管国税机关《生产企业进料加工贸易免税核销证明》后，对补开部分依据注明的"不得抵扣税额抵减额"作如下会计分录：

　　借：主营业务成本——进料加工贸易出口（红字）
　　　　贷：应交税费——应交增值税（进项税额转出）（红字）

　　对多开的部分，通过核销冲回，以蓝字登记以上会计分录。

　　（3）来料加工贸易的核算

　　来料加工贸易是指外商提供原材料、零部件，由我国企业加工成产品出口交外商销售，只收取加工费的一种贸易方式。该方式不需要占用外汇购买原材料，不用找销路，只凭加工创汇。在我国，来料加工业务执行免税但不退税政策。

　　出口企业从事来料加工业务应持来料加工登记手册等，向主管国税机关申请办理《来料加工免税证明》，凭此证明据以免征工缴费的增值税和消费税。来料加工免税收入应与其他出口销售收入分开核算，对来料加工发生的运保佣应冲减来料加工销售收入，不得在其他出口销售中冲减。

　　① 合同约定进口料件不作价的，只核算工缴费，作如下会计分录：

借:应收外汇账款(工缴费部分)
　　　贷:主营业务收入——来料加工
② 合同约定进口料件作价的,核算进口原辅料款和工缴费,作如下会计分录:
借:应收外汇账款(工缴费部分)
　　　应付外汇账款(合同约定进口价格,汇率按原作价时中间价)
　　　贷:主营业务收入——来料加工(原辅料款及加工费)
③ 外商投资企业转加工收回复出口
销售处理与①或②一致,只不过是要核算委托加工过程,分进口料件外商不作价和作价两种情况。
　　a. 不作价。在发出加工时作如下会计分录:
借:拨出来料——加工厂名——来料名(只核算数量)
　　　贷:外商来料——国外客户名——来料名(只核算数量)
凭加工企业加工费发票,支付工厂加工费,作如下会计分录:
借:主营业务成本——来料加工
　　　贷:银行存款(应付账款)
委托加工的成品验收入库时作如下会计分录:
借:代管物资——国外客户名——加工成品名称(只核算数量)
　　　贷:拨出来料——加工厂名——来料名(核算原料规定耗用数量)
　　b. 作价。在发出加工时,凭业务或储运部门开具的盖有"来料加工"戳记的出库单,按原材料金额作如下会计分录:
借:应收账款——来料加工厂
　　　贷:原材料——国外客户名——来料名称
加工厂交成品时,按合约价格及耗用原料,以及规定的加工费,根据业务部门或储运部门开具的盖有"来料加工"戳记的入库单作如下会计分录:
借:库存商品——国外客户名——加工成品名
　　　贷:应收账款——来料加工厂(按规定应耗用的原料成本)
　　　　　　——来料加工厂(加工费,如外币按入库日汇率)
④ 对来料加工所耗用的国内进项税金进行转出
原则上按销售比例分摊,按分摊额作如下会计分录:
借:主营业务成本——来料加工
　　　贷:应交税费——应交增值税(进项税额转出)
3. 委托代理出口
收到受托方(外贸企业)送交的"代理出口结算清单"时,作如下会计分录:
借:应收账款等
　　销售费用(代理手续费)
　　　贷:主营业务收入
支付的运保佣与自营出口一样,要冲减外销收入。

4. 销售退回

生产企业出口的产品,由于质量、品种不符合要求等原因而发生的退货,其销售退回应分别情况进行处理。这里只以一般贸易出口为例进行介绍,进料加工贸易与此类似。

(1) 未确认收入的已发出产品的退回,按照已记入"发出产品"等科目的金额,作如下会计分录:

借:库存商品
　　贷:发出产品

(2) 已确认收入的销售产品退回,一般情况下直接冲减退回当月的销售收入、销售成本等,对已申报免税或退税的还要进行相应的"免抵退"税调整,分别情况作如下会计处理:

① 业务部门在收到对方提运单并由储运部门办理接货及验收、入库等手续后,财会部门应凭退货通知单按原出口金额作如下会计分录:

借:主营业务收入—— 一般贸易出口
　　贷:应收外汇账款

② 退货货物的原运保佣,以及退货费用的处理。

由对方承担的:

借:银行存款
　　贷:主营业务收入———一般贸易出口(原运保佣部分)

由我方承担的,先作如下处理:

借:待处理财产损溢
　　贷:主营业务收入———一般贸易出口(原运保佣部分)
　　　　银行存款(退货发生的一切国内、外费用)

批准后,作如下处理:

借:营业外支出
　　贷:待处理财产损溢

(四) 应纳税额的核算

根据现行税法规定,"免抵退"税企业出口应税消费品免征消费税,对增值税"免、抵、退"税计算办法有以下三步处理公式:

1. 当期应纳税额的计算

① 当期应纳税额＝当期内销售货物销项税额－(当期全部进项税额－当期免抵退不得免征和抵扣的税额)－上期期末留抵税额

② 当期免抵退税不得免征和抵扣税额＝出口货物离岸价×外汇人民币牌价×(出口征税率－出口退税率)－免抵退税不得免征和抵扣税额抵减额

③ 免抵退税不得免征和抵扣税额抵减额＝免税购进原材料价格×(出口货物征税率－退税率)

2. 当期免抵退税额的计算

① 免抵退税额＝出口货物离岸价×外汇人民币牌价×出口货物退税率－免抵退税额抵减额

② 免抵退税额抵减额＝免税购进原材料价格×出口货物退税率

其中,出口货物离岸价以出口发票计算的离岸价格为准;免税购进原材料包括从国内购进免税原材料和进料加工免税进口料件,其中进料加工的核算,涉及到免税进口料件的组成计税价格,有两种确定方法:一是购进法(常用),二是实耗法。

购进法的公式:免税进口料件的组成计税价格＝货物到岸价＋海关实征关税(＋消费税)

实耗法的公式:免税进口料件的组成计税价格＝当期出口货物离岸价格×计划分配率

计划分配率＝(计划进口总值÷计划出口总值)×100％

3. 当期免抵税额的计算

① 若当期期末留抵税额≤当期免抵退税额

则:当期应退税额＝当期期末留抵税额,当期免抵税额＝当期免抵退税额－当期应退税额

② 若当期期末留抵税额＞当期免抵退税额

则:当期应退税额＝当期免抵退税额,当期免抵税额＝0

式中,期末留抵税额为当期《增值税纳税申报表》的期末留抵税额,它是计算确定当期应退税额和当期免抵税额的重要依据。

当期应纳税额＝当期内销货物的销项税额－(当期全部进项税额－当期免抵退税不得免征和抵扣税额)－上期期末留抵税额

(1) 如当期应纳税额大于零,月末作如下会计分录:

借:应交税费——应交增值税(转出未交增值税)

　　贷:应交税费——未交增值税

(2) 如当期应纳税额小于零,月末作如下会计分录:

借:应交增值税——未交增值税

　　贷:应交税费——应交增值税(转出多交增值税)

(五) 免抵退税的核算

会计上,实行"免、抵、退"政策的会计处理也相应有三种处理办法:

1. 应纳税额为正数

即免抵后仍应缴纳增值税,免抵税额＝免抵退税额,即没有可退税额(因为没有留抵税额),月末作如下会计分录:

借:应交税费——应交增值税(转出未交增值税)

　　贷:应交税费——未交增值税

借:应交税费——应交增值税(出口抵减内销产品应纳税额)

　　贷:应交税费——应交增值税(出口退税)

2. 应纳税额为负数

即期末有留抵税额,对于未抵顶完的进项税额,不做会计分录;当留抵税额大于"免、抵、退"税额时,可全部退税,免抵税额为 0,月末作如下会计分录:

借:其他应收款——应收出口退税款

　　贷:应交税费——应交增值税(出口退税)

3. 应纳税额为负数

即期末有留抵税额,对于未抵顶完的进项税额,不做会计分录;当留抵税额小于"免、抵、退"税额时,可退税额为留抵税额,免抵税额＝免抵退税额－留抵税额,月末作如下会计分录:

借:其他应收款——应收出口退税款

　　应交税费——应交增值税(出口抵减内销产品应纳税额)

　　贷:应交税费——应交增值税(出口退税)

实务中,出口企业应免抵税额、应退税额的核算有以下两种处理方法:

(1) 按批准的应免抵税额、应退税额进行会计处理

企业在进行出口货物退税申报时,不作账务处理。在收到主管国税机关出具的《生产企业出口货物免抵退税审批通知单》后,根据批准的应退、应免抵税作如下会计分录:

借:应收账款——应收出口退税款——增值税(批准的应退税额)

　　应交税费——应交增值税(出口抵减内销产品应纳增值税)(批准应免抵税额)

　　贷:应交税费——应交增值税(出口退税)

(2) 按当期《生产企业出口货物"免、抵、退"税汇总申报表》上的申报数分以下三种情况进行会计处理:

① 申报的应退税额＝0,且申报的应免抵税额＞0 时,作如下会计分录:

借:应交税费——应交增值税(出口抵减内销产品应纳税额)(申报的应免抵税额)

　　贷:应交税费——应交增值税(出口退税)

② 申报的应退税额＞0,且免抵税额＞0 时,作如下会计分录:

借:应收账款——应收出口退税款——增值税(申报的应退税额)

　　应交税费——应交增值税(出口抵减内销产品应纳税额)(申报的应免抵税额)

　　贷:应交税费——应交增值税(出口退税)

③ 申报的应退税额＞0,且申报的免抵税额＝0 时,作如下会计分录:

借:应收账款——应收出口退税款－增值税(申报的应退税额)

　　贷:应交税费——应交增值税(出口退税)

企业在收到出口退税时作如下会计分录:

借:银行存款

　　贷:应收账款——应收出口退税款——增值税

工作任务评价标准

按照要求和流程完成了引导案例中提出的问题后,参照老师给出的标准,任务的完成者与老师共同来评价工作任务的完成情况。

评价标准:

(1) 是否确定了该业务涉及"免、抵、退"税的主要会计科目;

(2) 是否正确进行了相关的会计核算;

(3) 是否能够计算并判断该企业出当月应退的增值税是多少。

工作任务六　其他税、费的核算

一、确定工业企业其他税、费核算的流程

引导案例:

某盐业有限公司为盐的生产加工企业,属于增值税一般纳税人。2010年发生以下经济业务:

(1) 5月与某大型设备经销公司签订合同,购买一台价值3 000万的盐的生产设备;

(2) 9月外购液体盐2 000吨,每吨含增值税价款58.5元,液体盐资源税税额为3元/吨,该企业将全部液体盐加工成固体盐500吨,每吨含增值税售价为468元,固体盐适用资源税税额为25元/吨;

(3) 该企业年初拥有房产2栋,分别为:厂房1栋,原值500万元已经使用5年,预计还可以使用20年;办公楼1栋(10层),原值1 000万元,已经使用1年,预计还可以使用19年;2010年6月30日,将办公楼的两层出租给另一企业使用,每月取得租金收入10万元。(当地房产税从价计征的扣除比例为20%)

针对以上资料,该企业财务部余经理向来企业实习的大学毕业生小孟提出以下问题:

(1) 该业务涉税的主要会计科目有哪些?

(2) 针对业务资料,如何进行相关的会计核算?

(3) 针对业务涉及的主要税种,企业当月的应纳税额是多少?

确定工业企业其他税、费核算的步骤如下:

第一步,审核涉税业务相关的原始凭证;

第二步,选用并确立正确的会计科目;

第三步,计算相关税种的应纳税额,并编制记账凭证;

第四步,审核后,登记相关明细账和总账。

二、知识导航

（一）涉税业务的主要会计科目

工业企业其他税、费会计核算涉及的会计科目,主要包括"营业税金及附加"、"应交税费——应交资源税"、"应交税费——应交土地增值税"、"应交税费——应交房产税"、"应交税费——应交车船税"、"应交税费——应交矿产资源补偿费"、"应交税费——应交城镇土地使用税"、"应交税费——应交保险保障基金"、"应交税费——应交城市维护建设税"、"应交税费——应交教育费附加"。

（二）资源税的会计核算

资源税纳税义务人开采或者生产并销售应税产品,应依据税法规定,计算和缴纳资源税。为反映和监督资源税税额的计算和缴纳过程,纳税人应设置"应交税费——应交资源税"账户,贷方登记本期应缴纳的资源税税额,借方登记企业实际缴纳或抵扣的资源税税额,贷方余额表示企业应缴而未缴的资源税税额。

1. 企业销售应税产品应纳资源税的账务处理

（1）销售计提资源税时

借:营业税金及附加

　　贷:应交税费——应交资源税

（2）缴纳资源税时

借:应交税费——应交资源税

　　贷:银行存款

2. 企业自产自用应税产品应纳资源税的账务处理

（1）计提资源税时

借:生产成本（制造费用等）

　　贷:应交税费——应交资源税

（2）缴纳资源税时

借:应交税费——应交资源税

　　贷:银行存款

3. 企业收购未税矿产品应缴资源税的账务处理

（1）计提资源税时

借:材料采购（含扣缴的资源税）

　　应交税费——应交增值税（进项税额）

　　　　贷:银行存款

　　　　　　应交税费——应交资源税

（2）缴纳资源税时

借:应交税费——应交资源税

　　贷:银行存款

【例 4 - 19】　某炼铁厂收购某铁矿开采厂矿石 10 000 吨,每吨收购价为 125 元 (其中资源税 25 元),购进价总计 1 250 000 元,增值税进项税额 162 500 元,价税合计 1 412 500 元,企业代扣代缴资源税款后用银行存款支付收购款。则其相关账务处理为:

借:材料采购　　　　　　　　　　　　　　　　　1 250 000

　　应交税费——应交增值税(进项税额)　　　　162 500

　　贷:银行存款　　　　　　　　　　　　　　　　　　　　1 162 500

　　　应交税费——应交资源税　　　　　　　　　　　　　　250 000

4. 企业外购液体盐加工固体盐应纳资源税的账务处理

(1) 外购液体盐

借:材料采购(不含税价减可抵扣的资源税)

　　应交税费——应交资源税(可抵扣资源税)

　　应交税费——应交增值税(进项税额)

　　贷:银行存款

(2) 销售固体盐

借:营业税金及附加

　　贷:应交税费——应交资源税

(3) 将销售固体盐应纳资源税抵扣液体盐已纳资源税后的差额上缴资源税

借:应交税费——应交资源税

　　贷:银行存款

(三) 土地增值税的会计核算

土地增值税纳税义务人有偿转让我国国有土地使用权、地上建筑物及其附着物产权,取得土地增值额的,应依税法规定,计算和缴纳土地增值税。为了对纳税人应纳土地增值税进行会计处理,应在"应交税费"账户下,设置"应交土地增值税"明细账户。

工业企业涉及土地增值税的情形主要是发生转让自己使用的房地产的行为,由于转让的房地产原来是在企业"固定资产"账户进行核算和反映的,故工业企业转让房地产取得的收入,在"固定资产清理"科目中核算。计算土地增值税税额,关键是正确计算和确定扣除项目金额。由于工业企业转让的房地产是旧的或使用过的,对其扣除项目金额,不能以账面价值或其净值计算扣除,应以政府批准设立的房地产评估机构评定的重置成本乘以成新度折扣率后的价格计算扣除。同时,纳税人因计税需要而请评估机构进行房地产评估所支出的房地产评估费用,允许在计算增值额时扣除。分企业类型,土地增值税的核算有以下两种情况:

(1) 非房地产开发企业转让自有房地产

借:固定资产清理

　　贷:应交税费——应交土地增值税

(2) 房地产企业转让房地产(开发产品)

借：营业税金及附加
　　贷：应交税费——应交土地增值税

（四）城市维护建设税的会计核算

（1）计提按规定计算出的城市维护建设税时
借：营业税金及附加
　　贷：应交税费——应交城市维护建设税
（2）实际缴纳时
借：应交税费——应交城市维护建设税
　　贷：银行存款

（五）其他税、费的核算

1. 房产税、土地使用税、车船使用税和印花税的核算
（1）计提房产税、土地使用税、车船使用税时
借：管理费用
　　贷：应交税费——应交房产税
　　　　应交税费——应交土地使用税
　　　　应交税费——应交车船使用税
（2）实际缴纳时
借：应交税费——应交房产税
　　应交税费——应交土地使用税
　　应交税费——应交车船使用税
　　贷：银行存款
　　由于印花税是由纳税人以购买并一次贴足印花税票方式缴纳税款的，不存在与税务机关结算或清算税款的问题，因而，企业缴纳的印花税不需要通过"应交税费"科目核算。
　　购买印花税票时：
借：管理费用（或待摊费用）
　　贷：银行存款

2. 耕地占用税的核算
　　企业按规定计算缴纳的耕地占用税，借记"在建工程"科目，贷记"银行存款"科目。

3. 教育费附加
　　教育费附加是以增值税、消费税、营业税纳税人应缴税额为依据征收的一种专项附加。为了核算教育费附加的增减变动，企业在"应交税费"科目下，应设置"应交教育费附加"明细科目。
（1）计算应缴教育费附加时
借：营业税金及附加

贷：应交税费——应交教育费附加

（2）实际缴纳时

借：应交税费——应交教育费附加

　　贷：银行存款

如果教育部门根据办学情况,将部分教育费附加退给办学企业作为办学补贴,企业收到办学补贴时,应通过"营业外收入"科目核算。

4. 车辆购置税

车辆购置税是对在中国境内购置应税车辆的单位和个人以其计税价格为依据征收的一种税。其会计处理分别规定为:企业购置(包括购买、进口、自产、受赠、获奖或者以其他方式取得并自用)应税车辆,按规定缴纳的车辆购置税,借记"固定资产"等科目,贷记"银行存款"科目;企业购置的减税、免税车辆改制后用途发生变化的,按规定应补缴的车辆购置税,借记"固定资产"科目,贷记"银行存款"科目。

需要说明的是,在企业涉税会计核算中,除了上述涉税业务所述及的会计科目外,还有两个会计科目经常用到,即"以前年度损益调整"和"营业外收入",具体说明如下:

"以前年度损益调整",本科目核算企业本年度发生的调整以前年度损益的事项,以及本年度发现的重要会计差错更正涉及调整以前年度损益的事项,还包括企业在资产负债表日至财务报告批准报出日之间发生的需要调整报告年度损益的事项。借方反映以前年度利润的调减和以前年度亏损的调增,贷方反映以前年度利润的调增和以前年度亏损的调减,借方余额表示减少的利润或增加的亏损,贷方余额表示增加的利润或减少的亏损。期末余额转入"利润分配——未分配利润"科目,本科目期末无余额。

【例 4-20】 某企业 2010 年 3 月复查 2009 年账务时,发现少计了营业收入 100 万元,相关的营业成本 60 万元,假定该企业 2009 年是盈利的,适用的营业税率 5%、城建税率 7%、教育费附加 3%、企业所得税率 25%。

调账分录如下:

（1）调增收入和成本

① 借：银行存款等科目　　　　　　　　　　100

　　　 贷：以前年度损益调整　　　　　　　　　　　　100

② 借：以前年度损益调整　　　　　　　　　60

　　　 贷：应付职工薪酬等科目　　　　　　　　　　　60

（2）补提城建税及教育费附加

借：以前年度损益调整　　　　　　　　　　5.5

　　贷：应交税费——应交营业税　　　　　　　　　5

　　　　应交税费——应交城建税　　　　　　　　　0.35

　　　　应交税费——应交教育费附加　　　　　　　0.15

（3）调增所得税费用＝(100－60－5.5)＊25%

借：以前年度损益调整　　　　　　　　　　8.625

　　　　贷：应交税费——应交所得税　　　　　　　8.625

（4）将1和2处理结束后，结转余额

其贷方余额＝（100－60－5.5－8.625）＝25.875（万元），表示增加的利润。

　　借：以前年度损益调整　　　　　　　　　　25.875

　　　　贷：利润分配——未分配利润　　　　　　25.875

　　"营业外收入"，本科目属损益类科目，核算企业实际收到即征即退、先征后退、先征后返的增值税或直接减免的增值税。其贷方发生额反映实际收到或直接减免的增值税。期末，余额结转至"本年利润"，结转后本科目无余额。

　　因新准则中没有设"补贴收入"科目，原"补贴收入"核算的内容计入"营业外收入"处理。但"营业外收入"并不仅仅只核算上述内容。

工作任务评价标准

　　按照要求和流程完成了引导案例中提出的问题后，参照老师给出的标准，任务的完成者与老师共同来评价工作任务的完成情况。

　　评价标准：

（1）是否确定了业务涉税的主要会计科目；

（2）是否正确进行了相关的会计核算；

（3）是否能够计算出业务涉及主要税种当月的应纳税额。

模块二　商业企业涉税会计核算

　　商业企业，是指从事货物批发、零售等商业经营活动的流通型企业。它的会计核算，与工业企业相比，少了生产的环节，仅包含购进、销售两个阶段。但其会计核算还是有一些复杂的，最重要的是库存的核算，其核算方法有售价金额核算和进价金额核算。大部分商品是需要按售价金额核算的，而一些鲜货商品、易损耗的商品则要按进价金额核算。

工作任务一　增值税的核算

一、确定商业企业增值税核算的流程

引导案例：

　　华友商场为增值税一般纳税人，采用售价金额核算，2011年7月发生如下经济业务：

　　（1）7月1日，购进A种商品2 000件，每件进价50元，增值税额8.50元，含税售价65.52元。经甲营业柜组拆包上柜时，发现有200件质量上有严重缺陷，经与供货单位协商，同意退货。如数退回该商品后，收回价款存入银行。相关业务均取得有

关合法凭证。

(2) 7月5日购进B商品一批,进价10 000元,支付的进项税额为1 700元,同时支付运费100元,取得承运部门开具的运费普通发票,款项通过银行转账,该批商品的含税售价为14 000元;7月20日,该批商品全部售出并收到货款,增值税税率为17%,假设7月初无期初同类商品的存货。

针对以上资料,该企业财务部杜经理向刚来企业实习的大学毕业生小郭提出以下问题:

(1) 该业务涉及增值税的主要会计科目有哪些?

(2) 针对业务资料,如何进行相关的会计核算?

(3) 企业当月应纳增值税额是多少?

确定商业企业增值税核算的步骤如下:

第一步,审核涉税业务相关的原始凭证;

第二步,选用并确立正确的会计科目;

第三步,计算相关税种的应纳税额,并编制记账凭证;

第四步,审核后,登记相关明细账和总账。

二、知识导航

(一) 涉税业务的主要会计科目

商业企业增值税的会计核算涉及的会计科目,主要有"应交税费——应交增值税"、"应交税费——未交增值税"、"应交税费——增值税检查调整"和"商品进销差价"。

"商品进销差价"属资产类科目,借方核算库存商品发生损失的进销差价、结转已销商品的进销差价,贷方核算入库商品的进销差价、溢余商品的进销差价,贷方余额表示库存商品的进销差价。

(二) 供应阶段的核算

1. 商业批发企业购进商品业务的账务处理

商业批发企业商品的购进主要包括国内购进、国外进口。国内购进又分为一般商品购进和免税农产品收购等,企业应当根据不同情况分别进行会计处理。

(1) 国内购进一般商品业务的账务处理

① 购进,根据销货方开具的增值税专用发票注明的价款和进项税额,作如下会计分录:

借:材料采购

　　应交税费——应交增值税(进项税额)

　　贷:银行存款

② 入库时,根据入库单等,作如下会计分录:

借:库存商品

　　贷：材料采购

③ 退货时，根据取得的红字专用发票，作如下会计分录：

借：材料采购　　　　　　　　　　（红字）

　　应交税费—应交增值税（进项税额）（红字）

　　贷：银行存款　　　　　　　　　（红字）

④ 毁损时，根据毁损商品报告单作，作如下会计分录：

借：待处理财产损溢

　　贷：材料采购

　　　　应交税费—应交增值税（进项税额转出）

（2）企业收购免税农产品业务的账务处理

企业收购免税农产品，其账务处理与国内购进一般商品业务基本相同，主要区别在于由于购进的是初级农产品或者说直接从农业生产者那里收购的，无法取得增值税专用发票，其进项税额根据购进的农产品的买价乘以 13% 的扣除率加以确定。

【例4-21】　某农副产品收购企业核定所属某收购站业务周转金 9 000 元，作为日常收购资金，本月份发生如下业务：

（1）财会部门向某收购站划拨定额周转金 9 000 元，根据收购站领款收据及现金支票存根作分录：

借：其他应收款——备用金（某收购站）　　　　　9 000

　　贷：银行存款　　　　　　　　　　　　　　　　　　9 000

（2）收购站定期编制"农副产品收购汇总表"向财会部门报账，本月共收购农副产品 3 000 公斤，收购金额 8 850 元，财会部门审核无误后，根据收购凭证上注明金额签发现金支票，补足其业务周转金。则分录为：

借：材料采购　　　　　　　　　　　　　　　　7 699.5

　　应交税费——应交增值税（进项税额）　　　1 150.5

　　贷：银行存款　　　　　　　　　　　　　　　　　8 850

（3）进口商品增值税的账务处理

企业进口商品，其采购成本一般包括进口商品的国外进价（一律以到岸价格为基础）和应缴纳的关税。若进口商品系应税消费品，则其采购成本中还应包括应纳消费税。进口商品增值税的会计核算与国内购进商品的基本相同，主要区别有两点：一是外汇与人民币的折合，因为进口商品要使用外汇，企业记账要以人民币作为本位币；二是进口商品确定进项税额时的依据不是增值税专用发票，而是海关出具的完税凭证。

（4）企业购进货物在运输途中发生短缺或溢余的账务处理

企业购进货物在运输途中发生的短缺或溢余，也要分别情况进行处理。发生的溢余按不含税的价款记入"待处理财产损溢"科目的贷方，查明原因后进行转销，待处理财产溢余的处理一般不考虑增值税的问题。企业购进的商品发生的毁损与短缺，应当将已付的损失商品货款及相应的进项税额一起转账。

【例4-22】　百货批发公司购进商品一批，全部款项 12 700 元，其中专用发票上注明的价款为 10 000 元,税额为 1 700 元,对方代垫运费 1 000 元,取得承运部门开具的普通发票一张,价税款项合计及代垫运费已由银行划拨,则企业作账如下:

借:材料采购   10 930

  应交税费——应交增值税(进项税额)   1 770

   贷:银行存款   12 700

上述货物验收入库时,发现有 1 000 元的货物毁损,根据毁损商品报告单,作分录为:

实际入库商品:

借:库存商品   9 837

  贷:材料采购   9 837

毁损商品:

借:待处理财产损溢   1 270

  贷:材料采购   1 093

   应交税费——应交增值税(进项税额转出) 177

若入库时,发现商品发生合理损耗,其入库数量减少,金额不变,进项税可按票抵扣,作分录为:

借:库存商品

  贷:材料采购

2. 商业零售企业购进商品业务的账务处理

由于商业零售企业库存商品的核算采用"售价记账、实物负责制",而且商品的销售收入采用一手交钱一手交货的方式,实行增值税以后,进销业务的核算与其他企业比较有一定的复杂性。也就是说,既要保持零售企业多年来形成的比较科学的"售价核算、实物负责制",又要按照增值税的要求核算进项税额、销项税额和应缴纳的税金。

(1)一般购进商品业务的账务处理

① 采购商品时

借:材料采购

  应交税费——应交增值税(进项税额)

   贷:银行存款

② 办理入库手续时

借:库存商品 (含税售价)

  贷:材料采购 (不含税进价)

   商品进销差价 (差额)

(2)进货退出的账务处理

零售企业购进的商品在验收入库后,由于各种原因,要向供货方提出退货要求,经同意后,可将原购进商品退还原供货单位。发生进货退出时,应按商品含税零售价冲减"库存商品"科目,相应调整"商品进销差价"科目,同时还应将收回的已付进项税额予以冲销。

根据取得的增值税红字专用发票,作会计分录为:

借：银行存款（退货款）
　　商品进销差价（购销差价）
　　应交税费——应交增值税（进项税额）（红字）
　　贷：库存商品（商品售价）

（三）销售阶段的核算

1. 商业批发企业销售商品增值税的账务处理

（1）一般销售商品业务增值税的账务处理（同工业企业）

商品流通企业销售货物或提供应税劳务，按照实现的销售收入和按规定收取的销项税额，会计分录为：

借：银行存款等科目
　　贷：主营业务收入（或其他业务收入）
　　　　应交税费——应交增值税（销项税额）

发生的销售退回，作相反的会计分录或红字冲销。

（2）视同销售行为增值税的账务处理

委托代销商品，将商品交付他人代销，是指纳税人以支付手续费等经济利益为条件，委托他人代销商品而将自己的商品交付受托人的行为。将商品移交他人代销，纳税义务发生时间分三种情况确定：① 收到代销单位转来代销清单时，计算销售额和销项税额；② 若收到代销清单前已收到全部或部分货款的，收到当天，计算销售额和销项税额；③ 发出代销商品超过180天仍未收到代销清单及货款的视同销售，满180天当天，计算销售额和销项税额。

销售代销商品，是指受托销售单位将委托销售单位委托销售的商品进行销售的行为。由于销售价格是双方在合同中事先商定的，所以受托方无论采取进价核算还是售价核算，其账务处理都是相同的。

实务中，委托代销商品业务区分为两种情况，即视同买断的方式和收取手续费的方式，其会计核算有部分差异。

① 视同买断的账务处理

委托方的会计分录：

a. 交付商品时

借：委托代销商品（或发出商品）
　　贷：库存商品

b. 委托方收到代销清单时

借：应收账款——受托方
　　贷：主营业务收入
　　　　应交税费——应交增值税（销项税额）

借：主营业务成本
　　贷：委托代销商品（或发出商品）

c. 结算货款时

借:银行存款

    贷:应收账款——受托方

受托方的会计分录:

a. 接受委托方交付商品时

借:受托代销商品(协议价)

    贷:受托代销商品款

b. 受托方实际销售时

借:银行存款

    贷:主营业务收入

        应交税费——应交增值税(销项税额)

借:主营业务成本

    贷:受托代销商品

借:受托代销商品款

    应交税费——应交增值税(进项税额)

    贷:应付账款——委托方

c. 结算货款时

借:应付账款——委托方

    贷:银行存款

② 收取手续费方式进项委托代销的账务处理

委托方的会计分录:

a. 交付商品时

借:委托代销商品(或发出商品)

    贷:库存商品

b. 委托方收到代销清单时

借:应收账款——受托方

    贷:主营业务收入

        应交税费——应交增值税(销项税额)

借:主营业务成本

    贷:委托代销商品(或发出商品)

c. 结算货款时

借:销售费用

    贷:应收账款——受托方

借:银行存款

    贷:应收账款——受托方

受托方的会计分录:

a. 接受委托方交付商品时

借:受托代销商品(协议价)

    贷:受托代销商品款

b. 受托方实际销售时
借：银行存款
　　贷：应付账款——委托方
　　　　应交税费——应交增值税（销项税额）
借：应交税费——应交增值税（进项税额）
　　贷：应付账款
借：受托代销商品款
　　贷：受托代销商品
c. 结算货款时
借：应付账款——委托方
　　贷：银行存款
　　　　主营业务收入（或其他业务收入）

【例 4 - 23】 某百货商场委托某代销店代销洗衣机 20 台，双方合同约定，每台洗衣机不含税价 1 000 元，每销售一台，商场付给代销店手续费 50 元。本月末，商场收到代销店转来的代销清单 1 张，销售了 10 台，并收到收取手续费的结算发票 1 张，注明手续费金额 500 元。百货商场应根据结算清单向代销店开具增值税专用发票，并结转收入。

委托方的会计分录：
借：应收账款——××代销店　　　　　　　　　　　11 700
　　贷：主营业务收入　　　　　　　　　　　　　　　10 000
　　　　应交税费——应交增值税（销项税额）　　　　1 700
再根据收到的手续费结算发票，作账为：
借：销售费用　　　　　　　　　　　　　　　　　　　500
　　贷：应收账款——××代销店　　　　　　　　　　　500
收到××代销店货款时：
借：银行存款　　　　　　　　　　　　　　　　　　11 200
　　贷：应收账款——××代销店　　　　　　　　　　11 200
受托方代销店的会计分录为：
借：银行存款　　　　　　　　　　　　　　　　　　11 700
　　贷：应付账款——××百货商场　　　　　　　　　10 000
　　　　应交税费——应交增值税（销项税额）　　　　1 700
结转应收手续费收入：
借：应付账款——××百货商场　　　　　　　　　　　500
　　贷：其他业务收入　　　　　　　　　　　　　　　　500
收到百货商场开具的增值税专用发票并支付剩余货款：
借：应付账款——××百货商场　　　　　　　　　　9 500
　　应交税费——应交增值税（进项税额）　　　　　1 700
　　贷：银行存款　　　　　　　　　　　　　　　　11 200

商业批发企业其他销售业务的账务处理与工业企业基本相同,这里不再重复。

2. 商业零售销售商品增值税的账务处理

实行售价金额核算的零售企业,其"库存商品"科目是按含税零售价记载的,商品含税零售价与不含税购进的差额在"商品进销差价"科目内反映。其账务处理应分四步走:按含税价格确定销售收入;按含税售价结转销售成本;计算出销项税,冲减含税的销售收入;计算出已售商品应分摊的进销差价,冲减销售成本。

(1) 零售企业销售商品时:

借:银行存款

    贷:主营业务收入(含税售价)

(2) 同时按含税的售价结转商品销售成本:

借:主营业务成本:

    贷:库存商品

(3) 计算出销项税额,将商品销售收入调整为不含税的收入:

借:主营业务收入

    贷:应交税费——应交增值税(销项税额)

(4) 月末,按含税的商品进销差价率计算已销商品应分摊的进销差价,根据计算出来的已销商品应分摊的进销差价,调整商品销售成本:

借:商品进销差价

    贷:主营业务成本

【例 4-23】 某零售商店采用售价金额核算,2011 年 9 月 5 日购进 B 商品一批。进价 10 000 元,支付的进项税额为 1 700 元,同时支付运费 100 元,取得承运部门开具的运费普通发票,款项通过银行转账;该批商品的含税售价为 14 000 元;9 月 20日,该批商品全部售出,并收到货款,增值税税率为 17%,假设 9 月初无期初同类商品的存货,则该零售店应作如下账务处理:

(1) 购进商品支付款项时

借:材料采购   10 093

    应交税费——应交增值税(进项税额)   1 707

        贷:银行存款   11 800

(2) 商品验收入库时

借:库存商品   14 000

    贷:材料采购   10 093

        商品进销差价   3 907

(3) 商品售出收到销货款

借:银行存款   14 000

    贷:主营业务收入   14 000

借:主营业务成本   14 000

    贷:库存商品   14 000

(4) 月末终了,按规定的方法计算不含税销售额和销项税额

不含税销售额＝14 000÷(1＋17％)＝11 965.81(元)

销项税额＝11 965.81×17％＝2 034.19(元)

　　借:主营业务收入　　　　　　　　　　　　　　　　　2 034.19

　　　　贷:应交税费——应交增值税(销项税额)　　　　　　　　2 034.19

(5)月末结转商品进销差价

　　借:商品进销差价　　　　　　　　　　　　　　　　　3 907

　　　　贷:主营业务成本　　　　　　　　　　　　　　　　　　3 907

应当指出,上述这样的账务处理,平时企业"主营业务收入"和"主营业务成本"科目并不反映真正的"收入"和"成本",也不能反映出毛利或毛损,只有等到月终计算并结转全月已销商品应负担的进销差价,分解全月含税销售额为不含税的销售额和销项税额,并将销项税额自"主营业务收入"科目转入"应交税费——应交增值税(销项税额)"科目后,才能反映已销商品的毛利或毛损。但其优点在于能保持零售企业在税制改革前的合理核算秩序,并且较多地简化了核算手续。

(三)商业企业增值税应纳税额的账务处理

商业企业增值税应纳税额的账务处理与工业企业基本相同,这里也不赘述。

工作任务评价标准

按照要求和流程完成了引导案例中提出的问题后,参照老师给出的标准,任务的完成者与老师共同来评价工作任务的完成情况。

评价标准:

(1)是否确定了业务涉及增值税的主要会计科目;

(2)是否正确进行了相关的会计核算

(3)是否计算出了企业当月应纳的增值税额。

工作任务二　消费税的核算

一、确定商业企业消费税核算的流程

引导案例:

某珠宝店(系增值税一般纳税人)2011年3月2日购进一批铂金项链,可抵扣的进项税额为1 000元;3月10日将自产的金项链150克奖励优秀职工,成本为15 000元,当月同样金项链的零售价格为130元/克。

针对以上资料,该珠宝店财务经理向刚来企业实习的大学毕业生小范提出以下问题:

(1)针对该业务,我珠宝店涉税的主要会计科目有哪些?

(2)针对业务资料,如何进行相关的会计核算?

(3)企业当月应纳消费税额是多少?

确定商业企业消费税核算的步骤如下：

第一步，审核涉税业务相关的原始凭证；

第二步，选用并确立正确的会计科目；

第三步，计算相关税种的应纳税额，并编制记账凭证；

第四步，审核后，登记相关明细账和总账。

二、知识导航

（一）涉税业务的主要会计科目

商业企业消费税的会计核算涉及的会计科目，主要包括"营业税金及附加"、"应交税费——应交消费税"、"应交税费——应交增值税（销项税额）"。

（二）自购自销金银首饰的涉税核算

1. 一般金银首饰销售业务的核算

由于消费税是价内税，含在商品的销售收入中，故金银首饰应缴纳的消费税应计算销售税金，并从当期收入中扣除。

借：银行存款

　　贷：主营业务收入

　　　　应交税费——应交增值税（销项税额）

借：营业税金及附加

　　贷：应交税费——应交消费税

2. 以旧换新销售业务的核算

以旧换新销售金银首饰，按实际收到的不含税价计算增值税、消费税。其会计思路如下：

增值税的核算：

借：材料采购（旧首饰的作价）

　　库存现金（加收的差价和收取的增值税）

　　贷：主营业务收入（旧首饰的作价与加收的差价）

　　　　应交税费——应交增值税（销项税额）（收取的增值税）

消费税的核算：

借：营业税金及附加

　　贷：应交税费——应交消费税

（三）金银首饰包装物的涉税核算

根据税法规定，金银首饰连同包装物销售的，无论包装物是否单独计价，均应并入金银首饰的销售额，计征消费税。为此，金银首饰连同包装物销售的，应分别情况进行会计处理：

1. 随同金银首饰销售不单独计价的包装物

借:银行存款

　　贷:主营业务收入

　　　　应交税费——应交增值税(销项税额)

借:营业税金及附加

　　贷:应交税费——应交消费税

2. 随同金银首饰销售单独计价的包装物

确认收入:

借:银行存款

　　贷:其他业务收入

　　　　应交税费——应交增值税(销项税额)

结转包装物成本:

借:其他业务支出

　　贷:周转材料

计提消费税:

借:营业税金及附加

　　贷:应交税费——应交消费税

(四) 自购自用金银首饰的涉税核算

按税法规定,从事批发、零售商品业务的企业将金银首饰用于馈赠、赞助、集资、广告、样品、职工福利、奖励等方面的,应按纳税人销售同类金银首饰的销售价格确定计税依据征收消费税;没有同类金银首饰销售价格的,按组成计税价格计算纳税。在会计核算上,对自购自用的金银首饰,应按成本结转,按税法规定计算缴纳的消费税也应随同成本一起转入同一科目。用于馈赠、赞助的金银首饰应缴纳的消费税,应记入"营业外支出"科目;用于广告的金银首饰应缴纳的消费税,应记入"销售费用"科目;用于职工福利、奖励等个人消费的金银首饰应缴纳的消费税,应记入"应付职工薪酬"、"应付福利费"等。

若采用售价核算库存商品的企业,还应及时分摊相应的商品进销差价。

商品流通企业涉及营业税、所得税等其他税费的核算与工业企业基本相同,故不再重复。

🌑 工作任务评价标准

按照要求和流程完成了引导案例中提出的问题后,参照老师给出的标准,任务的完成者与老师共同来评价工作任务的完成情况。

评价标准:

(1) 是否确定了珠宝店涉税的主要会计科目;

(2) 是否正确进行了相关的会计核算;

(3) 是否计算出了珠宝店企业当月应纳的消费税额。

思 考 题

一、单项选择题

1. 2010 年 2 月,某企业购进低值易耗品一批,取得税务机关代开的增值税专用发票一张,发票上注明的价款是 12 000 元,税率为 3%,并支付低值易耗品运费 500 元,取得运输企业开来的公路货运发票一张,则会计处理正确的是(　　)。

A. 借:周转材料   12 860
     贷:银行存款   12 860

B. 借:周转材料   12 465
     应交税费——应交增值税(进项税额)   395
     贷:银行存款   12 860

C. 借:周转材料   12 000
     销售费用   465
     应交税费——应交增值税(进项税额)   395
     贷:银行存款   12 860

D. 借:周转材料   12 415
     应交税费——应交增值税(进项税额)   445
     贷:银行存款   12 860

2. 某出口企业采用按照退税申报数进行会计处理,2010 年 3 月当期《生产企业出口货物"免抵退"税汇总申报表》上的免抵税额为 120 万元,应退税额为 46 万元,则企业正确的会计处理为(　　)。

A. 不用做会计处理

B. 借:银行存款   46 万
     贷:应交税费——应交增值税(出口退税)   46 万

C. 借:应交税费——应交增值税(出口抵减内销产品应纳税额) 166 万
     贷:应交税费——应交增值税(出口退税)   166 万

D. 借:其他应收款——应收出口退税款(增值税)   46 万
     应交税费——应交增值税(出口抵减内销产品应纳税额)   120 万
     贷:应交税费——应交增值税(出口退税)   166 万

3. 甲企业 2010 年 8 月由于管理不善损毁产品一批,已知损失产品账面价值为 80 000 元,当期总的生产成本为 42 0000 元。其中耗用外购材料、低值易耗品等价值为 300 000 元,外购货物均适用 17% 增值税税率。则会计处理正确的是(　　)。

A. 借:主营业务成本   89 714
     贷:库存商品   80 000
       应交税费——应交增值税(进项税额转出)   9 714

B. 借:待处理财产损溢   94 960

　　　　　贷：库存商品　　　　　　　　　　　　　　　　　　　　80 000

　　　　　　　应交税费——应交增值税（销项税额）　　　　　　14 960

　　C. 借：营业外支出　　　　　　　　　　　　　　94 960

　　　　　贷：库存商品　　　　　　　　　　　　　　　　　　　　80 000

　　　　　　　应交税费——应交增值税（销项税额）　　　　　　14 960

　　D. 借：待处理财产损溢　　　　　　　　　　　89 714

　　　　　贷：库存商品　　　　　　　　　　　　　　　　　　　　80 000

　　　　　　　应交税费——应交增值税（进项税额转出）　　　　　9 714

　　4. 2010 年 3 月 31 日宏大汽车制造企业，根据市场情况进行了资产减值测试，发现现有的固定资产中发生减值损失 100 万元，于是计提了减值准备，则该项业务对于企业当年的会计账户的核算产生的影响是（　　　　）。

　　A. 增加递延所得税资产 100 万元

　　B. 增加递延所得税资产 25 万元

　　C. 增加递延所得税负债 25 万元

　　D. 增加递延所得税负债 100 万元

　　5. 商业零售企业采用售价金额法进行会计核算，"商品进销差价"科目核算的内容是（　　　　）。

　　A. 库存商品的不含税售价与不含税进价的差额

　　B. 库存商品的含税售价与不含税进价的差额

　　C. 库存商品的不含税售价与含税进价的差额

　　D. 库存商品的含税售价与含税进价的差额

二、多项选择题

　　1. "应交税费"下根据税种，设置二级科目进行核算，科目设置正确的是（　　　　）。

　　A. 应交税费——应交增值税

　　B. 应交税费——应交耕地占用税

　　C. 应交税费——应交教育费附加

　　D. 应交税费——应交契税

　　2. 下列经济业务发生后，需要通过"应交税费——应交增值税（进项税额转出）"科目核算的有（　　　　）。

　　A. 一般纳税人将外购货物用于集体福利

　　B. 一般纳税人将自产产品用于基建工程

　　C. 一般纳税人将自产的产品用于股东分配

　　D. 一般纳税人的产成品发生了因管理不善造成的非正常损失

　　3. 以下经济业务涉及的税费，应在"营业税金及附加"科目中核算的有（　　　　）。

　　A. 某建筑企业将使用过的固定资产对外投资

　　B. 某房地产企业将新开发的商品房对外出售

　　C. 某工业企业将应税消费品逾期的包装物押金转入其他业务收入中

D. 某商业企业将空置的门面房对外出租

4. 企业缴纳的各种税款中，不需要计入当期损益中的税种包括（　　）。

A. 增值税　　　　　B. 印花税　　　　　C. 车辆购置税　　　　　D. 契税

5. 关于自产自用消费品的业务，以下说法正确的有（　　）。

A. 某企业将自产的轮胎用于本企业小汽车的生产，应该在轮胎移送时，将轮胎应纳的消费税计入汽车成本

B. 某企业将自产的化妆品用于企业经销点的试用产品，应该在化妆品移送时，将化妆品的消费税计入销售费用

C. 某企业将自产的粮食白酒用于其在附近自办的统一核算的门市部销售，应该在粮食白酒移送时，将白酒的消费税计入营业税金及附加

D. 某企业将自产的烟丝用于卷烟的生产中，应该在烟丝移送时，将烟丝的消费税计入卷烟的成本

案例分析

案例：

某家具厂系增值税一般纳税人，具有自营进出口权，出口产品增值税实行"免抵退"税管理办法。2010年1月发生如下经济业务（假定该家具厂按规定的时间办理了增值税抵扣凭证的认证手续和出口货物"免抵退"税审核手续）：

（1）1月8日，销售给家具商城组合办公用家具一批，开具的增值税专用发票注明：价款600 000元，税额102 000元，收到家具商城开具的商业承兑汇票。

（2）1月9日，向市木材公司购进原木一批并验收入库，取得增值税专用发票注明：价款200 000元，税额26 000元，开出支票支付货款。

（3）1月10日，开具支票支付1月9日购进原木的运费，运输公司开具公路运输发票注明：运费5 000元，装卸及杂费500元。

（4）1月12日，将一套原售价格为58 500元家用家具经总经理批示以8折卖给关系户，开具普通销货发票：销售价格46 800元，并以现金收取款项。（已知该套家具的生产成本为35 000元）

（5）1月15日，将各式家具一批发往省外某家具经销公司代销，该批家具的生产成本为300 000元，与代销单位约定代销价格为585 000元（与该家具经销公司一直采用代销形式，且每批代销家具均签订代销协议，以实际销售额的5％支付代销手续费）。

（6）上月购进的油漆因质量问题，经与销售单位协商，同意退货。1月7日到主管税务机关申请取得《进货退出或折让证明单》，1月18日取得销售单位依据《进货退出或折让证明单》红字开具的增值税专用发票：价款10 000元，税额1 700元，款项尚未收到。

（7）1月18日，自营出口销售一批家具（出口退税率为13％），以离岸价结算的

产品销售收入为 400 000 元,开具"出口货物销售统一发票",并于当日办妥信用证的结汇手续。

(8) 1 月 20 日,生产车间更新改造工程领用自产的半成品——木材一批,生产成本为 50 000 元(其中耗用原材料——原木成本为 40 000 元),该种木材家具厂从没对外销售过,无同类销售价格。

(9) 1 月 21 日,客户上月委托定制的专用办公用家具已经完工,按委托加工合同约定,客户提供的结余原木抵付加工费计 20 600 元,另外还可以向委托方收取加工费 50 200 元,款项尚未收到,开具加工费普通发票 70 800 元;收到客户从税务机关开具的增值税专用发票:价款 20 000 元,税额 600 元。

(10) 1 月 23 日,购进单位价格 1 872 元的刨板机三台,可使用年限 5 年,取得增值税专用发票:价款 4 800 元,税额 816 元,刨板机已于当日到厂验收并投入车间使用,款项已开具支票结清。

(11) 1 月 25 日,收到税务稽查决定书,稽查发现的部分外购板材计不含税成本价 60 000 元,因管理不善造成毁损,其相应的进项税额应转出补缴增值税。

(12) 1 月 31 日,省外某家俱经销公司发来代销清单,销售各式家具价款 800 000 元,税额为 136 000 元,代销手续费为 40 000 元,汇款 896 000 元已到账,开具增值税专用发票计价款 800 000 元,税额 136 000 元。

思考:

1. 每一笔经济业务相应的会计分录如何做?

2. 试着计算企业业务资料中所涉及主要税种当月的应纳税额?

项目五　流转税纳税申报代理实务

知识目标

- 掌握增值税应纳税额的计算
- 掌握消费税应纳税额的计算
- 掌握营业税应纳税额的计算
- 了解流转税的申报操作规范
- 了解流转税纳税申报表各项目的含义

技能目标

- 能够掌握代理流转税纳税申报的流程
- 能够完成增值税纳税申报主表及附表的填制
- 能够完成消费税纳税申报表的填制
- 能够完成营业税纳税申报表的填制

模块一　增值税纳税申报代理实务

增值税是对销售货物或者提供加工、修理修配劳务以及进口货物的单位和个人就其实现的增值额征收的一个税种。增值税根据纳税人的不同可以将纳税申报分为一般纳税人纳税申报和小规模纳税人纳税申报。

工作任务一　增值税一般纳税人纳税申报

一、制定操作流程

引导案例：

宇宙卷烟厂成立于 2008 年 3 月份,成立之初,按增值税一般纳税人标准进行的设立登记,香烟内销的同时还出口。宇宙卷烟厂(一般纳税人),企业代码:7377510950001;纳税人识别号:420101778184888;地址:武汉市 AA 路 18 号;法定代表人:张丰;企业经济类型:有限责任公司;电话号码:87654321;开户银行:工商银行

AA 路支行；银行账号：9558801502206666888；行业：加工制造（代码 C3529）。2011年 4 月经济业务如下：

（1）销售卷烟开具增值税专用发票上注明的销售额 1 000 万元，另收取搬运费70.2 万元，并开具普通发票；外购 A 材料，取得增值税专用发票，发票上注明的价款是 1 200 万元，支付运费合计 100 万元，取得运费发票；

（2）上月从农民手中购进的烟叶（库存账面成本为 117 500 元）发生霉烂，使账面成本减少 38 140 元（包括运费成本 520）；由于烟叶市场价格下降，使存货发生跌价损失 1 100 元；

（3）进口一台设备，到岸价格 1 000 万元人民币，进口关税 200 万元，已经缴纳了进口关税和增值税，并取得相应的完税凭证；

（4）从供货方取得与商品销售量、销售额挂钩的返还收入 58.50 万元；

（5）国税机关进行增值税定期检查发现，企业 2010 年 3 月份将销售乙品收入计入了其他应付款中 58.50 万元，要求企业调整账务处理，并在本月 30 日前补缴税款，企业已经按照规定补缴了税款；

（6）由于质量原因，将上月购进的账面价值为 200 万元的某产品退回，取得了对方单位开具的红字专用发票。

已知上期留抵税额 60 万元，企业经营的产品增值税率均为 17%；采购材料适用的增值税率均为 17% 。企业当期取得的相关抵扣凭证，均已通过认证，并在当月抵扣。委托××税务师事务所代理增值税纳税申报，所长安排税务师李某来解决这个问题。如果你是税务师李某，请你正确地填写增值税纳税申报表的主表及附表，并思考下列问题：

（1）填写增值税纳税申报的主表和附表是否有先后顺序？

（2）该如何正确计算企业应纳的增值税额？

（3）进行增值税纳税申报时需要携带哪些资料？

（4）在代理增值税纳税申报时是否有时间限制？

代理增值税一般纳税人纳税申报的流程：

第一步，李某充分理解企业状况，进行实地调查；

第二步，签订委托协议书；

第三步，组织人员，指定负责人，并制订计划书；

第四步，根据企业交来的财务资料，在分析判断的基础上，计算各期应纳的增值税额销项税额；

第五步，计算当期可抵扣进项税额；

第六步，计算当期应纳税额，并填列好增值税纳税申报表的附表；

第七步，在分析综合增值税纳税申报表的附表的基础上，填列增值税纳税申报表的主表；

第八步，在工作期间，做好工作底稿；

第九步，及时进行增值税的申报。

二、知识导航

（一）增值税纳税申报时间规定

根据《增值税暂行条例》（国务院令第 538 号）第二十三条规定，"纳税人以 1 个月或者 1 个季度为 1 个纳税期的，自期满之日起 15 日内申报纳税；以 1 日、3 日、5 日、10 日或者 15 日为 1 个纳税期的，自期满之日起 5 日内预缴税款，于次月 1 日起 15 日内申报纳税并结清上月应纳税款。"遇最后一日为法定节假日的，顺延 1 日；在每月 1 日至 15 日内有连续 3 日以上法定休假日的，按休假日天数顺延。增值税纳税义务发生时间的规定如下：

1．基本规定

自 2009 年 1 月 1 日起，先开具发票的，为开具发票的当天。进口货物，为报关进口的当天。

2．具体规定

① 采取直接收款方式销售货物，不论货物是否发出，均为收到销售额或取得索取销售额的凭据的当天。

② 采取托收承付和委托银行收款方式销售货物，为发出货物并办妥托收手续的当天。

③ 采取赊销和分期收款方式销售货物，为书面合同约定的收款日期的当天。无书面合同的或者书面合同没有约定收款日期的，为货物发出的当天。

④ 采取预收货款方式销售货物，为货物发出的当天。但生产销售、生产工期超过 12 个月的大型机械设备、船舶、飞机等货物，为收到预收款或者书面合同约定的收款日期的当天。

⑤ 委托其他纳税人代销货物，为收到代销单位销售的代销清单或者收到全部或者部分货款的当天；未收到代销清单及货款的，其纳税义务发生时间为发出代销货物满 180 天的当天。

⑥ 销售应税劳务，为提供劳务同时收讫销售额或取得索取销售额的凭据的当天。

⑦ 发生视同销售货物行为，为货物移送的当天。

对于宇宙卷烟厂是否需要 3 月份缴纳增值税取决于该公司是否发生了增值税纳税活动。在现实工作中，若 3 月份无纳税活动，需要进行零申报。

（二）增值税一般纳税人纳税地点的规定

（1）固定业户应当向其机构所在地主管税务机关申报纳税；

（2）固定业户到外县（市）销售货物的，应当向其机构所在地主管税务机关申请开具外出经营活动税收管理证明向其机构所在地主管税务机关申报纳税；

（3）非固定业户销售货物或者应税劳务，应当向销售地主管税务机关申报纳税；

（4）进口货物，应当由进口人或其代理人向报关地海关申报纳税。

（三）一般纳税人应纳税额的计算

一般纳税人销售货物或者提供应税劳务，应纳税额为当期销项税额抵扣当期进项税额后的余额。应纳税额计算公式为：

应纳税额＝当期销项税额－当期进项税额－上期留抵税额

如应纳税额大于零，则为当期应缴纳的增值税；如应纳税额小于零，则为本期留抵税额，转入下一期抵扣。

1. 销项税额

销项税额指纳税人销售货物或者应税劳务，按照销售额和适用税率计算并向购买方收取的增值税额。其计算公式为：

销项税额＝销售额×税率

上面所述销售额，是指纳税人销售货物或者应税劳务向购买方收取的全部价款和价外费用，但是不包括收取的销项税额。

2. 进项税额

纳税人购进货物或者接受应税劳务，所支付或者负担的增值税额为进项税额。其内容如下：

（1）从销售方取得的增值税专用发票上注明的增值税额；

（2）从海关取得的完税凭证上注明的增值税额；

（3）购进免税农业产品准予抵扣的进项税额，按照买价和13％的扣除率计算；

（4）支付运输费用按7％的扣除率计算进项税额，但随同运费支付的装卸费、保险费等其他杂费不得计算扣除进项税额。

3. 不得从销项税额中抵扣的进项税额

（1）纳税人购进货物或者应税劳务，未按照规定取得并保存增值税扣税凭证或者增值税扣税凭证上未按照规定注明增值税额及其他有关事项的，其进项税额不得从销项税额中抵扣。

（2）下列项目的进项税额不得从销项税额中抵扣：

① 用于非应税项目的购进货物或者应税劳务；

② 用于免税项目的购进货物或者应税劳务；

③ 用于集体福利或者个人消费的购进货物或者应税劳务；

④ 非正常损失的购进货物；

⑤ 非正常损失的在产品、产成品所耗用的购进货物或者应税劳务。

（3）税务机关规定的不得抵扣的其他进项税额。

4. 进项税额抵扣的相关规定

（1）增值税一般纳税人取得2010年1月1日以后开具的增值税专用发票、公路内河货物运输业统一发票和机动车销售统一发票，应在开具之日起180日内到税务机关办理认证，并在认证通过的次月申报期内，向主管税务机关申报抵扣进项税额。

（2）实行海关进口增值税专用缴款书（以下简称海关缴款书）"先比对后抵扣"管理办法的增值税一般纳税人取得2010年1月1日以后开具的海关缴款书，应在开具之日起 180 日内向主管税务机关报送《海关完税凭证抵扣清单》(包括纸质资料和电子数据)申请稽核比对。

　　未实行海关缴款书"先比对后抵扣"管理办法的增值税一般纳税人取得 2010 年 1 月 1 日以后开具的海关缴款书,应在开具之日起 180 日后的第一个纳税申报期结束以前,向主管税务机关申报抵扣进项税额。

　　增值税一般纳税人取得 2010 年 1 月 1 日以后开具的增值税专用发票、公路内河货物运输业统一发票、机动车销售统一发票以及海关缴款书,未在规定期限内到税务机关办理认证、申报抵扣或者申请稽核比对的,不得作为合法的增值税扣税凭证,不得计算进项税额抵扣。

　　5. 进项税额的扣减

　　(1) 因进货退出或折让而收回的增值税额,应从发生进货退出或折让当期的进项税额中扣减。

　　(2) 已抵扣进项税额的购进货物或应税劳务发生上述①—⑤所列进项税额不得从销项税额中抵扣情况的,应将该项购进货物或应税劳务的进项税额从当期的进项税额中扣减。

　　6. 进项税额不足抵扣的处理

　　因当期销项税额小于当期进项税额不足抵扣时,其不足部分可以结转下期继续抵扣。

(四) 增值税防伪税控系统介绍

　　增值税防伪税控系统是运用数字密码和电子存储技术,强化增值税专用发票防伪功能,实现对增值税一般纳税人税源监控的计算机管理系统,也是国家"金税工程"的重要组成部分。这一系统的推广和运用,对传统的专用发票认购及增值税纳税申报提出了全新的要求。

　　1. 纳入防伪税控系统的认定和登记

　　主管税务机关根据防伪税控系统推行计划确定纳入防伪税控系统管理的企业(以下简称防伪税控企业),下达《增值税防伪税控系统使用通知书》。防伪税控企业应在规定的时间内,向主管税务机关填报《防伪税控企业认定登记表》。主管税务机关应认真审核防伪税控企业提供的有关资料和填写的登记事项,确认无误后签署审批意见。

　　《防伪税控企业认定登记表》一式三联:第一联防伪税控企业留存;第二联税务机关认定登记部门留存;第三联为防伪税控企业办理系统发行的凭证。防伪税控企业认定登记事项发生变化,应到主管税务机关办理变更认定登记手续。

　　防伪税控企业发生下列情形,应到主管税务机关办理注销认定登记,同时由主管税务机关收缴金税卡和 IC 卡:

　　① 依法注销税务登记,终止纳税义务;

　　② 被取消一般纳税人资格;

　　③ 减少分开票机。

2. 防伪税控系统的发行与管理

防伪税控系统发行实行分级管理。国家税务总局负责发行省级税务发行子系统以及省局直属征收分局认证报税子系统、企业发行子系统和发票发售子系统;省级税务机关负责发行地级税务发行子系统以及地级直属征收分局认证报税子系统、企业发行子系统和发票发售子系统;地级税务机关负责发行县级认证报税子系统、企业发行子系统和发票发售子系统。地级税务机关经省级税务机关批准,可发行县级所属征收单位认证报税子系统、企业发行子系统和发票发售子系统。防伪税控企业办理认定登记后,由主管税务机关负责向其发行开票子系统。防伪税控企业认定登记事项发生变化的,应到主管税务机关办理变更认定登记,同时办理变更发行。

3. 防伪税控系统专用发票的领购、开具和清理缴销管理

防伪税控企业凭税控 IC 卡向主管税务机关领购电脑版专用发票。主管税务机关核对企业出示的相关资料与税控 IC 卡记录内容,确认无误后,按照专用发票发售管理规定,通过企业发票发售子系统发售专用发票,并将专用发票的起始号码及发售时间登录在税控 IC 卡内。新纳入防伪税控系统的企业,在系统启用后 10 日内将启用前尚未使用完的专用发票(包括误填作废的专用发票)报主管税务机关缴销。防伪税控企业必须使用防伪税控系统开具专用发票,不得以其他方式开具手工版或电脑版专用发票。防伪税控企业应按照《增值税专用发票使用规定》开具专用发票,打印压线或错格的,应作废重开。

4. 防伪税控系统的申报纳税和认证抵扣管理

防伪税控企业应在纳税申报期限内将抄有申报所属月份纳税信息的 IC 卡和备份数据软盘向主管税务机关报税。防伪税控企业和未纳入防伪税控系统管理的企业取得的防伪税控系统开具的专用发票抵扣联,应据增值税有关扣税规定核算当期进项税额;如期申报纳税,属于扣税范围的,应于纳税申报时或纳税申报前报主管税务机关认证。主管税务机关应在企业申报月份内完成企业申报所属月份的防伪税控专用发票抵扣联的认证。对因褶皱、揉搓等无法认证的加盖"无法认证"戳记,认证不符的加盖"认证不符"戳记,属于利用丢失、被盗金税卡开具的加盖"丢失被盗"戳记。认证完毕后,应将认证相符和无法认证的专用发票抵扣联退还企业,并同时向企业下达《认证结果通知书》。对认证不符和确认为丢失、被盗金税卡开具的专用发票应及时组织查处。认证戳记式样由各省级税务机关统一制定。防伪税控企业应将税务机关认证相符的专用发票抵扣联连同《认证结果通知书》和认证清单一起按月装订成册备查。

经税务机关认证确认为"无法认证"、"认证不符"以及"丢失被盗"的专用发票,防伪税控企业如申报扣税的,应调减当月进项税额。报税子系统采集的专用发票存根联数据和认证子系统采集的专用发票抵扣联数据应按规定传递到增值税计算机稽核系统。防伪税控企业金税卡需要维修或更换时,其存储的数据,必须通过磁盘保存并列出清单。税务机关应核查金税卡内尚未申报的数据和软盘中专用发票开具的明细信息,生成专用发票存根联数据传递到增值税计算机稽核系统;企业计算机主机损坏不能抄录开票明细信息的,税务机关应对企业开具的专用发票存根联通过防伪税控

认证子系统进行报税,产生专用发票存根联数据传递到增值税计算机稽核系统。

(五)代理填制一般纳税人纳税申报表

增值税纳税申报有主表一张,附表四张,在学习过程中,应该先填写附表后,根据附表的信息填写主表,并注意主表与附表相关项目对应关系。

1. 增值税纳税申报主表

表 5－1　增值税纳税申报表

（适用于增值税一般纳税人）

根据《中华人民共和国增值税暂行条例》第二十二条及第二十三条的规定,制定本表。纳税人不论有无销售额,均应按主管税务机关核定的纳税期限填报本表,并于次月 1 日至 15 日内,向当地税务机关申报。

税款所属时间:自　年　月　日至　年　月　日　填表日期:　年　月　日　金额单位:元至角分

纳税人识别号									所属行业:		
纳税人名称	（公章）		法定代表人姓名			注册地址			营业地址		
开户银行及账号			企业登记注册类型				电话号码				
项　目		栏　次		一般货物及劳务			即征即退货物及劳务				
				本月数	本年累计		本月数	本年累计			
销售额	（一）按适用税率征税货物及劳务销售额	1									
	其中:应税货物销售额	2									
	应税劳务销售额	3									
	纳税检查调整的销售额	4									
	（二）按简易征收办法征税货物销售额	5									
	其中:纳税检查调整的销售额	6									
	（三）免、抵、退办法出口货物销售额	7									
	（四）免税货物及劳务销售额	8									
	其中:免税货物销售额	9									
	免税劳务销售额	10									

（续表）

税款计算	销项税额	11				
	进项税额	12				
	上期留抵税额	13				
	进项税额转出	14				
	免抵退货物应退税额	15				
	按适用税率计算的纳税检查应补缴税额	16				
	应抵扣税额合计	$17=12+13-14-15+16$				
	实际抵扣税额	18（如 17＜11，则为17，否则为 11）				
应纳税额		$19=11-18$				
期末留抵税额		$20=17-18$				
简易征收办法计算的应纳税额		21				
按简易征收办法的纳税检查应补缴税额		22				
应纳税额减征额		23				
应纳税额合计		$24=19+21-23$				
期初未缴税额（多缴为负数）		25				
实收出口开具专用缴款书退税额		26				
本期已缴税额		$27=28+29+30+31$				
① 分次预缴税额		28				
② 出口开具专用缴款书预缴税额		29				
③ 本期缴纳上期应纳税额		30				
④ 本期缴纳欠缴税额		31				
期末未缴税额（多缴为负数）		$32=24+25+26-27$				

（续表）

其中：欠缴税额（≥0）	$33=25+26-27$			
本期应补（退）税额	$34=24-28-29$			
即征即退实际退税额	35			
期初未缴查补退税额	36			
本期入库查补税额	37			
期末未缴查补税额	$38=16+22+36-37$			

授权声明	如果你已委托代理人申报，请填写下列资料： 为代理一切税务事宜，现授权_____（地址）_____为本纳税人的代理申报人，任何与本申报表有关的往来文件，都可寄予此人。 　　　　授权人签字：	申报人声明	此纳税申报表是根据《中华人民共和国增值税暂行条例》的规定填报的，我相信它是真实的、可靠的、完整的。 　　　　声明人签字：

以下由税务机关填写：

收到日期：　　　　　　接收人：　　　　　　主管税务机关盖章：

增值税纳税申报表（见表5-1）填表说明如下：

上述申报表适用于增值税一般纳税人填报。增值税一般纳税人销售按简易办法缴纳增值税的货物，也使用本表。

（1）本表"税款所属时间"是指纳税人申报的增值税应纳税额的所属时间，应填写具体的起止年、月、日。

（2）本表"填表日期"指纳税人填写本表的具体日期。

（3）本表"纳税人识别号"栏，填写税务机关为纳税人确定的识别号，即税务登记证号码。

（4）本表"所属行业"栏，按照国民经济行业分类与代码中的最细项（小类）进行填写（国民经济行业分类与代码附后），仅填写行业代码。

（5）本表"纳税人名称"栏，填写纳税人单位名称全称，不得填写简称。

（6）本表"法定代表人姓名"栏，填写纳税人法定代表人的姓名。

（7）本表"注册地址"栏，填写纳税人税务登记证所注明的详细地址。

（8）本表"营业地址"栏，填写纳税人营业地的详细地址。

（9）本表"开户银行及账号"栏，填写纳税人开户银行的名称和纳税人在该银行的结算账户号码。

（10）本表"企业登记注册类型"栏，按税务登记证填写。

（11）本表"电话号码"栏，填写纳税人注册地和经营地的电话号码。

（12）表中"一般货物及劳务"是指享受即征即退的货物及劳务以外的其他货物及劳务。

（13）表中"即征即退货物及劳务"是指纳税人按照税法规定享受即征即退税收优惠政策的货物及劳务。

（14）本表第 1 栏"按适用税率征税货物及劳务销售额"数据，填写纳税人本期按适用税率缴纳增值税的应税货物和应税劳务的销售额（销货退回的销售额用负数表示），包括在财务上不作销售但按税法规定应缴纳增值税的视同销售货物和价外费用销售额，外贸企业作价销售进料加工复出口的货物，税务、财政、审计部门检查按适用税率计算调整的销售额。"一般货物及劳务"的"本月数"栏数据与"即征即退货物及劳务"的"本月数"栏数据之和，应等于《附表一》第 7 栏的"小计"中的"销售额"数。"本年累计"栏数据，应为年度内各月数之和。

（15）本表第 2 栏"应税货物销售额"数据，填写纳税人本期按适用税率缴纳增值税的应税货物的销售额（销货退回的销售额用负数表示），包括在财务上不作销售但按税法规定应缴纳增值税的视同销售货物和价外费用销售额，以及外贸企业作价销售进料加工复出口的货物。"一般货物及劳务"的"本月数"栏数据与"即征即退货物及劳务"的"本月数"栏数据之和，应等于《附表一》第 5 栏的"应税货物"中 17％税率"销售额"与 13％税率"销售额"的合计数。"本年累计"栏数据，应为年度内各月数之和。

（16）本表第 3 栏"应税劳务销售额"数据，填写纳税人本期按适用税率缴纳增值税的应税劳务的销售额。"一般货物及劳务"的"本月数"栏数据与"即征即退货物及劳务"的"本月数"栏数据之和，应等于《附表一》第 5 栏的"应税劳务"中的"销售额"数。"本年累计"栏数据，应为年度内各月数之和。

（17）本表第 4 栏"纳税检查调整的销售额"数据，填写纳税人本期因税务、财政、审计部门检查并按适用税率计算调整的应税货物和应税劳务的销售额。但享受即征即退税收优惠政策的货物及劳务经税务稽查发现偷税的，不得填入"即征即退货物及劳务"部分，而应将本部分销售额在"一般货物及劳务"栏中反映。"一般货物及劳务"的"本月数"栏数据与"即征即退货物及劳务"的"本月数"栏数据之和，应等于《附表一》第 6 栏的"小计"中的"销售额"数。"本年累计"栏数据，应为年度内各月数之和。

（18）本表第 5 栏"按简易征收办法征税货物的销售额"数据，填写纳税人本期按简易征收办法征收增值税货物的销售额（销货退回的销售额用负数表示），包括因税务、财政、审计部门检查并按简易征收办法计算调整的销售额。"一般货物及劳务"的"本月数"栏数据与"即征即退货物及劳务"的"本月数"栏数据之和，应等于《附表一》第 14 栏的"小计"中的"销售额"数。"本年累计"栏数据，应为年度内各月数之和。

（19）本表第 6 栏"其中：纳税检查调整的销售额"数据，填写纳税人本期因税务、财政、审计部门检查并按简易征收办法计算调整的销售额。但享受即征即退税收优惠政策的货物及劳务经税务稽查发现偷税的，不得填入"即征即退货物及劳务"部分，而应将本部分销售额在"一般货物及劳务"栏中反映。"一般货物及劳务"的"本月数"栏数据与"即征即退货物及劳务"的"本月数"栏数据之和，应等于《附表一》第 13 栏的"小计"中的"销售额"数。"本年累计"栏数据，应为年度内各月数之和。

（20）本表第 7 栏"免、抵、退办法出口货物销售额"数据，填写纳税人本期执行免、抵、退办法出口货物的销售额（销货退回的销售额用负数表示）。"本年累计"栏数据，应为年度内各月数之和。

（21）本表第 8 栏"免税货物及劳务销售额"数据，填写纳税人本期按照税法规定直接免征增值税的货物及劳务的销售额及适用零税率的货物及劳务的销售额（销货退回的销售额用负数表示），但不包括适用免、抵、退办法出口的货物的销售额。"一般货物及劳务"的"本月数"，应等于《附表一》第 18 栏的"小计"中的"销售额"数。"本年累计"栏数据，应为年度内各月数之和。

（22）本表第 9 栏"免税货物销售额"数据，填写纳税人本期按照税法规定直接免征增值税货物的销售额及适用零税率货物的销售额（销货退回的销售额用负数表示），但不包括适用免、抵、退办法出口货物的销售额。"一般货物及劳务"的"本月数"栏数据，应等于《附表一》第 18 栏的"免税货物"中的"销售额"数。"本年累计"栏数据，应为年度内各月数之和。

（23）本表第 10 栏"免税劳务销售额"数据，填写纳税人本期按照税法规定直接免征增值税劳务的销售额及适用零税率劳务的销售额（销货退回的销售额用负数表示）。"一般货物及劳务"的"本月数"栏数据，应等于《附表一》第 18 栏的"免税货物"中的"销售额"数。"本年累计"栏数据，应为年度内各月数之和。

（24）本表第 11 栏"销项税额"数据，填写纳税人本期按适用税率计征的销项税额。该数据应与"应交税费——应交增值税"明细科目贷方"销项税额"专栏本期发生数一致。"一般货物及劳务"的"本月数"栏数据与"即征即退货物及劳务"的"本月数"栏数据之和，应等于《附表一》第 7 栏的"小计"中的"销项税额"数。"本年累计"栏数据，应为年度内各月数之和。

（25）本表第 12 栏"进项税额"数据，填写纳税人本期申报抵扣的进项税额。该数据应与"应交税费——应交增值税"明细科目借方"进项税额"专栏本期发生数一致。"一般货物及劳务"的"本月数"栏数据与"即征即退货物及劳务"的"本月数"栏数据之和，应等于《附表二》第 12 栏中的"税额"数。"本年累计"栏数据，应为年度内各月数之和。

（26）本表第 13 栏"上期留抵税额"数据，为纳税人前一申报期的"期末留抵税额"减去抵减欠税额后的余额数，该数据应与"应交税费——应交增值税"明细科目借方月初余额一致。

（27）本表第 14 栏"进项税额转出"数据，填写纳税人已经抵扣但按税法规定应作进项税转出的进项税额总数，但不包括销售折扣、折让，进货退出等应负数冲减当期进项税额的数额。该数据应与"应交税费——应交增值税"明细科目贷方"进项税额转出"专栏本期发生数一致。"一般货物及劳务"的"本月数"栏数据与"即征即退货物及劳务"的"本月数"栏数据之和，应等于《附表二》第 13 栏中的"税额"数。"本年累计"栏数据，应为年度内各月数之和。

（28）本表第 15 栏"免、抵、退货物应退税额"数据，填写退税机关按照出口货物免、抵、退办法审批的应退税额。"本年累计"栏数据,应为年度内各月数之和。

（29）本表第16栏"按适用税率计算的纳税检查应补缴税额"数据,填写纳税人本期因税务、财政、审计部门检查按适用税率计算的纳税检查应补缴税额。"本年累计"栏数据,应为年度内各月数之和。

（30）本表第17栏"应抵扣税额合计"数据,填写纳税人本期应抵扣进项税额的合计数。

（31）本表第18栏"实际抵扣税额"数据,填写纳税人本期实际抵扣的进项税额。"本年累计"栏数据,应为年度内各月数之和。

（32）本表第19栏"按适用税率计算的应纳税额"数据,填写纳税人本期按适用税率计算并应缴纳的增值税额。"本年累计"栏数据,应为年度内各月数之和。

（33）本表第20栏"期末留抵税额"数据,为纳税人在本期销项税额中尚未抵扣完,留待下期继续抵扣的进项税额。该数据应与"应交税费——应交增值税"明细科目借方月末余额一致。

（34）本表第21栏"按简易征收办法计算的应纳税额"数据,填写纳税人本期按简易征收办法计算并应缴纳的增值税额,但不包括按简易征收办法计算的纳税检查应补缴税额。"一般货物及劳务"的"本月数"栏数据与"即征即退货物及劳务"的"本月数"栏数据之和,应等于《附表一》第12栏的"小计"中的"应纳税额"数。"本年累计"栏数据,应为年度内各月数之和。

（35）本表第22栏"按简易征收办法计算的纳税检查应补缴税额"数据,填写纳税人本期因税务、财政、审计部门检查并按简易征收办法计算的纳税检查应补缴税额。"一般货物及劳务"的"本月数"栏数据与"即征即退货物及劳务"的"本月数"栏数据之和,应等于《附表一》第13栏的"小计"中的"应纳税额"数。"本年累计"栏数据,应为年度内各月数之和。

（36）本表第23栏"应纳税额减征额"数据,填写纳税人本期按照税法规定减征的增值税应纳税额。"本年累计"栏数据,应为年度内各月数之和。

（37）本表第24栏"应纳税额合计"数据,填写纳税人本期应缴增值税的合计数。"本年累计"栏数据,应为年度内各月数之和。

（38）本表第25栏"期初未缴税额（多缴为负数）"数据,为纳税人前一申报期的"期末未缴税额（多缴为负数）"减去抵减欠税额后的余额数。

（39）本表第26栏"实收出口开具专用缴款书退税额"数据,填写纳税人本期实际收到税务机关退回的,因开具《出口货物税收专用缴款书》而多缴的增值税款。该数据应根据"应交税费——未交增值税"明细科目贷方本期发生额中"收到税务机关退回的多缴增值税款"数据填列。"本年累计"栏数据,为年度内各月数之和。

（40）本表第27栏"本期已缴税额"数据,是指纳税人本期实际缴纳的增值税额,但不包括本期入库的查补税款。"本年累计"栏数据,为年度内各月数之和。

（41）本表第28栏"① 分次预缴税额"数据,填写纳税人本期分次预缴的增值税额。

（42）本表第 29 栏"② 出口开具专用缴款书预缴税额"数据，填写纳税人本期销售出口货物而开具专用缴款书向主管税务机关预缴的增值税额。

（43）本表第 30 栏"③ 本期缴纳上期应纳税额"数据，填写纳税人本期上缴上期应缴未缴的增值税款，包括缴纳上期按简易征收办法计提的应缴未缴的增值税额。"本年累计"栏数据，为年度内各月数之和。

（44）本表第 31 栏"④ 本期缴纳欠缴税额"数据，填写纳税人本期实际缴纳的增值税欠税额，但不包括缴纳入库的查补增值税额。"本年累计"栏数据，为年度内各月数之和。

（45）本表第 32 栏"期末未交税额（多缴为负数）"数据，为纳税人本期期末应缴未缴的增值税额，但不包括纳税检查应缴未缴的税额。"本年累计"栏与"本月数"栏数据相同。

（46）本表第 33 栏"其中：欠缴税额（≥0）"数据，为纳税人按照税法规定已形成欠税的数额。

（47）本表第 34 栏"本期应补（退）税额"数据，为纳税人本期应纳税额中应补缴或应退回的数额。

（48）本表第 35 栏"即征即退实际退税额"数据，填写纳税人本期因符合增值税即征即退优惠政策规定，而实际收到的税务机关返还的增值税额。"本年累计"栏数据，为年度内各月数之和。

（49）本表第 36 栏"期初未缴查补税额"数据，为纳税人前一申报期的"期末未缴查补税额"。该数据与本表第 25 项"期初未缴税额（多缴为负数）"栏数据之和，应与"应交税费——未交增值税"明细科目期初余额一致。"本年累计"栏数据应填写纳税人上年度末的"期末未缴查补税额"数。

（50）本表第 37 栏"本期入库查补税额"数据，填写纳税人本期因税务、财政、审计部门检查而实际入库的增值税款，包括：① 按适用税率计算并实际缴纳的查补增值税款；② 按简易征收办法计算并实际缴纳的查朴增值税款。"本年累计"栏数据，为年度内各月数之和。

（51）本表第 38 栏"期末未缴查补税额"数据，为纳税人纳税检查本期期末应缴未缴的增值税额。该数据与本表第 32 栏"期末未缴税额（多缴为负数）"数据之和，应与"应交税费——未交增值税"明细科目期初余额一致。"本年累计"栏与"本月数"栏数据相同。

2. 增值税纳税申报表附表

"增值税纳税申报表附列资料（表一）"（见表 5 - 2）填表说明如下：

（1）本表"税款所属时间"是指纳税人申报的增值税应纳税额的所属时间，应填写具体的起止年、月。

（2）本表"填表日期"指纳税人填写本表的具体日期。

（3）本表"纳税人名称"栏，应加盖纳税人单位公章。

表 5－2　增值税纳税申报表附列资料（表一）

（本期销售情况明细）

税款所属时间：　年　月　日　至　年　月　日

填表日期：　年　月　日

纳税人名称：（公章）　　　　　　　　　　　　　　　　　　　金额单位：元至角分

一、按适用税率征收增值税货物及劳务的销售额和销项税额明细

项　目	栏次	应税货物						应税劳务			小计		
		17%税率			13%税率								
		份数	销售额	销项税额	份数	销售额	销项税额	份数	销售额	销项税额	份数	销售额	销项税额
防伪税控系统开具的增值税专用发票	1												
非防伪税控系统开具的增值税专用发票	2												
开具普通发票	3												
未开具发票	4												
小　计	5=1+2+3+4												
纳税检查调整	6												
合　计	7=5+6												

二、简易征收办法征收增值税货物的销售额和应纳税额明细

项　目	栏次	6%征收率			4%征收率			小计		
		份数	销售额	应纳税额	份数	销售额	应纳税额	份数	销售额	应纳税额
防伪税控系统开具的增值税专用发票	8									

（续表）

项目	栏次						
非防伪税控系统开具的增值税专用发票	9						
开具普通发票	10						
未开具发票	11						
小　计	12＝8＋9＋10＋11						
纳税检查调整	13						
合　计	14＝12＋13						

三、免征增值税货物及劳务销售额明细

项目	栏次	免税货物			免税劳务			小计		
		份数	销售额	税额	份数	销售额	税额	份数	销售额	税额
防伪税控系统开具的增值税专用发票	15									
开具普通发票	16									
未开具发票	17									
合计	18＝15＋16＋17									

（4）本表"一、按适用税率征收增值税货物及劳务的销售额和销项税额明细"和"二、简易征收办法征收增值税货物的销售额和应纳税额明细"部分中"防伪税控系统开具的增值税专用发票"、"非防伪税控系统开具的增值税专用发票"、"开具普通发票"、"未开具发票"各栏数据均应包括销货退回或折让、视同销售货物、价外费用的销售额和销项税额，但不包括免税货物及劳务的销售额，适用零税率货物及劳务的销售额和出口执行免、抵、退办法的销售额以及税务、财政、审计部门检查并调整的销售额、销项税额或应纳税额。

（5）本表"一、按适用税率征收增值税货物及劳务的销售额和销项税额明细"和"二、简易征收办法征收增值税货物的销售额和应纳税额明细"部分中"纳税检查调整"栏数据应填写纳税人本期因税务、财政、审计部门检查计算调整的应税货物、应税劳务的销售额、销项税额或应纳税额。

（6）本表"三、免征增值税货物及劳务销售额明细"部分中"防伪税控系统开具的增值税专用发票"栏数据，填写本期因销售免税货物而使用防伪税控系统开具的增值税专用发票的份数、销售额和税额，包括国有粮食收储企业销售的免税粮食、政府储备食用植物油等。

表 5-3 增值税纳税申报表附列资料（表二）

（本期进项税额明细）

税款所属时间：　　年　月

纳税人名称：(公章)填表日期：　　年　　月　　日　　　　　金额单位：元至角分

一、申报抵扣的进项税额				
项　目	栏次	份数	金额	税额
（一）认证相符的防伪税控增值税专用发票	1			
其中：本期认证相符且本期申报抵扣	2			
前期认证相符且本期申报抵扣	3			
（二）非防伪税控增值税专用发票及其他扣税凭证	4			
其中：17%税率	5			
13%税率或扣除率	6			
10%扣除率	7			
7%扣除率	8			
6%征收率	9			
4%征收率	10			
（三）期初已征税款	11			
当期申报抵扣进项税额合计	12			

二、进项税额转出额		
项　目	栏次	税额
本期进项税转出额	13	
其中:免税货物用	14	
非应税项目用	15	
非正常损失	16	
按简易征收办法征税货物用	17	
免抵退税办法出口货物不得抵扣进项税额	18	
纳税检查调减进项税额	19	
未经认证已抵扣的进项税额	20	
	21	

三、待抵扣进项税额				
项　目	栏次	份数	金额	税额
（一）认证相符的防伪税控增值税专用发票	22			
前期已认证相符但未申报抵扣	23			
本期认证相符且本期未申报抵扣	24			
期末已认证相符但未申报抵扣	25			
其中:按照税法规定不允许抵扣	26			
（二）非防伪税控增值税专用发票及其他扣税凭证	27			
其中:17%税率	28			
13%税率及扣除率	29			
10%扣除率	30			
7%扣除率	31			
6%征收率	32			
4%征收率	33			
	34			

四、其　他				
项　目	栏次	份数	金额	税额
本期认证相符的全部防伪税控增值税专用发票	35			
期初已征税款挂账额	36			
期初已征税款余额	37			
代扣代缴税额	38			

注:第1栏=第2栏+第3栏=第23栏+第35栏-第25栏;第2栏=第35栏-第24栏;
　　第3栏=第23栏+第24栏-第25栏;第4栏等于第5栏至第10栏之和;
　　第12栏=第1栏+第4栏+第11栏;第13栏等于第14栏至第21栏之和;
　　第27栏等于第28栏至第34栏之和。

"增值税纳税申报表附列资料（表二）"（见表5-3）填表说明如下:

（1）本表"税款所属时间"是指纳税人申报的增值税应纳税额的所属时间，应填写具体的起止年、月。

（2）本表"填表日期"指纳税人填写本表的具体日期。

（3）本表"纳税人名称"栏，应加盖纳税人单位公章。

（4）本表"一、申报抵扣的进项税额"部分各栏数据，分别填写纳税人按税法规定符合抵扣条件，在本期申报抵扣的进项税额情况。

① 第1栏"（一）认证相符的防伪税控增值税专用发票"，填写本期申报抵扣的认证相符的防伪税控增值税专用发票情况，包括认证相符的红字防伪税控增值税专用发票，应等于第2栏"本期认证相符且本期申报抵扣"与第3栏"前期认证相符且本期申报抵扣"数据之和。

② 第2栏"本期认证相符且本期申报抵扣"，填写本期认证相符本期申报抵扣的防伪税控增值税专用发票情况，应与第35栏"本期认证相符的全部防伪税控增值税专用发票"减第24栏"本期已认证相符且本期未申报抵扣"后的数据相等。

③ 第3栏"前期认证相符且本期申报抵扣"，填写以前期认证相符本期申报抵扣的防伪税控增值税专用发票情况，应与第23栏"期初已认证相符但未申报抵扣"加第24栏"本期已认证相符且本期未申报抵扣"减第25栏"期末已认证相符但未申报抵扣"后数据相等。

④ 第4栏"非防伪税控增值税专用发票及其他扣税凭证"，填写本期申报抵扣的非防伪税控增值税专用发票及其他扣税凭证情况，应等于第5栏至第10栏之和。

⑤ 第11栏"期初已征税款"，填写按照规定比例在本期申报抵扣的初期存货挂账税额。

⑥ 第12栏"当期申报抵扣进项税额合计"应等于第1栏、第4栏、第11栏之和。

（5）本表"二、进项税额转出额"部分填写纳税人已经抵扣但按税法规定应作进项税额转出的明细情况，但不包括销售折扣、折让，进货退出等应负数冲减当期进项税额的情况。

第13栏"本期进项税转出额"应等于第14栏至第21栏之和。

（6）本表"三、待抵扣进项税额"部分各栏数据，分别填写纳税人已经取得，但按税法规定不符合抵扣条件，暂不予在本期申报抵扣的进项税额情况及按照税法规定不允许抵扣的进项税额情况。

① 第23栏"期初已认证相符但未申报抵扣"，填写以前期认证相符但按照税法规定。暂不予抵扣，结存至本期的防伪税控增值税专用发票，应与上期"期末已认证相符但未申报抵扣"栏数据相等。

② 第24栏"本期已认证相符且本期未申报抵扣"，填写本期认证相符，但因按照税法规定暂不予抵扣及按照税法规定不允许抵扣，而未申报抵扣的防伪税控增值税专用发票。包括商业企业购进货物未付款、工业企业购进货物未入库、购进固定资产、外贸企业购进供出口的货物、因退货将抵扣联退还销货方等。

③ 第25栏"期末已认证相符但未申报抵扣"，填写截至本期期末，按照税法规定仍暂不予抵扣及按照税法规定不允许抵扣且已认证相符的防伪税控增值税专用发票情况。

④ 第 26 栏"其中：按照税法规定不允许抵扣"，填写期末已认证相符但未申报抵扣的防伪税控增值税专用发票中，按照税法规定不允许抵扣，而只能作为出口退税凭证或应列入成本、资产等项目的防伪税控增值税专用发票，包括外贸出口企业用于出口而采购货物的防伪税控增值税专用发票、纳税人购买固定资产的防伪税控增值税专用发票、因退货将抵扣联退还销货方的防伪税控增值税专用发票等。

(7) 本表"四、其他"栏中"本期计证相符的全部防伪税控增值税专用发票"项指标，应与防伪税控认证子系统中的本期全部认证相符的防伪税控增值税专用发票数据相同。"代扣代缴税额"项指标，填写纳税人根据《中华人民共和国增值税暂行条例实施细则》第三十四条的规定扣缴的增值税额。

表 5 - 4 增值税纳税申报表附列资料（表三）

（防伪税控增值税专用发票申报抵扣明细）

申报抵扣所属期：　　　　年　　月

纳税人识别号：

纳税人名称：（公章）　　　　填表日期：　　　　年　　　月　　　日　　　　金额单位：元至角分

类别	序号	发票代码	发票号码	开票日期	金额	税额	销货方纳税人识别号	认证日期	备注
本期认证相符且本期申报抵扣									
	小计								
类别	序号	发票代码	发票号码	开票日期	金额	税额	销货方纳税人识别号	认证日期	备注
前期认证相符且本期申报抵扣									
	小计								
	合计								

注：本表"金额""合计"栏数据应与《附列资料（表二）》第 1 栏中"金额"项数据相等；

本表"税额""合计"栏数据应与《附列资料（表二）》第 1 栏中"税额"项数据相等。

"增值税纳税申报表附列资料(表三)"(见表5-4)填表说明:

(1)本表填写本期申报抵扣的防伪税控增值税专用发票抵扣联明细情况,包括认证相符的红字防伪税控增值税专用发票。

(2)本表"认证日期"填写该份防伪税控增值税专用发票通过主管税务机关认证相符的具体年、月、日。

(3)本表"金额""合计"栏数据应与"附列资料(表二)"第1栏中"金额"项数据相等;本表"税额""合计"栏数据应与"附列资料(表二)"第1栏中"税额"项数据相等。

表5-5 增值税纳税申报表附列资料(表四)

(防伪税控增值税专用发票存根联明细)

申报抵扣所属期: 年 月

纳税人识别号:

纳税人名称:(公章) 填表日期: 年 月 日 金额单位:元至角分

序号	发票代码	发票号码	开票日期	购货方纳税人识别号	金额	税额	作废标志
合计							

注:本表"金额""合计"栏数据应等于"附列资料(表一)"第1、8、15栏"小计""销售额"项数据之和;

本表"税额""合计"栏数据应等于"附列资料(表一)"第1栏"小计""销项税额"、第13栏"小计""应纳税额"、第15栏"小计""税额"项数据之和。

"增值税纳税申报表附列资料(表四)"(见表5-5)填表说明:

(1)本表填写本期开具的防伪税控增值税专用发票存根联明细情况,包括作废和红字(负数)防伪税控增值税专用发票。

(2)本表"作废标志"栏填写纳税人当期作废的防伪税控增值税专用发票情况,以"·"作标记,纳税人正常开具的防伪税控增值税专用发票,以空栏予以区别。

(3)本表"金额""合计"栏数据(不含作废发票金额)应等于"增值税纳税申报表附列资料(表一)"第1、8、15栏"小计""销售额"项数据之和;本表"税额""合计"栏数据(不含作废发票税额)应等于"附列资料(表一)"第1栏"小计""销项税额"、第8栏

"小计""应纳税额"、第15栏"小计""税额"项数据之和。

（六）代理申报需要报送的资料

增值税一般纳税人申报的特点是报表体系严密，计税资料齐全。

增值税一般纳税人纳税申报电子信息采集系统的增值税一般纳税人，应提供下述报表与资料。

（1）必报资料

① "增值税纳税申报表（适用于增值税一般纳税人）"及其"增值税纳税申报表附列资料（表一）、（表二）、（表三）、（表四）"；

② 使用防伪税控系统的纳税人，必须报送记录当期纳税信息的 IC 卡（明细数据备份在软盘上的纳税人，还须报送备份数据软盘）、"增值税专用发票存根联明细表"及"增值税专用发票抵扣联明细表"；

③ "资产负债表"和"损益表"；

④ "成品油购销存情况明细表"（发生成品油零售业务的纳税人填报）；

⑤ 主管税务机关规定的其他必报资料。

纳税申报实行电子信息采集的纳税人，除向主管税务机关报送上述必报资料的电子数据外，还需报送纸质的"增值税纳税申报表（适用于一般纳税人）"（主表及附表）。

（2）备查资料

① 已开具的增值税专用发票和普通发票存根联；

② 符合抵扣条件并且在本期申报抵扣的增值税专用发票抵扣联；

③ 海关进口货物完税凭证、运输发票、购进农产品普通发票及购进废旧物资普通发票的复印件；

④ 收购凭证的存根联或报查联；

⑤ 代扣代缴税款凭证存根联；

⑥ 主管税务机关规定的其他备查资料。

备查资料是否需要在当期报送，由各省级国家税务局确定。

🌀 工作任务评价标准

完成增值税纳税申报表后，参照老师给出的标准，任务的完成者与老师共同来评价工作任务的完成情况。

评价标准：

（1）是否能够清晰分辨各表内项目之间的对应关系；

（2）是否能够找出主表与附表之间的勾稽关系；

（3）是否知道各表内项目的税务含义。

工作任务二　增值税小规模纳税人纳税申报

一、制定操作流程

引导案例：

梅克玛尼时装厂是一家增值税小规模纳税人，纳税人识别号为：4201017781849999；地址：武汉市 AA 路 95 号；法定代表人：张纪；企业经济类型：有限责任公司；电话号码：88996655；开户银行：工商银行 BB 路支行；银行账号：95588015022099999333；行业：加工制造（代码 C3529）。2011 年 4 月销售服装一批，开具普通发票，发票注明的金额为 103 万元；销售自己已使用过的固定资产，固定资产原值 120 万，已计提折旧 60 万元，售价为 72.1 万元，如果你是该服装厂委托的注册税务师，你该如何完成增值税的计算并申报缴纳增值税。

（1）小规模纳税人销售已使用的固定资产该如何纳税？

（2）小规模纳税人纳税申报表有哪些？

（3）小规模纳税人应纳增值税该如何计算？

（4）小规模纳税人开具的普通发票是否含税？

代理增值税小规模纳税人纳税申报的流程：

第一步，充分理解企业状况，进行实地调查；

第二步，签订委托协议书；

第三步，组织人员，指定负责人，并制订计划书；

第四步，根据企业交来的财务资料，在分析判断的基础上，计算各期应纳的增值税额；

第五步，完整全面的填列增值税纳税申报表，并做好工作底稿；

第六步，及时进行增值税的申报。

二、知识导航

（一）小规模纳税人的征收税率及应纳税额的计算

从 2009 年 1 月 1 日起，小规模纳税人增值税征收率为 3%。征收率的调整由国务院决定。

小规模纳税人销售货物或者应税劳务，按照销售额和规定的征收率计算应纳税额，不得抵扣进项税额。应纳税额计算公式为：

应纳税额＝销售额×征收率

销售额比照一般纳税人规定确定。需要指出的是，小规模纳税人的销售额也不包括其应纳税额，小规模纳税人如采用销售额和应纳税额合并定价方法的，按下列公式计算销售额：

销售额＝含税销售额÷（1＋征收率）

（二）代理填制增值税小规模纳税人纳税申报表

表 5－6　增值税纳税申报表（适用小规模纳税人）

纳税人识别号：□□□□□□□□□□□□□□□

纳税人名称（公章）：　　　　　　　　　金额单位：元（列至角分）

税款所属期：　年　月　日至　年　月　日　填表日期：　年　月　日

项　目		栏次	本月数	本年累计
一、计税依据	（一）应征增值税货物及劳务不含税销售额	1		
	其中:税务机关代开的增值税专用发票不含税销售额	2		
	税控器具开具的普通发票不含税销售额	3		
	（二）销售使用过的应税固定资产不含税销售额	4		
	其中:税控器具开具的普通发票不含税销售额	5		
	（三）免税货物及劳务销售额	6		
	其中:税控器具开具的普通发票销售额	7		
	（四）出口免税货物销售额	8		
	其中:税控器具开具的普通发票销售额	9		
二、税款计算	本期应纳税额	10		
	本期应纳税额减征额	11		
	应纳税额合计	12＝10－11		
	本期预缴税额	13		——
	本期应补（退）税额	14＝12－13		——

纳税人或代理人声明：此纳税申报表是根据国家税收法律的规定填报的,我确定它是真实的、可靠的、完整的。	如纳税人填报,由纳税人填写以下各栏：
	办税人员（签章）:财务负责人（签章）: 法定代表人（签章）:联系电话:
	如委托代理人填报,由代理人填写以下各栏：
	代理人名称:经办人（签章）:联系电话: 代理人（公章）:

受理人：　　　　受理日期：　　年　月　日　　受理税务机关（签章）：

本表为 A3 竖式一式三份,一份纳税人留存,一份主管税务机关留存,一份征收部门留存。

（三）代理小规模纳税人纳税申报操作规范

小规模纳税人由于计税方法简单，其纳税申报的操作也相对容易。

代理小规模纳税人的增值税申报，应在规定的期限内向主管税务机关报送纳税申报表。

注册税务师在编制纳税申报表时，应按以下规范操作：

第一，核查销售原始凭证及相关账户，稽核销售货物、应税劳务和视同销售的收入。

第二，对于有经营免税项目或有混合销售、兼营非应税劳务的，应通过核查原始凭证及核算过程，正确区分征免税项目及非应税项目的销售收入，将免税销售额和非应税劳务销售额分离出来。

第三，核查"应交税费——应交增值税"明细账，将含税收入换算成不含税销售额乘以征收率计算出当期应纳税额。

工作任务评价标准

完成增值税纳税申报表后，参照老师给出的标准，任务的完成者与老师共同来评价工作任务的完成情况。

评价标准：

（1）是否能够正确计算应纳税额；

（2）是否能够完整的填列报表；

（3）是否知道个表内项目的税务含义。

工作任务三 出口货物应退税额纳税申报

一、制定操作流程

引导案例：

宇宙卷烟厂（一般纳税人），企业代码：737751095 0001；纳税人识别号：420101778184888；地址：武汉市 AA 路 18 号；法定代表人：张丰；企业经济类型：有限责任公司；电话号码：87654321；开户银行：工商银行 AA 路支行；银行账号：9558801502206666888；行业：加工制造（代码 C3529）。2009 年 11 月经济业务如下：内销 A 产品，适用税率 17%，销售额 600 000 元，销项税额 102 000 元；福利部门领用 A 产品按本月 A 产品售价确认的不含税销售额为 20 000 元，销项税额 3 400 元；销售使用过的固定资产，含税售价为 104 000 元，该固定资产为 2002 年购入。本月共发生进项税额 204 000 元，10 月份期末留抵税额 5 000 元。出口产品适用的退税率为 13%，本期出口货物离岸价 200 000 美元，汇率为 1∶7.0，本期出口货物均未收齐单证，前期出口货物当期收齐单证销售额 3 000 000 元。如果你是企业委托代理的注册税务师，请计算其出口货物免抵退税，说明企业应补或应退的增值税并填列增值税申报表。请思考下列问题：

（1）企业退税有哪几种形式？

（2）实行增值税"免抵退"的形式下，该如何计算应退税额？

（3）出口退税需要提交哪些文件资料？

出口退（免）税纳税申报工作流程：

第一步，充分理解企业状况，进行实地调查；

第二步，签订委托协议书；

第三步，组织人员，指定负责人，并制订计划书；

第四步，根据企业交来的财务资料，在分析判断的基础上，计算各期应纳的增值税额销项税额；

第五步，计算当期不得免抵的进项税额；

第六步，计算当期应纳税额；

第七步，计算当期免抵退税额；

第八步，计算当期应退税额；

第九步，在分析综合增值税纳税申报表的附表的基础上，填列增值税纳税申报表的主表并填制"生产企业出口货物免抵退税申报汇总表"；

第十步，在工作期间，做好工作底稿；

第十一步，及时进行增值税的申报。

二、知识导航

（一）出口退税的范围

（1）必须是属于产品税、增值税特别消费税范围的产品。

（2）必须是报关离境。所谓出口，即输出关口，这是区分产品是否属于应退税出口产品的主要标准之一，以加盖海关验讫的出口报关单和出口销售发票为准。

（3）必须在财务上做出口销售。

一般具备以上条件予以退税。但是国家对退税的产品也做了特殊规定，特准某些产口视同出口产品予以退税，如国际招标、国内中标的机电产品。

（二）免抵退的计算公式

1. 外贸企业出口货物退税计算方法

对有进出口经营权的外贸企业收购货物直接出口或委托其他外贸企业代理出口货物的，应依据购进出口货物所取得的增值税专用发票上列明的进项金额和该货物适用的退税率计算退税。其公式为：

应退税额＝购进货物的进项金额×退税率

2. 生产企业出口货物"免、抵、退"税计算方法

实行"免、抵、退"税管理办法的"免"税，是指对生产企业出口的自产货物，免征本企业生产销售环节的增值税；"抵"税，是指生产企业出口的自产货物所耗用原材料、零部件等应予退还的进项税额，抵顶内销货物的应纳税款；"退"税，是指生产企业出

口的自产货物在当期内因抵顶的进项税额大于应纳税额而未抵顶完的税额,经主管税务机关批准后,予以退税。

(1) 免抵退税不得免征和抵扣税额的计算

免抵退税不得免征和抵扣税额=当期出口货物离岸价×外汇人民币牌价×(出口货物征税率-出口货物退税率)-免抵退税不得免征和抵扣税额抵减额

免抵退税不得免征和抵扣税额抵减额=免税购进原材料价格×(出口货物征税率-出口货物退税率)

(2) 当期应纳税额的计算

当期应纳税额=当期内销货物的销项税额-(当期进项税额-当期免抵退税不得免征和抵扣税额)-当期留抵税额

(3) 免抵退税额的计算

免抵退税额=出口货物离岸价×外汇人民币牌价×出口货物退税率-免抵退税额抵减额

免抵退税额抵减额=免税购进原材料价格×出口货物退税率

免税购进原材料包括国内购进免税原材料和进料加工免税进口料件,其中进料加工免税进口料件的价格为组成计税价格。

进料加工免税进口料件的组成计税价格=货物到岸价格+海关实征关税+海关实征消费税

(4) 当期应退税额和当期免抵税额的计算

当期期末留抵税额≤当期免抵退税额时:

当期应退税额=当期期末留抵税额

当期免抵税额=当期免抵退税额-当期应退税额

当期期末留抵税额>当期免抵退税额时:

当期应退税额=当期免抵退税额

当期免抵税额=0

"当期期末留抵税额"为当期"增值税纳税申报表"上的"期末留抵税额"。

新发生出口业务的生产企业自发生首笔出口业务之日起12个月内的出口业务,不计算当期应退税额,当期免抵税额等于当期免抵退税额;未抵顶完的进项税额,结转下期继续抵扣,从第13个月开始按免抵退税计算公式计算当期应退税额。

(三)代理填制增值税退税纳税申报表

除了需要填制"增值税一般纳税人申报表"外,还需要填制"生产企业出口货物免、抵、退税申报明细表"及"生产企业出口货物免、抵、退税申报总表",见表5-7。

"增值税纳税申报表"与"生产企业出品货物免抵退税申报汇总表"的填表举例:

表 5 - 7　生产企业出口货物免抵退税申报汇总表

（适用于增值税一般纳税人）

纳税人识别号：　　　　　　　　　　　　　　纳税人名称（公章）：

海关代码：　　　　　　　　　　　　　　　　税款所属期：　　年　　月至　　年　　月

申报日期：　　年　　月　　　　　　　　　　金额单位：元（列至角分）

项目	栏次	当期(a)	本年累计(b)	与增值税纳税申报表差额(c)
免抵退出口货物销售额（美元）	1			—
免抵退出口货物销售额	2=3+4			—
其中：单证不齐销售额	3			—
单证齐全销售额	4			
前期出口货物当期收齐单证销售额	5		—	
单证齐全出口货物销售额	6=4+5			
免税出口货物销售额（美元）	7			—
免税出口货物销售额	8			
全部出口货物销售额（美元）	9=1+7			—
全部出口货物销售额	10=2+8			
不予免抵退出口货物销售额	11			
出口销售额乘征税率之差	12			
上期结转免抵退税不得免征和抵扣税额抵减额	13		—	—
免抵退税不得免征和抵扣税额抵减额	14			
免抵退税不得免征和抵扣税额	15（如 12＞13＋14 则为 12－13－14，否则为 0）		—	—
结转下期免抵退税不得免征和抵扣税额抵减额	16（如 13＋14＞12 则为 13＋14－12，否则为 0）		—	—

（续表）

项目	栏次	当期	本年累计	与增值税纳税申报表差额
出口销售额乘退税率	17			—
上期结转免抵退税额抵减额	18		—	—
免抵退税额抵减额	19		—	—
免抵退税额	20（如 17＞18＋19 则为 17－18－19，否则为 0）			
结转下期免抵退税额抵减额	21（如 17＜18＋19 则为 18＋19－17，否则为 0）		—	—
增值税纳税申报表期末留抵税额	22			
计算退税的期末留抵税额	23＝22－15c			—
当期应退税额	24＝（如 20＞23 则为 23，否则为 20）		—	—
当期免抵税额	25＝20－24		—	—
前期单证收齐	26		—	—
前期信息齐全	27		—	—

出口企业申明：此表各栏目填报内容是真实、合法的，与实际出口货物情况相符。

此次申报的出口业务属于正常出口经营程序的出口业务。否则，本企业愿承担由此产生的相关责任。

经办人：
财务负责人：
企业负责人：
（公章）

退税部门

年　月　日

受理税务机关（签章）

经办人：
复核长：
负责人：

年　月　日　（章）

受理人：　　　　受理日期：　　年　月　日

注：1. 本表一式四联，退税部门审核签章后返给企业二联，其中一联作为下期《增值税纳税申报表》附表，退税部门留存一联，报上级退税机关一联；
2. 第（c）列"与增值税纳税申报表差额"为退税部门审核数减《增值税纳税申报表》对应项目的累计申报数的差额，企业应做相应账务调整并在下期增值税纳税申报时对《增值税纳税申报表》进行调整。

【例 5-1】 Y 生产企业为增值税一般纳税人,2011 年 11 月经营业务如下:内销 A 产品,适用税率 17%,销售额 500 000 元,销项税 85 000 元。福利部门领用 A 产品按本月 A 产品售价确认的不含税销售额为 20 000 元,销项税 3 400 元。本月共发生进项税额 184 000 元,10 月底结转本期留抵税额 5 000 元。出口产品适用的退税率为 13%,本期出口货物离岸价 166 000 美元,汇率为 1:8.7,本期出品货物均未收齐单证,前期出口货物当期收齐单证销售额 3 000 000 元。计算并填列《增值税申报表》和《出口货物免抵退税申报汇总表》,说明企业应补或应退的增值税。

《增值税纳税申报表》主表:

第一行 52 万元,第二行 52 万元;

第七行 1 444 200 元,第十一行 88 400(85 000+3 400)元;

第十二行 184 000 元,第十三行 5 000 元,第十四行 57 768 元;

第十七行 131 232 元;

第十八行 88 400,第十九行 0,第二十行 42 832。

《生产企业免抵退税申报汇总表》:

第一行 166 000 美元,第二行 1 444 200 元;

第三行 1 444 200 元,第五行 3 000 000 元;

第六行 3 000 000 元,第八行 57 768 元;

第十一行 57 768 元,第十三行 390 000 元;

第十六行 390 000 元,第十八行 42 832 元;

第十九行 42 832 元,第二十行 42 832 元;

第二十一行 347 168 元。

相关的计算过程如下:

11 月份进项税额转出:

$166\ 000 \times 8.7 \times (17\% - 13\%) = 57\ 768$(元)

11 月份出口销售额乘退税率:

$3\ 000\ 000 \times 13\% = 390\ 000$(元)

11 月份当期应退税额:42 832(元)

11 月份当期免抵税额:347 168(元)

(四) 申报操作规范

1. 申报程序

生产企业在货物出口并按会计制度的规定在财务上作销售后,先向主管征税机关增值税部门或岗位(以下简称征税部门)办理增值税纳税和免、抵税申报,并向主管征税机关退税部门或岗位(以下简称退税部门)办理退税申报。退税申报期为每月 1~15 日(逢节假日顺延)。

2. 申报资料

(1) 生产企业向征税机关的征税部门办理增值税纳税及免、抵、退税申报时,应提供下列资料:

①"增值税纳税申报表"及其规定的附表；

② 退税部门确认的上期"生产企业出口货物免、抵、退税申报汇总表"；

③ 税务机关要求的其他资料。

（2）生产企业向征税机关的退税部门办理"免、抵、退"税申报时，应提供下列凭证资料：

①"生产企业出口货物免、抵、退税申报汇总表"；

②"生产企业出口货物免、抵、退税申报明细表"；

③ 经征税部门审核签章的当期"增值税纳税申报表"；

④ 有进料加工业务的还应填报：

a."生产企业进料加工登记申报表"；

b."生产企业进料加工进口料件申报表明细表"；

c."生产企业进料加工海关登记手册核销申请表"；

d."生产企业进料加工贸易免税证明"。

⑤ 装订成册的报表及原始凭证：

a."生产企业出口货物免、抵、退税申报明细表"；

b. 与进料加工业务有关的报表；

c. 加盖海关验讫章的出口货物报关单（出口退税专用）；

d. 经外汇管理部门签章的出口收汇核销单（出口退税专用）或有关部门出具的中远期收汇证明；

e. 代理出口货物证明；

f. 企业签章的出口发票；

g. 主管退税部门要求提供的其他资料。

（3）国内生产企业中标销售的机电产品，申报"免、抵、退"税时，除提供上述申报表外，应提供下列凭证资料：

① 招标单位所在地主管税务机关签发的"中标证明通知书"；

② 由中国招标公司或其他国内招标组织签发的中标证明（正本）；

③ 中标人与中国招标公司或其他招标组织签订的供货合同（协议）：

④ 中标人按照标书规定及供货合同向用户发货的发货单；

⑤ 销售中标机电产品的普通发票或外销发票；

⑥ 中标机电产品用户收货清单。

国外企业中标再分包给国内生产企业供应的机电产品，还应提供分包合同（协议）。

3. 申报要求

（1）"增值税纳税申报表"有关项目的申报要求

①"出口货物免税销售额"填写享受免税政策出口货物销售额，其中实行"免抵退税办法"的出口货物销售额为当期出口并在财务上作销售的全部（包括单证不齐部分）免抵退出口货物人民币销售额。

②"免抵退货物不得抵扣税额"按当期全部（包括单证不齐全部分）免抵退出口

货物人民币销售额与征退税率之差的乘积计算填报,有进料加工业务的应扣除"免抵退税不得免征和抵扣税额抵减额";当"免抵退税不得免征和抵扣税额抵减额"大于"出口货物销售额乘征退税率之差"时,"免抵退货物不得抵扣税额"按0填报,其差额结转下期。

按"实耗法"计算的"免抵退税不得免征和抵扣税额抵减额",为当期全部(包括单证不齐全部分)进料加工贸易方式出口货物所耗用的进口料件组成计税价格与征退税率之差的乘积;按"购进法"计算的"免抵退税不得免征和抵扣税额抵减额",为当期全部购进的进口料件组成计税价格与征退税率之差的乘积。

③ "免抵退税货物已退税额"按照退税部门审核确认的上期"生产企业出口货物免、抵、退税汇总表"中的"当期应退税额"填报。

④ 若退税部门审核"生产企业出口货物免、抵、退税申报汇总表"的"累计申报数"与"增值税纳税申报表"对应项目的累计数不一致,企业应在下期增值税纳税申报时根据"生产企业出口货物免、抵、退税申报汇总表"中"与增值税纳税申报表差额"栏内的数据对"增值税纳税申报表"有关数据进行调整。

(2)"生产企业出口货物免、抵、退税申报明细表"的申报要求

① 企业按当期在财务上作销售的全部出口明细填报"生产企业出口货物免、抵、退税申报明细表",对单证不齐无法填报的项目暂不填写,并在"单证不齐标志栏"内按填写表说明做相应标志。

② 对前期出口货物单证不齐,当期收集齐全的,应在当期免抵退税申报时一并申请参与免抵退税的计算,可单独填报"生产企业出口货物免、抵、退税申报明细表",在"单证不齐标志栏"内填写原申报时的所属期和申报序号。

(3)"生产企业出口货物免、抵、退税申报汇总表"的申报要求

① "出口销售额乘征退税率之差"按企业当期全部(包括单证不齐全部分)免抵退出口货物人民币销售额与征退税率之差的乘积计算填报;

② "免抵退税不得免征和抵扣税额抵减额"按退税部门当期开具的"生产企业进料加工贸易免税证明"中"免抵退税不得免征和抵扣税额抵减额"填报;

③ "出口销售额乘退税率"按企业当期出口单证齐全部分及前期出口当期收齐单证部分且经过退税部门审核确认的免抵退出口货物人民币销售额与退税率的乘积计算填报;

④ "免抵退税额抵减额"按退税部门当期开具的"生产企业进料加工贸易免税证明"中的"免抵退税额抵减额"填报;

⑤ "与增值税纳税申报表差额"为退税部门审核确认的"累计"申报数减"增值税纳税申报表"对应项目的累计数的差额,企业应作相应账务调整并在下期增值税纳税申报时对"增值税纳税申报表"进行调整;

当本表11c栏不为0时,"当期应退税额"的计算公式需进行调整,即按照"当期免抵退税额(16栏)"与"增值税纳税申报表期末留抵税额(18栏)-与增值税纳税申报表差额(11c栏)"后的余额进行计算填报;

⑥ 新发生出口业务的生产企业,12个月内"应退税额"按0填报,"当期免抵税

额"与"当期免抵退税额"相等。

（4）申报数据的调整

对前期申报错误的，当期可进行调整。前期少报出口额或低报征、退税率的，可在当期补报；前期多报出口额或高报征、退税率的，当期可以红字（或负数）差额数据冲减；也可用红字（或负数）将前期错误数据全额冲减，再重新全额申报蓝字数据。对于按会计制度规定允许扣除的运费、保险费和佣金，与原预估入账值有差额的，也按此规则进行调整。本年度出口货物发生退运的，可在下期用红字（或负数）冲减出口销售收入进行调整。

🌀 工作任务评价标准

学习完增值税纳税申报表填报规范后，参照老师给出的标准，任务的完成者与老师共同来评价工作任务的完成情况。

评价标准：

（1）是否掌握增值税一般纳税人退免税计算公式；

（2）是否掌握申报表填列；

（3）免、抵、退时单证齐全及单证不齐全情况该如何处理是否掌握；

（4）是否掌握出口退税中所需资料及操作规范。

模块二　消费税纳税申报代理实务

消费税是在对货物普遍征收增值税的基础上，选择少数消费品再征收的一个税种。消费税主要是为了调节产品结构，引导消费方向，保证国家财政收入。因此，卷烟厂等除了缴纳增值税外还要缴纳消费税。

工作任务　消费税纳税申报

一、制定操作流程

引导案例：

宇宙卷烟厂（一般纳税人）生产销售 A 级卷烟和烟丝，同时经营进出口卷烟。2011 年 10 月发生如下经济业务：

（1）10 月 3 日，自其他企业购进已税烟丝不含税买价 180 万元，自某烟丝加工厂购进烟丝不含税买价 150 万元，上述烟丝均取得增值税专用发票，烟丝已 10 月 10 日入库；

（2）10 月 4 日，发往 B 烟丝加工厂烟叶一批，委托 B 烟丝加工厂加工烟丝，发生烟叶成本 35 万元，支付不含税加工费 15 万元取得税控专用发票，该烟丝加工厂没有同类烟丝销售价格；

　　(3) 10 月 8 日,从国外进口卷烟 1 000 标准箱(每条 200 支),支付买价 1 650 万元,支付到达我国海关前的运输费用 15 万元、保险费用 12 万元;(进口卷烟关税税率为 20%)

　　(4) 10 月 20 日,委托 B 烟丝加工厂加工的烟丝收回,出售 40% 取得不含税收入 25 万元,生产卷烟领用 60%;

　　(5) 10 月 25 日,经专卖局批准,销售 A 级卷烟给各商场 1 200 箱,取得不含税销售收入 3 600 万元,由于货款收回及时,给了各商场 3% 的折扣;销售 A 级卷烟给各卷烟专卖店 800 箱,取得不含税销售收入 2 400 万元,支付销货运输费用 120 万元并取得经税务机关认定的运输公司开具的普通发票;

　　(6) 10 月 26 日,没收逾期未收回的 A 级卷烟包装物押金 12.34 万元;

　　(7) 10 月 27 日,取得专卖店购买卷烟延期付款的补贴收入 21.06 万元,已向对方开具了普通发票;

　　(8) 10 月 30 日销售 A 级残次品卷烟 25 箱,每箱收入按不含税价 301 000 元销售。

　　(10 月 1 日,期初结存外购烟丝买价 200 万元,10 月 31 日,结存外购烟丝买价 35 万元;假定本月期初增值税留底税额为 195 万元,本期进项税票据均通过认证)

　　如果你是该企业委托税务师事务所的负责人,你将如何安排此次代理行为。

　　(1) 消费税的计税依据是否和增值税完全一致呢?

　　(2) 消费税纳税申报与增值税是否一样呢?

　　(3) 消费税计税方式有几种?

　　(4) 消费税什么情况下使用组成计税价格,有几种组成计税价格形式?

代理消费税纳税申报的流程:

第一步,李某充分理解企业状况,进行实地调查;

第二步,签订委托协议书;

第三步,根据企业交来的财务资料,在分析判断的基础上,计算各期应纳的消费税税额,做好工作底稿;

第四步,正确完整地填制消费税纳税申报表;

第五步,及时进行消费税的申报。

二、知识导航

(一)消费税应纳税额的计算方法

消费税计征方法有两种:从价定率征收和从量定额征收。

实行从价定率计征办法的,其计算公式如下:

消费税应纳税额＝应税消费品的销售额×适用税率

实行从量定额计征办法的,其计算公式如下:

消费税应纳税额＝应税消费品的课税数量×单位税额

卷烟、粮食白酒和薯类白酒的计税办法为实行从量定额和从价定率相结合计算应纳税额的复合计税方法。其应纳税额计算公式为：

应纳税额＝销售数量×定额税率＋销售额×比例税率

（二）具体规定

1. 应税消费品的销售额

销售额为纳税人销售应税消费品向购买方收取的全部价款和价外费用。"价外费用"，是指价外收取的基金、集资费、返还利润、补贴、违约金（延期付款利息）和手续费、包装费、储备费、运输装卸费、代收款项、代垫款项以及其他各种性质的价外收费。但下列款项不包括在内：

（1）承运部门的运费发票开具给购货方的；

（2）纳税人将该项发票转交给购货方的。

2. 应税消费品的课税数量

（1）纳税人通过自设非独立核算门市部销售自产消费品的，应按照门市部对外销售数量征收消费税；

（2）纳税人自产自用的应税消费品，其计税依据为应税消费品的移送使用量；

（3）委托加工的应税消费品，其计税依据为纳税人收回的应税消费品数量；

（4）进口的应税消费品，其计税依据为海关核定的应税消费品进口征税数量。

3. 用外购已税消费品连续生产应税消费品

下列用外购已税消费品连续生产的应税消费品，在计税时按当期生产领用数量计算准予扣除外购的应税消费品已纳的消费税税款：

（1）外购已税烟丝生产的卷烟；

（2）外购已税化妆品生产的化妆品；

（3）外购已税珠宝玉石生产的贵重首饰及珠宝玉石；

（4）外购已税鞭炮、焰火生产的鞭炮、焰火；

（5）外购已税汽车轮胎生产的汽车轮胎；

（6）外购已税摩托车生产的摩托车；

（7）以外购或委托加工收回的已税石脑油为原料生产的应税消费品；

（8）以外购或委托加工收回的已税润滑油为原料生产的润滑油；

（9）以外购或委托加工收回的已税杆头、杆身和握把为原料生产的高尔夫球杆；

（10）以外购或委托加工收回的已税木制一次性筷子为原料生产的木制一次性筷子；

（11）以外购或委托加工收回的已税实木地板为原料生产的实木地板。

上述当期准予扣除的外购应税消费品已纳消费税税款的计算公式为：

当期准予扣除的外购应税消费品已纳税款＝当期准予扣除的外购应税消费品买价×外购应税消费品适应税率

当期准予扣除的外购应税消费品买价＝期初库存的外购应税消费品的买价－期末库存的外购应税消费品的买价＋当期购进的应税消费品的买价

4. 自产自用应税消费品

（1）用于连续生产应税消费品的不纳税；

（2）用于其他方面的，应于移送使用时纳税。

纳税人自产自用的应税消费品，应按照纳税人生产的同类消费品的销售价格计算纳税；没有同类消费品销售价格的，按照组成计税价格计算纳税。

组成计税价格＝（成本＋利润）÷（1－消费税税率）

5. 委托加工应税消费品

委托加工的应税消费品，按照受托方的同类消费品的销售价格计算纳税，没有同类消费品销售价格的，按照组成计税价格计算纳税。

组成计税价格＝（材料成本＋加工费）÷（1－消费税税率）

委托方收回委托加工的已税消费品后，直接对外出售的不再征收消费税。委托方以收回的委托加工的已税消费品作为原料连续生产应税消费品的，准予从应纳税款中扣除原材料中已由受托方代收代缴的消费税税额。

当期准予扣除委托加工收回的应税消费品已纳消费税税款的计算公式为：

当期准予扣除的委托加工应税消费品已纳税款＝期初库存的委托加工应税消费品已纳税款＋当期收回的委托加工应税消费品已纳税款－期末库存的委托加工应税消费品已纳税款

6. 兼营不同税率应税消费品

纳税人兼营不同税率的应税消费品，应当分别核算不同税率应税消费品的销售额、销售数量。未分别核算销售额、销售数量，或者将不同税率的应税消费品组成成套消费品销售的，从高适用税率。

7. 出口应税消费品退（免）税的计算

外贸企业从生产企业购进应税消费品直接出口或受其他外贸企业委托代理出口应税消费品的应退消费税税款，分以下两种情况处理：

（1）属于从价定率征收的应税消费品，应依照外贸企业从工厂购进货物时征收消费税的价格计算。其公式为：

应退消费税税额＝出口货物工厂销售额×税率

（2）属于从量定额征收的应税消费品，应依照货物购进和报关出口的数量计算。其公式为：

应退消费税税额＝出口数量×单位税额

（三）代理填制消费税纳税申报表

消费税纳税申报表没有统一的格式，而是根据不同的税目设置了不同的纳税申报表。为了在全国范围内统一、规范消费税纳税申报资料，加强消费税管理的基础工作，国家税务总局制定了"烟类应税消费品消费税纳税申报表"、"酒及酒精消费税纳税申报表"、"成品油消费税纳税申报表"、"小汽车消费税纳税申报表"、"其他应税消费品消费税纳税申报表"，自2008年4月份办理税款所属期为3月份的消费税纳税申报时启用。

（一）烟类应税消费品消费税纳税申报表（见表5-8）

（二）酒及酒精消费税纳税申报表（见表5-9）

（三）成品油消费税纳税申报表（见表5-10）

（四）小汽车消费税纳税申报表（见表5-11）

（五）其他应税消费品消费税纳税申报表（见表5-12）

表5-8 烟类应税消费品消费税纳税申报表

税款所属期： 年 月 日至 年 月 日

纳税人名称（公章）： 纳税人识别号：

填表日期： 年 月 日 单位:卷烟万支、雪茄烟支、烟丝千克 金额单位:元(列至角分)

项目应税消费品名称	适用税率		销售数量	销售额	应纳税额
	定额税率	比例税率			
卷 烟	30元/万支	56%			
卷 烟	30元/万支	45%			
雪茄烟	—	36%			
烟 丝	—	30%			
批 发		5%			
合 计	—		—		

本期准予扣除税额：	**声 明** 此纳税申报表是根据国家税收法律的规定填报的,我相信它是真实的、可靠的、完整的。
本期减(免)税额：	经办人(签章)： 财务负责人(签章)： 联系电话：
期初未缴税额：	
本期缴纳前期应纳税额：	（如果你已委托代理人申报,请填写）
本期预缴税额：	**授权声明** 为代理一切税务事宜,现授权_____（地址）_____为本纳税人的代理申报人,任何与
本期应补(退)税额：	本申报表有关的往来文件,都可寄予此人。
期末未缴税额：	授权人签章：

以下由税务机关填写：

受理人(签章)： 受理日期： 年 月 日 受理税务机关(章)：

表 5 - 9 酒及酒精消费税纳税申报表

税款所属期：　　年　月　日至　　年　月　日

纳税人名称(公章)：　　　　　纳税人识别号：

填表日期：　　年　月　日　　　　　　　　　金额单位：元(列至角分)

项目 应税消费品名称	适用税率		销售数量	销售额	应纳税额
	定额税率	比例税率			
白酒	0.5元/斤	20%			
啤酒	250元/吨	—			
啤酒	220元/吨	—			
黄酒	240元/吨	—			
其他酒	—	10%			
酒精	—	5%			
合计	—	—	—		

本期准予扣除税额：	**声　明** 　此纳税申报表是根据国家税收法律的规定填报的，我相信它是真实的、可靠的、完整的。
本期减(免)税额：	经办人(签章)： 　财务负责人(签章)： 　联系电话：
期初未缴税额：	
本期缴纳前期应纳税额：	(如果你已委托代理人申报，请填写)
本期预缴税额：	**授权声明** 　为代理一切税务事宜，现授权_____(地址)_____为本纳税人的代理申报人，任何与本申报表有关的往来文件，都可寄予此人。
本期应补(退)税额：	
期末未缴税额：	授权人签章：

以下由税务机关填写：

受理人(签章)：　　　　受理日期：　　年　月　日　受理税务机关(章)：

表 5 - 10 成品油消费税纳税申报表

税款所属期: 年 月 日至 年 月 日

纳税人名称(公章): 纳税人识别号:

填表日期: 年 月 日 计量单位:升;金额单位:元(列至角分)

项目 应税消 费品名称	适用税率 (元/升)	销售数量	应纳税额
汽油	0.20		
柴油	0.10		
石脑油	0.20		
溶剂油	0.20		
润滑油	0.20		
燃料油	0.10		
航空煤油	0.10		
合 计	—	—	

本期准予扣除税额:	**声 明** 此纳税申报表是根据国家税收法律的规定填报的,我相信它是真实的、可靠的、完整的。
本期减(免)税额:	经办人(签章): 财务负责人(签章): 联系电话:
期初未缴税额:	
本期缴纳前期应纳税额:	(如果你已委托代理人申报,请填写) 授权声明 为代理一切税务事宜,现授权_____(地址)_____为本纳税人的代理申报人,任何与本申报表有关的往来文件,都可寄予此人。
本期预缴税额:	
本期应补(退)税额:	
期末未缴税额:	授权人签章:

以下由税务机关填写:

受理人(签章): 受理日期: 年 月 日 受理税务机关(章):

表 5－11　小汽车消费税纳税申报表

税款所属期：　　　年　　月　　日至　　　年　　月　　日

纳税人名称(公章)：　　　　　　纳税人识别号：

填表日期：　　年　　月　　日　单位：辆；　　　　　　金额单位：元(列至角分)

项目　　　应税消费品名称	适用税率	销售数量	销售额	应纳税额
乘用车　气缸容量≤1.5升	3％			
1.5升<气缸容量≤2.0升	5％			
2.0升<气缸容量≤2.5升	9％			
2.5升<气缸容量≤3.0升	12％			
3.0升<气缸容量≤4.0升	15％			
气缸容量>4.0升	20％			
中轻型商用客车	5％			
合　计	—	—	—	

本期准予扣除税额：	声　明
本期减(免)税额：	此纳税申报表是根据国家税收法律的规定填报的，我相信它是真实的、可靠的、完整的。
期初未缴税额：	经办人(签章)： 　财务负责人(签章)： 　联系电话：
本期缴纳前期应纳税额：	(如果你已委托代理人申报，请填写)
本期预缴税额：	授权声明 　为代理一切税务事宜，现授权＿＿＿＿＿(地址)＿＿＿＿＿
本期应补(退)税额：	为本纳税人的代理申报人，任何与本申报表有关的往来文件，都可寄予此人。
期末未缴税额：	授权人签章：

以下由税务机关填写：

受理人(签章)：　　　　受理日期：　　　年　　月　　日　　受理税务机关(章)：

表 5‒12　其他应税消费品消费税纳税申报表

税款所属期：　　年　月　日至　　年　月　日

纳税人名称(公章)：　　　　纳税人识别号：

填表日期：　　年　月　日　　　　　　　　金额单位:元(列至角分)

项目 应税消费品名称	适用税率	销售数量	销售额	应纳税额
合　计	—	—		

本期准予抵减税额：	**声　明** 　　此纳税申报表是根据国家税收法律的规定填报的,我相信它是真实的、可靠的、完整的。
本期减(免)税额：	
期初未缴税额：	经办人(签章)： 　财务负责人(签章)： 　联系电话：
本期缴纳前期应纳税额：	(如果你已委托代理人申报,请填写)
本期预缴税额：	**授权声明** 　　为代理一切税务事宜,现授权_____(地址)_____为本纳税人的代理申报人,任何与
本期应补(退)税额：	本申报表有关的往来文件,都可寄予此人。
期末未缴税额：	授权人签章：

以下由税务机关填写：

受理人(签章)：　　　　受理日期：　　年　月　日　　　受理税务机关(章)：

(四) 消费税纳税申报操作规范

　　消费税纳税申报包括销售自产应税消费品的纳税申报;委托加工应税消费品代收代缴申报;出口应税消费品的免税或退税申报。

　　自产或委托加工应税消费品：

　　(1)自产应税消费品于销售环节纳税,自产自用的于移送使用时纳税。代理自产应税消费品纳税申报应首先确定应税消费品适用的税目税率,核实计税依据,在规定的期限内向主管税务机关报送消费税纳税申报表。

　　(2)委托加工应税消费品,由受托方办理代收代缴消费税申报。注册税务师首先应确定双方是否为委托加工业务,核查组成计税价格的计算,如为受托方代理申报应向主管税务机关报送代收代缴申报表;如为委托方代理申报,应向主管税务机关提供已由受托方代收代缴税款的完税证明。

出口应税消费品：

（1）代理有进出口经营权的生产企业自营或委托出口应税消费品的申报，注册税务师应向主管征税机关提供"两单一票"办理免税手续。如发生退关或国外退货，出口时已予以免税的，经所在地主管税务机关批准，可暂不办理补税，待其转为国内销售时，再在当期办理补缴消费税的申报手续，于报送消费税纳税申报表的同时，提供"出口货物转内销证明"。

（2）外贸企业出口应税消费品退（免）税实行专用税票管理制度，其代理申报程序如下：

① 生产企业将应税消费品销售给外贸企业出口，应到主管征税机关办理消费税专用税票开具手续，然后办理消费税纳税申报手续。

② 应税消费品出口后外贸企业凭"两单两票"及消费税专用税票向主管退税机关办理退税手续，报送出口退税货物进货凭证申报明细表和出口货物退税申报明细表。

③ 出口的应税消费品办理退税后，发生退关或国外退货，外贸企业应在当期向主管退税机关申报补缴已退的消费税税款，办理"出口商品退运已补税证明"。

（五）说明

消费税具体纳税地点及纳税时间请参照增值税部分。

工作任务评价标准

认识完消费税税纳税申报表后，参照老师给出的标准，任务的完成者与老师共同来评价工作任务的完成情况。

评价标准：

（1）根据纳税申报，分析不同消费税税目采用计算方法不同；

（2）掌握卷烟与白酒消费税的核算与报表项目对应关系；

（3）根据纳税申报，分析不同消费税税目采用计算方法不同；

（4）掌握卷烟与白酒消费税的核算与报表项目对应关系；

（5）代理自产与委托加工纳税申报中关注点的不同；

（6）出口过程中，相关流程与单据要。

模块三　营业税纳税申报代理实务

营业税是对在我国境内提供应税劳务、转让无形资产或销售不动产的单位和个人，就其所取得的营业额征收的一种税。营业税属于流转税制中的一个主要税种。营业税征收范围广，行业特色突出，计税依据、纳税环节及纳税地点都有一些特殊规定。代理营业税纳税申报应掌握每一行业具体征税范围和会计核算的特点。

工作任务　营业税纳税申报

一、制定操作流程

引导案例：

　　宇宙卷烟厂于 2011 年 11 月份成立附设独立核算的运输单位，对外承揽各项运输活动，取得运输收入 50 万元；同月，宇宙卷烟厂处理不需要的厂房一栋，该厂房当初购置价为 250 万，按现行市场行情，市价为 450 万元；同月，该厂转让自行开发的专利权一项，该专利权账面价值 100 万元，已计提摊销 20 万，现行市价为 120 万。所有款项已收到。李某作为企业的代理税务师，该如何进行纳税申报？

　　（1）李某该代理企业缴纳何种税？

　　（2）运输业计税依据是什么？

　　（3）销售不动产和转让无形资产的计税依据分别是什么？

　　（4）李某该如何填制纳税申报表？

　　代理营业税纳税申报的流程：

　　第一步，李某充分理解企业状况，进行实地调查；

　　第二步，签订委托协议书；

　　第三步，根据企业交来的财务资料，在分析判断的基础上，计算各期应纳的营业税额，做好工作底稿；

　　第四步，正确完整地填制纳税申报表；

　　第五步，及时进行营业税的申报。

二、知识导航

（一）营业税纳税时间规定

　　《营业税暂行条例》第十二条规定，营业税纳税义务发生时间为纳税人提供应税劳务、转让无形资产或者销售不动产并收讫营业收入款项或者取得索取营业收入款项凭据的当天。具体解释：

　　《营业税暂行条例实施细则》第二十四条规定，条例第十二条所称收讫营业收入款项，是指纳税人应税行为发生过程中或者完成后收取的款项。条例第十二条所称取得索取营业收入款项凭据的当天，为书面合同确定的付款日期的当天。未签订书面合同或者书面合同未确定付款日期的，为应税行为完成的当天。第二十五条规定，纳税人转让土地使用权或者销售不动产，采取预收款方式的，其纳税义务发生时间为收到预收款的当天。纳税人提供建筑业或者租赁业劳务，采取预收款方式的，其纳税义务发生时间为收到预收款的当天。

（二）营业税纳税地点

　　纳税人提供应税劳务应当向其机构所在地或者居住地的主管税务机关申报纳

税。但是,纳税人提供的建筑业劳务以及国务院财政、税务主管部门规定的其他应税劳务,应当向应税劳务发生地的主管税务机关申报纳税。

纳税人转让无形资产应当向其机构所在地或者居住地的主管税务机关申报纳税。但是,纳税人转让、出租土地使用权,应当向土地所在地的主管税务机关申报纳税。

纳税人销售、出租不动产应当向不动产所在地的主管税务机关申报纳税。

扣缴义务人应当向其机构所在地或者居住地的主管税务机关申报缴纳其扣缴的税款。

(三)计算方法

纳税人提供应税劳务、转让无形资产或者销售不动产,按照营业额和适用税率计算应纳税额。应纳税额计算公式为:

应纳税额＝营业额×税率

纳税人的营业额,为纳税人提供应税劳务、转让无形资产或者销售不动产向对方收取的全部价款和价外费用。价外费用,包括向对方收取的手续费、基金、集资费、代收款项、代垫款项及其他各种性质的价外收费。凡价外费用,无论会计制度规定如何核算,均应并入营业额计算应纳税额。营业税的有关具体规定如下:

1. 交通运输业

交通运输业的营业额,是指从事交通运输的纳税人提供交通劳务所取得的全部运营收入,包括全部价款和价外费用。

注意以下三个问题:

(1)国航与货航开展客运飞机腹仓联运业务的,国航以收到的腹仓收入为营业额;货航以其货运收入扣除支付给国航的腹仓收入的余额为营业额。

(2)联运业务:纳税人将承揽的运输业务分给其他单位或者个人的,以其取得的全部价款和价外费用扣除其支付给其他单位或者个人的运输费用后的余额为营业额。

(3)代开发票业务:代开发票纳税人从事联运业务的,其计征营业税的营业额为代开的货物运输业发票注明营业税应税收入,不得减除支付给其他联运合作方的各种费用。

2. 建筑安装业

建筑业计税依据是向建设单位收取的工程价款及价外费用,施工企业收取的材料差价款、抢工费、全优工程奖和提前竣工奖等都应并入营业额征收营业税。

对于纳税人从事建筑、安装、修缮(不含装饰)工程作业,无论与对方如何结算(如包工包料、包工不包料),其营业额应包括工程所用原材料及其他物资和动力的价款在内,但不包括建筑方提供的设备价款。

装饰业计税依据为实际取得的全部价款和价外费用。如果纳税人将装饰劳务分包给其他单位的,以其取得的全部价款和价外费用扣除其支付给其他单位的分包款后的余额为营业额。

纳税人将建筑工程分包给其他单位的,以其取得的全部价款和价外费用扣除其支付给其他单位的分包款后的余额为营业额。

3. 金融保险业

（1）对一般贷款、典当、金融经纪业等中介服务，以取得的利息收入全额或手续费收入全额确认为营业额。

【提示】　一般贷款业务的营业额为贷款利息收入全额（包括加息、罚息）。

（2）融资租赁是一种特殊形式的贷款业务，其营业额是以向承租者收取的全部价款和价外费用减去出租方承担的出租货物的实际成本后的余额，以直线法折算出本期的营业额。

（3）外汇、证券、期货等金融商品转让，按卖出价减去买入价后的差额确认为营业额。

金融商品转让业务，按股票、债券、外汇、其他四大类来划分。同一大类不同品种金融商品买卖出现的正负差，在同一个会计年度内可以相抵，相抵后仍出现负差的，可结转下一个纳税年度相抵，但年末时仍出现负差的，不得转入下一个会计年度。

（4）金融经纪业务和其他金融业务（中间业务）营业额为手续费（佣金）类的全部收入，包括价外收取的代垫、代收代付费用（如邮电费、工本费）加价等，从中不得作任何扣除。

（5）保险企业开展无赔偿奖励业务的，以向投保人实际收取的保费为营业额。

保险企业的摊回分保费用不征营业税。

4. 销售不动产

（1）单位和个人销售或转让其购置的不动产或受让的土地使用权，以全部收入减去不动产或土地使用权的购置或受让原价后的余额为营业额。

（2）单位和个人销售或转让抵债所得的不动产、土地使用权，以全部收入减去抵债时该项不动产或土地使用权作价后的余额为营业额。

注意：

第一，房地产开发公司销售商品房，要代当地政府及有关部门收取一些资金或费用，对此类费用，不论其财务上如何核算，都应该作为销售不动产的营业额计征营业税。

第二，单位将不动产无偿赠与他人时：

计税价格＝营业成本或工程成本×（1＋成本利润率）÷（1－营业税税率）

第三，转让企业产权是整体转让企业资产、债权、债务及劳动力的行为，转让企业产权不征收营业税。

其他行业不再一一列举。

（四）代理营业税纳税申报表

自 2006 年 3 月 1 日起，交通运输业、娱乐业、服务业、建筑业营业税纳税人，除经税务机关核准实行简易申报方式外，均据此进行纳税申报。邮电通信业、文化体育业、转让无形资产和销售不动产的营业税纳税人仍按照各地的申报办法进行纳税申报；金融保险业营业税纳税人仍按照《国家税务总局关于印发〈金融保险业营业税申报管理办法〉的通知》（国税发［2002］9 号）进行纳税申报。

1. 营业税纳税申报表主表

（1）非金融保险业主表

表 5－13　营业税纳税申报表
（适用于查账征收的营业税纳税人）

纳税人识别号：
纳税人名称（公章）：
税款所属时间：自　　年　　月　　日　至　　年　　月　　日　　填表日期　　年　　月　　日　　　　金额单位：元（列至角分）

税目	营业额					本期税款计算					税款缴纳				本期应缴税额计算		
1	应税收入	应税减除项目金额	应税营业额	免税收入	税率(%)	小计	本期应纳税额	免(减)税额	期初欠缴税额	前期多缴税额	小计	已缴本期应纳税额	本期已被扣缴税额	本期已缴欠缴税额	小计	本期期末应缴税额	本期期末应缴欠缴税额
	2	3	$4=2-3$	5	6	$7=8+9$	$8=(4-5)\times7$	$9=5\times7$	10	11	$12=13+14+15$	13	14	15	$16=17+18$	$17=8-13-14$	$18=10-11-15$
交通运输业																	
建筑业																	
邮电通讯业																	
服务业																	
娱乐业																	
金融保险业																	
文化体育业																	
销售不动产																	
转让无形资产																	
合计																	
代扣代缴项目																	
总计																	

（续表）

税目	营业额					本期税款计算					税款缴纳							
	应税收入	应税减除项目金额	应税营业额	免税收入	税率（%）	小计	本期应纳税额	本期应免（减）税额	期初欠缴税额	前期多缴税额	本期已缴税额				本期应缴欠税额计算			
											小计	已缴本期应纳税额	本期已被扣缴税额	本期已缴欠缴税额	小计	本期应缴税额	本期期末应缴欠税额	

纳税人或代理人声明：

此纳税申报表是根据国家税收法律的规定填报的，我确定它是真实的、可靠的、完整的。

办税人员（签章）	财务负责人（签章）	法定代表人（签章）	
			联系电话

如纳税人填报，由纳税人填写以下各栏：

如委托代理人填报，由代理人填写以下各栏：

代理人名称	经办人（签章）	代理人（公章）	
			联系电话

以下由税务机关填写：

受理人：　　　　　　　　　　　受理税务机关（签章）：

年　月　日

本表一式三份，一份纳税人留存，一份主管税务机关留存，一份征收部门留存。

（2）金融保险业主表

表 5 - 14　金融保险业营业税纳税申报表

纳税人识别号：

填表日期：　　年　　月　　日

税款所属时间：自　　年　　月　　日至　　年　　月　　日

金额单位：元（列至角分）

纳税人名称：

经营项目	营业额			免税全部收入	免税减除项目额	免税营业额	税率	本　　期			
	应税全部收入	应税减除项目额	应税营业额					应纳税额	免（减）税额	已纳税额	应补（退）税额
1	2	3	4＝2－3	5	6	7＝5－6	8	9＝4×8	10＝7×8	11	12＝9－11
一般贷款											
外汇转贷											
融资租赁											
买卖股票											
买卖债券											
买卖外汇											
买卖其他金融商品											
金融经纪业务和其他											
金融业务											
保险业务											
储金业务											
其他											
以上合计											

（续表）

纳税人名称 _____

税款所属时间：自 年 月 日 至 年 月 日

经营项目	营业额						税率	本期			
	应税全部收入	应税减除项目额	应税营业额	免税全部收入	免税减除项目额	免税营业额		应纳税额	免（减）税额	已纳税额	应补（退）税额
代扣代缴税款											
金融机构往来收入											
投资收益											

如纳税人填报，由纳税人填写以下各栏；如委托代理人填报，由代理人填写以下各栏　备注

法人代表或单位负责人：（签章）	代理人名称			
会计主管：（签章）	代理人地址		代理人（签章）	
	经办人	电话		

以下由税务机关填写

| 接收人 | |
| 收到申报表日期 | |

（3）非金融保险业附表

表5-15　交通运输营业税纳税申报表
（适用于交通运输营业税纳税人）

纳税人识别号：

纳税人名称（公章）：

税款所属时间：自　年　月　日至　年　月　日　　　填表日期：　年　月　日　　　金额单位：元（列至角分）

应税项目	营业额						税率（%）	本期税款计算			期初欠缴税额	前期多缴税额	税款缴纳			本期应缴税额计算		
	应税收入	应税减除项目金额			应税营业额	免税收入		小计	本期应纳税额	免（减）税额			本期已缴税额		本期已缴欠缴税额	小计	本期期末应纳税额	本期期末应缴欠缴税额
		小计	支付合作运输方运费金额	其他减除项目金额									小计	已缴本期应纳税额				
1	2	3＝4+5	4	5	6＝2-3	7	8	9＝10+11	10＝（6-7）×8	11＝7×9	12	13	14＝15+16	15	16	17＝18+19	18＝10-15	19＝12-13-16
铁路运输																		
其中:货运																		
客运																		
公路运输																		
其中:货运																		
客运																		
水路运输																		
其中:货运																		
客运																		
航空运输																		
其中:货运																		

（续表）

应税项目	营业额					本期税款计算				税款缴纳					
	应税减除项目金额			应税营业额	免税收入	税率（%）	本期应纳税额	免（减）税额	期初欠缴税额	前期多缴税额	本期已缴税额			本期应缴税额计算	
	应税收入小计	支付合作运输方运费金额	其他减除项目金额				小计				小计	已缴本期应纳税额	本期已缴欠缴税额	小计	本期应缴税额	本期期末应缴欠缴税额
客运															
管道运输															
装卸搬运															
合计															

以下由税务机关填写：

受理人：　　　　　　　　受理日期：　　　年　　月　　日

受理税务机关（签章）：

本表一式三份，一份纳税人留存，一份主管税务机关留存，一份征收部门留存。

表5-16　服务业营业税纳税申报表

（适用于服务业营业税纳税人）

纳税人识别号：

纳税人名称（公章）：

税款所属时间：自　年　月　日至　年　月　日　　填表日期：　年　月　日　　　　金额单位：元（列至角分）

应税项目	营业额					本期税款					税款缴纳				本期应缴税额计算	
	应税收入	应税减除项目余额	应税营业额	免税收入	税率(%)	小计	本期应纳税额	免(减)税额	期初欠缴税额	前期多缴税额	本期已缴税额			小计	本期应缴未缴税额	本期期末欠缴税额
											小计	已缴本期应纳税额	本期已缴欠缴税额			
1	2	3	4=2-3	5	6	7=8+9	8=(4-5)×6	9=5×6	10	11	12=13+14	13	14	15=16+17	16=8-13	17=10-11-14
旅店业																
饮食业																
旅游业																
仓储业																
租赁业																
广告业																
代理业　货运代理																
代理业　代收费																

（续表）

应税项目	营业额				税率(%)	本期税款					税款缴纳					本期应缴税额计算	
	应税收入	应税减除项目余额	应税营业额	免税收入		小计	本期应纳税额	免(减)税额	期初欠缴税额	前期多缴税额	本期已缴税额			小计		本期应缴未缴税额	本期应缴未缴欠缴税额
											小计	已缴本期应纳税额	本期已缴欠缴税额				
其他服务业																	
合计																	

受理人：　　　　　　　　　　　　　　　受理税务机关（签章）：

　　　　　　　　　　　　　　　　　　　　　　　　　年　　月　　日

以下由税务机关填写：

本表一式三份，一份纳税人留存，一份主管税务机关留存，一份征收部门留存。

（4）金融保险业附表

金融保险业附表有 11 个，在教学过程可以根据实际需要来选择，在此只列举一个附表。

表 5-17　贷款（含贴现、押汇、透支等）利息收入明细表

纳税人名称（章）　　　　　填表日期：　　　年　　月　　日　　　　　金额单位：元（列至角分）

识别号	起讫日期	货币名称	折合率	贷款本金		月利率	本期本金产生利息收入		本期实收表外利息收入		本期冲减利息		本期应税利息收入	备注
				原币	折人民币		原币	折人民币	原币	折人民币	原币	折人民币		
合计	—	—	—	—							—		—	

本期期初冲减利息		本期应税利息收入总计	

填表人：　　　　　　审核人：　　　　　　单位负责人：

（五）营业税纳税申报表填报及规范

1. 非金融保险企业营业税纳税申报表填写注意事项

凡按全国统一的《营业税纳税人纳税申报办法》进行纳税申报的营业税纳税人均应报送以下资料：

（1）《营业税纳税申报表》；

（2）按照纳税人发生营业税应税行为所属的税目，分别填报相应税目的营业税纳税申报表附表；同时发生两种或两种以上税目应税行为的，应同时填报相应的纳税申报表附表；

（3）凡使用税控收款机的纳税人应同时报送税控收款机 IC 卡；

（4）主管税务机关规定的其他申报资料。

2. 金融保险企业营业税纳税申报表填写注意事项

自 2002 年 2 月 1 日起,金融保险业纳税人在申报纳税时需报送下列资料：

（1）《金融保险业营业税纳税申报表》；

（2）《贷款（含贴现、押汇、透支等）利息收入明细表》；

（3）《外汇转贷利息收入明细表》；

（4）《委托贷款利息收入明细表》；

（5）《融资租赁收入明细表》；

（6）《自营买卖股票价差收入明细表》；

（7）《自营买卖债券价差收入明细表》；

（8）《自营买卖外汇价差收入明细表》；

（9）《自营买卖其他金融商品价差收入明细表》；

（10）《金融经纪业务及其他金融业务收入月汇总明细表》；

（11）《保费收入明细表》；

（12）《储金业务收入明细表》；

（13）主管税务机关规定的其他资料。

金融保险业营业税申报资料的填写要求：

各种报表按填表说明的要求填写,分别向国、地税机关报送一式三份,税务机关签收后,一份退还纳税人,两份留存。

《贷款（含贴现、押汇、透支等）利息收入明细表》、《外汇转贷利息收入明细表》、《委托贷款利息收入明细表》、《融资租赁收入明细表》、《自营买卖股票价差收入明细表》、《自营买卖债券价差收入明细表》、《自营买卖外汇价差收入明细表》、《自营买卖其他金融商品价差收入明细表》、《金融经纪业务及其他金融业务收入月汇总明细表》、《保费收入明组表》、《储金业务收入明细表》等表,纳税人可根据自身情况填写各项内容,没有开展的业务是否需要报相应的空表由各省税务机关根据实际情况决定。

银行、财务公司、信托投资公司、信用社以一个季度为纳税期限；上述金融机构每季度末最后一旬应得的贷款利息收入,可以在本季度缴纳营业税,也可以在下季度缴纳营业税,但确定后一年内不得变更。其他的金融机构以一个月为纳税期限。

以一个季度为一个纳税期的,或者以一个月为一个纳税期的,应当分别于季度终了后或次月 10 日内向主管税务机关申报缴纳税款。金融保险业营业税实行电子申报方法。

工作任务评价标准

学习完营业税纳税申报表的主表和附表后,参照老师给出的标准,任务的完成者与老师共同来评价工作任务的完成情况。

评价标准：

（1）纳税申报表主表与附表的对应关系；

（2）纳税申报表各项目的含义及与表内其他项目的关系；

（3）金融企业纳税申报中有哪些特殊规定；

（4）营业税纳税申报时需要携带哪些资料；

（5）营业税纳税申报表时，纳税期限的规定；

（6）营业税纳税申报计税依据的计算，什么情况用全额，什么情况用差额。

思 考 题

一、单项选择题

1. 根据现行税法的规定，下列对于增值税处理错误的是（　　）。

A. 农民销售自产农业产品应按 13% 计征增值税

B. 2009 年 1 月 1 日起，小规模纳税人销售外购农产品按 3% 计征增值税

C. 自来水适用 13% 的低税率

D. 音像制品和电子出版物适用 13% 的低税率

2. 《增值税纳税申报表》（适用增值税一般纳税人）第 14 栏为"进项税额转出"，以下业务不在本栏反映的是（　　）。

A. 某企业购进材料用于在建工程

B. 食品厂将收购的粮食用于本企业职工食堂

C. 购进货物发生质量问题，经与销售方协商给予的销售折让

D. 某商场将外购的一批 MP3 用于职工奖励

3. 某工业企业为一般纳税人，2009 年 1 月期初留抵税额为 2 000 元；当月实现不含税销售额 2 500 000 元；当期购进生产用材料不含税价格 200 000 元，购入生产用设备不含税成本为 350 000 元。可抵扣项目均取得增值税专用发票并已通过认证。已知材料及产品适用税率均为 17%，则企业当月应纳税额为（　　）元。

A. 331 500 　　　　 B. 391 000 　　　　 C. 425 000 　　　　 D. 329 500

4. 应税消费品出口后外贸企业凭（　　）及消费税专用税票向主管税务机关办理退税手续，报送出口退税货物进货凭证申报明细表和出口货物退税申报明细表。

A. 两单两票 　　　 B. 两单一票 　　　 C. 一单一票 　　　 D. 一单两票

5. 某酒店 2009 年 7 月取得客房收入 25 000 元，餐饮收入 30 000 元；经主管税务机关核准购进税控收款机三台，取得普通发票，支付金额 10 530 元，则该企业 7 月份应缴纳的营业税为（　　）。

A. 2 750 元 　　　 B. 2 345 元 　　　 C. 2 153.96 元 　　　 D. 1 220 元

6. 以下关于计算营业税的营业额的确定，正确的是（　　）。

A. 所有运输企业从事联运业务，以实际收取的营业额为计税依据，即以收到的收入扣除支付给以后的承运者的运费、装卸费、换装费等费用后的余额为营业额

B. 从事安装工程作业,无论所安装的设备的价值是否作为安装工程产值的,营业额中均应当包括设备的价款

C. 单位和个人销售或转让其除了购置或抵债取得的不动产和受让的土地使用权,以全部收入减去不动产或土地使用权的购置或受让原价后的余额为营业额

D. 单位和个人进行演出,以全部收入减去付给提供演出场所的单位、演出公司或经纪人的费用后的余额为营业额

7. 下列对 2009 年发生的金融业务营业税计税营业额表述中,错误的是(　　)。

A. 保险公司办理初保业务,以被保险人收取的全部保险费减去相应的费用后为营业额

B. 境内保险机构为出口货物提供的保险产品,免税

C. 金融机构将吸收的存款贷与他人使用,以贷款利息收入为营业额

D. 金融经纪业务以手续费(佣金)类的全部收入包括价外收取的代垫、代收代付费用加价等为营业额

二、多项选择题

1. 以下可以作为进项税额抵扣的凭证有(　　)。

A. 增值税专用发票　　　　　　　　B. 海关完税凭证

C. 公路、内河货物运输业统一发票　　D. 农产品收购凭证

2. 防伪税控企业发生(　　)情形的,应到主管税务机关办理注销认定登记,同时由主管税务机关收缴金税卡和 IC 卡。

A. 减少分开票机　　　　　　　　　B. 增加分开票机

C. 被取消一般纳税人资格　　　　　D. 被暂时停止提供增值税专用发票

3. 以下纳税人购进货物或者接受应税劳务的经济业务,进项税额可以抵扣的有(　　)。

A. 某电脑公司从美国进口 CPU 一批,向海关缴纳进口环节的增值税

B. 某商场销售电视机,支付给运输企业的运费

C. 某建筑施工企业从水泥厂购进水泥一批,用于建筑施工

D. 某茶叶厂从茶农手中收购了经过茶农烘干处理的茶叶一批

4. 2009 年 8 月 25 日,国税稽查局对某公司的增值税纳税情况进行检查,发现该公司 2009 年 4 月收取价外费用 200 万,计入"其他应付款"科目中核算,企业已经按照税务机关的要求在当月补缴了相应的增值税款(增值税率 17%)。则该企业 9 月 5 日填写《增值税纳税申报表》时,以下填表方法正确的有(　　)。

A. 第 1 行"(一)按适用税率征税货物及劳务销售额"200 万

B. 第 4 行"纳税检查调整的销售额"170.94 万

C. 第 11 行"销项税额"29.06 万

D. 第 16 行"按适用税率计算的纳税检查应补缴税额"34 万

5. 注册税务师在代理消费税的纳税申报时,以下说法中正确的有(　　)。

A. 代理自产应税消费品纳税申报时,首先应当确定的是应税消费品适用的税

目税率

B. 代理委托加工应税消费品业务时,首先应当确定的是双方是否为委托加工业务

C. 委托加工应税消费品业务中,如果是代理委托方的消费税纳税申报的,应当向主管税务机关报送代扣代缴申报表

D. 代理有进出口经营权的外贸企业自营出口应税消费品的申报时,应当向主管税务机关提供"两单两票"办理免税手续

6. 以下关于计算营业税的营业额的确定,不正确的有( )。

A. 所有运输企业从事联运业务,以实际收取的营业额为计税依据,即以收到的收入扣除支付给以后的承运者的运费、装卸费、换装费等费用后的余额为营业额

B. 从事安装工程作业,无论所安装的设备的价值是否作为安装工程产值,营业额中均应当包括设备的价款

C. 单位和个人转让购进的无形资产,以全部收入减去购置或受让原价后的余额为营业额

D. 单位和个人进行演出,以全部收入减去付给提供演出场所的单位、演出公司或经纪人的费用后的余额为营业额

案例分析

案例 1:永华有限公司于 2011 年 8 月成立,为增值税一般纳税人,生产各种电子信息产品,其存货采用实际价格核算,流转税纳税期限为一个月,使用防伪税控系统。2008 年 3 月企业有留抵税额 5 000 元,4 月发生的主要经济业务如下:

(1) 4 月 1 日,购进甲种材料 10 000 件,金额 100 000 元,税额 17 000 元,取得增值税专用发票 10 张,发票于当月通过认证,货已验收入库,货款未支付。

(2) 4 月 3 日,售出产品一批,开具的专用发票上注明不含税价款 200 000 元,税金 34 000 元;用已收到的全部款项 234 000 元购入某食用油公司食用油 1 700 桶,用于发放职工福利,取得增值税专用发票一张。

(3) 4 月 5 日,销售 4 月 1 日购进的甲种材料 2 500 件,开具普通发票一张,注明价款 35 100 元。

(4) 4 月 8 日,修理本单位机床,取得增值税专用发票一张,注明修理费 2 500 元,税额 425 元,款项已用银行存款支付。发票于当月通过认证。

(5) 4 月 19 日,收到某公司退货一批,该批货物系 2007 年 12 月份售出,因不符合购货方要求,双方协商未果,本月予以退回,货物已验收入库,根据收到的符合税法规定的《开具红字增值税专用发票通知单》,开具负数专用发票 1 份,全部款项 23 400 元已退。

(6) 4 月 21 日,销售本企业使用过的在固定资产目录中列明并作为固定资产管

理的设备一台,账面原值 150 000 元,累计折旧为 1 000 元,售价 180 000 元,已经开具普通发票一张。

(7) 4 月 21 日,经主管国税局检查,发现上月份购进的甲材料用于单位基建工程,企业仅以账面金额 15 000 元(不含税价格)结转至"在建工程"科目核算。另有 5 000 元的乙材料购入业务取得的增值税专用发票在 3 月的对比清单上显示比对不相符,相应税金 850 元已于 1 月份抵扣。税务机关要求该企业在本月调账并于 4 月 30 日前补交税款入库。(不考虑滞纳金、罚款)

(8) 4 月 26 日,销售产成品一批,开具增值税专用发票 15 份,累计注明不含税价款 900 000 元,开具普通发票 8 份,累计注明金额 70 200 元,货款全部收讫。

(9) 4 月 28 日,购进乙材料一批,取得增值税专用发票 3 张,累计注明价款 50 000 元,税额 8 500 元,货款没有支付,经查,至月末,乙材料仍未到达企业。

以上所有的抵扣凭证,已经通过了税务机关的认证,4 月 30 日已按税务机关的要求补缴查补税款。

思考:根据上述资料,填列增值税纳税申报表本月数。

案例 2:北京建设银行和平路支行主要经营存贷款业务,并提供其他金融业务,2008 年二季度发生了以下几笔业务:

(1)"其他贷款利息收入"200 万元,其中票据贴现贷款利息收入 50 万元,其他为免税贷款利息收入。"金融机构往来利息收入"账户反映同业往来利息收入 25 万元。

(2)本期吸收存款 10 000 万元,取得贷款利息收入 4 000 万元(不含上述其他贷款利息收入和金融机构往来利息收入),本期应支付各项存款利息 2 200 万元。

(3)2008 年 4 月 1 日,以银行存款 200 万元向甲公司投资。协议规定,甲公司每年向该金融机构支付固定利润 24 万元,每月月末支付 2 万元,本季度共收到甲公司支付的固定利润 6 万元。

(4)本期销售账单凭证、支票等取得收入 5 万元,收到乙公司委托放贷手续费收入 8 万元(本期取得委托放贷利息收入 80 万元,手续费按利息收入的 10%计算)。

(5)本期实际收到的结算罚息收入 20 万元;发生出纳长款 1.5 万元。

(6)因发放政策性贴息贷款获得利差补贴收入 4 万元。

(7)该金融机构兼营金银业务,本期取得购销差价收入 20 万元。

(8)本期销售上期购进的债券和股票:债券购进原值 20 万元,另外支付购进时手续费、税金 0.50 万元,销售债券收入 25 万元,其中已经扣除销售时发生的税费 0.80 万元;股票购进原值 60 万元,其中包含购进环节手续费、税金 0.50 万元,销售股票收入 55 万元,另外支付销售税费 0.45 万元。

思考:假设以上所有收入均分开核算,试计算该金融企业二季度应纳营业税额,并说明具体的税法规定。(金融保险业营业税税率按 5%计算)

项目六 所得税纳税申报代理实务

知识目标

- 熟悉两大所得税中收入的有关规定
- 熟悉两大所得税准予扣除项目
- 熟悉两大所得税的计算方法
- 掌握两大所得税代理纳税申报操作规范
- 掌握填制两大所得税纳税申报表的方法

技能目标

- 能够依法确定收入
- 能够依法判断扣除项目的范围和标准
- 能够准确计算所得税款
- 能够填列两大所得税申报表并进行申报代理

模块一 企业所得税纳税申报代理实务

企业所得税适用面广,税前扣除项目的计算和报表填报内容繁杂。注册税务师必须在指导企业正确核算会计所得的前提下,按照税法和征收管理的有关规定,将其会计所得调整为应税所得后,再计算填报企业所得税申报表及其附表。

工作任务一 认识企业所得税纳税申报

一、制定企业所得税纳税申报代理操作流程

引导案例:

小何是刚加入武汉市宏大税务师事务所的新员工,具有注册税务师执业资格。他手头代理着两家企业的企业所得税纳税申报,工作任务为:对两家企业分别进行11月份的企业所得税预缴申报和2010年度的企业所得税申报。具体资料如下:

(1) 甲企业是一家小型企业,能正确核算成本费用总额,但不能正确核算收入总

额。11月份的成本费用总额为8万元,2010年全年成本费用合计96万元。经核定的应税所得率为20%。

(2)乙企业为某大型工业企业,2008年经核定的亏损为100万元;2009年全年应纳税所得额为360万元,无其他调整事项;企业所得税日常申报按照上一纳税年度应纳税所得额的平均额进行预缴。2010年资料如下:

资产总额2 800万元,在职职工人数80人,其中残疾人2名,月工资分别为2 000元;全年经营业务如下:

① 销售货物取得收入2 465万元,销售材料取得收入20万元,出租包装物取得收入15万元;将自产的货物发放给职工作为节日福利,该批货物不含税售价10万元;国债利息收入2万元。

② 销售货物成本1 315万元,销售材料成本12万元,包装物出租成本10万元,发放给职工作为节日福利的自产货物成本为6万元。

③ 发生销售费用670万元(其中广告费320万元);管理费用400万元(其中业务招待费15万元);财务费用60万元(其中7万元为向丁企业支付的利息,于本年3月1日借入,借款总额100万元,期限2年;同期金融机构贷款利率为5%)。

④ 销售税金160万元(含增值税120万元)。

⑤ 盘盈一台固定资产,价值20万元,出售无形资产取得收益40万元,取得货币捐赠收入10万元;

⑥ 处置固定资产净损失30万元,债务重组损失8万元,通过公益性社会团体向贫困山区捐款5万元,支付税收滞纳金6万元,支付银行罚息1万元。

⑦ 计入成本、费用中的实发工资总额150万元、拨缴职工工会经费4万元、支出职工福利费25万元,职工教育经费4万元。

注:两家企业都是按月预缴企业所得税。

如果你是小何,你该如何着手并顺利完成这项工作?同时思考以下问题:

(1)代理申报前应分别收集委托人的哪些涉税资料?

(2)应如何对涉税资料进行审核?

(3)如何填制企业所得税纳税申报表?

(4)应于何时向何处税务机关进行纳税申报?

企业所得税纳税申报代理的操作流程:

第一步,承接企业所得税纳税申报代理业务;

第二步,制定企业所得税纳税申报代理计划;

第三步,收集企业所得税纳税申报的涉税资料;

第四步,审核企业所得税的涉税资料,确定企业拟填报的申报表类型;

第五步,根据所收集的资料,依据税法规定代理填报企业所得税纳税申报表;

第六步,代理企业所得税纳税申报。

二、知识导航

（一）企业所得税纳税地点

除税收法律、行政法规另有规定外，居民企业以企业登记注册地为纳税地点；但登记注册地在境外的，以实际管理机构所在地为纳税地点。企业注册登记地是指企业依照国家有关规定登记注册的住所地。

居民企业在中国境内设立不具有法人资格的营业机构的，应当汇总计算并缴纳企业所得税。企业汇总计算并缴纳企业所得税时，应当统一核算应纳税所得额，具体办法由国务院财政、税务主管部门另行制定。

非居民企业在中国境内设立机构、场所的，应当就其所设机构、场所取得的来源于中国境内的所得，以及发生在中国境外但与其所设机构、场所有实际联系的所得，以机构、场所所在地为纳税地点。非居民企业在中国境内设立两个或者两个以上机构、场所的，经税务机关审核批准，可以选择由其主要机构、场所汇总缴纳企业所得税。非居民企业经批准汇总缴纳企业所得税后，需要增设、合并、迁移、关闭机构、场所或者停止机构、场所业务的，应当事先由负责汇总申报缴纳企业所得税的主要机构、场所向其所在地税务机关报告；需要变更汇总缴纳企业所得税的主要机构、场所的依照前款规定办理。

非居民企业在中国境内未设立机构、场所的或者虽设立机构、场所但取得的所得与其所设机构、场所没有实际联系的以扣缴义务人所在地为纳税地点。

除国务院另有规定外，企业之间不得合并缴纳企业所得税。

（二）企业所得税纳税期限

企业所得税按年计征，分月或者分季预缴，年终汇算清缴，多退少补。

企业所得税的纳税年度，自公历1月1日起至12月31日止。企业在一个纳税年度的中间开业，或者由于合并、关闭等原因终止经营活动，使该纳税年度的实际经营期不足12个月的，应当以其实际经营期为一个纳税年度。企业清算时，应当以清算期间作为一个纳税年度。

自年度终了之日起5个月内，向税务机关报送年度企业所得税纳税申报表，并汇算清缴，结清应缴应退税款。

企业在年度中间终止经营活动的，应当自实际经营终止之日起60日内，向税务机关办理当期企业所得税汇算清缴。

（三）企业所得税纳税申报时间

按月或按季预缴的，应当自月份或者季度终了之日起15日内，向税务机关报送预缴企业所得税纳税申报表，预缴税款。

企业在报送企业所得税纳税申报表时应当按照规定附送财务会计报告和其他有关资料。

企业应当在办理注销登记前就其清算所得向税务机关申报并依法缴纳企业所得税。依照《企业所得税法》缴纳的企业所得税,以人民币计算。所得以人民币以外的货币计算的,应当折合成人民币计算并缴纳税款。

企业在纳税年度内无论盈利或者亏损,都应当依照《企业所得税法》第五十四条规定的期限,向税务机关报送预缴企业所得税纳税申报表、年度企业所得税纳税申报表、财务会计报告和税务机关规定应当报送的其他有关资料。

(四)收集企业所得税纳税申报资料

代理申报前应按照税法规定对委托人的相关涉税资料进行全面收集,这不仅有利于税务师对委托事项做进一步的调查了解,也为日后代理申报做好材料上的准备。主要收集的资料包括以下几种:

(1)年度资产负债表和损益表;

(2)预缴企业所得税情况;

(3)根据情况调阅相关收入、成本费用明细账;

(4)备案事项相关资料;

(5)总机构及分支机构基本情况、分支机构征税方式、分支机构的预缴税情况;

(6)对符合减免税规定的,还应收集相关的证明材料,如高新技术企业的证明材料,聘用残疾人员的证明,新产品、新技术、新工艺的证明材料等材料,以及其他符合免税规定事项的证明材料。

(五)审核企业所得税纳税申报资料

收集到申报资料后,注册税务师应当对委托人提供的资料进行专业的审核判断,对所提供资料信息的真实性、完整性产生怀疑时,应要求其予以补正,并给予适当的提醒。主要的审核工作包括以下几个方面:

(1)核查收入核算账户和主要的原始凭证,计算当期生产经营收入、财产转让收入、股息收入等各项应税收入。

(2)核查成本核算账户和主要的原始凭证,根据行业会计核算制度,确定当期产品销售成本或营业成本。

(3)核查主要的期间费用账户和原始凭证,确定当期实际支出的销售费用、管理费用和财务费用。

(4)核查税金核算账户,确定税前应扣除的税金总额。

(5)核查损失核算账户,计算资产损失、投资损失和其他损失。

(6)核查营业外收支账户及主要原始凭证,计算营业外收支净额。

(7)经过上述六个步骤的操作,注册税务师可据此计算出企业当期收入总额、不征税收入和免税收入额,再按税法规定核查允许的各项扣除及允许弥补的以前年度亏损,计算当期应税所得额。

(8)根据企业适用的所得税税率,计算应纳所得税额。

【例6-1】 某税务师事务所受托对某市一企业2010年上半年纳税情况进行检

查。以前曾了解该厂年初将闲置不用的临街门面房四间租赁给某服装店。税务师重点审核了"其他业务收入"账户，未发现有租赁收入的记载，而后，又审核了"营业外收入"账户，经核对也没有结果。于是，再进一步审核了往来结算账户，发现在"其他应付款"账户上记挂了房租收入。该厂每月收取房租 3 000 元，上半年共计收入 18 000元，全部挂在"其他应付款——某服装店"账户上。核实后，应作如下调整：

应补营业税＝18 000×5％＝900（元）

应补城建税＝900×7％＝63（元）

应补教育费附加＝900×3％＝27（元）

应纳税所得额＝18 000－900－63－27＝17 010（元）

应补所得税＝17 010×25％＝4 252.5（元）

【例 6－2】　某公司委托宏昌税务师事务所代理 2010 年度的企业所得税纳税申报。该年度有关数据如下：销售产品收入 1 000 万元；销售材料收入 10 万元；将自产产品用于在建工程，同类产品售价 10 万元；将自产产品无偿赠送他人，同类产品售价5 万元；转让专利 A 使用权收入 5 万元；转让专利 B 所有权收入 10 万元，净收益为 6万元；接受捐赠收入 5 万元；将售价为 10 万元的材料与债权人甲公司债务重组，冲抵债务 15 万元；发生的现金折扣 5 万元在财务费用中体现；转让固定资产取得收入 10万元，净收益为 3 万元。该公司 2010 年实际支出的业务招待费为 5 万元。税务师审查结果如下：

（1）销售产品收入 1 000 万元属于主营业务收入；

（2）销售材料收入 10 万元属于其他业务收入；

（3）将自产产品用于在建工程，售价 10 万元，不视同销售；

（4）将自产产品无偿赠送他人，售价 5 万元视同销售；

（5）转让专利 A 使用权收入 5 万元属于其他业务收入；

（6）转让专利 B 所有权收入 10 万元，净收益 6 万元属于营业外收入；

（7）接受捐赠 5 万元属于营业外收入；

（8）将售价为 10 万元的材料与债权人甲公司债务重组冲抵债务 15 万元应确定视同销售收入 10 万元，同时确定债务重组收益，营业外收入 5 万元；

（9）发生的现金折扣 5 万元应记入财务费用，不冲减收入；

（10）转让固定资产取得收入 10 万元，净收益 3 万元属于营业外收入。

因此，销售收入合计＝1 000＋10＋5＋5＋10＝1 030（万元）

可税前扣除的业务招待费：5×60％＝3（万元），税前抵免限额＝1 030×5‰＝5.15（万元），在计算应纳税所得额时按照 3 万元扣除，应调增应纳税所得额 5－3＝2（万元）。

（六）代理填报企业所得税纳税申报表

自 2008 年 1 月 1 日起，全国统一使用新的企业所得税纳税申报表。

1. 企业所得税纳税申报表按照适用对象分类

企业所得税纳税申报表分为 A 类和 B 类，A 类适用于查账征收方式申报的居民企业所得税纳税人,查账征收的企业必须具备准确核算经营所得的条件,即能依照税收法律法规规定设置账簿,能准确核算收入总额和成本费用支出,能完整保存账簿、凭证及有关纳税资料;B类适用于核定征收方式申报的居民企业所得税纳税人,根据《核定征收企业所得税暂行办法》规定,纳税人具有下列情形之一的,应采取核定征收方式征收企业所得税:

(1) 依照法律、行政法规的规定可以不设置账簿的;

(2) 依照法律、行政法规的规定应当设置但未设置账簿的;

(3) 擅自销毁账簿或者拒不提供纳税资料的;

(4) 虽设置账簿,但账目混乱或者成本资料、收入凭证、费用凭证残缺不全,难以查账的;

(5) 发生纳税义务,未按照规定的期限办理纳税申报,经税务机关责令限期申报,逾期仍不申报的;

(6) 申报的计税依据明显偏低,又无正当理由的。

特殊行业、特殊类型的纳税人和一定规模以上的纳税人不适用本办法。上述特定纳税人由国家税务总局另行明确。

核定应税所得率的纳税人按收入总额核定、按成本费用核定、按经费支出换算分别填写。实行核定征收的纳税人具有下列情形之一的,核定其应税所得率:

① 能正确核算(查实)收入总额,但不能正确核算(查实)成本费用总额的;

② 能正确核算(查实)成本费用总额,但不能正确核算(查实)收入总额的;

③ 通过合理方法,能计算和推定纳税人收入总额或成本费用总额的。

纳税人不属于以上情形的,核定其应纳所得税额。

税务机关采用下列方法核定征收企业所得税:

① 参照当地同类行业或者类似行业中经营规模和收入水平相近的纳税人的税负水平核定;

② 按照应税收入额或成本费用支出额定率核定;

③ 按照耗用的原材料、燃料、动力等推算或测算核定;

④ 按照其他合理方法核定。

采用前款所列一种方法不足以正确核定应纳税所得额或应纳税额的,可以同时采用两种以上的方法核定。采用两种以上方法测算的应纳税额不一致时,可按测算的应纳税额从高核定。

采用应税所得率方式核定征收企业所得税的,应纳所得税额计算公式如下:

应纳所得税额=应纳税所得额×适用税率

应纳税所得额=应税收入额×应税所得率

或:应纳税所得额=成本(费用)支出额/(1-应税所得率)×应税所得率

实行应税所得率方式核定征收企业所得税的纳税人,经营多业的,无论其经营项目是否单独核算,均由税务机关根据其主营项目确定适用的应税所得率。

主营项目应为纳税人所有经营项目中,收入总额或者成本(费用)支出额或者耗用原材料、燃料、动力数量所占比重最大的项目。

2. 企业所得税纳税申报表按照申报时间分类

企业所得税纳税申报表按照申报时间有分月(季)预缴纳税申报表和按年度纳税申报表。

3. 我国现行的企业所得税纳税申报表

(1) 企业所得税月(季)度预缴纳税申报表A类和B类

企业所得税月(季)度预缴纳税申报表(A类)本表适用于实行查账征收方式申报企业所得税的居民纳税人及在中国境内设立机构的非居民纳税人在月(季)度预缴企业所得税时使用;企业所得税月(季)度预缴纳税申报表(B类)本表适用于实行核定征收方式申报企业所得税的居民纳税人在月(季)度预缴企业所得税时使用。

(2) 企业所得税年度纳税申报表A类和B类

企业所得税年度纳税申报表A类本表依据《中华人民共和国企业所得税法》及其实施条例、相关税收政策,以及国家统一会计制度(企业会计制度、企业会计准则、小企业会计制度、分行业会计制度、事业单位会计制度和民间非营利组织会计制度)的规定,填报计算纳税人利润总额、应纳税所得额、应纳税额和附列资料等有关项目填列。

企业所得税年度纳税申报表(A类)由1张主表和11张附表组成。采用的是以间接法为基础的表样设计,包括利润总额的计算、应纳税所得额的计算和应纳税额的计算三部分。在编制时,以利润表为起点,将会计利润按税法规定调整为应纳税所得额,进而计算应纳所得税额。具体步骤如下:

① 会计利润总额±纳税调整额+境外应税所得弥补境内亏损—弥补以前年度亏损=应纳税所得额;

② 应纳税所得额×税率=应纳所得税额;

③ 应纳所得税额—减免所得税额—抵免所得税额=应纳税额;

④ 应纳税额+境外所得应纳所得税额—境外所得抵免所得税额=实际应纳所得税额;

⑤ 实际应纳所得税额—本年累计实际已预缴的所得税额=本年应补(退)的所得税额。

附表一"收入明细表"、附表二"成本费用明细表"为主表的一级附表。按照纳税人执行不同会计制度,附表一、附表二又分别设计了三个附表,纳税人按照一般企业、金融企业、事业单位等分别填报不同的附表,主要反映会计核算中收入、成本费用的主要项目,以及税收规定的视同销售收入、不征税收入项目。

附表三"纳税调整项目明细表"为主表的一级附表。本表分收入类、扣除类、资产类、准备金、房地产企业预售收入计算的预计利润、特别纳税调整应税所得、其他七大项分别进行调整,并设"账载金额"、"税收金额"、"调增金额"、"调减金额"四列计算调整额。数据取自于附表七、附表八、附表九、附表十、附表十一,并直接计算填写。

附表四"弥补亏损明细表"为主表的一级附表。本表填写纳税人以前年度的亏损弥补、本年度可弥补以及可结转以后年度弥补亏损情况。

附表五"税收优惠明细表",本表将新税法和实施条例中规定的税基式减免、税率式减免、税额式减免分不征税收入、免税收入、减计收入、减免所得额、抵免所得额、加计扣除额、减免所得税额、抵免所得税额和其他分别列示。

附表六"境外所得税抵免计算明细表",本表填写纳税人境外所得确认、应纳税额、应抵税额以及可结转以后年度抵免税额的计算过程。

附表七"以公允价值计量资产纳税调整表",填写纳税人以公允价值计量且其变动计入当期损益的金融资产、金融负债以及投资性房地产的期初和期末的公允价值、计税基础以及纳税调整额,据以填报附表三"纳税调整项目明细表"中相关行次。

附表八"广告费和业务宣传费跨年度纳税调整表",填写纳税人生产经营中的广告费和业务宣传费其会计核算与税法的差异,进行纳税调整的计算过程,据以填报附表三"纳税调整项目明细表"中相关行次。

附表九"资产折旧、摊销纳税调整明细表",计算纳税人固定资产、无形资产、生产性生物资产和长期待摊费用在折旧和摊销时产生的税法与会计的差异,据以填写附表三"纳税调整项目明细表"相关行次。

附表十"资产准备项目调整明细表",填写纳税人按照会计制度和会计准则规定计提的各项资产准备及纳税调整额,据以填报附表三"纳税调整项目明细表"相关行次。

附表十一"长期股权投资所得(损失)明细表",填写纳税人按照会计制度和会计准则、税法实施条例规定,股权投资持有、转让处置所得(损失)情况及纳税调整情况,据以填写附表三"纳税调整项目明细表"相关行次。

企业所得税年度纳税申报表B类适用于核定征收的企业进行年度纳税申报。核定应税所得率的纳税人按收入总额核定、按成本费用核定、按经费支出换算分别填写。

(七) 在限期内及时向主管税务机关报送纳税申报资料

(1) 企业所得税月(季度)预缴纳税申报表或年度纳税申报表及其附表;

(2) 财务报表;

(3) 备案事项相关资料;

(4) 总机构及分支机构基本情况、分支机构征税方式、分支机构的预缴税情况;

(5) 委托中介机构代理纳税申报的,应出具双方签订的代理合同,并附送中介机构出具的包括纳税调整的项目、原因、依据、计算过程、调整金额等内容的报告;

(6) 涉及关联方业务往来的,同时报送《中华人民共和国企业年度关联业务往来报告表》;

(7) 主管税务机关要求报送的其他有关资料。

纳税人采用电子方式办理企业所得税年度纳税申报的,应按照有关规定保存有关资料或附报纸质纳税申报资料。

🖤 工作任务评价标准

(1) 分组按照操作流程根据引导案例提供的资料,制定代理两家企业纳税申报工作的操作流程。

（2）小组自查，组间评价。

评价标准

（1）是否清楚申报前应收集哪些涉税资料；

（2）是否明确核查企业纳税资料的方法要领；

（3）能否正确填制企业所得税纳税申报表。

工作任务二　企业所得税日常申报

一、代理企业所得税日常申报工作任务提出

各小组依据企业所得税相关政策要求和知识导航，按照操作流程根据提供的资料，完成《引导案例》中两家企业 11 月份企业所得税的预缴申报。

二、代理企业所得税日常申报工作任务分析

企业所得税分月或者分季预缴，应当自月份或者季度终了之日起十五日内，向税务机关报送预缴企业所得税纳税申报表，预缴税款。企业在报送企业所得税纳税申报表时，应当按照规定附送财务会计报告和其他有关资料。税务师在着手代理这两家企业的日常申报时，要注意以下问题：

（1）这两家企业是按月还是按季申报？

（2）两家企业各适用哪类申报表？月（季）度预缴纳税申报表 A 类还是 B 类？

（3）在填报时应充分调阅审核企业的相关资料，确定报表的数据来源。

（4）正确填写申报表各栏次。

（5）收集应随同申报表附送的财务会计报告和其他相关资料。

（6）在税法规定的期限内向主管税务机关报送申报表。

三、代理填报企业所得税日常申报表

（一）企业所得税月（季）度预缴纳税申报表（A 类）

表 6-1　中华人民共和国企业所得税月（季）度预缴纳税申报表（A 类）

税款所属期间：年　月　日至　年　月　日

纳税人识别号：□□□□□□□□□□□□□□□

纳税人名称：　　　　　　　　　　　　　　　金额单位：人民币元（列至角分）

行次	项　目	本期金额	累计金额
1	一、据实预缴		
2	营业收入		
3	营业成本		
4	利润总额		

（续表）

行次	项 目	本期金额	累计金额
5	税率（25%）		
6	应纳所得税额（4行×5行）		
7	减免所得税额		
8	实际已缴所得税额	——	
9	应补（退）的所得税额（6行－7行－8行）	——	
10	二、按照上一纳税年度应纳税所得额的平均额预缴		
11	上一纳税年度应纳税所得额	——	
12	本月（季）应纳税所得额（11行÷12或11行÷4）		
13	税率（25%）		
14	本月（季）应纳所得税额（12行×13行）		
15	三、按照税务机关确定的其他方法预缴		
16	本月（季）确定预缴的所得税额		
17		总分机构纳税人		
18		总机构应分摊的所得税额（9行或14行或16行×25%）		
19	总机构	中央财政集中分配的所得税额（9行或14行或16行×25%）		
20		分支机构分摊的所得税额（9行或14行或16行×50%）		
21	分支机构	分配比例		
22		分配的所得税额（20行×21行）		

　　谨声明：此纳税申报表是根据《中华人民共和国企业所得税法》、《中华人民共和国企业所得税法实施条例》和国家有关税收规定填报的，是真实的、可靠的、完整的。

纳税人公章： 会计主管： 填表日期：年 月 日	法定代表人（签字）： 代理申报中介机构公章： 经办人： 经办人执业证件号码： 代理申报日期： 年 月 日	年 月 日 主管税务机关受理专用章： 受理人： 受理日期：年 月 日

国家税务总局监制

"企业所得税月（季）度预缴纳税申报表（A 类）"（见表 6－1）填报方法：

本表适用于实行查账征收方式申报企业所得税的居民纳税人及在中国境内设立机构的非居民纳税人在月（季）度预缴企业所得税时使用。

"税款所属期间"：纳税人填写的"税款所属期间"为公历 1 月 1 日至所属月（季）度最后一日；企业年度中间开业的纳税人填写的"税款所属期间"为当月（季）开始经营之日至所属月（季）度的最后一日，自次月（季）度起按正常情况填报。

"纳税人识别号"：填报税务机关核发的税务登记证号码（15 位）；"纳税人名称"：填报税务登记证中的纳税人全称。

"据实预缴"的纳税人第 2 行－第 9 行：填报"本期金额"列，数据为所属月（季）度第一日至最后一日；填报"累计金额"列，数据为纳税人所属年度 1 月 1 日至所属季度（或月份）最后一日的累计数。纳税人当期应补（退）所得税额为"累计金额"列第 9 行"应补（退）所得税额"的数据。

"按照上一纳税年度应纳税所得额平均额预缴"的纳税人第 11 行至 14 行及"按照税务机关确定的其他方法预缴"的纳税人第 16 行：填报表内第 11 行至第 14 行、第 16 行"本期金额"列，数据为所属月（季）度第一日至最后一日。

本表结构分为两部分：

第一部分为第 1 行至第 16 行，纳税人根据自身的预缴申报方式分别填报，包括非居民企业设立的分支机构：实行据实预缴的纳税人填报第 2 至 9 行；实行按上一年度应纳税所得额的月度或季度平均额预缴的纳税人填报第 11 至 14 行；实行经税务机关认可的其他方法预缴的纳税人填报第 16 行。

第二部分为第 17 行至第 22 行，由实行汇总纳税的总机构在填报第一部分的基础上填报第 18 至 20 行；分支机构填报第 20 至 22 行。

第 2 行"营业收入"：填报会计制度核算的营业收入，事业单位、社会团体、民办非企业单位按其会计制度核算的收入填报。

第 3 行"营业成本"：填报会计制度核算的营业成本，事业单位、社会团体、民办非企业单位按其会计制度核算的成本（费用）填报。

第 4 行"利润总额"：填报会计制度核算的利润总额，其中包括从事房地产开发企业可以在本行填写按本期取得预售收入计算出的预计利润等。事业单位、社会团体、民办非企业单位比照填报。

第 5 行"税率（25％）"：按照《企业所得税法》第四条规定的 25％税率计算应纳所得税额。

第 6 行"应纳所得税额"：填报计算出的当期应纳所得税额。第 6 行＝第 4 行×第 5 行，且第 6 行≥0。

第 7 行"减免所得税额"：填报当期实际享受的减免所得税额，包括享受减免税优惠过渡期的税收优惠、小型微利企业优惠、高新技术企业优惠及经税务机关审批或备案的其他减免税优惠。第 7 行≤第 6 行。

第 8 行"实际已预缴的所得税额"：填报累计已预缴的企业所得税税额，"本期金额"列不填。

第 9 行"应补(退)所得税额":填报按照税法规定计算的本次应补(退)预缴所得税额。第 9 行＝第 6 行－第 7 行－第 8 行,且第 9 行＜0 时,填 0,"本期金额"列不填。

第 11 行"上一纳税年度应纳税所得额":填报上一纳税年度申报的应纳税所得额。本行不包括纳税人的境外所得。

第 12 行"本月(季)应纳所得税所得额":填报纳税人依据上一纳税年度申报的应纳税所得额计算的当期应纳税所得额。按季预缴企业:第 12 行＝第 11 行×1/4;按月预缴企业:第 12 行＝第 11 行×1/12。

第 13 行"税率(25％)":按照《企业所得税法》第四条规定的 25％税率计算应纳所得税额。

第 14 行"本月(季)应纳所得税额":填报计算的本月(季)应纳所得税额。第 14 行＝第 12 行×第 13 行。

第 16 行"本月(季)确定预缴的所得税额":填报依据税务机关认定的应纳税所得额计算出的本月(季)应缴纳所得税额。

第 18 行"总机构应分摊的所得税额":填报汇总纳税总机构以本表第一部分(第 1—16 行)本月或本季预缴所得税额为基数,按总机构应分摊的预缴比例计算出的本期预缴所得税额。据实预缴的汇总纳税企业总机构:第 9 行×总机构应分摊的预缴比例 25％;按上一纳税年度应纳税所得额的月度或季度平均额预缴的汇总纳税企业总机构:第 14 行×总机构应分摊的预缴比例 25％;经税务机关认可的其他方法预缴的汇总纳税企业总机构:第 16 行×总机构应分摊的预缴比例 25％。

第 19 行"中央财政集中分配税款的所得税额":填报汇总纳税总机构以本表第一部分(第 1—16 行)本月或本季预缴所得税额为基数,按中央财政集中分配税款的预缴比例计算出的本期预缴所得税额。据实预缴的汇总纳税企业总机构:第 9 行×中央财政集中分配税款的预缴比例 25％;按上一纳税年度应纳税所得额的月度或季度平均额预缴的汇总纳税企业总机构:第 14 行×中央财政集中分配税款的预缴比例 25％;经税务机关认可的其他方法预缴的汇总纳税企业总机构:第 16 行×中央财政集中分配税款的预缴比例 25％。

第 20 行"分支机构分摊的所得税额":填报汇总纳税总机构以本表第一部分(第 1—16 行)本月或本季预缴所得税额为基数,按分支机构分摊的预缴比例计算出的本期预缴所得税额。据实预缴的汇总纳税企业总机构:第 9 行×分支机构分摊的预缴比例 50％;按上一纳税年度应纳税所得额的月度或季度平均额预缴的汇总纳税企业总机构:第 14 行×分支机构分摊的预缴比例 50％;经税务机关认可的其他方法预缴的汇总纳税企业总机构:第 16 行×分支机构分摊的预缴比例 50％(分支机构本行填报总机构申报的第 20 行"分支机构分摊的所得税额")。

第 21 行"分配比例":填报汇总纳税分支机构依据"汇总纳税企业所得税分配表"中确定的分配比例。

第 22 行"分配的所得税额":填报汇总纳税分支机构依据当期总机构申报表中第 20 行"分支机构分摊的所得税额"×本表第 21 行"分配比例"的数额。

（二）企业所得税月（季）度预缴纳税申报表（B类）

表6-2　中华人民共和国企业所得税月（季）度预缴纳税申报表（B类）

税款所属期间：年　月　日至　年　月　日

纳税人识别号：□□□□□□□□□□□□□□□

纳税人名称：　　　　　　　　　　　　　金额单位：人民币元（列至角分）

项　目			行次	累计金额
应纳税所得额的计算	按收入总额核定应纳税所得额	收入总额	1	
		税务机关核定的应税所得率（%）	2	
		应纳税所得额（1行×2行）	3	
	按成本费用核定应纳税所得额	成本费用总额	4	
		税务机关核定的应税所得率（%）	5	
		应纳税所得额[4行÷（1-5行）×5行]	6	
	按经费支出换算应纳税所得额	经费支出总额	7	
		税务机关核定的应税所得率（%）	8	
		换算的收入额[7行÷（1-8行）]	9	
		应纳税所得额（8行×9行）	10	
应纳所得税额的计算		税率（25%）	11	
		应纳所得税额（3行×11行或6行×11行或10行×11行）	12	
		减免所得税额	13	
应补（退）所得税额的计算		已预缴所得税额	14	
		应补（退）所得税额（12行-13行-14行）	15	

　　谨声明：此纳税申报表是根据《中华人民共和国企业所得税法》、《中华人民共和国企业所得税法实施条例》和国家有关税收规定填报的，是真实的、可靠的、完整的。

　　　　　　　　法定代表人（签字）：　　　　　　年　月　日

纳税人公章： 会计主管： 填表日期：年　月　日	代理申报中介机构公章： 经办人： 经办人执业证件号码： 代理申报日期：年　月　日	主管税务机关受理专用章： 受理人： 受理日期：年　月　日

国家税务总局监制

"企业所得税月(季)度预缴纳税申报表(B 类)"(见表 6-2)填报方法:

本表为按照核定征收管理办法(包括核定应税所得率和核定税额征收方式)缴纳企业所得税的纳税人在月(季)度申报缴纳企业所得税时使用,包括依法被税务机关指定的扣缴义务人。其中:核定应税所得率的纳税人按收入总额核定、按成本费用核定、按经费支出换算分别填写。

"税款所属期间":纳税人填报的"税款所属期间"为公历 1 月 1 日至所属季(月)度最后一日。企业年度中间开业的纳税人填报的"税款所属期间"为当月(季)度第一日至所属月(季)度的最后一日,自次月(季)度起按正常情况填报。

"纳税人识别号":填报税务机关核发的税务登记证号码(15 位);"纳税人名称":填报税务登记证中的纳税人全称。

第 1 行"收入总额":按照收入总额核定应税所得率的纳税人填报此行。填写本年度累计取得的各项收入金额。

第 2 行"税务机关核定的应税所得率":填报主管税务机关核定的应税所得率。

第 3 行"应纳税所得额":填报计算结果。计算公式:应纳税所得额=第 1 行"收入总额"×第 2 行"税务机关核定的应税所得率"。

第 4 行"成本费用总额":按照成本费用核定应税所得率的纳税人填报此行。填写本年度累计发生的各项成本费用金额。

第 5 行"税务机关核定的应税所得率":填报主管税务机关核定的应税所得率。

第 6 行"应纳税所得额":填报计算结果。计算公式:应纳税所得额=第 4 行"成本费用总额"÷(1-第 5 行"税务机关核定的应税所得率")×第 5 行"税务机关核定的应税所得率"。

第 7 行"经费支出总额":按照经费支出换算收入方式缴纳所得税的纳税人填报此行。填报累计发生的各项经费支出金额。

第 8 行"经税务机关核定的应税所得率":填报主管税务机关核定的应税所得率。

第 9 行"换算的收入额":填报计算结果。计算公式:换算的收入额=第 7 行"经费支出总额"÷(1-第 8 行"税务机关核定的应税所得率")。

第 10 行"应纳税所得额":填报计算结果。计算公式:应纳税所得额=第 8 行"税务机关核定的应税所得率"×第 9 行"换算的收入额"。

第 11 行"税率":填写《企业所得税法》第四条规定的 25% 税率。

第 12 行"应纳所得税额":按照收入总额核定应税所得率的纳税人,应纳所得税额=第 3 行"应纳税所得额"×第 11 行"税率";按照成本费用核定应税所得率的纳税人,应纳所得税额=第 6 行"应纳税所得额"×第 11 行"税率";按照经费支出换算应纳税所得额的纳税人,应纳所得税额=第 10 行"应纳税所得额"×第 11 行"税率";实行核定税额征收的纳税人,填报税务机关核定的应纳所得税额。

第 13 行"减免所得税额":填报当期实际享受的减免所得税额,第 13 行≤第 12 行。包括享受减免税优惠过渡期的税收优惠、小型微利企业优惠、高新技术企业优惠及经税务机关审批或备案的其他减免税优惠。

第 14 行"已预缴的所得税额":填报当年累计已预缴的企业所得税额。

第 15 行"应补(退)所得税额":填报计算结果。计算公式:应补(退)所得税额＝第 12 行"应纳所得税额"－第 13 行"减免所得税额"－第 14 行"已预缴的所得税额";当第 15 行≤0 时,本行填 0。

工作任务评价标准

(1) 分组按照操作流程根据引导案例提供的资料,完成两家企业的 11 月企业所得税预缴申报代理工作。

(2) 小组自查,组间评价。

评价标准:

(1) 是否清楚申报前应收集哪些涉税资料;

(2) 是否明确核查企业纳税资料的方法要领;

(3) 能否正确填制企业所得税纳税申报表;

① 表头填写是否正确;

② 表内各栏次填写是否正确。

工作任务三　企业所得税年度纳税申报

一、代理企业所得税年度申报工作任务提出

各小组依据企业所得税相关政策要求和知识导航,按照操作流程根据提供的资料,完成《引导案例》中两家企业 2010 年企业所得税的年度纳税申报代理工作。

二、代理企业所得税年度申报工作任务分析

企业应当自年度终了之日起五个月内,向税务机关报送年度企业所得税纳税申报表,并汇算清缴,结清应缴应退税款。

税务师小何在着手代理这两家企业的日常申报时,要注意以下问题:

(1) 两家企业各应适用哪类申报表? 企业所得税年度纳税申报表 A 类还是 B 类?

(2) 在填报时应充分调阅审核企业的相关资料,确定报表的数据来源。

(3) 正确填写申报表主表和各附表,注意表内关系和表间勾稽关系。

(4) 收集应随同申报表附送的财务会计报告和其他相关资料。

(5) 在税法规定的期限内向主管税务机关报送申报表。具体如下:

① 企业所得税年度纳税申报表及其附表;

② 财务报表;

③ 备案事项相关资料;

④ 总机构及分支机构基本情况、分支机构征税方式、分支机构的预缴税情况;

⑤ 委托中介机构代理纳税申报的,应出具双方签订的代理合同,并附送中介机构出具的包括纳税调整的项目、原因、依据、计算过程、调整金额等内容的报告;

⑥ 涉及关联方业务往来的,同时报送《中华人民共和国企业年度关联业务往来报告表》;

⑦ 主管税务机关要求报送的其他有关资料。

纳税人采用电子方式办理企业所得税年度纳税申报的,应按照有关规定保存有关资料或附报纸质纳税申报资料。

三、代理填报企业所得税年度纳税申报表

(一)企业所得税年度纳税申报表(A 类)

表 6-3 中华人民共和国企业所得税年度纳税申报表(A 类)

税款所属期间　年　月　日至　年　月　日
纳税人名称:
纳税人识别号:□□□□□□□□□□□□□□□　　金额单位:元(列至角分)

类别	行次	项 目	金 额
利润总额计算	1	一、营业收入(填附表一)	
	2	减:营业成本(填附表二)	
	3	营业税金及附加	
	4	销售费用(填附表二)	
	5	管理费用(填附表二)	
	6	财务费用(填附表二)	
	7	减产减值损失	
	8	加:公允价值变动收益	
	9	投资收益	
	10	二、营业利润	
	11	加:营业外收入(填附表一)	
	12	减:营业外支出(填附表二)	
	13	三、利润总额(10+11-12)	
应纳税所得额计算	14	加:纳税调整增加额(填附表三)	
	15	减:纳税调整减少额(填附表三)	
	16	其中:不征税收入	
	17	免税收入	
	18	减计收入	
	19	减:免税项目所得	
	20	加计扣除	
	21	抵扣应纳税所得额	
	22	加:境外应税所得弥补境内亏损	

（续表）

类别	行次	项　目	金　额
应纳税所得额计算	23	纳税调整后所得（13＋14－15＋22）	
	24	减：弥补以前年度亏损（填附表四）	
	25	应纳税所得额（23－24）	
应纳税额计算	26	税率（25％）	
	27	应纳所得税额（25×26）	
	28	减：减免所得税额（填附表五）	
	29	减：抵免所得税额（填附表五）	
	30	应纳税额（27－28－29）	
	31	加：境外所得应纳所得税额（填附表六）	
	32	减：境外所得抵免所得税额（填附表六）	
	33	实际应纳所得税额（30＋31－32）	
	34	减：本期累计实际已预缴的所得税额	
	35	其中：汇总纳税的总机构分摊预缴的税额	
	36	汇总纳税的总机构财政调库预缴的税额	
	37	汇总纳税的总机构所属分支机构分摊的预缴税额	
	38	合并纳税（母子体制）成员企业就地预缴比例	
	39	合并纳税企业就地预缴的所得税额	
	40	本年应补退的所得税额（33－34）	
附列资料	41	以前年度多缴的所得税额在本年抵减额	
	42	以前年度应缴未缴在本年入库所得税额	

纳税人公章： 经办人： 申报日期：年　月　日	代理申报中介机构公章： 经办人执业证件号码： 代理申报日期：年　月　日	主管税务机关受理专用章： 受理人： 受理日期：年　月　日

表 6-4 企业所得税年度纳税申报表附表一(1)

收入明细表

填报时间： 年 月 日 金额单位:元(列至角分)

行次	项 目	金 额
1	一、销售(营业)收入合计(2+13)	
2	(一)营业收入合计(3+8)	
3	1. 主营业务收入(4+5+6+7)	
4	(1)销售货物	
5	(2)提供劳务	
6	(3)让渡资产使用权	
7	(4)建造合同	
8	2. 其他业务收入(9+10+11+12)	
9	(1)材料销售收入	
10	(2)代购代销手续费收入	
11	(3)包装物出租收入	
12	(4)其他	
13	(二)视同销售收入(14+15+16)	
14	(1)非货币性交易视同销售收入	
15	(2)货物、财产、劳务视同销售收入	
16	(3)其他视同销售收入	
17	二、营业外收入(18+19+20+21+22+23+24+25+26)	
18	1. 固定资产盘盈	
19	2. 处置固定资产净收益	
20	3. 非货币性资产交易收益	
21	4. 出售无形资产收益	
22	5. 罚款净收入	
23	6. 债务重组收益	
24	7. 政府补助收入	
25	8. 捐赠收入	
26	9. 其他	

经办人(签章): 法定代表人(签章):

表 6－5　企业所得税年度纳税申报表附表二（1）

成本费用明细表

填报时间：　年　月　日　　　　　　　　　　　金额单位:元（列至角分）

行次	项　目	金　额
1	一、销售（营业）成本合计（2＋7＋12）	
2	（一）主营业务成本（3＋4＋5＋6）	
3	（1）销售货物成本	
4	（2）提供劳务成本	
5	（3）让渡资产使用权成本	
6	（4）建造合同成本	
7	（二）其他业务成本（8＋9＋10＋11）	
8	（1）材料销售成本	
9	（2）代购代销费用	
10	（3）包装物出租成本	
11	（4）其他	
12	（三）视同销售成本（13＋14＋15）	
13	（1）非货币性交易视同销售成本	
14	（2）货物、财产、劳务视同销售成本	
15	（3）其他视同销售成本	
16	二、营业外支出（17＋18＋……＋24）	
17	1. 固定资产盘亏	
18	2. 处置固定资产净损失	
19	3. 出售无形资产损失	
20	4. 债务重组损失	
21	5. 罚款支出	
22	6. 非常损失	
23	7. 捐赠支出	
24	8. 其他	
25	三、期间费用（26＋27＋28）	
26	1. 销售（营业）费用	
27	2. 管理费用	
28	3. 财务费用	

经办人(签章)：　　　　　　　　　　　法定代表人(签章)：

表 6-6　企业所得税年度纳税申报表附表三

纳税调整项目明细表

填报时间：　年　月　日　　　　　　　　　　　金额单位：元(列至角分)

	行次	项目	账载金额	税收金额	调增金额	调减金额
			1	2	3	4
	1	一、收入类调整项目	*	*		
	2	1. 视同销售收入(填写附表一)	*	*		*
#	3	2. 接受捐赠收入	*			*
	4	3. 不符合税收规定的销售折扣和折让				*
*	5	4. 未按权责发生制原则确认的收入				
*	6	5. 按权益法核算长期股权投资对初始投资成本调整确认收益	*	*	*	
	7	6. 按权益法核算的长期股权投资持有期间的投资损益	*	*		
*	8	7. 特殊重组				
*	9	8. 一般重组				
*	10	9. 公允价值变动净收益(填写附表七)	*	*		
	11	10. 确认为递延收益的政府补助				
	12	11. 境外应税所得(填写附表六)	*	*	*	
	13	12. 不允许扣除的境外投资损失	*	*		*
	14	13. 不征税收入(填附表一[3])	*	*	*	
	15	14. 免税收入(填附表五)	*	*	*	
	16	15. 减计收入(填附表五)	*	*	*	
	17	16. 减、免税项目所得(填附表五)	*	*	*	
	18	17. 抵扣应纳税所得额(填附表五)	*	*	*	
	19	18. 其他				
	20	二、扣除类调整项目	*	*		
	21	1. 视同销售成本(填写附表二)	*	*	*	
	22	2. 工资薪金支出				
	23	3. 职工福利费支出				
	24	4. 职工教育经费支出				
	25	5. 工会经费支出				
	26	6. 业务招待费支出				*
	27	7. 广告费和业务宣传费支出(填写附表八)	*	*		

（续表）

行次	项目	账载金额	税收金额	调增金额	调减金额
		1	2	3	4
28	8. 捐赠支出				＊
29	9. 利息支出				
30	10. 住房公积金				＊
31	11. 罚金、罚款和被没收财物的损失		＊		＊
32	12. 税收滞纳金		＊		
33	13. 赞助支出		＊		＊
34	14. 各类基本社会保障性缴款				
35	15. 补充养老保险、补充医疗保险				
36	16. 与未实现融资收益相关在当期确认的财务费用				
37	17. 与取得收入无关的支出		＊		＊
38	18. 不征税收入用于支出所形成的费用		＊		＊
39	19. 加计扣除（填附表五）	＊	＊	＊	
40	20. 其他				
41	三、资产类调整项目	＊	＊		
42	1. 财产损失				
43	2. 固定资产折旧（填写附表九）	＊	＊		
44	3. 生产性生物资产折旧（填写附表九）	＊	＊		
45	4. 长期待摊费用的摊销（填写附表九）	＊	＊		
46	5. 无形资产摊销（填写附表九）	＊	＊		
47	6. 投资转让、处置所得（填写附表十一）	＊	＊		
48	7. 油气勘探投资（填写附表九）	＊	＊		
49	8. 油气开发投资（填写附表九）	＊	＊		
50	9. 其他				
51	四、准备金调整项目（填写附表十）	＊	＊		
52	五、房地产企业预售收入计算的预计利润	＊	＊		
53	六、特别纳税调整应税所得	＊	＊		＊
54	七、其他	＊	＊		
55	合计	＊	＊		

注：1. 标有＊的行次为执行新会计准则的企业填列，标有＃的行次为除执行新会计准则以外的企业填列。

　　2. 没有标注的行次，无论执行何种会计核算办法，有差异就填报相应行次，填＊号不可填列。

　　3. 有二级附表的项目只填调增、调减金额，帐载金额、税收金额不再填写。

经办人（签章）：　　　　　　　　　　　法定代表人（签章）：

表6-7 企业所得税年度纳税申报表附表四

企业所得税所得税弥补亏损明细表

填报时间： 年 月 日

金额单位:元(列至角分)

行次	项目	年度	盈利额或亏损额	合并分立企业转入可弥补亏损额	当年可弥补的所得额	以前年度亏损弥补额					本年度实际弥补的以前年度亏损额	可结转以后年度弥补的亏损额
						前四年度	前三年度	前二年度	前一年度	合计		
		1	2	3	4	5	6	7	8	9	10	11
1	第一年											*
2	第二年					*						
3	第三年					*	*					
4	第四年					*	*	*				
5	第五年					*	*	*	*			
6	本年					*	*	*	*	*		
7	可结转以后年度弥补的亏损额合计											

经办人(签章)： 法定代表人(签章)：

表6-8 企业所得税年度纳税申报表附表五

税收优惠明细表

填报时间： 年 月 日 金额单位：元(列至角分)

行次	项 目	金 额
1	一、免税收入(2+3+4+5)	
2	1. 国债利息收入	
3	2. 符合条件的居民企业之间的股息、红利等权益性投资收益	
4	3. 符合条件的非营利组织的收入	
5	4. 其他	
6	二、减计收入(7+8)	
7	1. 企业综合利用资源，生产符合国家产业政策规定的产品所取得的收入	
8	2. 其他	
9	三、加计扣除额合计(10+11+12+13)	
10	1. 开发新技术、新产品、新工艺发生的研究开发费用	
11	2. 安置残疾人员所支付的工资	
12	3. 国家鼓励安置的其他就业人员支付的工资	
13	4. 其他	
14	四、减免所得额合计(15+25+29+30+31+32)	
15	(一)免税所得(16+17+…+24)	
16	1. 蔬菜、谷物、薯类、油料、豆类、棉花、麻类、糖料、水果、坚果的种植	
17	2. 农作物新品种的选育	
18	3. 中药材的种植	
19	4. 林木的培育和种植	
20	5. 牲畜、家禽的饲养	
21	6. 林产品的采集	
22	7. 灌溉、农产品初加工、兽医、农技推广、农机作业和维修等农、林、牧、渔服务业项目	
23	8. 远洋捕捞	
24	9. 其他	
25	(二)减税所得(26+27+28)	
26	1. 花卉、茶以及其他饮料作物和香料作物的种植	
27	2. 海水养殖、内陆养殖	
28	3. 其他	
29	(三)从事国家重点扶持的公共基础设施项目投资经营的所得	

（续表）

行次	项　目	金　额
30	（四）从事符合条件的环境保护、节能节水项目的所得	
31	（五）符合条件的技术转让所得	
32	（六）其他	
33	五、减免税合计（34＋35＋36＋37＋38）	
34	（一）符合条件的小型微利企业	
35	（二）国家需要重点扶持的高新技术企业	
36	（三）民族自治地方的企业应缴纳的企业所得税中属于地方分享的部分	
37	（四）过渡期税收优惠	
38	（五）其他	
39	六、创业投资企业抵扣的应纳税所得额	
40	七、抵免所得税额合计（41＋42＋43＋44）	
41	（一）企业购置用于环境保护专用设备的投资额抵免的税额	
42	（二）企业购置用于节能节水专用设备的投资额抵免的税额	
43	（三）企业购置用于安全生产专用设备的投资额抵免的税额	
44	（四）其他	
45	企业从业人数（全年平均人数）	
46	资产总额（全年平均数）	
47	所属行业（工业企业　　　　其他企业　　　　　）	

经办人（签章）：　　　　　　　　　　　　　法定代表人（签章）：

表6-9　企业所得税年度纳税申报表附表六

境外所得税抵免计算明细表

填报时间:　年　月　日

金额单位:元(列至角分)

抵免方式	国家或地区	境外所得	境外所得换算含税所得	弥补以前年度亏损	免税所得	弥补亏损前境外应税所得额	可弥补境内亏损	境外应纳税所得额	税率	境外所得应纳税额	境外所得可抵免税额	境外所得税款抵免限额	本年可抵免的境外所得税款	未超过境外所得税款抵免限额的余额	本年可抵免以前年度所得税额	前五年境外所得已缴税款未抵免余额	定率抵免
	1	2	3	4	5	6(3-4-5)	7	8(6-7)	9	10(8×9)	11	12	13	14(12-13)	15	16	17
直接抵免																	
间接抵免				*	*									*	*	*	
				*	*									*	*	*	
				*	*									*	*	*	
				*	*									*	*	*	
合计														*	*	*	

经办人(签章):

法定代表人(签章):

表 6 - 10　企业所得税年度纳税申报表附表七

以公允价值计量资产纳税调整表

填报时间：　年　月　日　　　　　　　　　　　　　　　金额单位:元(列至角分)

行次	资产种类	期初金额		期末金额		纳税调整额(纳税调减以"－"表示)
		账载金额(公允价值)	计税基础	账载金额(公允价值)	计税基础	
		1	2	3	4	5
1	一、公允价值计量且其变动计入当期损益的金融资产					
2	1. 交易性金融资产					
3	2. 衍生金融工具					
4	3. 其他以公允价值计量的金融资产					
5	二、公允价值计量且其变动计入当期损益的金融负债					
6	1. 交易性金融负债					
7	2. 衍生金融工具					
8	3. 其他以公允价值计量的金融负债					
9	三、投资性房地产					
10	合计					

经办人(签章)：　　　　　　　　　　　　　　法定代表人(签章)：

表 6 - 11　企业所得税年度纳税申报表附表八

广告费和业务宣传费跨年度纳税调整表

填报时间：　年　月　日　　　　　　　　　　　　　　　金额单位:元(列至角分)

行次	项　目	金　额
1	本年度广告费和业务宣传费支出	
2	其中:不允许扣除的广告费和业务宣传费支出	
3	本年度符合条件的广告费和业务宣传费支出(1－2)	
4	本年计算广告费和业务宣传费扣除限额的销售(营业)收入	
5	税收规定的扣除率	
6	本年广告费和业务宣传费扣除限额(4×5)	

（续表）

行次	项　目	金　额
7	本年广告费和业务宣传费支出纳税调整额(3≤6,本行＝2行;3＞6,本行＝1−6)	
8	本年结转以后年度扣除额(3＞6,本行＝3−6;3≤6,本行＝0)	
9	加:以前年度累计结转扣除额	
10	减:本年扣除的以前年度结转额	
11	累计结转以后年度扣除额(8＋9−10)	

经办人(签章)：　　　　　　　　　法定代表人(签章)：

表6-12 企业所得税年度纳税申报表附表九

资产折旧、摊销纳税调整明细表

填报时间：年 月 日

金额单位：元(列至角分)

行次	资产类别	资产原值		折旧、摊销年限		本期折旧、摊销额		纳税调整额
		账载金额	计税基础	合计	税收	合计	税收	
		1	2	3	4	5	6	7
1	一、固定资产			*	*			
2	1. 房屋建筑物							
3	2. 飞机、火车、轮船、机器、机械和其他生产设备							
4	3. 与生产经营有关的器具工具家具							
5	4. 飞机、火车、轮船以外的运输工具							
6	5. 电子设备							
7	二、生产性生物资产			*	*			
8	1. 林木类							
9	2. 畜类							
10	三、长期待摊费用			*	*			
11	1. 已足额提取折旧的固定资产的改建支出							
12	2. 租入固定资产的改建支出							
13	3. 固定资产大修理支出							
14	4. 其他长期待摊费用							
15	四、无形资产							
16	五、油气勘探投资							
17	六、油气开发投资			*	*			
18	合计							

经办人(签章)：

法定代表人(签章)：

表 6‑13　企业所得税年度纳税申报表附表十

资产减值准备项目调整明细表

填报时间：　年　月　日　　　　　　　　　　　　　　金额单位:元(列至角分)

行次	准备金类别	期初余额	本期转回额	本期计提额	期末余额	纳税调整额
		1	2	3	4	5
1	坏(呆)账准备					
2	存货跌价准备					
3	*其中:消耗性生物资产减值准备					
4	*持有至到期投资减值准备					
5	*可供出售金融资产减值		——			
6	♯短期投资跌价准备					
7	长期股权投资减值准备					
8	*投资性房地产减值准备					
9	固定资产减值准备					
10	在建工程(工程物资)减值准备					
11	*生产性生物资产减值准备					
12	无形资产减值准备					
13	商誉减值准备					
14	贷款损失准备					
15	矿区权益减值					
16	其他					
17	合计					

注:表中*项目为执行新会计准则企业专用;表中加♯项目为执行企业会计制度、小企业会计制度的企业专用。

经办人(签章):　　　　　　　　　　　　法定代表人(签章):

表6-14　企业所得税年度纳税申报表附表十一——长期股权投资所得(损失)明细表

填报时间：年　月　日　　　　　　　　　　　　　　　　　　　　金额单位：元(列至角分)

行次	被投资企业	期初投资额	本年度增(减)投资额	投资成本		合计核算投资收益	股息红利				投资转让所得(损失)					
				初始投资成本	权益法核算对初始投资成本调整产生的收益		会计投资损益	税收确认的股息红利		合计与税收的差异	投资转让净收入	投资转让的会计成本	投资转让的税收成本	会计上确认的转让所得或损失	按税收计算的投资转让所得或损失	会计与税收的差异
								免税收入	全额征税收入							
	1	2	3	4	5	6(7+14)	7	8	9	10(7—8—9)	11	12	13	14(11—12)	15(11—13)	16(14—15)
1																
2																
3																
4																
合计																

投资损失补充资料

行次	年度	当年度结转金额	已弥补金额	本年度弥补金额	结转以后年度待弥补金额	备注：
1	第一年					
2	第二年					
3	第三年					
4	第四年					
5	第五年					
以前年度结转在本年度税前扣除的股权投资转让损失						

经办人(签章)：　　　　　　　　　　　　　　　　　　　法定代表人(签章)：

1. 代理填制企业所得税纳税申报表的方法

（1）表头项目

"税款所属期间"：正常经营的纳税人，填报公历当年1月1日至12月31日；纳税人年度中间开业的，填报实际生产经营之日的当月1日至同年12月31日；纳税人年度中间发生合并、分立、破产、停业等情况的，填报公历当年1月1日至实际停业或法院裁定并宣告破产之日的当月月末；纳税人年度中间开业且年度中间又发生合并、分立、破产、停业等情况的，填报实际生产经营之日的当月1日至实际停业或法院裁定并宣告破产之日的当月月末。

"纳税人识别号"：填报税务机关统一核发的税务登记证号码。

"纳税人名称"：填报税务登记证所载纳税人的全称。

（2）表体项目

本表包括利润总额计算、应纳税所得额计算、应纳税额计算和附列资料四个部分，是在纳税人会计利润总额的基础上，加减纳税调整额后计算出"纳税调整后所得"（应纳税所得额）。会计与税法的差异（包括收入类、扣除类、资产类等差异）通过纳税调整项目明细表（附表三）集中体现。

"利润总额计算"中的项目，按照国家统一会计制度口径计算填报。实行企业会计准则的纳税人，其数据直接取自损益表；实行其他国家统一会计制度的纳税人，与本表不一致的项目，按照其利润表项目进行分析填报。利润总额部分的收入、成本、费用明细项目，一般工商企业纳税人，通过附表一（1）"收入明细表"和附表二（1）"成本费用明细表"相应栏次填报；金融企业纳税人，通过附表一（2）"金融企业收入明细表"、附表二（2）"金融企业成本费用明细表"相应栏次填报；事业单位、社会团体、民办非企业单位、非营利组织等纳税人，通过附表一（3）"事业单位、社会团体、民办非企业单位收入项目明细表"和附表二（3）"事业单位、社会团体、民办非企业单位支出项目明细表"相应栏次填报。

"应纳税所得额计算"和"应纳税额计算"中的项目，除根据主表逻辑关系计算的外，通过附表相应栏次填报。

"附列资料"填报用于税源统计分析的上一纳税年度税款在本纳税年度抵减或入库金额。

（3）行次填报方法

第1行"营业收入"：填报纳税人主要经营业务和其他经营业务取得的收入总额。本行根据"主营业务收入"和"其他业务收入"科目的数额计算填报。一般工商企业纳税人，通过附表一（1）"收入明细表"计算填报；金融企业纳税人，通过附表一（2）"金融企业收入明细表"计算填报；事业单位、社会团体、民办非企业单位、非营利组织等纳税人，通过附表一（3）"事业单位、社会团体、民办非企业单位收入明细表"计算填报。

第2行"营业成本"项目：填报纳税人主要经营业务和其他经营业务发生的成本总额。本行根据"主营业务成本"和"其他业务成本"科目的数额计算填报。一般工商企业纳税人，通过附表二（1）"成本费用明细表"计算填报；金融企业纳税人，通过附表二（2）"金融企业成本费用明细表"计算填报；事业单位、社会团体、民办非企业单位、非营利组织等纳税人,通过附表二(3)"事业单位、社会团体、民办非企业单位支出明细表"计算填报。

第3行"营业税金及附加":填报纳税人经营活动发生的营业税、消费税、城市维护建设税、资源税、土地增值税和教育费附加等相关税费。本行根据"营业税金及附加"科目的数额计算填报。

第4行"销售费用":填报纳税人在销售商品和材料、提供劳务的过程中发生的各种费用。本行根据"销售费用"科目的数额计算填报。

第5行"管理费用":填报纳税人为组织和管理企业生产经营发生的管理费用。本行根据"管理费用"科目的数额计算填报。

第6行"财务费用":填报纳税人为筹集生产经营所需资金等发生的筹资费用。本行根据"财务费用"科目的数额计算填报。

第7行"资产减值损失":填报纳税人计提各项资产准备发生的减值损失。本行根据"资产减值损失"科目的数额计算填报。

第8行"公允价值变动收益":填报纳税人交易性金融资产、交易性金融负债,以及采用公允价值模式计量的投资性房地产、衍生工具、套期保值业务等公允价值变动形成的应计入当期损益的利得或损失。本行根据"公允价值变动损益"科目的数额计算填报。

第9行"投资收益":填报纳税人以各种方式对外投资确认所取得的收益或发生的损失。本行根据"投资收益"科目的数额计算填报。

第10行"营业利润":填报纳税人当期的营业利润。根据上述项目计算填列。

第11行"营业外收入":填报纳税人发生的与其经营活动无直接关系的各项收入。本行根据"营业外收入"科目的数额计算填报。一般工商企业纳税人,通过附表一(1)"收入明细表"相关项目计算填报;金融企业纳税人,通过附表一(2)"金融企业收入明细表"相关项目计算填报;事业单位、社会团体、民办非企业单位、非营利组织等纳税人,通过附表一(3)"事业单位、社会团体、民办非企业单位收入明细表"计算填报。

第12行"营业外支出":填报纳税人发生的与其经营活动无直接关系的各项支出。本行根据"营业外支出"科目的数额计算填报。一般工商企业纳税人,通过附表二(1)"成本费用明细表"相关项目计算填报;金融企业纳税人,通过附表二(2)"金融企业成本费用明细表"相关项目计算填报;事业单位、社会团体、民办非企业单位、非营利组织等纳税人,通过附表一(3)"事业单位、社会团体、民办非企业单位支出明细表"计算填报。

第13行"利润总额":填报纳税人当期的利润总额。

第14行"纳税调整增加额":填报纳税人会计处理与税收规定不一致,进行纳税调整增加的金额。本行通过附表三"纳税调整项目明细表""调增金额"列计算填报。

第15行"纳税调整减少额":填报纳税人会计处理与税收规定不一致,进行纳税调整减少的金额。本行通过附表三"纳税调整项目明细表""调减金额"列计算填报。

第16行"不征税收入":填报纳税人计入利润总额但属于税收规定不征税的财政

拨款、依法收取并纳入财政管理的行政事业性收费、政府性基金以及国务院规定的其他不征税收入。本行通过附表一（3）"事业单位、社会团体、民办非企业单位收入明细表"计算填报。

第 17 行"免税收入"：填报纳税人计入利润总额但属于税收规定免税的收入或收益，包括国债利息收入；符合条件的居民企业之间的股息、红利等权益性投资收益；从居民企业取得与该机构、场所有实际联系的股息、红利等权益性投资收益；符合条件的非营利组织的收入。本行通过附表五"税收优惠明细表"第 1 行计算填报。

第 18 行"减计收入"：填报纳税人以《资源综合利用企业所得税优惠目录》规定的资源作为主要原材料，生产国家非限制和禁止并符合国家和行业相关标准的产品取得收入 10％的数额。本行通过附表五"税收优惠明细表"第 6 行计算填报。

第 19 行"减、免税项目所得"：填报纳税人按照税收规定减征、免征企业所得税的所得额。本行通过附表五"税收优惠明细表"第 14 行计算填报。

第 20 行"加计扣除"：填报纳税人开发新技术、新产品、新工艺发生的研究开发费用，以及安置残疾人员及国家鼓励安置的其他就业人员所支付的工资，符合税收规定条件的准予按照支出额一定比例，在计算应纳税所得额时加计扣除的金额。本行通过附表五"税收优惠明细表"第 9 行计算填报。

第 21 行"抵扣应纳税所得额"：填报创业投资企业采取股权投资方式投资于未上市的中小高新技术企业 2 年以上的，可以按照其投资额的 70％在股权持有满 2 年的当年抵扣该创业投资企业的应纳税所得额。当年不足抵扣的，可以在以后纳税年度结转抵扣。本行通过附表五"税收优惠明细表"第 39 行计算填报。

第 22 行"境外应税所得弥补境内亏损"：填报纳税人根据税收规定，境外所得可以弥补境内亏损的数额。

第 23 行"纳税调整后所得"：填报纳税人经过纳税调整计算后的所得额。当本表第 23 行＜0 时，即为可结转以后年度弥补的亏损额；如本表第 23 行＞0 时，继续计算应纳税所得额。

第 24 行"弥补以前年度亏损"：填报纳税人按照税收规定可在税前弥补的以前年度亏损的数额。本行通过附表四"企业所得税弥补亏损明细表"第 6 行第 10 列填报。但不得超过本表第 23 行"纳税调整后所得"。

第 25 行"应纳税所得额"：金额等于本表第 23 行－第 24 行。本行不得为负数。本表第 23 行或者按照上述行次顺序计算结果本行为负数，本行金额填零。

第 26 行"税率"：填报税法规定的税率 25％。

第 27 行"应纳所得税额"：金额等于本表第 25 行×第 26 行。

第 28 行"减免所得税额"：填报纳税人按税收规定实际减免的企业所得税额，包括小型微利企业、国家需要重点扶持的高新技术企业、享受减免税优惠过渡政策的企业，其法定税率与实际执行税率的差额，以及其他享受企业所得税减免税的数额。本行通过附表五"税收优惠明细表"第 33 行计算填报。

第 29 行"抵免所得税额"：填报纳税人购置用于环境保护、节能节水、安全生产等专用设备的投资额，其设备投资额的 10％可以从企业当年的应纳所得税额中抵免的金额；当年不足抵免的，可以在以后 5 个纳税年度结转抵免。本行通过附表五"税收优惠明细表"第 40 行计算填报。

第 30 行"应纳税额"：金额等于本表第 27 行－第 28 行－第 29 行。

第 31 行"境外所得应纳所得税额"：填报纳税人来源于中国境外的所得，按照企业所得税法及其实施条例以及相关税收规定计算的应纳所得税额。

第 32 行"境外所得抵免所得税额"：填报纳税人来源于中国境外所得依照中国境外税收法律以及相关规定应缴纳并实际缴纳的企业所得税性质的税款，准予抵免的数额。

企业已在境外缴纳的所得税额，小于抵免限额的，"境外所得抵免所得税额"按其在境外实际缴纳的所得税额填报；大于抵免限额的，按抵免限额填报，超过抵免限额的部分，可以在以后五个年度内，用每年度抵免限额抵免当年应抵税额后的余额进行抵补。

第 33 行"实际应纳所得税额"：填报纳税人当期的实际应纳所得税额。

第 34 行"本年累计实际已预缴的所得税额"：填报纳税人按照税收规定本纳税年度已在月（季）度累计预缴的所得税款。

第 35 行"汇总纳税的总机构分摊预缴的税额"：填报汇总纳税的总机构按照税收规定已在月（季）度在总机构所在地累计预缴的所得税款。附报"中华人民共和国企业所得税汇总纳税分支机构企业所得税分配表"。

第 36 行"汇总纳税的总机构财政调库预缴的税额"：填报汇总纳税的总机构按照税收规定已在月（季）度在总机构所在地累计预缴在财政调节专户的所得税款。附报"中华人民共和国企业所得税汇总纳税分支机构企业所得税分配表"。

第 37 行"汇总纳税的总机构所属分支机构分摊的预缴税额"：填报汇总纳税的分支机构已在月（季）度在分支机构所在地累计分摊预缴的所得税款。附报"中华人民共和国企业所得税汇总纳税分支机构企业所得税分配表"。

第 38 行"合并纳税（母子体制）成员企业就地预缴比例"：填报经国务院批准的实行合并纳税（母子体制）的成员企业按照税收规定就地预缴税款的比例。

第 39 行"合并纳税企业就地预缴的所得税额"：填报合并纳税的成员企业已在月（季）度累计预缴的所得税款。

第 40 行"本年应补（退）的所得税额"：填报纳税人当期应补（退）的所得税额。

第 41 行"以前年度多缴的所得税在本年抵减额"：填报纳税人以前纳税年度汇算清缴多缴的税款尚未办理退税，并在本纳税年度抵缴的所得税额。

第 42 行"以前年度应缴未缴在本年入库所得税"：填报纳税人以前纳税年度损益调整税款、上一纳税年度第四季度预缴税款和汇算清缴的税款，在本纳税年度入库所得税额。

2. 代理填制企业所得税纳税申报表附表一（1）收入明细表的方法

本表适用于执行企业会计制度、小企业会计制度、企业会计准则以及分行业会计制度的一般工商企业的居民纳税人填报。

根据《中华人民共和国企业所得税法》及其实施条例、相关税收政策，以及企业会计制度、小企业会计制度、企业会计准则及分行业会计制度规定,填报"主营业务收入"、"其他业务收入"和"营业外收入",以及根据税收规定确认的"视同销售收入"。

第1行"销售(营业)收入合计":填报纳税人根据国家统一会计制度确认的主营业务收入、其他业务收入,以及根据税收规定确认的视同销售收入。本行数据作为计算业务招待费、广告费和业务宣传费支出扣除限额的计算基数。

第2行"营业收入合计":填报纳税人根据国家统一会计制度确认的主营业务收入和其他业务收入。本行数额填入主表第1行。

第3行"主营业务收入":根据不同行业的业务性质分别填报纳税人按照国家统一会计制度核算的主营业务收入。

第4行"销售货物":填报从事工业制造、商品流通、农业生产以及其他商品销售企业取得的主营业务收入。

第5行"提供劳务":填报从事提供旅游饮食服务、交通运输、邮政通信、对外经济合作等劳务、开展其他服务的纳税人取得的主营业务收入。

第6行"让渡资产使用权":填报让渡无形资产使用权(如商标权、专利权、专有技术使用权、版权、专营权等)而取得的使用费收入以及以租赁业务为基本业务的出租固定资产、无形资产、投资性房地产在主营业务收入中核算取得的租金收入。

第7行"建造合同":填报纳税人建造房屋、道路、桥梁、水坝等建筑物,以及船舶、飞机、大型机械设备等取得的主营业务收入。

第8行:根据不同行业的业务性质分别填报纳税人按照国家统一会计制度核算的其他业务收入。

第9行"材料销售收入":填报纳税人销售材料、下脚料、废料、废旧物资等取得的收入。

第10行"代购代销手续费收入":填报纳税人从事代购代销、受托代销商品取得的手续费收入。

第11行"包装物出租收入":填报纳税人出租、出借包装物取得的租金和逾期未退包装物没收的押金。

第12行"其他":填报纳税人按照国家统一会计制度核算、上述未列举的其他业务收入。

第13行:填报纳税人会计上不作为销售核算、但按照税收规定视同销售确认的应税收入。

第14行"非货币性交易视同销售收入":填报纳税人发生非货币性交易行为,会计核算未确认或未全部确认损益,按照税收规定应视同销售确认应税收入。

纳税人按照国家统一会计制度已确认的非货币性交易损益的,直接填报非货币性交易换出资产公允价值与已确认的非货币交易收益的差额。

第15行"货物、财产、劳务视同销售收入":填报纳税人将货物、财产、劳务用于捐赠、偿债、赞助、集资、广告、样品、职工福利或者利润分配等用途的,按照税收规定应视同销售确认应税收入。

第16行"其他视同销售收入":填报除上述项目外,按照税收规定其他视同销售确认应税收入。

第 17 行"营业外收入"：填报纳税人与生产经营无直接关系的各项收入的金额。本行数据填入主表第 11 行。

第 18 行"固定资产盘盈"：填报纳税人在资产清查中发生的固定资产盘盈。

第 19 行"处置固定资产净收益"：填报纳税人因处置固定资产而取得的净收益。

第 20 行"非货币性资产交易收益"：填报纳税人发生的非货币性交易按照国家统一会计制度确认为损益的金额。执行企业会计准则的纳税人，发生具有商业实质且换出资产为固定资产、无形资产的非货币性交易，填报其换出资产公允价值和换出资产账面价值的差额；执行企业会计制度和小企业会计制度的纳税人，填报与收到补价相对应的收益额。

第 21 行"出售无形资产收益"：填报纳税人处置无形资产而取得净收益的金额。

第 22 行"罚款收入"：填报纳税人在日常经营管理活动中取得的罚款收入。

第 23 行"债务重组收益"：填报纳税人发生的债务重组行为确认的债务重组利得。

第 24 行"政府补助收入"：填报纳税人从政府无偿取得的货币性资产或非货币性资产的金额，包括补贴收入。

第 25 行"捐赠收入"：填报纳税人接受的来自其他企业、组织或者个人无偿给予的货币性资产、非货币性资产捐赠，确认的收入。

第 26 行"其他"：填报纳税人按照国家统一会计制度核算、上述项目未列举的其他营业外收入。

3. 代理填制企业所得税纳税申报表附表二(1)成本费用明细表的方法

本表适用于执行企业会计制度、小企业会计制度、企业会计准则，以及分行业会计制度的一般工商企业的居民纳税人填报。

根据《中华人民共和国企业所得税法》及其实施条例、相关税收政策，以及企业会计制度、小企业会计制度、企业会计准则及分行业会计制度的规定，填报"主营业务成本"、"其他业务成本"和"营业外支出"，以及根据税收规定确认的"视同销售成本"。

第 1 行"销售(营业)成本合计"：填报纳税人根据国家统一会计制度确认的主营业务成本、其他业务成本和按税收规定视同销售确认的成本。

第 2 行"主营业务成本"：根据不同行业的业务性质分别填报纳税人按照国家统一会计制度核算的主营业务成本。

第 3 行"销售货物成本"：填报从事工业制造、商品流通、农业生产以及其他商品销售企业发生的主营业务成本。

第 4 行"提供劳务成本"：填报从事提供旅游饮食服务、交通运输、邮政通信、对外经济合作等劳务、开展其他服务的纳税人发生的主营业务成本。

第 5 行"让渡资产使用权成本"：填报让渡无形资产使用权(如商标权、专利权、专有技术使用权、版权、专营权等)发生的使用费成本以及以租赁业务为基本业务的出租固定资产、无形资产、投资性房地产在主营业务成本中核算发生的租金成本。

第 6 行"建造合同成本"：填报纳税人建造房屋、道路、桥梁、水坝等建筑物，以及船舶、飞机、大型机械设备等发生的主营业务成本。

第 7 行"其他业务成本"：根据不同行业的业务性质分别填报纳税人按照国家统一会计制度核算的其他业务成本。

第 8 行"材料销售成本"：填报纳税人销售材料、下脚料、废料、废旧物资等发生的支出。

第 9 行"代购代销费用"：填报纳税人从事代购代销、受托代销商品发生的支出。

第 10 行"包装物出租成本"：填报纳税人出租、出借包装物发生的租金支出和逾期未退包装物发生的支出。

第 11 行"其他"：填报纳税人按照国家统一会计制度核算、上述项目未列举的其他业务成本。

第 12 行至 15 行"视同销售成本"：填报纳税人会计上不作为销售核算、但按照税收规定视同销售确认的应税成本。本行数据填入附表三第 21 行第 4 列。

第 16 至 24 行"营业外支出"：填报纳税人与生产经营无直接关系的各项支出。本行数据填入主表第 12 行。

第 17 行"固定资产盘亏"：填报纳税人在资产清查中发生的固定资产盘亏。

第 18 行"处置固定资产净损失"：填报纳税人因处置固定资产发生的净损失。

第 19 行"出售无形资产损失"：填报纳税人因处置无形资产而发生的净损失。

第 20 行"债务重组损失"：填报纳税人发生的债务重组行为按照国家统一会计制度确认的债务重组损失。

第 21 行"罚款支出"：填报纳税人在日常经营管理活动中发生的罚款支出。

第 22 行"非常损失"：填报纳税人按照国家统一会计制度规定在营业外支出中核算的各项非正常的财产损失。

第 23 行"捐赠支出"：填报纳税人实际发生的货币性资产、非货币性资产捐赠支出。

第 24 行"其他"：填报纳税人按照国家统一会计制度核算、上述项目未列举的其他营业外支出。

第 25 至 28 行"期间费用"：填报纳税人按照国家统一会计制度核算的销售（营业）费用、管理费用和财务费用的数额。

第 26 行"销售（营业）费用"：填报纳税人在销售商品和材料、提供劳务的过程中发生的各种费用。本行根据"销售费用"科目的数额计算填报。本行数据填入主表第 4 行。

第 27 行"管理费用"：填报纳税人为组织和管理企业生产经营发生的管理费用。本行根据"管理费用"科目的数额计算填报。本行数据填入主表第 5 行。

第 28 行"财务费用"：填报纳税人为筹集生产经营所需资金等发生的筹资费用。本行根据"财务费用"科目的数额计算填报。本行数据填入主表第 6 行。

4. 代理填制企业所得税纳税申报表附表三纳税调整项目明细表的方法

本表适用于实行查账征收企业所得税的居民纳税人填报。

数据栏分别设置"账载金额"、"税收金额"、"调增金额"、"调减金额"四个栏次。

"账载金额"是指纳税人按照国家统一会计制度规定核算的项目金额。"税收金额"是指纳税人按照税收规定计算的项目金额。

"收入类调整项目"："税收金额"扣减"账载金额"后的余额为正，填报在"调增金额"，余额如为负数，将其绝对值填报在"调减金额"。其中第 4 行"3. 不符合税收规定的销售折扣和折让"，按"扣除类调整项目"处理。"扣除类调整项目"、"资产类调整项目"："账载金额"扣减"税收金额"后的余额为正，填报在"调增金额"，余额如为负数，将其绝对值填报在"调减金额"。其他项目的"调增金额"、"调减金额"按上述原则计算填报。标有 ∗ 或 ♯ 的行次，纳税人分别按照适用的国家统一会计制度填报。

第 1 行"一、收入类调整项目"：填报收入类调整项目第 2 行至第 19 行的合计数。第 1 列"账载金额"、第 2 列"税收金额"不填报。

第 2 行"1. 视同销售收入"：填报纳税人会计上不作为销售核算、税收上应确认为应税收入的金额。事业单位、社会团体、民办非企业单位直接填报第 3 列"调增金额"；金融企业第 3 列"调增金额"取自附表一(2)"金融企业收入明细表"第 38 行；一般工商企业第 3 列"调增金额"取自附表一(1)"收入明细表"第 13 行；第 1 列"账载金额"、第 2 列"税收金额"和第 4 列"调减金额"不填。

第 3 行"2. 接受捐赠收入"：第 2 列"税收金额"填报纳税人按照国家统一会计制度规定，将接受捐赠直接计入资本公积核算、进行纳税调整的金额。第 3 列"调增金额"等于第 2 列"税收金额"。第 1 列"账载金额"和第 4 列"调减金额"不填。

第 4 行"3. 不符合税收规定的销售折扣和折让"：填报纳税人不符合税收规定的销售折扣和折让应进行纳税调整的金额。第 1 列"账载金额"填报纳税人按照国家统一会计制度规定，销售货物给购货方的销售折扣和折让金额。第 2 列"税收金额"填报纳税人按照税收规定可以税前扣除的销售折扣和折让的金额。第 3 列"调增金额"填报第 1 列与第 2 列的差额。第 4 列"调减金额"不填。

第 5 行"4. 未按权责发生制原则确认的收入"：填报纳税人会计上按照权责发生制原则确认收入，但按照税收规定不按照权责发生制确认收入，进行纳税调整的金额。

第 1 列"账载金额"填报纳税人按照国家统一会计制度确认的收入；第 2 列"税收金额"填报纳税人按照税收规定确认的应纳税收入；第 3 列"调增金额"填报纳税人纳税调整的金额；第 4 列"调减金额"填报纳税人纳税调减的金额。

第 6 行"5. 按权益法核算长期股权投资对初始投资成本调整确认收益"：填报纳税人采取权益法核算，初始投资成本小于取得投资时应享有被投资单位可辨认净资产公允价值份额的差额计入取得投资当期的营业外收入。本行"调减金额"数据通过附表十一"长期股权投资所得(损失)明细表"第 5 列"合计"填报。第 1 列"账载金额"、第 2 列"税收金额"和第 3 列"调增金额"不填。

第 7 行"6. 按权益法核算的长期股权投资持有期间的投资损益"：第 3 列"调增金额"填报纳税人应分担被投资单位发生的净亏损、确认为投资损失的金额；第 4 列"调减金额"填报纳税人应分享被投资单位发生的净利润、确认为投资收益的金额。本行根据附表十一"长期股权投资所得(损失)明细表"分析填列。

第 8 行"7. 特殊重组":填报纳税人按照税收规定作为特殊重组处理,导致财务会计处理与税收规定不一致进行纳税调整的金额。第 1 列"账载金额"填报纳税人按照国家统一会计制度确认的账面金额;第 2 列"税收金额"填报纳税人按照税收规定确认的应税收入金额;第 3 列"调增金额"填报纳税人进行纳税调整增加的金额;第 4 列"调减金额"填报纳税人进行纳税调整减少的金额。

第 9 行"8. 一般重组":填报纳税人按照税收规定作为一般重组处理,导致财务会计处理与税收规定不一致进行纳税调整的金额。

第 1 列"账载金额"填报纳税人按照国家统一会计制度确认的账面金额;第 2 列"税收金额"填报纳税人按照税收规定确认的应税收入金额;第 3 列"调增金额"填报纳税人进行纳税调整增加的金额;第 4 列"调减金额"填报纳税人进行纳税调整减少的金额。

第 10 行"9. 公允价值变动净收益":第 3 列"调增金额"或第 4 列"调减金额"通过附表七"以公允价值计量资产纳税调整表"第 10 行第 5 列数据填报。

附表七第 5 列"纳税调整额"第 10 行"合计"数为正数时,填入附表三第 10 行本行第 3 列"调增金额";为负数时,将其绝对值填入本行第 4 列"调减金额"。

第 11 行"10. 确认为递延收益的政府补助":填报纳税人取得的不属于税收规定的不征税收入、免税收入以外的其他政府补助,按照国家统一会计制度确认为递延收益,税收处理应计入应纳税所得额应进行纳税调整的数额。第 1 列"账载金额"填报纳税人按照国家统一会计制度确认的账面金额;第 2 列"税收金额"填报纳税人按照税收规定确认的应税收入金额;第 3 列"调增金额"填报纳税人进行纳税调整增加的金额;第 4 列"调减金额"填报纳税人进行纳税调整减少的金额。

第 12 行"11. 境外应税所得":第 3 列"调增金额"填报纳税人并入利润总额的成本费用或确认的境外投资损失。第 4 列"调减金额"填报纳税人并入利润总额的境外收入、投资收益等。第 1 列"账载金额"、第 2 列"税收金额"不填。

第 13 行"12. 不允许扣除的境外投资损失":第 3 列"调增金额"填报纳税人境外投资除合并、撤消、依法清算外形成的损失。第 1 列"账载金额"、第 2 列"税收金额"和第 4 列"调减金额"不填。

第 14 行"13. 不征税收入":第 4 列"调减金额"通过附表一(3)"事业单位、社会团体、民办非企业单位收入项目明细表"第 12 行"不征税收入总额"填报。第 1 列"账载金额"、第 2 列"税收金额"和第 3 列"调增金额"不填。

第 15 行"14. 免税收入":第 4 列"调减金额"通过附表五"税收优惠明细表"第 1 行"免税收入"填报。第 1 列"账载金额"、第 2 列"税收金额"和第 3 列"调增金额"不填。

第 16 行"15. 减计收入":第 4 列"调减金额"通过取自附表五"税收优惠明细表"第 6 行"减计收入"填报。第 1 列"账载金额"、第 2 列"税收金额"和第 3 列"调增金额"不填。

第 17 行"16. 减、免税项目所得":第 4 列"调减金额"通过取自附表五"税收优惠明细表"第 14 行"减免所得额合计"填报。第 1 列"账载金额"、第 2 列"税收金额"和第3列"调增金额"不填。

第18行"17. 抵扣应纳税所得额"：第4列"调减金额"通过取自附表五"税收优惠明细表"第39行"创业投资企业抵扣应纳税所得额"填报。第1列"账载金额"、第2列"税收金额"和第3列"调增金额"不填。

第19行"18. 其他"：填报企业财务会计处理与税收规定不一致、进行纳税调整的其他收入类项目金额。

第20行"二、扣除类调整项目"：填报扣除类调整项目第21行至第40行的合计数。第1列"账载金额"、第2列"税收金额"不填报。

第21行"1. 视同销售成本"：第2列"税收金额"填报按照税收规定视同销售应确认的成本。事业单位、社会团体、民办非企业单位直接填报第4列"调减金额"；金融企业第4列"调减金额"取自附表二(2)"金融企业成本费用明细表"第41行；一般工商企业第4列"调减金额"取自附表二(1)"成本费用明细表"第12行；第1列"账载金额"、第2列"税收金额"和第3列"调增金额"不填。

第22行"2. 工资薪金支出"：第1列"账载金额"填报纳税人按照国家统一会计制度计入成本费用的职工工资、奖金、津贴和补贴；第2列"税收金额"填报纳税人按照税收规定允许税前扣除的工资薪金。如本行第1列≥第2列，第1列减去第2列的差额填入本行第3列"调增金额"；如本行第1列＜第2列，第2列减去第1列的差额填入本行第4列"调减金额"。

第23行"3. 职工福利费支出"：第1列"账载金额"填报纳税人按照国家统一会计制度计入成本费用的职工福利费；第2列"税收金额"填报纳税人按照税收规定允许税前扣除的职工福利费，金额小于等于第22行"工资薪金支出"第2列"税收金额"×14％；如本行第1列≥第2列，第1列减去第2列的差额填入本行第3列"调增金额"，如本行第1列＜第2列，如本行第1列＜第2列，第2列减去第1列的差额填入本行第4列"调减金额"。

第24行"4. 职工教育经费支出"：第1列"账载金额"填报纳税人按照国家统一会计制度计入成本费用的教育经费支出；第2列"税收金额"填报纳税人按照税收规定允许税前扣除的职工教育经费，金额小于等于第22行"工资薪金支出"第2列"税收金额"×2.5％，或国务院财政、税务主管部门另有规定的金额；如本行第1列≥第2列，第1列减去第2列的差额填入本行第3列"调增金额"，如本行第1列＜第2列，第2列减去第1列的差额填入本行第4列"调减金额"。

第25行"5. 工会经费支出"：第1列"账载金额"填报纳税人按照国家统一会计制度计入成本费用的工会经费支出。第2列"税收金额"填报纳税人按照税收规定允许税前扣除的工会经费，金额等于第22行"工资薪金支出"第2列"税收金额"×2％减去没有工会专用凭据列支的工会经费后的余额。如本行第1列≥第2列，第1列减去第2列的差额填入本行第3列"调增金额"；如本行第1列＜第2列，第2列减去第1列的差额填入本行第4列"调减金额"。

第26行"6. 业务招待费支出"：第1列"账载金额"填报纳税人按照国家统一会计制度计入成本费用的业务招待费支出；第2列"税收金额"填报纳税人按照税收规

定允许税前扣除的业务招待费支出的金额。比较"本行第 1 列×60%"与"附表一(1)"收入明细表"第 1 行×5‰"或"附表一(2)"金融企业收入明细表"第 1+38 行合计×5‰"或"本行第 1 列×60%"两数,孰小者填入本行第 2 列。如本行第 1 列≥第 2 列,本行第 1 列减去第 2 列的余额填入本行第 3 列"调增金额",第 4 列"调减金额"不填。如本行第 1 列<第 2 列,第 3 列"调增金额",第 4 列"调减金额"均不填。

第 27 行"7. 广告费与业务宣传费支出":第 3 列"调增金额"取自附表八"广告费和业务宣传费跨年度纳税调整表"第 7 行"本年广告费和业务宣传费支出纳税调整额",第 4 列"调减金额"取自附表八"广告费和业务宣传费跨年度纳税调整表"第 10 行"本年扣除的以前年度结转额"。第 1 列"账载金额"和第 2 列"税收金额"不填。广告性的赞助支出按广告费和业务宣传费的规定处理,在本行"广告费与业务宣传费支出"中填报。

第 28 行"8. 捐赠支出":第 1 列"账载金额"填报纳税人按照国家统一会计制度实际发生的捐赠支出。第 2 列"税收金额"填报纳税人按照税收规定允许税前扣除的捐赠支出的金额。如本行第 1 列≥第 2 列,第 1 列减去第 2 列的差额填入本行第 3 列"调增金额",第 4 列"调减金额"不填;如本行第 1 列<第 2 列,第 3 列"调增金额"、第 4 列"调减金额"均不填。

第 29 行"9. 利息支出":第 1 列"账载金额"填报纳税人按照国家统一会计制度实际发生的向非金融企业借款计入财务费用的利息支出的金额;第 2 列"税收金额"填报纳税人按照税收规定允许税前扣除的利息支出的金额。如本行第 1 列≥第 2 列,第 1 列减去第 2 列的差额填入本行第 3 列"调增金额",第 4 列"调减金额"不填;如本行第 1 列<第 2 列,第 3 列"调增金额"、第 4 列"调减金额"均不填。

第 30 行"10. 住房公积金":第 1 列"账载金额"填报纳税人按照国家统一会计制度实际发生的住房公积金的金额;第 2 列"税收金额"填报纳税人按照税收规定允许税前扣除的住房公积金的金额。如本行第 1 列≥第 2 列,第 1 列减去第 2 列的差额填入本行第 3 列"调增金额",第 4 列"调减金额"不填;如本行第 1 列<第 2 列,第 3 列"调增金额"、第 4 列"调减金额"均不填。

第 31 行"11. 罚金、罚款和被没收财物的损失":第 1 列"账载金额"填报纳税人按照国家统一会计制度实际发生的罚金、罚款和被罚没财物损失的金额,不包括纳税人按照经济合同规定支付的违约金(包括银行罚息)、罚款和诉讼费。第 3 列"调增金额"等于第 1 列;第 2 列"税收金额"和第 4 列"调减金额"不填。

第 32 行"12. 税收滞纳金":第 1 列"账载金额"填报纳税人按照国家统一会计制度实际发生的税收滞纳金的金额。第 3 列"调增金额"等于第 1 列;第 2 列"税收金额"和第 4 列"调减金额"不填。

第 33 行"13. 赞助支出":第 1 列"账载金额"填报纳税人按照国家统一会计制度实际发生且不符合税收规定的公益性捐赠的赞助支出的金额。第 3 列"调增金额"等于第 1 列;第 2 列"税收金额"和第 4 列"调减金额"不填。

第 34 行"14. 各类基本社会保障性缴款":第 1 列"账载金额"填报纳税人按照国家统一会计制度实际发生的各类基本社会保障性缴款的金额,包括基本医疗保险费、基本养老保险费、失业保险费、工伤保险费和生育保险费;第 2 列"税收金额"填报纳税人按照税收规定允许税前扣除的各类基本社会保障性缴款的金额。如本行第 1 列≥第 2 列,第 1 列减去第 2 列的差额填入本行第 3 列"调增金额";如本行第 1 列<第 2 列,第 3 列"调增金额"、第 4 列"调减金额"均不填。

第 35 行"15. 补充养老保险、补充医疗保险":第 1 列"账载金额"填报纳税人按照国家统一会计制度实际发生的补充养老保险、补充医疗保险的金额;第 2 列"税收金额"填报纳税人按照税收规定允许税前扣除的补充养老保险、补充医疗保险的金额。如本行第 1 列≥第 2 列,第 1 列减去第 2 列的差额填入本行第 3 列"调增金额";如本行第 1 列<第 2 列,则第 3 列"调增金额"、第 4 列"调减金额"均不填。

第 36 行"16. 与未实现融资收益相关在当期确认的财务费用":第 1 列"账载金额"填报纳税人按照国家统一会计制度实际发生的、与未实现融资收益相关并在当期确认的财务费用的金额。第 2 列"税收金额"填报纳税人按照税收规定允许税前扣除的相关金额。

第 37 行"17. 与取得收入无关的支出":第 1 列"账载金额"填报纳税人按照国家统一会计制度实际发生的、与取得收入无关的支出的金额。第 3 列"调增金额"等于第 1 列;第 2 列"税收金额"和第 4 列"调减金额"不填。

第 38 行"18. 不征税收入用于支出所形成的费用":第 1 列"账载金额"填报纳税人按照国家统一会计制度实际发生的、不征税收入用于支出形成的费用的金额。第 3 列"调增金额"等于第 1 列;第 2 列"税收金额"和第 4 列"调减金额"不填。

第 39 行"19. 加计扣除":第 4 列"调减金额"取自附表五"税收优惠明细表"第 9 行"加计扣除额合计"金额。第 1 列"账载金额"、第 2 列"税收金额"和第 3 列"调增金额"不填。

第 40 行"20. 其他":填报企业财务会计处理与税收规定不一致、进行纳税调整的其他扣除类项目金额。

第 41 行"三、资产类调整项目":填报资产类调整项目第 42 行至第 50 行的合计数。第 1 列"账载金额"、第 2 列"税收金额"不填报。

第 42 行"1. 财产损失":第 1 列"账载金额"填报纳税人按照国家统一会计制度确认的财产损失金额;第 2 列"税收金额"填报纳税人按照税收规定允许税前扣除的财产损失金额。如本行第 1 列≥第 2 列,第 1 列减去第 2 列的差额填入本行第 3 列"调增金额";如本行第 1 列<第 2 列,第 1 列减去第 2 列的差额的绝对值填入第 4 列"调减金额"。

第 43 行"2. 固定资产折旧":通过附表九"资产折旧、摊销纳税调整明细表"填报。附表九"资产折旧、摊销纳税调整明细表"第 1 行"固定资产"第 7 列"纳税调整额"的正数填入本行第 3 列"调增金额";附表九"资产折旧、摊销纳税调整明细表"第 1 行"固定资产"第 7 列"纳税调整额"负数的绝对值填入本行第 4 列"调减金额"。第 1 列"账载金额"、第 2 列"税收金额"不填。

第 44 行"3. 生产性生物资产折旧":通过附表九"资产折旧、摊销纳税调整明细表"填报。附表九"资产折旧、摊销纳税调整明细表"第 7 行"生产性生物资产"第 7 列

"纳税调整额"的正数填入本行第 3 列"调增金额";附表九"资产折旧、摊销纳税调整明细表"第 7 行"生产性生物资产"第 7 列"纳税调整额"的负数的绝对值填入本行第 4 列"调减金额"。第 1 列"账载金额"、第 2 列"税收金额"不填。

第 45 行"4. 长期待摊费用":通过附表九"资产折旧、摊销纳税调整明细表"填报。附表九"资产折旧、摊销纳税调整明细表"第 10 行"长期待摊费用"第 7 列"纳税调整额"的正数填入本行第 3 列"调增金额";附表九"资产折旧、摊销纳税调整明细表"第 10 行"长期待摊费用"第 7 列"纳税调整额"的负数的绝对值填入本行第 4 列"调减金额"。第 1 列"账载金额"、第 2 列"税收金额"不填。

第 46 行"5. 无形资产摊销":通过附表九"资产折旧、摊销纳税调整明细表"填报。附表九"资产折旧、摊销纳税调整明细表"第 15 行"无形资产"第 7 列"纳税调整额"的正数填入本行第 3 列"调增金额";附表九"资产折旧、摊销纳税调整明细表"第 15 行"无形资产"第 7 列"纳税调整额"的负数的绝对值填入本行第 4 列"调减金额"。第 1 列"账载金额"、第 2 列"税收金额"不填。

第 47 行"6. 投资转让、处置所得":第 3 列"调增金额"和第 4 列"调减金额"通过附表十一"股权投资所得(损失)明细表"分析填报。第 1 列"账载金额"、第 2 列"税收金额"不填。

第 48 行"7. 油气勘探投资":通过附表九"资产折旧、摊销纳税调整明细表"填报。附表九"资产折旧、摊销纳税调整明细表"第 16 行"油气勘探投资"第 7 列"纳税调整额"的正数填入本行第 3 列;附表九"资产折旧、摊销纳税调整明细表"第 16 行"油气勘探投资"第 7 列"纳税调整额"负数的绝对值填入本行第 4 列"调减金额"。第 1 列"账载金额"、第 2 列"税收金额"不填。

第 49 行"油气开发投资":通过附表九"资产折旧、摊销纳税调整明细表"填报。附表九"资产折旧、摊销纳税调整明细表"第 17 行"油气开发投资"第 7 列"纳税调整额"的正数填入本行第 3 列;附表九"资产折旧、摊销纳税调整明细表"第 17 行"油气开发投资"第 7 列"纳税调整额"负数的绝对值填入本表第 4 列"调减金额"。第 1 列"账载金额"、第 2 列"税收金额"不填。

第 50 行"7. 其他":填报企业财务会计处理与税收规定不一致、进行纳税调整的其他资产类项目金额。

第 51 行"四、准备金调整项目":通过附表十"资产减值准备项目调整明细表"填报。附表十"资产减值准备项目调整明细表"第 17 行"合计"第 5 列"纳税调整额"的正数填入本行第 3 列"调增金额";附表十"资产减值准备项目调整明细表"第 17 行"合计"第 5 列"纳税调整额"的负数的绝对值填入本行第 4 列"调减金额"。第 1 列"账载金额"、第 2 列"税收金额"不填。

第 52 行"五、房地产企业预售收入计算的预计利润":第 3 列"调增金额"填报从事房地产开发业务的纳税人本期取得的预售收入,按照税收规定的预计利润率计算的预计利润的金额;第 4 列"调减金额"填报从事房地产开发业务的纳税人本期将预售收入转为销售收入,转回已按税收规定征税的预计利润的数额。第 1 列"账载金额"、第 2 列"税收金额"不填。

第 53 行"六、特别纳税调整应税所得"：第 3 列"调增金额"填报纳税人按特别纳税调整规定，自行调增的当年应纳税所得。第 1 列"账载金额"、第 2 列"税收金额"、第 4 列"调减金额"不填。

第 54 行"六、其他"：填报企业财务会计处理与税收规定不一致、进行纳税调整的其他项目金额。第 1 列"帐载金额"、第 2 列"税收金额"不填报。

第 55 行"合计"："调增金额"等于本表第 1、20、41、51、52、53、54 行第 3 列合计；"调减金额"等于本表第 1、20、41、51、52、53、54 行第 4 列合计。

5. 代理填制企业所得税纳税申报表附表四企业所得税弥补亏损明细表的方法

本表适用于实行查账征收企业所得税的居民纳税人填报。

根据《中华人民共和国企业所得税法》及其实施条例、相关税收政策规定，填报本纳税年度及本纳税年度前 5 年度发生的税前尚未弥补的亏损额。

第 1 列"年度"：填报公历年度。第 1 至 5 行依次从 6 行往前倒推 5 年，第 6 行为申报年度。

第 2 列"盈利额或亏损额"：填报主表的第 23 行"纳税调整后所得"的金额（亏损额以"－"表示）。

第 3 列"合并分立企业转入可弥补亏损额"：填报按照税收规定企业合并、分立允许税前扣除的亏损额，以及按税收规定汇总纳税后分支机构在 2008 年以前按独立纳税人计算缴纳企业所得税尚未弥补完的亏损额（以"－"表示）。

第 4 列"当年可弥补的所得额"：金额等于第 2＋3 列合计。

第 9 列"以前年度亏损弥补额"：金额等于第 5＋6＋7＋8 列合计（第 4 列为正数的不填）。

第 10 列第 1 至 5 行"本年度实际弥补的以前年度亏损额"：填报主表第 24 行金额，用于依次弥补前 5 年度的尚未弥补的亏损额。

第 6 行第 10 列"本年度实际弥补的以前年度亏损额"：金额等于第 1 至 5 行第 10 列的合计数（6 行 10 列的合计数≤6 行 4 列的合计数）。

第 11 列第 2 至 6 行"可结转以后年度弥补的亏损额"：填报前 5 年度的亏损额被本年主表中第 24 行数据依次弥补后，各年度仍未弥补完的亏损额，以及本年度尚未弥补的亏损额。11 列＝4 列的绝对值－9 列－10 列（第四列大于零的行次不填报）。

第 7 行第 11 列"可结转以后年度弥补的亏损额合计"：填报第 2 至 6 行第 11 列的合计数。

6. 代理填制企业所得税纳税申报表附表五税收优惠明细表的方法

本表适用于实行查账征收企业所得税的居民纳税人填报。

第 2 行"国债利息收入"：填报纳税人持有国务院财政部门发行的国债取得的利息收入。

第 3 行"符合条件的居民企业之间的股息、红利等权益性投资收益"：填报居民企业直接投资于其他居民企业所取得的投资收益，不包括连续持有居民企业公开发行并上市流通的股票不足 12 个月取得的投资收益。

第 4 行"符合条件的非营利组织的收入"：填报符合条件的非营利组织的收入，不包括除国务院财政、税务主管部门另有规定外的从事营利性活动所取得的收入。

第 5 行"其他"：填报国务院根据税法授权制定的其他免税收入。

第 7 行"企业综合利用资源，生产符合国家产业政策规定的产品所取得的收入"：填报纳税人以《资源综合利用企业所得税优惠目录》内的资源作为主要原材料，生产非国家限制和禁止并符合国家和行业相关标准的产品所取得的收入减计 10% 部分的数额。

第 8 行"其他"：填报国务院根据税法授权制定的其他减计收入的数额。

第 10 行"开发新技术、新产品、新工艺发生的研究开发费用"：填报纳税人为开发新技术、新产品、新工艺发生的研究开发费用，未形成无形资产计入当期损益的，按研究开发费用的 50% 加计扣除的金额。

第 11 行"安置残疾人员所支付的工资"：填报纳税人按照有关规定条件安置残疾人员，支付给残疾职工工资的 100% 加计扣除额。

第 12 行"国家鼓励安置的其他就业人员支付的工资"：填报国务院根据税法授权制定的其他就业人员支付工资的加计扣除额。

第 13 行"其他"：填报国务院根据税法授权制定的其他加计扣除额。

第 16 行"蔬菜、谷物、薯类、油料、豆类、棉花、麻类、糖料、水果、坚果的种植"：填报纳税人种植蔬菜、谷物、薯类、油料、豆类、棉花、麻类、糖料、水果、坚果的免征的所得额。

第 17 行"农作物新品种的选育"：填报纳税人从事农作物新品种的选育免征的所得额。

第 18 行"中药材的种植"：填报纳税人从事中药材的种植免征的所得额。

第 19 行"林木的培育和种植"：填报纳税人从事林木的培育和种植免征的所得额。

第 20 行"牲畜、家禽的饲养"：填报纳税人从事牲畜、家禽的饲养免征的所得额。

第 21 行"林产品的采集"：填报纳税人从事采集林产品免征的所得额。

第 22 行"灌溉、农产品初加工、兽医、农技推广、农机作业和维修等农、林、牧、渔服务业项目"：填报纳税人从事灌溉、农产品初加工、兽医、农技推广、农机作业和维修等农、林、牧、渔服务业免征的所得额。

第 23 行"远洋捕捞"：填报纳税人从事远洋捕捞免征的所得额。

第 24 行"其他"：填报国务院根据税法授权制定的其他免税所得额。

第 26 行"花卉、茶以及其他饮料作物和香料作物的种植"：填报纳税人从事花卉、茶以及其他饮料作物和香料作物种植取得的所得减半征收的部分。

第 27 行"海水养殖、内陆养殖"：填报纳税人从事海水养殖、内陆养殖取得的所得减半征收的部分。

第 28 行"其他"：填报国务院根据税法授权制定的其他减税所得额。

第 29 行"从事国家重点扶持的公共基础设施项目投资经营的所得"：填报纳税人从事《公共基础设施项目企业所得税优惠目录》规定的港口码头、机场、铁路、公路、城市公共交通、电力、水利等项目的投资经营的所得额，不包括企业承包经营、承包建设和内部自建自用该项目的所得。

第 30 行"从事符合条件的环境保护、节能节水项目的所得"：填报纳税人从事公共污水处理、公共垃圾处理、沼气综合开发利用、节能减排技术改造、海水淡化等项目减征、免征的所得额。

第 31 行"符合条件的技术转让所得"：填报居民企业技术转让所得免征、减征的部分（技术转让所得不超过 500 万元的部分，免征企业所得税；超过 500 万元的部分，减半征收企业所得税）。

第 32 行"其他"：填报国务院根据税法授权制定的其他减免所得。

第 34 行"符合规定条件的小型微利企业"：填报纳税人从事国家非限制和禁止行业并符合规定条件的小型微利企业享受优惠税率减征的企业所得税税额。

第 35 行"国家需要重点扶持的高新技术企业"：填报纳税人从事国家需要重点扶持拥有核心自主知识产权等条件的高新技术企业享受减征企业所得税税额。

第 36 行"民族自治地方的企业应缴纳的企业所得税中属于地方分享的部分"：填报纳税人经民族自治地方所在省、自治区、直辖市人民政府批准，减征或者免征民族自治地方的企业缴纳的企业所得税中属于地方分享的企业所得税税额。

第 37 行"过渡期税收优惠"：填报纳税人符合国务院规定以及经国务院批准给予过渡期税收优惠政策。

第 38 行"其他"：填报国务院根据税法授权制定的其他减免税额。

第 39 行"创业投资企业抵扣的应纳税所得额"填报创业投资企业采取股权投资方式投资于未上市的中小高新技术企业 2 年以上的，可以按照其投资额的 70% 在股权持有满 2 年的当年抵扣该创业投资企业的应纳税所得额；当年不足抵扣的，可以在以后纳税年度结转抵扣。

第 41—43 行，填报纳税人购置并实际使用《环境保护专用设备企业所得税优惠目录》、《节能节水专用设备企业所得税优惠目录》和《安全生产专用设备企业所得税优惠目录》规定的环境保护、节能节水、安全生产等专用设备的，允许从企业当年的应纳税额中抵免的投资额 10% 的部分。当年不足抵免的，可以在以后 5 个纳税年度结转抵免。

第 44 行"其他"：填报国务院根据税法授权制定的其他抵免所得税额部分。

第 45 行"企业从业人数"：填报纳税人全年平均从业人员，按照纳税人年初和年末的从业人员平均计算，用于判断是否为税收规定的小型微利企业。

第 46 行"资产总额"：填报纳税人全年资产总额平均数，按照纳税人年初和年末的资产总额平均计算，用于判断是否为税收规定的小型微利企业。

第 47 行"所属行业（工业企业其他企业）"项目，填报纳税人所属的行业，用于判断是否为税收规定的小型微利企业。

7. 代理填制企业所得税纳税申报表附表六境外所得税抵免计算明细表的方法

本表根据《中华人民共和国企业所得税法》及其实施条例、相关税收政策的规定，填报纳税人本纳税年度来源于不同国家或地区的境外所得，按照税收规定应缴纳和应抵免的企业所得税额。

第 1 列"国家或地区"：填报境外所得来源的国家或地区的名称。来源于同一国家或地区的境外所得可合并到一行填报。

第 2 列"境外所得"：填报来自境外的税后境外所得的金额。

第 3 列"境外所得换算含税所得"：填报第 2 列境外所得换算成包含在境外缴纳企业所得税以及按照我国税收规定计算的所得。

第 4 列"弥补以前年度亏损"：填报境外所得按税收规定弥补以前年度境外亏损额。

第 5 列"免税所得"：填报按照税收规定予以免税的境外所得。

第 6 列"弥补亏损前境外应税所得额"：填报境外所得弥补境内亏损前的应税所得额，第 6 列＝3 列－4 列－5 列。

第 7 列"可弥补境内亏损"：填报境外所得按税收规定弥补境内亏损额。

第 8 列"境外应纳税所得额"：填报弥补亏损前境外应纳税所得额扣除可弥补境内亏损后的金额。

第 9 列"税率"：填报纳税人境内税法规定的税率 25％。

第 10 列"境外所得应纳税额"：填报境外应纳税所得额与境内税法规定税率的乘积的金额。

第 11 列"境外所得可抵免税额"：填报纳税人已在境外缴纳的所得税税款的金额。

第 12 列"境外所得税款抵免限额"：抵免限额＝中国境内、境外所得依照企业所得税法和条例的规定计算的应纳税总额×来源于某国（地区）的应纳税所得额÷中国境内、境外应纳税所得总额。

第 13 列"本年可抵免的境外所得税款"：填报本年来源于境外的所得已缴纳所得税，在本年度允许抵免的金额。

第 14 列"未超过境外所得税款抵免限额的余额"：填报本年度在抵免限额内抵免完境外所得税后，可用于抵免以前年度结转的待抵免的所得税额。

第 15 列"本年可抵免以前年度税额"：填报本年可抵免以前年度未抵免、结转到本年度抵免的境外所得税额。

第 16 列"前五年境外所得已缴税款未抵免余额"：填报可结转以后年度抵免的境外所得税未抵免余额。

第 17 列"定率抵免"。本列适用于实行定率抵免境外所得税款的纳税人，填报此列的纳税人不填报第 11 至 16 列。

8. 代理填制"企业所得税纳税申报表附表七以公允价值计量资产纳税调整表"的方法

本表（详见表 6－10）根据《中华人民共和国企业所得税法》及其实施条例、相关税收政策，以及企业会计准则的规定，填报纳税人以公允价值计量且其变动计入当期损益的金融资产、金融负债、投资性房地产的期初和期末的公允价值、计税基础以及纳税调整额。

第 1 列、第 3 列"账载金额（公允价值）"：填报纳税人根据会计准则规定以公允价值计量且其变动计入当期损益的金融资产、金融负债以及投资性房地产的期初、期末账面金额。

第 2 列、第 4 列"计税基础"：填报纳税人以公允价值计量且其变动计入当期损益的金融资产、金融负债以及投资性房地产按照税收规定确定的计税基础的金额。

对第 6 行第 5 列交易性金融负债的"纳税调整额"＝本表(第 2 列－第 4 列)－(第 1 列－第 3 列)。其他行次第 5 列"纳税调整额"＝本表(第 4 列－第 2 列)－(第 3 列－第 1 列)。

9. 代理填制"企业所得税纳税申报表附表八广告费和业务宣传费跨年度纳税调整表"的方法

本表(详见表 6－11)根据《中华人民共和国企业所得税法》及其实施条例、相关税收政策，以及国家统一企业会计制度的规定，填报纳税人本年发生的全部广告费和业务宣传费支出的有关情况、按税收规定可扣除额、本年结转以后年度扣除额及以前年度累计结转扣除额等。

第 1 行"本年度广告费和业务宣传费支出"：填报纳税人本期实际发生的广告费和业务宣传费用的金额。

第 2 行"不允许扣除的广告费和业务宣传费支出"：填报税收规定不允许扣除的广告费和业务宣传费支出的金额。

第 3 行"本年度符合条件的广告费和业务宣传费支出"：本行等于本表第 1 行－2 行。

第 4 行"本年计算广告费和业务宣传费扣除限额的销售(营业)收入"：一般工商企业：填报附表一(1)第 1 行的"销售(营业)收入合计"数额；金融企业：填报附表一(2)第 1 行"营业收入"＋第 38 行"按税法规定视同销售的收入"；事业单位、社会团体、民办非企业单位：填报主表第 1 行"营业收入"。

第 5 行"税收规定的扣除率"：填报按照税收规定纳税人适用的扣除率。

第 6 行"本年广告费和业务宣传费扣除限额"：金额等于本表第 4×5 行。

第 7 行"本年广告费和业务宣传费支出纳税调整额"：当第 3 行≤第 6 行，本行＝本表第 2 行；当第 3 行＞第 6 行，本行＝本表第 1－6 行。

第 8 行"本年结转以后年度扣除额"：当第 3 行＞第 6 行，本行＝本表第 3－6 行；当第 3 行≤第 6 行，本行填 0。

第 9 行"加：以前年度累计结转扣除额"：填报以前年度允许税前扣除但超过扣除限额未扣除、结转扣除的广告费和业务宣传费的金额。

第 10 行"减：本年扣除的以前年度结转额"：当第 3 行≥第 6 行，本行填 0；当第 3 行＜第 6 行，第 3－6 行差额如果小于或者等于第 9 行"以前年度累计结转扣除额"，直接将差额填入本行；其差额如果大于第 9 行"以前年度累计结转扣除额"，本行＝第 9 行。

第 11 行"累计结转以后年度扣除额"：本行＝本表第 8＋9－10 行。

10. 代理填制"企业所得税纳税申报表附表九资产折旧、摊销纳税调整明细表"(详见表 6－12)的方法

第 1 列"账载金额"：填报纳税人按照国家统一会计制度计算提取折旧、摊销的资

产原值(或历史成本)的金额。

第2列"计税基础",填报纳税人按照税收规定计算税前扣除折旧、摊销的金额。

第3列:填报纳税人按照国家统一会计制计算提取折旧、摊销额的年限。

第4列:填报纳税人按照税收规定计算税前扣除折旧、摊销额的年限。

第5列:填报纳税人按照国家统一会计制度计算本纳税年度的折旧、摊销额。

第6列:填报纳税人按照税收规定计算税前扣除的折旧、摊销额。

第7列:金额=第5-6列。如本列为正数,进行纳税调增;如本列为负数,进行纳税调减。

11. 代理填制"企业所得税纳税申报表附表十资产减值准备项目调整明细表"的方法(详见表6-13)

标有＊或♯的行次,纳税人分别按照适用的国家统一会计制度填报。

第1列"期初余额":填报纳税人按照国家统一会计制度核算的各项准备金期初数金额。

第2列"本期转回额":填报纳税人按照国家统一会计制度核算价值恢复、资产转让等原因转回的准备金本期转回金额。

第3列"本期计提额":填报纳税人按照国家统一会计制度核算资产减值的准备金本期计提数的金额。

第4列"期末余额":填报纳税人按照国家统一会计制度核算的各项准备金期末数的金额。

第5列"纳税调整额":金额等于本表第3列-第2列。当第5列>0时,进行纳税调增;第5列<0时,进行纳税调减。

12. 代理填制"企业所得税纳税申报表附表十一长期股权投资所得(损失)明细表"的方法(详见表6-14)

第2列"期初投资额":填报对被投资企业的投资的期初余额。

第3列"本年度增(减)投资额":填报本纳税年度内对同一企业股权投资增减变化金额。

第4列"初始投资成本":填报纳税人取得长期股权投资的所有支出的金额,包括支付的货币性资产、非货币性资产的公允价值及支付的相关税费。

第5列"权益法核算对初始投资成本调整产生的收益":填报纳税人采取权益法核算,初始投资成本小于取得投资时应享有被投资单位可辨认净资产公允价值份额的差额计入取得投资当期的营业外收入的金额。

第6列"会计核算投资收益":填报纳税人按照国家统一会计制度核算的投资收益的金额。本行根据"投资收益"科目的数额计算填报。

第7列"会计投资损益":填报纳税人按照国家统一会计制度核算的扣除投资转让损益后的金额。

第8、9列"税收确认的股息红利":填报纳税人在纳税本年度取得按照税收规定确认的股息红利的金额。对于符合税收免税规定条件的股息红利,填入第8列"免税收入",不符合的填入第9列"全额征税收入"。

第 11 列"投资转让净收入":填报纳税人因收回、转让或清算处置股权投资时,转让收入扣除相关税费后的金额。

第 12 列"投资转让的会计成本":填报纳税人因收回、转让或清算处置股权投资时,按照国家统一会计制度核算的投资转让成本的金额。

第 13 列"投资转让的税收成本":填报纳税人因收回、转让或清算处置股权投资时,按税收规定计算的投资转让成本的金额。

第 14 列"会计上确认的转让所得或损失":填报纳税人按照国家统一会计制度核算的长期股权投资转让所得或损失的金额。

第 15 列"按税收计算的投资转让所得或损失":填报纳税人因收回、转让或清算处置股权投资时,按税收规定计算的投资转让所得或损失。

"投资损失补充资料"填报方法:

本部分主要反映投资转让损失历年弥补情况。如"按税收计算投资转让所得或损失"与"税收确认的股息红利"合计数大于零,可弥补以前年度投资损失。

"年度":分别填报本年度前 5 年自然年度;"当年度结转金额":当年投资转让损失需结转以后年度弥补的金额;"已弥补金额":已经用历年投资收益弥补的金额;"本年度弥补金额":本年投资所得(损失)合计数为正数时,可按顺序弥补以前年度投资损失;"以前年度结转在本年度税前扣除的股权投资转让损失":填报本年度弥补金额合计数+第一年结转填入附三表中"投资转让所得、处置所得"调减项目中。

(二)企业所得税年度纳税申报表(B 类)

表 6-15 中华人民共和国企业所得税年度纳税申报表(B 类)

税款所属期间: 年 月 日至 年 月 日

纳税人识别号:□□□□□□□□□□□□□□□

纳税人名称: 金额单位: 人民币元(列至角分)

	项 目		行次	累计金额
应纳税所得额的计算	按收入总额核定应纳税所得额	收入总额	1	
		税务机关核定的应税所得率(%)	2	
		应纳税所得额(1 行×2 行)	3	
	按成本费用核定应纳税所得额	成本费用总额	4	
		税务机关核定的应税所得率(%)	5	
		应纳税所得额[4 行÷(1-5 行)×5 行]	6	
	按经费支出换算应纳税所得额	经费支出总额	7	
		税务机关核定的应税所得率(%)	8	
		换算的收入额[7 行÷(1-8 行)]	9	
		应纳税所得额(8 行×9 行)	10	

项　目		行次	累计金额
应纳所得税额的计算	税率（25%）	11	
	应纳所得税额（3行×11行或6行×11行或10行×11行）	12	
	减免所得税额（请填附表）	13	
应补（退）所得税额的计算	已预缴所得税额	14	
	应补（退）所得税额（12行－13行－14行）	15	
谨声明：此纳税申报表是根据《中华人民共和国企业所得税法》、《中华人民共和国企业所得税法实施条例》和国家有关税收规定填报的，是真实的、可靠的、完整的。 　　　　　　　　　　　　　法定代表人（签字）：　　　年　月　日			
纳税人公章： 会计主管： 填表日期：　年　月　日	代理申报中介机构公章： 经办人： 经办人执业证件号码： 代理申报日期：　年　月　日	主管税务机关受理专用章： 受理人： 受理日期：　年　月　日	

国家税务总局监制

填报企业所得税年度纳税申报表（B类）（详见表6-15）的方法：

"税款所属期间"：正常经营的纳税人，填报公历当年1月1日至12月31日；纳税人年度中间开业的，填报实际生产经营之日的当月1日至同年12月31日；纳税人年度中间发生合并、分立、破产、停业等情况的，填报公历当年1月1日至实际停业或法院裁定并宣告破产之日的当月月末；纳税年度中间开业且年度中间又发生合并、分立、破产、停业等情况的，填报实际生产经营之日的当月1日至实际停业或法院裁定并宣告破产之日的当月月末。

其他项目填报方法与"中华人民共和国企业所得税月（季）度预缴纳税申报表"（B类）一致。

工作任务评价标准

分组按照操作流程和引导案例，完成两家企业2010年企业所得税年度纳税申报表的填报工作。

评价标准：

（1）是否清楚申报前应收集哪些涉税资料；

（2）是否明确核查企业纳税资料的方法要领；

（3）能否正确填制企业所得税纳税申报表

① 表头填写是否正确；

② 收入申报的范围是否正确；

③ 税前扣除的税金申报是否正确；

④ 各类损失的核算是否正确；

⑤ 营业外收支申报是否正确；

⑥ 亏损弥补是否正确；

⑦ 税率适用是否正确。

模块二　个人所得税纳税申报代理实务

个人所得税是以个人（自然人）取得的各项应税所得为征税对象所征收的一种税。我国个人所得税实行分类征收,累进税率与比例的税率并用,采取课源制和申报制两种征税方法。随着经济的发展,个人收入的取得来源不一、形式多样,需要自行申报的纳税人越来越多。

工作任务一　认识个人所得税纳税申报

一、制定操作流程

引导案例：

转眼,小何在宏大税务师事务所工作 2 年了,辛勤付出和刻苦好学给他带来了丰厚的回报,小何现在已经是月薪过万元的项目经理。又是一年刚结束,老同学小方找上门来,咨询个税申报的相关政策。这一问提醒了小何,他想起自己是不是也该向税务机关自行申报个税了。另外,小何还要指导本所新人小李对本所职工 12 月份个人所得税扣缴情况的申报。具体资料如下：

1. 2010 年,小何的全部收入及税款缴纳情况如下：

(1) 全年取得工薪收入 188 400 元,每月收入及扣缴税款情况见下表：

	基本及岗位工资	伙食补助	月奖	住房补贴	过节费	应发工资	住房公积金	基本养老保险费	基本医疗保险费	失业保险费	五险一金合计	个人所得税	实发工资
	①	②	③	④	⑤	⑥	⑦	⑧	⑨	⑩	⑪	⑫	
1 月	7 000	1 000	1 600	3 000	1 000	13 200	1 200	960	240	120	2 520	1 441	9 239
2 月	7 000	1 000	1 600	3 000	2 000	14 200	1 200	960	240	120	2 520	1 641	10 039
3 月	7 000	1 000	1 600	3 000	0	12 200	1 200	960	240	120	2 520	1 241	8 439
4 月	7 000	1 000	1 600	3 000	0	12 200	1 200	960	240	120	2 520	1 241	8 439
5 月	7 000	1 000	1 600	3 000	0	12 200	1 200	960	240	120	2 520	1441	9 239
6 月	7 000	1 000	1 600	3 000	0	12 200	1 200	960	240	120	2 520	1241	9 239
7 月	7 000	1 000	1 600	3 000	0	12 200	1 200	960	240	120	2 520	1 241	8 439
8 月	7 000	1 000	1 600	3 000	0	12 200	1 200	960	240	120	2 520	1 241	8 439

（续表）

	基本及岗位工资	伙食补助	月奖	住房补贴	过节费	应发工资	住房公积金	基本养老保险费	基本医疗保险费	失业保险费	五险一金合计	个人所得税	实发工资
	①	②	③	④	⑤	⑥	⑦	⑧	⑨	⑩		⑪	⑫
9月	7 000	1 000	1 600	3 000	1 000	13 200	1 200	960	240	120	2 520	1 441	9 239
10月	7 000	1 000	1 600	3 000	1 000	13 200	1 200	960	240	120	2 520	1 441	9 239
11月	7 000	1 000	1 600	3 000	0	12 200	1 200	960	240	120	2 520	1 241	8 439
12月	7 000	1 000	1 600	3 000	0	12 200	1 200	960	240	120	2 520	1 241	8 439
年终奖金	—	—	—	—	—	36 000	—	—	—	—	—	3 900	32 100

（2）取得公司股权分红 20 000 元，扣缴个人所得税 4 000 元；

（3）银行储蓄存款账户孳生利息收入 1 200 元，扣缴个人所得税 240 元；

（4）购买国债，取得利息收入 2 000 元；

（5）购买企业债券，取得利息收入 1 500 元，没有扣缴个人所得税；

（6）出售家庭非唯一住房（原值 700 000 元），取得转让收入 860 000 元，按规定缴纳个人所得税 23 400 元及其他税费 43 000 元；

（7）出租自有商铺给某公司，每月租金 3 500 元，缴纳个人所得税 500 元，及按国家规定缴纳的其他税费 200 元；

（8）在上交所转让 A 股股票盈利 60 000 元；

（9）持有某上市公司 A 股股票，取得股息 3 000 元，扣缴个人所得税 300 元；

（10）发明一项专利，让渡给某公司使用，取得收入 40 000 元，扣缴个人所得税 6 400 元；

（11）一次购买体育彩票，中奖 9 000 元。

2. 2010 年，小方每月都从武汉市的 A、B 两家商贸公司拿工资。这两家公司一家位于武昌区，一家位于洪山区，12 月两家公司支付给小方的工资情况：A 公司应发工资 16 000 元，五险一金合计 3 200 元，扣缴个税 1 865 元。B 公司应发工资 5 600 元，扣缴个税 475 元。12 月份小方还有以下几项收入：

（1）按国务院规定发放的政府特殊津贴 200 元/月；

（2）客串 B 电视台某法律节目，每月取得劳务收入 5 000 元，电视台按规定扣缴税款 800 元；

（3）出版一科技专著，取得收入 50 000 元，出版社已代扣税款 5 600 元；同年，该专著被 12 家部委联合评选为××大奖赛特等奖，奖金 30 000 元；又被某市（地级市）评选得奖，奖金 10 000 元，已代扣税款 2 000 元；

（4）位于武昌区的家中被盗，保险公司根据小方所购买的财产险，赔偿 3 万元。

假如小何承接小方的个人所得税纳税申报的代理，请和小何一起思考以下问题：

（1）代理申报前应分别收集委托人的哪些涉税资料？

（2）税务师要如何对涉税资料进行审核？

（3）怎样填制小方和自己的个人所得税纳税申报表？

（4）应于何时向何处税务机关进行纳税申报？

代理个人所得税纳税申报的关键问题，是能否全面、真实地反映纳税义务人的应税所得。由于个人收入结算与支付具有一定的隐蔽性，会给代理申报带来一定的困难和风险。为确保办税质量，在界定纳税义务人性质的前提下，注册税务师应严格按规范程序操作：

第一步，承接个人所得税纳税申报代理业务；

第二步，制定个人所得税纳税申报代理计划；

第三步，收集个人所得税纳税申报的涉税资料；

第四步，审核个人所得税的涉税资料；

第五步，代理填报个人所得税纳税申报表；

第六步，代理个人所得税纳税申报。

二、知识导航

（一）个人所得税纳税地点

根据《个人所得税自行纳税申报办法（试行）》规定：

（1）在中国境内有任职、受雇单位的，向任职、受雇单位所在地主管税务机关申报；从两处或者两处以上取得工资、薪金所得的，选择并固定向其中一处单位所在地主管税务机关申报。

（2）从中国境外取得所得的，向中国境内户籍所在地主管税务机关申报。在中国境内有户籍，但户籍所在地与中国境内经常居住地不一致的，选择并固定向其中一地主管税务机关申报。在中国境内没有户籍的，向中国境内经常居住地主管税务机关申报。

（3）个体工商户向实际经营所在地主管税务机关申报。

（4）个人独资、合伙企业投资者兴办两个或两个以上企业的，区分不同情形确定纳税申报地点：兴办的企业全部是个人独资性质的，分别向各企业的实际经营管理所在地主管税务机关申报；兴办的企业中含有合伙性质的，向经常居住地主管税务机关申报；兴办的企业中含有合伙性质，个人投资者经常居住地与其兴办企业的经营管理所在地不一致的，选择并固定向其参与兴办的某一合伙企业的经营管理所在地主管税务机关申报。

（5）除以上情形外，纳税人应当向取得所得所在地主管税务机关申报。

（二）个人所得税纳税期限

根据《中华人民共和国个人所得税法》的规定：扣缴义务人每月所扣的税款，自行申报纳税人每月应纳的税款，都应当在次月7日内缴入国库，并向税务机关报送纳税申报表。

工资、薪金所得应纳的税款，按月计征，由扣缴义务人或者纳税义务人在次月七日内缴入国库,并向税务机关报送纳税申报表。特定行业的工资、薪金所得应纳的税款,可以实行按年计算、分月预缴的方式计征,具体办法由国务院规定。

个体工商户的生产、经营所得应纳的税款,按年计算,分月预缴,由纳税义务人在次月 7 日内预缴,年度终了后 3 个月内汇算清缴,多退少补。

对企事业单位的承包经营、承租经营所得应纳的税款,按年计算,由纳税义务人在年度终了后 30 日内缴入国库,并向税务机关报送纳税申报表。纳税义务人在 1 年内分次取得承包经营、承租经营所得的,应当在取得每次所得后的 7 日内预缴,年度终了后 3 个月内汇算清缴,多退少补。

从中国境外取得所得的纳税义务人,应当在年度终了后 30 日内,将应纳的税款缴入国库,并向税务机关报送纳税申报表。

（三）收集纳税申报相关资料

（四）审核个人所得税纳税申报资料

收集到申报资料后,注册税务师应当对委托人提供的资料进行专业的审核判断,对所提供资料信息的真实性、完整性产生怀疑时,应要求其予以补正,并给予适当的提醒。主要的审核工作包括:

1. 居民纳税义务人

居民纳税义务人是指在中国境内有住所,或者无住所而在境内居住满 1 年的个人,应负有无限纳税义务。本节主要介绍我国境内的企业、外国企业常驻代表机构中的中方和外籍人员工薪所得,劳务报酬所得,利息、股息、红利所得代理申报的操作规范,除此之外的所得项目因很少涉及代理,故不作专门阐述。

（1）核查有关工薪所得、劳务报酬所得和利息、股息、红利所得结算账户,审核支付单位工薪支付明细表,奖金和补贴性收入发放明细表,劳务报酬支付明细表,福利性现金或实物支出,集资债券利息、股息、红利支出,确定应税项目和计税收入。

（2）根据税法有关税前扣除项目的具体规定,确定免予征税的所得,计算应税所得。

（3）核查外籍个人来源于中国境内由境外公司支付的收入,来源于中国境外由境内、境外公司支付的所得,根据有无住所或实际居住时间,以及在中国境内企业任职的实际情况,确认纳税义务。

（4）核查税款负担方式和适用的税率,计算应纳税额,并于每月 7 日前向主管税务机关办理代扣代缴所得税申报手续。

2. 非居民纳税义务人

非居民纳税义务人是指在中国境内无住所又不居住,或无住所而在境内居住不满 1 年但有从中国境内取得所得的个人。非居民纳税义务人只负有限纳税义务。对非居民纳税义务人来源于中国境内的工薪所得,根据在境内实际居住的时间、支付方式和税收协定的有关规定来确定是否征税。劳务报酬所得主要根据税收协定有关独立劳务和非独立劳务的判定来确定具体的计税方法。由于利息、股息、红利所得情况各异,征免界定均有具体规定。因此,代理非居民纳税义务人个人所得税的纳税申报,其计税资料的取得与核实是比较复杂的。

(1) 核查外籍个人因任职、受雇、履约等出入境的实际日期,确定与其派遣公司或雇主的关系,通过出入境签证、职业证件、劳务合同等来判定其所得适用的税目和发生纳税义务的时间。

(2) 核查纳税义务人来源于中国境内分别由境内、境外支付的工薪所得明细表,根据税款负担方式和雇主为其负担税款情况,将不含税收入换算成含税收入。

(3) 核查纳税义务人从中国境内企业取得的各种补贴、津贴及福利费支出明细,除税法规定免予征税的项目外,将其并入工薪所得计算纳税。

(4) 核查纳税义务人劳务报酬所得支付明细表,通过审核外籍个人来华提供劳务服务与派遣公司的关系,判定其属于非独立劳务或独立劳务,前者应按工薪所得计税,后者则适用劳务报酬的计税方法。

(5) 核查纳税义务人来源于中国境内的利息、股息、红利所得的计税资料,根据其投资的具体内容来判定征免。

(6) 核查担任境内企业或外企商社高级职务的外籍个人来源于中国境内的工薪所得和实际履行职务的期间,据以计算应税所得。

(7) 在对非居民纳税义务人工薪所得、劳务报酬所得、利息、股息、红利所得等全部计税资料进行核查后,分类计算应税所得,按一定的税款负担方式计算出支付单位应代扣代缴的个人所得税税额。

【例6-3】 某外商投资企业的中方财务经理2010年3月取得月薪收入3 000元,2009年度一次性奖金30 000元。该经理2010年3月份应缴纳的个人所得税计算如下:

① 3月份工资收入应纳个人所得税:(3 000-2 000)×10%-25=75(元)

② 3月份取得的年终奖应纳个人所得税:30 000÷12=2 500(元)

先确定适用税率为15%,速算扣除数为125。

30 000×15%-125=4 375(元)

③ 3月份应缴个人所得税合计:75+4 375=4 450(元)

若题中条件改为2012年3月取得年度一次性奖金30 000元,该如何计算该经理2012年3月应缴纳的个人所得税?

表6-16　工资、薪金所得适用税率表(2011年9月前)

级数	全月应纳税所得额(含税)	税率(%)	速算扣除数(元)
1	不超过500元的部分	5	0
2	超过500元至2 000元的部分	10	25
3	超过2 000元至5 000元的部分	15	125
4	超过5 000元至20 000元的部分	20	375

（续表）

级数	全月应纳税所得额（含税）	税率（%）	速算扣除数（元）
5	超过 20 000 元至 40 000 元的部分	25	1 375
6	超过 40 000 元至 60 000 元的部分	30	3 375
7	超过 60 000 元至 80 000 元的部分	35	6 375
8	超过 80 000 元至 100 000 元的部分	40	10 375
9	超过 100 000 元的部分	45	153 375

【例 6-4】　2010 年 8 月歌星刘某应邀参加 C 公司庆典活动的演出。按照协议刘某演出四场，每场出场费为 15 000 元。刘某演出收入应纳个人所得税为：

应税所得额 = 15 000 × 4 × (1 - 20%) = 48 000(元)

应纳税额 = 48 000 × 30% - 2 000 = 12 400(元)

表 6-17　劳务报酬所得适用税率表

级数	每次应纳税所得额	税率（%）	速算扣除数（元）
1	不超过 20 000 元的部分	20	0
2	超过 20 000 元至 50 000 元的部分	30	2 000
3	超过 50 000 元的部分	40	7 000

表 6-18　应税所得率表

行业	应税所得率（%）
工业、交通运输业、商业	5~20
建筑业、房地产开发业	7~20
饮食服务业	7~25
娱乐业	20~40
其他行业	10~30

　　企业多业经营的，无论其经营项目是否单独核算，均应根据其主营项目确定其适用的应税所得率。

表 6-19　个体工商户的生产、经营所得和对企事业单位承包经营、承租经营所得适用税率表

级数	全年应纳税所得额（含税）	税率（%）	速算扣除数（元）
1	不超过 5 000 元的部分	5	0
2	超过 5 000 元至 10 000 元的部分	10	250
3	超过 10 000 元至 30 000 元的部分	20	1 250
4	超过 30 000 元至 50 000 元的部分	30	4 250
5	超过 50 000 元的部分	35	6 750

（五）填报个人所得税申报表

个人所得税申报表主要设置了 7 类 9 种，其中较常用的为 7 种：个人所得税纳税申报表；个人所得税纳税申报表（适用于年所得 12 万元以上的纳税人申报）；扣缴个人所得税报告表；个人独资企业和合伙企业投资者个人所得税申报表；特定行业个人所得税月份申报表；特定行业个人所得税年度申报表；个体工商户所得税年度申报表。

（六）在限期内按要求对外报送个人所得税纳税申报表

工作任务二　个人所得税纳税申报

一、代理企业所得税年度申报工作任务提出

各小组依据企业所得税相关政策要求和知识导航，按照操作流程根据《引导案例》中提供的资料，完成《引导案例》所涉及的相关个人的个人所得税纳税申报工作。

二、代理企业所得税年度申报工作任务分析

根据我国个人所得税的相关规定，11 类所得的纳税申报在计算方法、纳税期限等方面各有特点，同学们在进行代理申报时，要注意以下问题：

（1）各人取得的所得属于哪类所得？

（2）各类所得的计算方法具体规定是什么？

（3）具体应填报哪类个人所得税申报表？

（4）各自对主管税务机关的申报期限是如何规定的？

（5）代理申报时应报送哪些资料？

三、代理填报个人所得税纳税申报表

请仔细阅读填报方法，和税务师小何一起，填制导航案例中不同个人的个人所得税纳税申报表吧。

1. 表 6 - 20 的填报方法

本表根据《中华人民共和国个人所得税法》制定。本表适用于按《中华人民共和国个人所得税法》及相关规定需要进行自行申报的纳税人的所得申报；特定行业职工取得的工资、薪金所得申报。负有纳税义务的个人可以由本人或委托他人于次月 7 日内将税款缴入国库，并向税务机关报送本表。不能按规定期限报送本表时，应当在规定的报送期限内提出申请，经当地税务机关批准，可以适当延长期限。未按规定期限向税务机关报送本表的，依照《中华人民共和国税收征收管理法》第六十二条的规定，予以处罚。填写本表要用中文，也可同时用中、外两种文字填写。

表 6－20　个人所得税纳税申报表

税款所属期：年　月　日至　年　月　日　　填表日期：年　月　日　　金额单位：元(列至角分)

纳税人姓名		国籍或区域		证照类型		证照号码	
抵华日期		职业		工作单位		工作地点	
在中国境内住址或有效联系地址		联系电话		邮编			

序号	所得项目	所得期间	扣缴义务人	境外工作天数起讫日期		数额	收入额			免税收入额	允许扣除的费用额	法定扣除费用额	准予扣除的捐赠额	应纳税所得额	税率	速算扣除数	应纳税额	已(扣)缴税额	抵免税额	应补退税额
				月日	月日		境内	境外	合计											
1						本期数														
						累计数														
2						本期数														
						累计数														
3						本期数														
						累计数														
4						本期数														
						累计数														
合计						本期数														
						累计数														

纳税人或代理人声明：此纳税申报表是根据国家税收法律的规定填报的，我确定它是真实的、可靠的、完整的。

纳税人(签章)：　　　　　　代理人　　　　　　　　　经办人(签章)：

代理人名称：　　　　　　　联系电话：

代理人(公章)：

纳税人(签章)：　　　　　　代理人(签章)：　　　　　受理税务机关(章)：

受理人(签章)：　　　　　　受理日期：年　月　日

表6-21　个人所得税纳税申报表

（适用于年所得12万元以上的纳税人申报）

所得年份：　　年　　　　填表日期：　年　月　日　　　　金额单位：人民币元（列至角分）

纳税人姓名		国籍（地区）		身份证照类型		身份证照号码	
任职、受雇单位		任职受雇单位代码		任职受雇单位所属行业		职务	职业
在华天数		境内有效联系地址		境内有效联系地址邮编		联系电话	
此行由取得经营所得的纳税人填写	经营单位纳税人识别号			经营单位纳税人名称			

所得项目	年所得额			应纳税所得额	应纳税额	已缴(扣)税额	抵扣税额	减免税额	应补税额	应退税额	备注
	境内	境外	合计								
1. 工资、薪金所得											
2. 个体工商户的生产、经营所得											
3. 对企事业单位的承包经营、承租经营所得											
4. 劳务报酬所得											
5. 稿酬所得											
6. 特许权使用费所得											
7. 利息、股息、红利所得											
8. 财产租赁所得											
9. 财产转让所得											

（续表）

其中：股票转让所得				
个人房屋转让所得				
10. 偶然所得				
11. 其他所得				
合计				

我声明，此纳税申报表是根据《中华人民共和国个人所得税法》的规定填报的，我确信它是真实的、可靠的、完整的。

纳税人（签字）

联系电话：

代理人（签章）：

税务机关受理人（签字）：

税务机关受理时间：年　月　日

受理申报税务机关名称（盖章）：

表 6－22 扣缴个人所得税报告表

扣缴义务人编码：

扣缴义务人名称（公章）：

金额单位：元（列至角）

填表日期： 年 月 日

序号	纳税人姓名	身份证照类型	身份证照号码	国籍	所得项目	所得时间	收入额	免税收入额	允许扣除的税费	费用扣除标准	准予扣除的捐赠额	应纳税所得额	税率%	速算扣除数	应扣税额	已扣税额	备注
1	2	3	4	5	6	7	8	9	10	11	12	13	14	15	16	17	18
			合 计														

扣缴义务人声明 我声明：此扣缴报告表是根据国家税收法律、法规的规定填报的，我确定它是真实的、可靠的、完整的。
声明人签字：

会计主管签字： 负责人签字： 扣缴单位（或法定代表人）（签章）：

受理人（签章）： 受理日期： 年 月 日 受理税务机关（章）：

表 6-23 个人独资企业和合伙企业投资者个人所得税申报表

纳税人编码： 申报期： 年 月 日至 月 日 金额单位：元

投资者姓名		投资者身份证号码			
企业名称		企业税务登记证号		企业电话	
企业地址		行业类别	企业银行账号		

项 目	行次	本期数	累计数	补充材料
一、收入总额	1			1. 年平均职工人数
减：成本	2			_____ 人
费用、税金	3			2. 工资总额
营业外支出	4			_____ 元
二、企业利润总额	5			3. 从其他企业取得的生产经营所得
三、纳税调整增加额	6			(1)（分配比例％）
1. 超过规定标准扣除的项目	7			(2)（分配比例％）
(1) 从业人员工资支出	8			(3)（分配比例％）
(2) 职工福利费	9			(4)（分配比例％）
(3) 职工教育经费	10			
(4) 工会经费	11			
(5) 利息支出	12			
(6) 广告费	13			
(7) 业务招待费	14			
(8) 教育和公益事业捐赠	15			
(9) 提取折旧费	16			
(10) 无形资产摊销	17			
(11) 其他	18			
2. 不允许扣除的项目	19			
(1) 资本性支出	20			
(2) 无形资产受让、开发支出	21			
(3) 违法经营罚款和被没收财物损失	22			
(4) 税收滞纳金、罚金、罚款	23			
(5) 灾害事故损失赔偿	24			
(6) 非教育和公益事业捐赠	25			
(7) 各种赞助支出	26			
(8) 计提的各种准备金	27			

（续表）

（9）投资者的工资	28			
（10）与收入无关的支出	29			
3．应税收益项目	30			
（1）少计应税收益	31			
（2）未计应税收益	32			
四、纳税调整减少额	33			填表人签字：
1．弥补亏损	34			
2．国库券利息收入	35			纳税人签字：
3．投资者标准费用扣除额	36			
4．其他	37			（本栏目由税务机关填写）
五、经纳税调整后的经营生产所得	38			
六、应纳税所得额（分配比例％）	39			
七、适用税率	40			收到日期：接受人：审核日期：审核记录：主管税务机关盖章
八、应纳所得税额	41			
减：减、免所得税额	42			
九、应缴入库所得税额	43			年 月 日
加：期初未缴所得税额	44			
减：实际已缴纳所得税额	45			主管税务官员签字：
十、期末应补（退）所得税额	46			

税款所属期：是指纳税人申报的个人所得税应纳税额的所属期间，应填写具体的起止年、月、日；填表日期：是指纳税人填制本表的具体日期；证照类型：填写纳税人有效证件（身份证、护照、军人证等）名称；所得项目：按照《中华人民共和国个人所得税法》第二条规定的所得项目分别填写。同一所得项目取得时间不相同的，仍填入一行，并在"所得期间"栏内分别注明。

扣缴义务人：对应不同的所得项目分别填写；境外工作天数：纳税人在境外实际工作天数；收入额：填写在年度境内外取得的全部收入额。

免税收入额：指法定免税的基本养老保险金、住房公积金、医疗保险金和失业保险金、通讯费补贴、独生子补贴、托儿补助费、执行公务员工资制度未纳入基本工资总额的补贴、津贴差额合计，此栏只适用于工资薪金所得项目，其他所得项目不得填列。

允许扣除的费用额：只适用劳务报酬所得、特许权使用费所得、财产租赁所得和财产转让所得项目。劳务报酬所得允许扣除的费用额是指劳务发生过程中实际缴纳的税费；特许权使用费允许扣除的费用额是指提供特许权过程中发生的中介费和相关税费；适用财产租赁所得时，允许扣除的费用额是指修缮费和出租财产过程中发生的相关税费；适用财产转让所得时，允许扣除的费用额是指财产原值和转让财产过程中发生的合理税费。

法定费用扣除额:按照《中华人民共和国个人所得税法》第六条的规定应减除的费用额填入本栏。不减除费用的,不填写。

除特殊规定外,准予扣除的捐赠额不得超过应纳税所得额的30%。

已(扣)缴税款:填写纳税年度内在中国境内外取得的所得已缴纳的税款。应分别将所得项目填写并分别写明自缴或扣缴。同一所得项目,取得时间不同的,仍填入一行,并在"所得期间"栏内分别注明。

抵免税额:用于抵扣税法允许抵扣的在境外已缴纳的个人所得税税款。

"本期数"是指纳税人当期取得收入和纳税等情况;"累计数"是指纳税人在纳税年度内累计取得收入和纳税等情况。纳税人按月或按次申报时,只填写本期数,不填写累计数;年度申报时,本期数和累计数一并填写。

2. 表6-21的填报方法

本表适用于年所得12万元以上的纳税人的年度自行申报。

负有纳税义务的个人可以由本人或者委托他人于纳税年度终了后3个月以内向主管税务机关报送本表。不能按照规定期限报送本表时,应当在规定的报送期限内提出申请,经当地税务机关批准,可以适当延期。

所得年份和填表日期:填写纳税人实际取得所得的年度;填写纳税人办理纳税申报的实际日期;填写纳税人的有效身份证件(身份证、护照、回乡证、军人身份证件等)名称;填写中国居民纳税人的有效身份证件上的号码。

任职、受雇单位:填写纳税人的任职、受雇单位名称,纳税人有多个任职、受雇单位时,填写受理申报的税务机关主管的任职、受雇单位。任职、受雇单位税务代码:填写受理申报的任职、受雇单位在税务机关办理税务登记或者扣缴登记的代码。任职、受雇单位所属行业:填写受理申报的任职、受雇单位所属的行业。其中,行业应按国民经济行业分类标准填写,一般填至大类。职务:填写纳税人在受理申报的任职、受雇单位所担任的职务。职业:填写纳税人的主要职业。在华天数。由中国境内无住所的纳税人填写在税款所属期内在华实际停留的总天数。中国境内有效联系地址:填写纳税人的住址或者有效联系地址。其中,中国有住所的纳税人应填写其经常居住地址。中国境内无住所居民住在公寓、宾馆、饭店的,应当填写公寓、宾馆、饭店名称和房间号码。经常居住地,是指纳税人离开户籍所在地最后连续居住一年以上的地方。

纳税人识别码、纳税人名称:纳税人取得的年所得中含个体工商户的生产、经营所得和对企事业单位的承包经营、承租经营所得时填写本栏;纳税人识别码:填写税务登记证号码;纳税人名称:填写个体工商户、个人独资企业、合伙企业名称,或者承包承租经营的企事业单位名称。

年所得额:填写在纳税年度内取得相应所得项目的收入总额。年所得额按《个人所得税自行纳税申报办法》的规定计算。各项所得的计算,以人民币为单位。所得以非人民币计算的,按照税法实施条例第四十三条的规定折合成人民币。

应纳税所得额:填写按照个人所得税有关规定计算的应当缴纳个人所得税的所

得额。

已缴(扣)税额:填写当期取得该项目所得在中国境内已经缴纳或者扣缴义务人已经扣缴的税款。

抵扣税额:填写个人所得税法允许抵扣的在中国境外已经缴纳的个人所得税税额。

减免税额:填写个人所得税法允许减征或免征的个人所得税税额。

3. 表6-22的填报方法

本表适用于扣缴义务人申报扣缴的所得税额。扣缴义务人必须区分纳税人、所得项目逐人逐项明细填写本表。

扣缴义务人不能按规定期限报送本表时,应当在规定的报送期限内提出申请,经当地税务机关批准,可以适当延长期限;扣缴义务人未按规定期限向税务机关报送本表的,依照征管法第六十二条的规定,予以处罚。

扣缴义务人编码:填写税务机关为扣缴义务人确定的税务识别号;扣缴义务人名称:填写扣缴义务人单位名称全称并加盖公章,不得填写简称;填表日期:是指扣缴义务人填制本表的具体日期。

纳税人姓名:纳税义务人如在中国境内无住所,其姓名应当用中文和外文两种文字填写;身份证照类型:填写纳税人的有效证件(身份证、户口簿、护照、回乡证等)名称。

所得项目:按照税法规定项目填写,同一纳税义务人有多项所得应分别填写;所得期间:填写扣缴义务人支付所得的时间。

收入额:如支付外币的,应折算成人民币。外币折合人民币时,如为美元、日元和港币,应当按照缴款上一月最后一日中国人民银行公布的人民币基准汇价折算;如为美元、日元和港币以外的其他外币的,应当按照缴款上一月最后一日中国银行公布的人民币外汇汇率中的现钞买入价折算。

免税收入额:指按照国家规定,单位为个人缴付和个人缴付的基本养老保险费、基本医疗保险费、失业保险费、住房公积金,按照国务院规定发给的政府特殊津贴、院士津贴、资深院士津贴和其他经国务院批准免税的补贴、津贴等按照税法及其实施条例和国家有关政策规定免于纳税的所得。此栏只适用于工资薪金所得项目,其他所得项目不得填列。

允许扣除的税费:只适用劳务报酬所得、特许权使用费所得、财产租赁所得和财产转让所得项目:劳务报酬所得允许扣除的税费是指劳务发生过程中实际缴纳的税费;特许权使用费允许扣除的税费是指提供特许权过程中发生的中介费和相关税费;适用财产租赁所得时,允许扣除的税费是指修缮费和出租财产过程中发生的相关税费;适用财产转让所得时,允许扣除的税费是指财产原值和转让财产过程中发生的合理税费。

除法律法规另有规定的外,准予扣除的捐赠额不得超过应纳税所得额的30%。

已扣税额:是指扣缴义务人当期实际扣缴的个人所得税税款及减免税额。

扣缴非本单位职工的税款,须在备注栏反映。

声明人：填写扣缴义务人名称。

4. 表 6－23 的填报方法

本表适用于个人独资企业和合伙企业投资者年度申报纳税及月、季度申报纳税。本着求实、简便的原则，在月、季度申报纳税时，可对本表有关项目进行精简，具体由各地税务机关根据实际情况确定。对从事一些特殊行业的投资者，根据这些特殊行业的要求，需要增减、调控本表有关项目的，可由省级地方税务局在本表基础上自行修改。

纳税人编码：按税务机关编排的代码填写；申报期：填写申报纳税所属时期的起止日期；金额单位：以人民币元为单位；行业类别：按纳税人主营项目确定；企业地址：填写企业经营管理机构的所在地。

表中第 7 栏"超过规定标准扣除的项目"，是指企业超过《个人独资企业和合伙企业投资者征收个人所得税的规定》和其他有关税收规定（以下简称规定）的扣除标准，扣除的各种成本、费用和损失，应予调增应纳税所得额的部分。上述扣除标准包括规定中列明的扣除标准，以及规定中虽未列明，但与国家统一财务会计制度规定标准兼容的部分。

表中第 19 栏"不允许扣除的项目"，是指规定不允许扣除，但企业已将其扣除的各项成本、费用和损失，应予调增应纳税所得额的部分。

表中第 30 栏"应税收益项目"，是指企业未计入应纳税所得额而应补报的收益。对属于计算上的差错或其他特殊原因而多报的收益，可以用负号表示。

表中第 34 栏"弥补亏损"，是指企业根据规定，以前年度亏损允许在税前弥补而相应调减的应纳税所得额。

表中第 35 栏"国库券利息收入"，是指企业免于纳税，但已计入收入的因购买国库券而取得的利息。

表中第 36 栏"投资者标准费用扣除额"，是指省、自治区、直辖市地方税务局规定允许扣除的投资者个人的费用扣除数额。

表中第 39 栏"应纳税所得额"，就个人独资企业的投资者而言，等于表中第 38 栏"经纳税调整后的生产经营所得"；就合伙企业的投资者而言，等于表中第 38 栏"经纳税调整后的生产经营所得"乘以依照规定的分配比例计算的应纳税所得额；投资者兴办两个或两个以上个人独资企业的，年终申报时，该栏应等于第 38 栏"经纳税调整后的生产经营所得"和"补充资料"中"3. 从其他企业取得的生产经营所得"的合计数。

🌀 工作任务评价标准

分组按照操作流程根据引导案例提供的资料，分别完成小何、小方的个人所得税纳税申报工作。

评价标准：

（1）是否清楚申报前应收集哪些涉税资料；

（2）是否明确核查个人纳税资料的方法要领；

（3）能否正确填制个人所得税纳税申报表；

① 表头填写是否正确；

② 收入申报的范围是否正确；

③ 所得类型是否划分正确；

④ 应纳税所得额的计算是否正确；

⑤ 税率适用是否正确。

（4）能否根据不同所得类型在正确的时间内向税务机关进行代理申报。

思 考 题

一、单项选择题

1. 某企业 2008 年销售收入 3 000 万元，当年实际发生业务招待费 30 万元，该企业当年可在所得税前列支的业务招待费金额是多少？（　　）

    A. 18 万元　　　　　B. 15 万元　　　　　C. 12 万元　　　　　D. 30 万元

2. 符合条件的小型微利企业，减按（　　）的税率征收企业所得税。

    A. 15%　　　　　　B. 18%　　　　　　C. 20%　　　　　　D. 22%

3. 企业所得税分月或者分季预缴，企业应当自月份或者季度终了之日起（　　）日内，向税务机关报送预缴企业所得税纳税申报表，预缴税款。

    A. 10　　　　　　B. 7　　　　　　C. 5　　　　　　D. 15

4. 生产性生物资产按照直线法计算的折旧，准予扣除，林木类计算折旧的最低年限是（　　）。

    A. 3 年　　　　　B. 10 年　　　　　C. 5 年　　　　　D. 20 年

5. 税务机关根据税法和条例做出的纳税调整决定，应在补征税款的基础上，从每一调整年度次年 6 月 1 日起到税款入库之日止计算加收利息。所称利息，应当按照税款所属纳税年度中国人民银行公布的与补税期间同期的人民币贷款基准利率加（　　）计算。

    A. 2 个百分点　　　B. 3 个百分点　　　C. 5 个百分点　　　D. 6 个百分点

6. 企业从事国家重点扶持的公共基础设施项目的投资经营的所得，从（　　）起，第一年至第三年免征企业所得税，第四年至第六年减半征收企业所得税。

    A. 获利年度

    B. 盈利年度

    C. 项目取得第一笔生产经营收入所属纳税年度

    D. 领取营业执照年度

7. 计算应纳税所得额时，在以下项目中，不超过规定比例的准予扣除，超过部分，准予在以后纳税年度结转的项目是（　　）。

    A. 职工福利费　　　　　　　　　B. 工会经费

    C. 职工教育经费　　　　　　　　D. 社会保险费

8. 在计算企业所得税时，通过支付现金以外的方式取得的投资资产，以该资产的(　　)为成本。

　　A. 公允价值　　　　　　　　　　B. 公允价值和支付的相关税费

　　C. 购买价款　　　　　　　　　　D. 成本与市价孰低

　　9. 企业应当自年度终了之日起(　　)内,向税务机关报送年度企业所得税纳税申报表,并汇算清缴,结清应缴或应退税款。

　　A. 15 日　　　　　　B. 4 个月　　　　　　C. 4 个月　　　　　　D. 6 个月

　　10. 经过(　　)以上的建造才能达到预定可销售状态的存货发生借款的,作为资本性支出计入有关资产的成本。

　　A. 2 个月　　　　　　B. 12 个月　　　　　　C. 18 个月　　　　　　D. 24 个月

　　11. 企业发生的公益性捐赠支出,在年度利润总额(　　)以内的部分,准予在计算应纳税所得额时扣除。

　　A. 10%　　　　　　B. 12%　　　　　　C. 15%　　　　　　D. 20%

　　12. 除税收法律、行政法规另有规定外,居民企业以(　　)为纳税地点。

　　A. 企业登记注册地　　　　　　　B. 企业实际经营地

　　C. 企业会计核算地　　　　　　　D. 企业管理机构所在地

　　13. 根据企业所得税法规定,依法在中国境内成立,或者依照外国(地区)法律成立但实际管理机构在中国境内的企业,是(　　)。

　　A. 本国企业　　　　B. 外国企业　　　　C. 居民企业　　　　D. 非居民企业

　　14. 在计算应纳税所得额时,下列支出哪项不得扣除(　　)。

　　A. 缴纳的营业税　　　　　　　　B. 合理分配的材料成本

　　C. 企业所得税税款　　　　　　　D. 销售固定资产的损失

　　15. 企业纳税年度发生亏损,准予向以后年度结转,用以后年度的所得弥补,但结转年限最长不得超过(　　)年。

　　A. 五年　　　　　　B. 三年　　　　　　C. 十年　　　　　　D. 不能弥补

　　16. 从世界范围看,个人所得税制存在着不同的类型,当前我国个人所得税制采用的是(　　)。

　　A. 单一所得税制　　　　　　　　B. 分类所得税制

　　C. 综合所得税制　　　　　　　　D. 混合所得税制

　　17. 下列各项不属于工资薪金所得的为(　　)。

　　A. 年终加薪　　　　　　　　　　B. 劳动分红

　　C. 津贴　　　　　　　　　　　　D. 稿酬收入

　　18. 某个体工商户企业,2008 年取得主营业务收入及其他业务收入 30 万元,税金及附加 1.5 万元,产品销售成本为 12 万元,其他费用和税务机关认可的损失合计 2 万元。另,业主从上市公司取得红利 5 万元。业主当年应缴纳的个人所得税是(　　)万元。

　　A. 5.34　　　　　　　　　　　　B. 4.59

　　C. 3.09　　　　　　　　　　　　D. 4.09

　　19. 个人独资企业和合伙企业投资者应纳的个人所得税税款,按年计算,分月或者分季预缴,由投资者在每月或每季度终了后( )日内预缴。

A. 5　　　　　　　　　　　　B. 7

C. 10　　　　　　　　　　　D. 15

20. 下列各项中,应当按"偶然所得"项目征收个人所得税的有( )。

A. 个人从任职单位取得可公开交易的股票期权

B. 个人将珍藏的古董拍卖所得

C. 个人将文字作品手稿原件拍卖所得

D. 个人股东从资产购买方企业取得的不竞争款项

二、多项选择题

1. 在计算应纳税所得额时,下列( )固定资产不得计算折旧扣除。

A. 未使用的房屋、建筑物

B. 接受捐赠的固定资产

C. 以经营租赁方式租入的固定资产

D. 单独估价作为固定资产入账的土地

2. 企业实际发生的与取得收入有关的、合理的支出,准予在计算应纳税所得额时扣除。其中包括( )。

A. 企业生产的成本、费用　　　　　B. 企业的税金

C. 企业的损失　　　　　　　　　　D. 赞助支出

3. 在计算应纳税所得额时,下列支出不得扣除( )。

A. 税收滞纳金　　　　　　　　　　B. 被没收财物的损失

C. 法定比例范围内的公益性捐赠支出　D. 向投资者支付的股息

4. 企业的下列( )收入为不征税收入。

A. 财政拨款

B. 依法收取并纳入财政管理的政府性基金

C. 国务院规定的不征税收入

D. 国债利息收入

5. 在计算应纳税所得额时,企业发生的下列( )支出作为长期待摊费用,按照规定摊销的,准予扣除。

A. 未经核定的准备金支出　　　　　B. 租入固定资产的改建支出

C. 固定资产的大修理支出　　　　　D. 赞助支出

6. 企业发生非货币性资产交换,以及将货物、财产、劳务用于( ),应当视同销售货物、提供劳务。

A. 捐赠　　　　B. 偿债　　　　C. 赞助　　　　D. 在建工程

7. 企业所得税法所称企业取得收入的货币形式包括( )。

A. 现金、存款、应收账款、应收票据　B. 不准备持有至到期的债权投资

C. 准备持有至到期的债券投资　　　D. 债务的豁免

8. 以下企业所得税的税前扣除项目,可以按照实际发生额从应税收入中扣除的是( )。

A. 财产保险费　　　　　　　　　　　B. 差旅费

C. 融资租赁费用　　　　　　　　　　D. 向其他企业借款发生的利息支出

9. 按照企业所得税法规定,下面说法正确的是(　　　)。

A. 企业销售存货,按规定计算的存货成本可以在税前扣除

B. 企业转让资产,该项资产的净值如果是负数,可以在税前扣除

C. 企业境外营业机构的亏损可以抵减境内营业税机构的盈利进行汇总缴纳企业所得税

D. 企业纳税年度发生亏损,准予向后年度结转,直到弥补完为止

10. 在 2008 年企业所得税税前,可以享受加计扣除的情形有(　　　)。

A. 开发新技术、新产品、新工艺发生的研究开发费用

B. 创业投资企业投资企业从事国家需要重点扶持和鼓励的创业投资额

C. 企业购置用于环境保护、节能节水、安全生产等专用设备的投资额

D. 安置残疾人员及国家鼓励安置的其他就业人员所支付的工资

11. 除国务院财政、税务主管部门另有规定外,关于固定资产计算折旧的最低年限正确的有(　　　)。

A. 房屋、建筑物,20 年

B. 飞机、火车、轮船、机器、机械和其他生产设备,10 年

C. 与生产经营活动有关的器具、工具、家具,5 年

D. 电子设备,3 年

12. 以下选项中是我国居民纳税人的有(　　　)。

A. 在我国有住所,因学习在法国居住半年的张某

B. 在我国工作 3 年的外籍专家

C. 在我国居住满 5 年,第 6 年回国探亲 2 个月的安妮

D. 2008 年 1 月 20 日来华学习,1 年后回国的罗伯特

13. 下列按工资薪金征税的项目有(　　　)。

A. 办理内退手续后至法定退休年龄之间从原单位取得的收入

B. 挂靠出租车管理单位的拥有出租车所有权个人从事客货营取得的收入

C. 对企业经营成果不拥有所有权的承租承包人的所得

D. 单位因雇员销售业务突出组织的旅游支出

14. 下列各项中,应按照"财产转让所得"项目计征个人所得税的有(　　　)。

A. 个人销售无偿受赠不动产的所得

B. 员工因拥有股权而参与企业税后利润分配取得的所得

C. 员工将行权后的股票再转让时获得的高于购买日公平市场价的差额

D. 股份制企业为个人股东购买住房而支付的款项

15. 下列各项中,可暂免征收个人所得税的所得是(　　　)。

A. 外籍个人按合理标准取得的出差补贴

B. 残疾人从事个体工商业生产经营取得的收入

C. 个人举报违法行为而获得的奖金

    D. 外籍个人从外商投资企业取得的股息、红利

三、判断题（正确的打√，错误的打×）

1. 居民企业承担无限纳税义务，非居民企业承担有限纳税义务。（　　）

2. 居民企业适用税率25%，非居民企业适用税率20%。（　　）

3. 在计算应纳税所得额时，企业财务、会计处理办法与税收法律、行政法规的规定不一致的，应当依照税收法律、行政法规的规定计算。（　　）

4. 按照企业所得税法的规定准予在计算应纳税所得额时扣除的费用，是指企业在生产经营活动中发生的销售费用、管理费用、财务费用和已经计入成本的有关费用。（　　）

5. 企业销售货物涉及现金折扣的，应当按照扣除现金折扣后的金额确定销售货物收入金额。（　　）

6. 企业所得税法所称利息收入，包括存款利息、贷款利息、债券利息、欠款利息、违约金收入等。（　　）

7. 企业发生的支出应当区分收益性支出和资本性支出。收益性支出在发生当期直接扣除；资本性支出则不得扣除。（　　）

8. 符合条件的技术转让所得免征、减征企业所得税，是指一个纳税年度内，居民企业技术转让所得不超过500元的部分，免征企业所得税；超过的部分，减半征收企业所得税。（　　）

9. 受赠人取得赠与人无偿赠与的不动产后，再次转让该项不动产的，在缴纳个人所得税时，以财产转让收入减除受赠。转让住房过程中缴纳的税金及有关合理费用后的余额为应纳税所得额，按20%的适用税率计算缴纳个人所得税。（　　）

10. 实行内部退养的个人在办理内退手续后至退休年龄之间，从原单位取得的一次性收入，超过当地上年职工平均工资3倍数额以上的部分应缴纳个人所得税。（　　）

11. 某外籍人员2006年12月1日开始来华在中国境内的一外商投资企业工作，2007年5月5日离境回母公司述职—一直到6月7日才回来一直工作到12月底，对2007年来说该外籍人员是居民纳税义务人。（　　）

12. 对非居民纳税人来源于中国境内但支付地点在境外的所得，免征个人所得税。（　　）

13. 王某为一家合伙企业的个人投资者，2007年该合伙企业以企业资金为王某购买了一辆汽车，这应当视为企业对个人投资者利润分配，依照"个体工商户的生产经营所得"项目计征个人所得税。（　　）

14. 城镇企事业单位及职工个人按照《失业保险条例》规定的比例实际缴付的失业保险费，均不计入职工个人当期工资薪金收入，免予征收个人所得税。（　　）

15. 纳税人原购房为装修房，即合同注明房价款中含有装修费（铺装了地板，装配了洁具、厨具等）的，在计税个人所得税，转让时不得再重复扣除装修费用。（　　）

案例分析

案例 1：

某企业财务人员向其主管税务机关申报 2010 年度的生产经营情况如下：

（1）取得主营业务收入 2 500 万元。

（2）应扣除的主营业务成本 1 900 万元，营业税金及附加 93.5 万元。

（3）发生销售费用 155 万元，其中：广告费用 60 万元，经营性租赁费用 5 万元（2008 年 8 月 1 日发生经营性租入固定资产业务，租赁期 10 个月，租赁费 50 000 元），其他销售费用 90 万元。

（4）发生管理费用 268.1 万元，其中：业务招待费 114.5 万元，上交总机构管理费 55 万元，其他管理费用 146.2 万元。

（5）发生财务费用 58 万元。

（6）取得投资收益 18 万元，其中：国债利息收入 12 万元，权益法核算下的被投资方甲股份公司亏损 19.5 万元，被投资方乙股份公司盈利 25.5 万元。

（7）取得营业外收入 1.5 万元。

（8）发生营业外支出 20 万元，其中：财产损失 14 万元（含转出的增值税进项税额），已经税务机关批准，通过公益性社会团体向红十字会捐赠 6 万元。

（9）利润总额 24.9 万元，企业所得税税率 25%，已缴纳企业所得税 5.217 万元。

思考：

1. 你作为受托进行年度纳税申报代理的注册税务师，根据上述材料和企业所得税有关规定，计算该企业 2010 年应纳企业所得税。

2. 填制企业所得税纳税申报表主表及纳税调整项目明细表。

案例 2：

赵某为武汉市某公司高层领导，2011 年 1 月被派往英国工作期间，取得英国总部支付的工资 1 万元，国内工资 3 万元，都取得了相应的工作凭据。

思考：

1. 赵某应缴纳的个人所得税。

2. 填制个人所得税申报表。

项目七　其他税种纳税申报代理实务

知识目标

● 熟悉土地增值税、印花税、房产税纳税申报代理的操作要领
● 掌握土地增值税、印花税、房产税纳税申报表的填制方法

技能目标

● 能够正确填制土地增值税、印花税、房产税的纳税申报表
● 能够代理土地增值税、印花税、房产税的纳税申报

模块一　土地增值税纳税申报代理实务

根据税法规定,土地增值税的纳税义务人为转让国有土地使用权、地上的建筑物及其附着物并取得收入的单位和个人。纳税义务人在取得房地产转让收入和取得预售房地产价款的当天,其土地增值税的纳税义务随即产生。

工作任务　土地增值税纳税申报

一、制定操作流程

引导案例:

恒兴税务师事务所最近接到的两笔业务都是为委托人代理土地增值税的纳税申报,相关涉税信息如下:

1. 安得房地产集团有限公司是武汉市武昌区一家中型民营地产开发公司,纳税人识别号为4403697286598。2011年3月10日将建造好坐落在汉阳区的高级商用楼出售,取得销售额5 000万元;该公司缴纳了有关税金(营业税税率为5%、印花税税率为0.5‰,城市维护建设税税率为7%,教育附加为3%),已知该公司为取得土地使用权而支付的地价款和按国家统一规定缴纳的有关费用为500万元,房地产开发成本为1 500万元,房地产开发费用中的利息支出为120万元(支付的集资款利息,比按同期银行贷款利率计算的利息多出10万元,能提供金融机构的证明)。武汉

市规定其他房地产开发费用的扣除比例为5%。

2. 位于武汉经济技术开发区的台港科贸实业有限公司,纳税人识别号为6204132889576。4月10日转让一幢2005年建造的旧厂房,当时造价100万元,支付土地使用权所支付的地价款为80万元。如果按现行市场价的材料、人工费计算,建造同样的房子需600万元,该房子出售时为七成新,按500万元出售,转让时支付有关税费共计27.5万元。

恒兴税务师事务所的税务师王丽、李伟接手了这两项代理业务。同学们请帮王丽及李伟思考以下问题:

(1) 代理申报前两位税务师应分别收集委托人的哪些涉税资料?

(2) 税务师要如何对涉税资料进行审核?

(3) 怎样填制土地增值税纳税申报表?

(4) 两位税务师应于何时向何处税务机关进行纳税申报?

土地增值税纳税申报代理的操作流程:

第一步,承接土地增值税纳税申报代理业务;

第二步,制定土地增值税纳税申报代理计划;

第三步,收集土地增值税纳税申报的涉税资料;

第四步,审核企业土地增值税的涉税资料;

第五步,代理填报土地增值税纳税申报表;

第六步,代理土地增值税纳税申报。

二、知识导航

(一)土地增值税纳税申报时间

纳税人应当自转让房地产合同签订之日起7日内向房地产所在地主管税务机关办理纳税申报,并在税务机关核定的期限内缴纳土地增值税。

纳税人(房地产开发企业)因经常发生房地产转让而难以在每次转让后申报的,纳税人应于次月10日内,将上月同一计税项目转让或预售的房地产汇总后,向房地产所在地主管税务机关办理土地增值税纳税申报并缴纳税款。定期进行纳税申报,一年之内不得变更。

(二)土地增值税纳税申报地点

土地增值税的纳税义务人应向房地产所在地主管税务机关办理纳税申报。在实际工作中,申报地点的确定又可以分为以下两种情况:

纳税义务人是法人的,当转让的房地产坐落地与其机构所在地或经营所在地一致时,则在办理税务登记的原管辖税务机关申报即可;当转让的房地产坐落地与其机构所在地或经营所在地不一致时,则应在房地产坐落地税务机关申报纳税。

纳税义务人是自然人的,当转让的房地产坐落地与其居住所在地一致时,则在住所所在地税务机关申报纳税;当转让的房地产坐落地与其居住所在地不一致时,在办理过户手续所在地税务机关申报纳税。

(三) 收集土地增值税纳税申报资料

代理申报前应按照税法规定对委托人的相关涉税资料进行全面收集,这不仅有利于税务师对委托事项做进一步的调查了解,也为日后代理申报做好材料上的准备。主要收集的资料包括:

(1) 房屋产权证、土地使用权证书。

(2) 土地转让、房产买卖合同。

(3) 与转让房地产有关的资料。包括取得土地使用权所支付的价款凭证,房地产开发成本和开发费用方面的财务会计资料、银行贷款利息结算通知单、与房地产转让相关的营业税、城建税、教育费附加、印花税等税金的完税凭证等。

(4) 房地产评估报告。如果出售的是旧房,或被税务机关认为申报的成交价格、扣除金额数目不实的,应请委托人出具由政府指定的评估机构所作的评估报告。

(5) 对符合减免税规定的,还应收集相关的证明材料,如开发建造的普通标准住宅应有经审核的《普通标准住宅审核表》。因国家建设需要而被政府征用、收回的房地产,应有政府依法征用或收回的批文;个人转让原自用住房,应收集房屋产权证、住房证、户口本等证明其居住时间的材料,以及其他符合免税规定事项的证明材料。

(四) 审核土地增值税纳税申报资料

收集到申报资料后,注册税务师应当对委托人提供的资料进行专业的审核判断,对所提供资料信息的真实性、完整性产生怀疑时,应要求其予以补正,并给予适当的提醒。主要的审核工作包括:

(1) 核查房地产投资立项合同、批准证书和房地产转让合同。通过核查来确认投资立项与转让的具体日期;房地产开发项目的类型,是否属于普通标准住宅;房地产转让的形式是一次性销售还是分次销售,是采取现房销售方式还是预售方式。以此作为是否可享受免征优惠及确定申报时间的参考依据。

(2) 核查应收账款、预收账款、经营收入、其他业务收入、固定资产清理账户及主要的原始凭证,确认本期应申报的转让房地产收入。

(3) 核查土地使用权转让合同及付款凭证,确认土地出让金的实际缴付金额。

(4) 核查开发成本账户及开发建筑承包合同与付款凭证,确认土地征用及拆迁补偿费、前期工程费等开发支出。

(5) 核查财务费用账户及相关借款合同,确认利息支出并按税法规定计算扣除。对于其他房地产开发费用应根据利息计算分摊情况,以土地出让金和开发成本为基数按规定比例计算。

(6) 核查经营税金和管理费用账户及缴税原始凭证,确认与转让房地产有关的营业税、印花税、城建税、教育附加费等税金的缴付情况。

(7) 核查有关旧房及建筑物房地产评估机构出具的评估报告及原始资料,确认重置成本以及成新度折扣率。

在经过以上核查后可计算得出土地增值额,并按适用税率计算出应纳税额。

【例7-1】 金星房地产开发公司2010年5月将建成的一幢写字楼给某银行,并委托恒兴税务师事务所代理土地增值税的纳税申报。委托人提供的相关信息如下:销售该写字楼取得收入总额为10 000万元。开发该写字楼支付地价款及各种费用1 000万元,房地产开发成本3 000万元,财务费用中利息支出为500万元,转让环节缴纳的有关税费共计为555万元。该房地产所在地政府规定的其他房地产开发费用计算扣除比例为5%。

税务师在代理申报前对委托人的相关涉税资料予以审核,发现以下情况:

(1) 房地产转让合同上写明该写字楼采取分期付款的销售方式,5月收取首付款5 000万元,余款在2012年年底前付清。在收到首付款并办妥相关手续后,5月21日金星签订了房地产转让合同。

(2) 2007年金星房产从宏伟实业购得该块土地使用权,土地使用权转让合同上注明金星支付的地价款及相关费用共1 000万元。

(3) 对金星的损益类、成本费用类财务报表进行核查,表明该写字楼的开发成本为3 000万元,财务费用中利息支出500万元,但其中有50万元属加罚的利息,其他450万元能按转让房地产项目计算分摊利息并能提供金融机构证明。

(4) 转让环节缴纳的税费555万元,能提供合法的完税凭证。

认真核查后,该税务师认为:① 该写字楼按分期付款的方式销售,当期不应按收入全额计算缴纳土地增值税,而是应按实际收到的价款乘以(应缴纳的全部土地增值税税额÷转让房地产的总收入)计算出来的数额缴纳。② 财务费用中加罚的利息不能计入房地产开发费用,在税前扣除。

经以上审查后,税务师计算出:

土地增值税允许扣除的项目金额合计为6 005万元,增值额为3 995万元,增值率为66.53%,因而应缴纳的土地增值税总额为1 297.75万元。本期应申报缴纳的土地增值税税额为648.875万元(5 000×1 297.75÷10 000)。

(五)代理填制土地增值税纳税申报表

1. 认识土地增值税纳税申报表

土地增值税纳税申报表分为两种:分别适用于房地产开发企业和适用于非从事房地产开发的纳税人。

(1) 土地增值税纳税申报表(一)(见表7-1),适用于从事房地产开发及转让的土地增值税纳税人,包括转让已完成开发的房地产取得转让收入,或预售正在开发的房地产并取得预售收入的情况。

表 7 - 1 土地增值税纳税申报表（一）

（从事房地产开发的纳税人适用）

纳税人识别号：

填表日期：　年　月　日　　　　　金额单位:元(列至角分)　　　　　面积单位:平方米

纳税人名称			税款所属时期	
项　目			行　次	金　额
一、转让房地产收入总额 1＝2＋3			1	
其中	货币收入		2	
	实物收入及其他收入		3	
二、扣除项目金额合计 4＝5＋6＋13＋16＋20			4	
1. 取得土地使用权所支付的金额			5	
2. 房地产开发成本 6＝7＋8＋9＋10＋11＋12			6	
其中	土地征用及拆迁补偿费		7	
	前期工程费		8	
	建筑安装工程费		9	
	基础设施费		10	
	公共配套设施费		11	
	开发间接费用		12	
3. 房地产开发费用 13＝14＋15			13	
其中	利息支出		14	
	其他房地产开发费用		15	
4. 与转让房地产有关的税金等 16＝17＋18＋19			16	
其中	营业税		17	
	城市维护建设税		18	
	教育费附加		19	
5. 财政部规定的其他扣除项目			20	
三、增值额 21＝1－4			21	
四、增值额与扣除项目金额之比（%）22＝21÷4			22	
五、适用税率（%）			23	
六、速算扣除系数（%）			24	
七、应缴土地增值税税额 25＝21×23－4×24			25	
八、已缴土地增值税税额			26	
九、应补（退）土地增值税税额 27＝25－26			27	

（续表）

纳税人声明	我单位所申报的各种税（费）款真实、准确，如有虚假内容，愿承担法律责任。 办税员： 法定代表人（负责人）： （章） 　年　月　日	授权人声明	现委托_____为我单位纳税申报代理人。 委托合同号码： 授权人（法定代表人）： 　年　月　日	代理人声明	本纳税申报是按照国家税法和税务机关规定填报的，我确信其真实、合法。 代理人： 代理机构（公章） 　年　月　日

以下由税务机关填写		
受理人： 受理日期：	（征税专用章） 　年　月　日	稽核人员： 稽核日期：　　　年　月　日

（2）土地增值税纳税申报表（二）（见表7-2），适用于非从事房地产开发的纳税人填写。

表7-2　土地增值税纳税申报表（二）

（非从事房地产开发的纳税人适用）

纳税人识别号
填表日期：　年　月　日　　　　金额单位：元（列至角分）　　　　面积单位：平方米

纳税人名称		税款所属时期	
项　目		行　次	金　额
一、转让房地产收入总额 1=2+3		1	
其中	货币收入	2	
	实物收入及其他收入	3	
二、扣除项目金额合计 4=5+6+9		4	
1. 取得土地使用权所支付的金额		5	
2. 旧房及建筑物的评估价格 6=7×8		6	
其中	旧房及建筑物的重置成本价	7	
	成新度折扣率	8	
3. 与转让房地产有关的税金等 9=10+11+12+13		9	
其中	营业税	10	
	城市维护建设税	11	
	印花税	12	
	教育费附加	13	
三、增值额 14=1-4		14	
四、增值额与扣除项目金额之比（%）15=14÷4		15	

（续表）

五、适用税率(%)				16		
六、速算扣除系数(%)				17		
七、应缴土地增值税税额 18＝14×16－4×17				18		

纳税人声明	我单位所申报的各种税(费)款真实、准确,如有虚假内容,愿承担法律责任。 办税员: 法定代表人(负责人): (章) 　年　月　日	授权人声明	现委托_____为我单位纳税申报代理人。 委托合同号码: 授权人(法定代表人): 　年　月　日	代理人声明	本纳税申报是按照国家税法和税务机关规定填报的,我确信其真实、合法。 代理人: 代理机构(公章) 　年　月　日

以下由税务机关填写		
受理人: 受理日期:　年　月　日	(征税专用章)	稽核人员: 稽核日期:　年　月　日

2. 代理填制土地增值税纳税申报表的方法

（1）土地增值税纳税申报表（一）

表中各主要项目内容应根据土地增值税的基本计税单位计算填报。对同时转让两个或两个以上计税单位的房地产开发企业,应按每一基本计税单位填报一份申报表的原则操作。如果房地产开发企业同时兼有免税和征税项目单位,也应分别填报。

① "转让房地产收入总额",为第 1 栏至第 3 栏的计算,包括转让房地产开发项目所取得的全部收入,即货币收入、实物收入和无形资产等其他形式的收入。

② "扣除项目金额合计",为第 4 栏至第 20 栏的计算,包括:

第一,"取得土地使用权所支付的金额",填写纳税人取得土地使用权而实际支付(补交)的土地出让金(地价款)及按国家统一规定交纳的有关费用的数额。

第二,"房地产开发成本",填写实际发生的各项开发成本,如果开发成本同时包含了两个或两个以上计税单位,应按一定比例分摊。

第三,"房地产开发费用",其中对符合税法规定,能按转让房地产项目计算分摊并提供金融机构证明的利息支出,在 14 栏中据实填写;反之,利息支出不符合单独计算列支规定的本栏数额为零。其他房地产开发费用,利息单独计算扣除的,按取得土地使用权所支付的价款和房地产开发成本合计数的 5% 计算扣除;利息不允许单独计算扣除的,在合计数 10% 以内计算扣除。

第四,"与转让房地产有关的税金",按转让房地产时实际缴纳的营业税、城市维护建设税、教育附加三项合计数填写。

第五,"财政部规定的其他扣除项目",填写按税法规定可根据取得土地使用权时支付的价款和房地产开发成本之和加计 20% 的扣除。

③ "适用税率",本栏按土地增值税所适用的最高一级税率填写。如果属于免税

项目,税率应为零。

④ 其他各栏的内容,按土地增值税税法规定及计算结果填写。

(2) 土地增值税纳税申报表(二)

本表填报的基本要求与表(一)相同的栏目同前所述,下面仅对不同栏目的内容作出说明。

"旧房及建筑物的评估价格",是按重置成本法并经主管税务机关确认的评估旧房及建筑物价格。其中:旧房及建筑物的重置成本价,是由政府批准设立的房地产评估机构评定的重置成本价,成新度折扣率是旧房及建筑物新旧程度折扣率。

"与转让房地产有关的税金",除营业税、城市维护建设税和教育费附加外,还包括与转让房地产有关的印花税。

(六) 代理申报需要报送的资料

按照税法规定,向主管税务机关代理土地增值税纳税申报,应同时提供下列证件资料:

(1) 委托方为房地产开发公司,需提交房屋产权证、土地使用权证书;土地转让、房产买卖合同;取得土地使用权所支付的价款凭证,当期财务会计报表、与房地产转让有关的税金的完税凭证;符合减免税优惠政策所需提供的相关证明资料;其他税务机关要求提供的资料。

(2) 委托方为非房地产开发公司,需提交房屋及建筑物产权、土地使用权证书;土地转让、房产买卖合同;房地产评估报告;与转让房地产有关的税金的完税凭证;符合减免税优惠政策所需提供的有关证明资料等。

工作任务评价标准

按照要求和流程完成了引导案例中提出的问题后,参照老师给出的标准,任务的完成者与老师共同来评价工作任务的完成情况。

评价标准:

(1) 是否清楚申报前应收集哪些涉税资料;

(2) 是否明确核查企业纳税资料的方法要领;

(3) 能否正确为两个企业填制土地增值税纳税申报表。

模块二　其他各税纳税申报代理实务

本模块让我们一起探讨下印花税和房产税的纳税申报代理。

工作任务一　印花税纳税申报

印花税纳税义务发生的时间为应税凭证书立或领受的当时,即纳税人的合同签订时,产权转移数据立据时,营业账簿启用时,权利许可证照领受时,就应履行纳税义务贴花完税。另外,纳税人在国外签订的应税合同,在国内使用时也应缴纳印花税。

一、制作操作流程

引导案例:

　　中有股份有限公司 2011 年 3 月开业,该公司 3 月份发生如下交易或事项:领受工商营业执照正副本各一件,税务登记证国税、地税正副本各一件,房屋产权证一件(注明纳税人识别号为 110107652317866),商标注册证 2 件;实收资本 2 000 000 元,资本公积 1 000 000 元,除记载资金的账簿外,还建有 4 本营业账簿;签订财产保险合同一份,投保金额 1 200 000 元,缴纳保险费 20 000 元;签订货物买卖合同一份,所载金额 1 000 000 元。该公司采用按期汇总缴纳印花税的办法,并委托恒兴税务师事务所为其代理 3 月份印花税的纳税申报,如果你是接手该业务的税务师吴晴,请思考以下问题:

　　(1) 如何对委托方提供的资料进行审核?

　　(2) 计算本月该公司印花税税额。

　　(3) 如何代理填制印花税纳税申报表?

　　印花税纳税申报代理的操作流程:

　　第一步,承接印花税纳税申报代理业务;

　　第二步,制定印花税纳税申报代理计划;

　　第三步,收集印花税纳税申报的涉税资料;

　　第四步,审核企业印花税的涉税资料;

　　第五步,代理填报印花税纳税申报表;

　　第六步,代理印花税纳税申报。

二、知识导航

(一) 印花税的缴纳方式

　　印花税缴纳方式主要有以下几种:

　　(1) 贴花法。由纳税人根据规定自行计算应纳税额,购买印花税票贴在应税凭证上,并在每枚税票与凭证交接骑缝处盖戳注销或画销。

　　(2) 采用缴款书代替贴花法。一份应税凭证应纳税额超过 500 元的,应向当地税务机关申请用缴款书或者完税证完税,并将其中一联粘贴在凭证上或由税务机关在凭证上加盖完税戳记代替贴花。

　　(3) 按期汇总缴纳法。同一种类应纳税凭证,需频繁贴花的,纳税人可以根据实际情况决定是否采用按期汇总缴纳印花税的方式。汇总缴纳的期限为一个月,采用按期汇总缴纳方式的纳税人应事先告知主管税务机关,缴纳方式一经选定,一年内不得改变。

（二）印花税纳税地点

印花税一般实行就地纳税。对于全国性商品物资订货会（包括展销会、交易会等）上所签订合同应纳的印花税，由纳税人回其所在地后及时办理贴花完税手续；对地方主办、不涉及省际关系的订货会、展销会上所签合同的印花税，其纳税地点由各省、自治区、直辖市人民政府自行确定。

（三）审核印花税纳税申报资料

印花税的计税方法虽然简单，然而税目有 13 个，税率也都有不同的规定，涉及企业生产经营的各个环节，纳税人稍有疏忽就可能造成税额的漏缴。因此，注册税务师应详细了解委托人所属行业及经营特点，确定应税凭证可能发生的主要范围，并有针对性对委托人的涉税资料进行核查，防止漏报漏缴。

核查企业当期书立的购销合同、加工承揽合同、货物运输合同、技术合同、营业账簿、权利许可证照等，确定不同合同所注明的金额及适用税率。

核查企业是否具有合同性质的票据、单据。如运输费用发票，购销单位互相之间开出的订单、要货单、传真函件等，这些均应视为应税凭证按规定申报纳税。

核查企业可能发生应税凭证业务的核算账户，如"实收资本"、"资本公积"、"固定资产"、"制造费用"、"管理费用"等，确定账户金额及账面资金的增长数。

对于加工承揽合同、货物运输合同等在计税时可作一定金额扣除的应税凭证，还应核查计税金额与扣除金额，确定计税依据。

根据收集核实的数据资料，即可汇总计算得出各应税凭证应纳印花税总额。

（四）代理填制印花税纳税申报表

采用缴款书代替贴花法，需填制《印花税税收缴款书》（表 7 - 3）。

按期汇总缴纳法，需填制《印花税纳税申报表》（表 7 - 4），适用于各类应税凭证印花税的纳税申报，能够将应税凭证当月申报与即时贴花完税的情况作全面综合的反映。

印花税纳税申报表主要栏目的填写方法为：

（1）"应税凭证名称"按合同适用的印花税税目填写。

（2）"计税金额"应填写印花税的计税依据。如货物运输合同，其金额要将装卸费剔除。

（3）"已纳税额"反映本月已贴花的税额，或以缴款书缴纳的印花税额。

（4）"购花贴花情况"反映企业购买印花税票自行完税贴花后结存的税票金额。本栏可为税务机关提供税收票证管理的原始资料。

（5）其他各栏请按表中注明的计算关系填写，此处从略。

表7-3 印花税税收缴款书

隶属关系：

注册类型： 填发日期： 年 月 日 征收机关：

缴款单位	代 码		电话		预算科目	编 码	
	全 称					名 称	
	开户银行					级 次	
	账 号				收缴国库		

税款所属时间	年 月 日至 月 日	税款限缴日期： 年 月 日

品目名称	课税数量	计税金额或销售收入	税率或单位税额	已缴或扣除额	实缴金额

金额合计	（大写） 亿 仟 佰 拾 万 仟 佰 拾 元 角 分	（小写）

缴款单位（人）（盖章）经办人（章）	税务机关（盖章）填票人（章）	上列款项已从缴款单位（人）账户支付并划转收款单位账户国库（银行）盖章 年 月 日	备 注：

表7-4 印花税纳税申报表

填表日期： 年 月 日

纳税人识别号： 金额单位:元(列至角分)

纳税人名称				税款所属时期							
应税凭证名称	件数	计税金额	适用税率	应纳税额	已纳税额	应补（退）税额	购花贴花情况			
							上期结存	本期购进	本期贴花	本期结存
1	2	3	4	5＝2×3×4	6	7＝5－6	8	9	10	11＝8+9－10
合计										

如纳税人填报,由纳税人填写以下各栏			如委托代理人填报,由代理人填写以下各栏			备 注
会计主管（签章）	经办人（签章）	纳税人（签章）	代理人名称		代理人（签章）	
			代理人地址			
			经办人	电话		
以 下 由 税 务 机 关 填 写						
收到申报表日期			接收人			

（五）代理申报需要报送的资料

代理申报时，除应向主管地方税务机关报送"印花税纳税申报表"外，还应根据实际涉税情况提供合同、产权转移书据、营业账簿、权利许可证照等其他税务机关需要的提供的凭证和资料，在申报时一并交由税务机关审核。

工作任务评价标准

请根据引导案例提供的信息，结合知识导航，回答引导案例中提出的问题，重点完成代理中有股份有限公司填制印花税纳税申报表。

评价标准：

（1）是否了解在申报前应重点审核哪些涉税资料；

（2）能否正确计算中有股份有限公司印花税应纳税额；

（3）能否正确填制印花税纳税申报表。

工作任务二　房产税纳税申报

房产税为财产税性质的税种，以房屋产权所有人为纳税人，产权出典的，由承典人为纳税人。

一、制定操作流程

引导案例：

五洲大乐汇商场有限公司是一家从事各类商品加工、批发、零售的大型商贸企业，4月初办理税务登记证，注明纳税人识别号为3502248679021。该企业拥有自己在五洲市繁华闹市区一栋五层楼的商场。该商场占地面积为3万平方米，其中该房产地下停车场占地面积为1万平方米。且房产原价值为8 000万元，其中地下停车场价值为3 000万元，该商场除部分楼层区域为自营外，还将其中的一层楼租赁给东方外语作教学培训场地。该公司自营部分的房产原值为6 000万元，商场出租部分每月的租赁收入为120万元。当地政府相关部门规定，房地产纳税期限为一年，房产原值可按照30%的比例扣除计算房产余值。

五洲大乐汇商场委托恒兴税务师事务所为其代理房产税的纳税申报，如果由你接手此事：

（1）你应如何审核该商场的相关资料？

（2）计算五洲大乐汇商场应纳的房产税税额。

（3）代理填制房产税纳税申报表

（4）你应何时申报，申报时应提供哪些资料？

房产税纳税申报代理的操作流程：

第一步，承接房产税纳税申报代理业务；

第二步，制定房产税纳税申报代理计划；

第三步,收集房产税纳税申报的涉税资料;

第四步,审核企业房产税的涉税资料;

第五步,代理填报房产税纳税申报表;

第六步,代理房产税纳税申报。

二、知识导航

(一)房产税纳税申报时间

房产税按年征收,分期缴纳。纳税期限为"季"、"半年"、"年",具体纳税期限由各省、自治区、直辖市人民政府决定。纳税义务人应在季后、半年后、年后的 15 日内申报纳税。

(二)房产税纳税地点

房产税在房产所在地缴纳。房产不在同一地方的纳税义务人,应按房产的坐落地点,分别向房产所在地的税务机关缴纳房产税。纳税义务人应根据税法的规定,将现有房屋的坐落地点、结构、面积、原值、出租收入等情况,据实向当地税务机关办理纳税申报。

(三)审核房产税纳税申报资料

房产税虽然征税对象单一,但是有关纳税义务人的确认、计税依据的计算、减税免税的规定却较为复杂。为能准确把握应纳税额的计算,维护委托方应享有的税收权益,应从以下方面审查委托人的涉税资料:

(1)核查应税房屋及与房屋不可分割的各种附属设施,或一般不单独计算价值的配套设施,确认产权所属关系,以此判定纳税义务人。

(2)核查应税房产投入使用或竣工、验收的时间,确认纳税义务发生的时间。

(3)核查"固定资产"、"预提费用"、"待摊费用"、"在建工程"、"其他业务收入"等核算账户,确认应税房产的净值或租金收入,确定房产税的计税依据。

(4)核查在征税范围内按现行政策应予以减税免税的房产。如危房、险房、停止使用、企业停产闲置不用的房产,因大修理停用在半年以上的房产等,报请税务机关审核同意可暂免征收房产税。

同时,由于房产税是地方税种,地方政府对房产税有较大的税收管理权限,近几年房产税政策调动频繁,税务师在代理房产税的纳税申报,除要掌握税法的一般规定外,还必须了解地方政府的特殊政策,这样才能准确把握应纳税额的计算。

(四)代理填制房产税纳税申报表

《房产税纳税申报表》如表 7-5 所示:

表 7 - 5　房产税纳税申报表

填表日期：　年　月　日

纳税人识别号

金额单位：元（列至角分）

纳税人名称												
坐落地点					税款所属时期							

上期申报房产（原值评估值）	本期增减	本期实际房产原值	其中			扣除率%	计税依据		房屋结构			缴纳次数	本　期			备　注
			从价计税的房产原值	从租计税的房产原值	免税房产原值		房产余值	租金收入	适用税率		全年应纳税额		应纳税额	已纳税额	朴（退）税额	
									1.2%	12%						
1	2	3＝1＋2	4＝3－5－6	5＝3－5－6	6	7	8＝4－4×7	9	10	11	12＝8×10＋9×11	13	14＝12÷13	15	16＝14－15	
合计																

如纳税人填报，由纳税人填写以下各栏　　　　如委托代理人填报，由代理人填写以下各栏

纳税人（签章）		代理人名称	
经办人（签章）		代理人地址	
会计主管（签章）		经办人	
		电话	

代理人（签章）

以下由税务机关填写

接收人	
收到申报表日期	

《房产税纳税申报表》的填写方法：

（1）房产原值，为"固定资产账户"借方记载的房屋造价（或购价）。其中：第1栏"上期申报房产原值（评估值）"，填写经税务机关审核认可的房产原值，或没有房产原值经税务机关评估的价值；第2栏"本期增减"，反映纳税人因为原有房产进行改建、扩建、因毁损而增减的房屋原值；第4至6栏在确定第3栏"本期实际房产原值"的基础上，区分为从价、从租计税和免税的房产原值。

（2）计税依据，第8栏从价计税的为房产原值减除10%至30%折旧后的余值，第9栏从租计征的为实际取得的租金收入。

（3）应纳税额按本期应缴和汇算填报，其中，第13栏"缴纳次数"，按主管地方税务机关的规定填写，如全年分2次或4次缴纳，第14栏"本期应纳税额"为全年应纳税额的1/2或1/4。

（4）其他栏目按照税法规定及表格列示的计算关系填写。

（五）代理申报需要报送的资料

代理申报时，除了向税务机关报送《房产税纳税申报表》外，同时还需报送《房产证》、《土地使用证》、《租赁合同》等相关资料。

工作任务评价标准

请根据引导案例提供的信息，结合知识导航，回答引导案例中提出的问题，重点完成代理五洲大乐汇商场有限公司填制印花税纳税申报表的任务。

评价标准：

（1）是否了解在申报前应重点审核哪些涉税资料；

（2）能否正确计算五洲大乐汇商场有限公司房产税应纳税额；

（3）能否正确填制房产税纳税申报表。

思 考 题

一、单项选择题

1. 土地增值税纳税申报应在转让房地产合同签订后（　　）日内，到房地产所在地主管税务机关办理。

  A. 3　　　　　　　B. 5　　　　　　　C. 7　　　　　　　D. 10

2. 其他房地产开发费用，利息单独计算扣除的，按取得土地使用权所支付的价款和房地产开发成本合计数的（　　）扣除。

  A. 20%　　　　　　B. 15%　　　　　　C. 10%　　　　　　D. 5%

3. 将本期各应税凭证印花税税额汇总计算后，如税额较小可到税务机关购买印花税票贴花完税并在每枚税票的骑缝处画销；税额较大的，税法规定为超过（　　）元，可用税收缴款书缴纳税款。

A. 500　　　　　　B. 1 000　　　　　C. 1 500　　　　　D. 20 000

4. 如果企业应税凭证种类多,纳税次数发生频繁,且金额较大,可向主管税务机关申请采取(　　)的方法。

　　A. 正常贴花　　　　　　　　　　　　B. 以缴款书缴纳

　　C. 汇总缴纳　　　　　　　　　　　　D. 以完税证缴纳

5. 纳税人以房产出租应申报缴纳房产税的计算公式是(　　)。

　　A. 应纳税额=房产原值×1.2%　　　　B. 应纳税额=房产余值×12%

　　C. 应纳税额=房产租金收入×1.2%　　D. 应纳税额=房产租金收入×12%

6. 非房地产开发企业计算土地增值税的增值额时允许扣除的税金包括(　　)。

　　A. 营业税、城市维护建设税、教育费附加

　　B. 营业税、城市维护建设税、教育费附加、印花税

　　C. 营业税、城市维护建设税、教育费附加、契税

　　D. 营业税、城市维护建设税、教育费附加、印花税、契税

7. 纳税人申报缴纳房产税的方式是(　　)。

　　A. 按季征收,分期缴纳

　　B. 按年征收,分期缴纳

　　C. 按月征收,分月缴纳

　　D. 由省、自治区、直辖市人民政府规定

二、多项选择题

1. 下面关于印花税的代理申报表述正确的是(　　)。

　　A. 原材料明细账簿和权利许可证照按件贴花每件5元

　　B. 具有合同性质的票据和单据,均应视为应税凭证按规定贴花

　　C. 印花税应纳税额不足一角的不征税

　　D. 企业缴纳的印花税应计入企业的管理费用

2. 在代理土地增值税纳税申报中,应核查(　　)等账户及主要原始凭证,确认本期应申报的转让房地产收入。

　　A. 经营收入　　　　　　　　　　　　B. 应收账款

　　C. 应付账款　　　　　　　　　　　　D. 固定资产清理

3. 对房产税代理申报表述错误的说法是(　　)。

　　A. 房屋的各种附属设施不应计入房屋价值缴纳房产税,如电梯

　　B. 已交付使用但未办理竣工决算的房屋暂不申报纳税

　　C. 房产税的计税依据是房产原值或者租金收入

　　D. 危房、险房、停止使用的房产,报请税务机关审核同意可暂免征收房产税

4. 根据印花税暂行条例有关规定,下列凭证中应贴花的是(　　)。

　　A. 土地使用证　　　　　　　　　　　B. 商标注册证

　　C. 贴息贷款合同　　　　　　　　　　D. 抢险物资运输凭证

5. 加工承揽合同中未划分受托方收取的加工费金额和提供原材料金额的,应按(　　)计税贴花。

A. 受托方收取的加工费金额

B. 按受托方收取的加工费和委托方提供的原材料合计金额

C. 按加工承揽合同适用税率

D. 按受托方收取的加工费和提供原材料合计金额

案例分析

案例1：

某市京胜地产开发公司参与开发市内新区建设项目，建成后的普通标准住宅销售收入5 000万元，综合楼销售收入18 000万元，公司按税法规定分别缴纳了销售环节各项有关税金及教育费附加（城建税税率为7%，教育费附加3%，印花税忽略不计。）公司取得土地使用权所支付的金额为2 000万元，其中建造普通标准住宅占用土地支付的金额占全部支付金额的1/4。公司分别计算了普通标准住宅和综合楼的开发成本及开发费用，普通标准住宅增值额占扣除项目金额的18%；综合楼开发成本为6 000万元。另知该公司不能提供金融机构贷款证明，当地省人民政府规定允许扣除的房地产开发费用计算比例为10%。

思考：

1. 计算该公司应缴纳土地增值税的税额。

2. 代理填制土地增值税纳税申报表。

案例2：

京胜公司2010年2月开业，领受工商执照、房产证、土地使用证和税务登记证各1件，订立以货易货合同一份，注明用市场价30万元货物换取40万元的材料；订立租房合同一份，租期5年，每年租金12万元；设立经营账簿5本，其中实收资本科目载明100万元，资本公积科目10万元，银行存款账户余额50万元，现金账余额0.1万元。

思考：

1. 计算京胜公司应缴纳的印花税税额。

2. 代理填制印花税纳税申报表。

项目八　纳税审查代理实务

知识目标

- 熟悉纳税审查代理的目的和意义
- 熟悉纳税审查的基本方法
- 掌握查账的主要内容和工作流程
- 掌握账务调整的基本方法

技能目标

- 能够根据审查的对象灵活运用审查方法
- 能够对纳税人的纳税情况进行全面审查
- 能够按照财务会计制度对有错漏问题的会计账目进行调整

模块一　认识纳税审查

　　企业应按照税法所规定的纳税期限计算应纳税额,并及时缴纳。在缴纳之前,企业的税务会计或者委托中介机构对纳税期内的生产经营情况、会计处理情况以及税款的计算情况进行审查。

　　注册税务师为客户提供纳税审查服务,其目的是为了指导或帮助纳税人、扣缴义务人做好纳税自查工作,正确地履行纳税义务,自行补缴少缴或未缴的税款,降低因纳税错误而承担的风险,最大限度地享受税法赋予企业的各项权利,以履行代理的职责;同时,纳税审查服务能够提高税务代理的执业质量,规避执业风险。

一、纳税审查基础任务导读

　　四方汽车运输公司(以下简称"四方公司")系东方集团公司所属法人企业,主要从事汽车运输业务,另设一个加油站和一个汽车修理厂,兼营成品油(各种型号的汽油、柴油)零售业务和汽车的修理修配以及汽车配件零售业务。除按交通运输业税目依照 3% 的税率缴纳营业税外,还被某县国税局认定为增值税一般纳税人,就其加油站应税销售额、汽车修理修配收入和汽车配件零售收入依照 17% 的税率计算增值税销项税额和应纳税额。近日,某税务师事务所按照服务合同约定,派出注册税务师对四方公司 2009 年上半年增值税纳税情况进行代理纳税审查。

二、纳税审查基础任务提出

　　注册税务师为客户提供纳税审查服务,其目的是为了指导或帮助纳税人、扣缴义务人做好纳税自查工作,正确地履行纳税义务,自行补缴少缴或未缴的税款,降低因纳税错误而承担的风险。税务师了解四方公司的基本情况后,安排了以下的工作任务:

　　　　任务一——会计报表的审查和分析;

　　　　任务二——会计账簿的审查和分析;

　　　　任务三——会计凭证的审查和分析;

　　　　任务四——对有错漏问题的会计账目进行调整。

三、纳税审查基础任务分析

　　纳税审查的基本方法主要有顺查法和逆查法、详查法和抽查法、核对法和审阅法、比较分析法和控制计算法。注册税务师对企业纳税的审查主要是审查其核算是否符合《企业会计准则》,审查计税依据是否符合税收法规,审查纳税人有无不按纳税程序办事,违反征管制度的情况。此外,还应关注纳税人的生产、经营、管理情况。通过审查发现问题,提出改进的措施,帮助企业改善经营管理,规避风险。审查会计报表是纳税审查的重要环节,在通常情况下,纳税审查是从审查和分析会计报表开始的。会计账簿是纳税审查的重要依据,审查时应按照经济业务的分类资料,从总分类账到明细分类账,从会计记录到实际情况的顺序进行审查。会计凭证是记录企业经济业务、明确经济责任、进行会计处理的书面证明和记账根据,也是纳税审查中核实问题的重要依据。审查时要注意把原始凭证和记账凭证结合对照审查。

四、知识导航

(一)纳税审查的基本方法

　　主要有顺查法和逆查法、详查法和抽查法、核对法和审阅法、比较分析法和控制计算法。

　　1. 顺查法和逆查法

　　顺查法是指按照会计核算程序,从审查原始凭证开始,按照会计核算顺序顺次审查。顺查法的优点是比较系统、全面,运用简单,审查问题比较彻底,其缺点是工作量大,重点不突出。主要适用于业务量不大、经济业务较少的企业。

　　逆查法是以会计核算的相反顺序,从审查分析会计报表开始,对有疑点的地方再进一步审查会计账簿和会计凭证的一种方法。逆查法的优点是方法重点突出,目的明确,审查问题比较深入,其缺点是不够全面、彻底。主要适用于大中型企业或业务量大、会计凭证较多的企业。

2. 详查法和抽查法

根据审查的内容和范围不同,纳税审查的方法可分为详查法和抽查法。

详查法是对企业在被审查期内的所有会计凭证、账簿和报表等会计资料进行全面、系统、详细地审查的一种方法。详查法的优点是可以从多方面进行比较分析、相互考证以发现问题,审查结果正确可靠,能够保证纳税审查的质量,其缺点是工作量大、持续时间长。一般适用于规模较小、经济业务量较少的企业。

抽查法是对会计凭证、账簿、报表等会计资料有选择性地抽取一部分进行审查的一种方法。抽查法的优点是抽查法针对性强、省时、省力,能够提高纳税审查的工作效率,其缺点是审查的问题不彻底、不全面,影响纳税审查的质量。主要适用于规模较大、经济业务量较多的企业。

3. 核对法和查询法

核对法是指根据凭证、账簿、报表之间的相互关系,对账证、账表、账账、账实的相互勾稽关系进行核对审查的一种方法。一般用于对纳税人和扣缴义务人有关会计处理结果之间的对应关系有所了解的情况。

查询法是在查账过程中,根据查账的线索,通过询问或调查的方式,取得必要的资料或旁证的一种审查方法。查询法便于了解现实情况,常与其他方法一起使用。

4. 比较分析法和控制计算法

比较分析法是指将企业账面资料的本期实际完成数同企业的各项计划指标、历史资料进行静态或动态对比的一种审查方法。

控制计算法是指根据有关数据之间相互制约的原理,用可靠的数据来测定账面数据或申报资料是否正确的一种审查方法。如以产核销、以耗测产都属于这种方法。

(二)纳税审查的基本内容

在目前我国开征的 20 多个税种中,如按征税对象可分为 3 大类,即按流转额征税,按所得额征税,按资源、财产及行为征税。虽然不同的税种纳税审查的侧重点不同,但是审查的基本内容大多一致。

审查其核算是否符合《企业会计准则》。重点是审查会计报表、会计账簿和会计凭证。通过纳税审查,可以掌握企业的成本核算、费用的开支、利润分配和会计业务的处理是否符合规定,会计核算是否准确,会计报表的填报是否准确、及时。

审查计税是否符合税收法规,重点是审查计税依据和税率。通过纳税审查,可以了解纳税人有无偷税、逃税和骗税,有无隐瞒收入、虚report费用、减少或截留税收的情况,促进纳税人依法履行纳税义务,帮助纳税人合理地缴纳税款。

审查纳税人有无不按纳税程序办事,违反征管制度的情况。主要是审查纳税人税务登记、凭证管理、纳税申报、缴纳税款等方面的情况。

此外,在审查上述内容时,还应关注纳税人的生产、经营、管理情况。通过在审查中发现问题,提出改进的措施,帮助企业改善经营管理。

（三）不同委托人代理审查的具体内容

1. 代理审查按流转额征税税种的主要内容

按流转额征税的主要税种有增值税、消费税和营业税。增值税是以增值额为计税依据的，应主要审查销售额及适用税率的确定、划清进项税额可抵扣与不允许抵扣的界限、鉴定免税项目是否符合规定、审查增值税专用发票的使用。对于消费税和营业税应侧重于征税对象和计税依据的审查，同时注意纳税人是否在规定期限申报纳税、适用税目税率是否正确、减免税是否符合税法规定。

2. 代理审查按所得额征税税种的主要内容

所得税的计税依据是应纳税所得额，应纳税所得额是以利润总额加减纳税调整项目金额，利润总额是由销售收入扣除成本费用项目后的余额。审查应纳税所得额的正确性，主要应审查：销售收入的正确性，成本额的正确性，成本与费用划分的正确性，营业外收支的正确性，以及税前调整项目范围、数额的正确性。

3. 代理审查按资源、财产、行为征税税种的主要内容

这类税种类多，但审查相对较为简单，审查时着重计税依据的真实性。如对土地增值税审核，重点是核实转让房地产所取得的收入和法定的扣除项目金额，以此确定增值额和适用税率，并核查应纳税额。对房产税的审核，重点是审核房屋原值和租金收入。对城镇土地使用税的审核，重点是审核纳税人实际占用土地的面积、减免税土地面积、适用单位税额以及税款计算缴纳等问题。

在了解上述基础知识的基础上，让我们一起来看一下注册税务师对四方公司的审查内容及审查流程：

注册税务师从 2009 年 7 月 10 日报送的 6 月增值税纳税申报表本年累计栏看，应税货物销售额 4 560 520 元，销项税额 775 288.40 元，进项税额 25 644.50 元，进项税额转出 99 946.20 元，实际抵扣税额－74 301.70 元，应纳税额 849 590.10 元，税负率为 18.63%。再从 1 月—6 月增值税纳税申报表看，每月申报的进项税额转出均大于当月的进项税额，因而实际抵扣税额呈现负数，应纳税额多于销项税额，增值税的税收负担率连续 6 个月大于 17%，让注册税务师感到意外，因为较长时期出现超高税收负担率现象几乎是不可能的。

注册税务师抽查了部分月份的会计资料。从四方公司会计凭证看，每月都发生汽车配件、汽油、柴油采购业务。汽车配件均从汽车配件市场进货并取得增值税专用发票，据以编制的会计分录为：借记"原材料"、"应交税金——应交增值税（进项税额）"，贷记"库存现金（银行存款、应付账款）"。其销售环节的会计处理也比较规范，增值税的抵扣和应纳税额的计算基本符合税务处理规定。

相对于汽车配件的购销会计处理，成品油购销的会计处理让人有些费解。从 1 月—6 月的会计凭证看，反映成品油增加的记账凭证会计分录均为借记"原材料"，贷记"应付账款——集团公司代储油"。这些记账凭证的附件只有收料单，未见进货发票。这说明除了代储油外，没有自购油。而四方公司每月都发生销售成品油和自用成品油业务，且对销售成品油业务全部通过"其他业务收入"和"其他业务成本"账户

核算,销售的成品油也已按照每月销售额计提了销项税额。对运输车辆自用油部分,先将账面含税原材料成本价税分离后,再将其不含税成本从"原材料"直接转入"主营业务成本——运输成本",并作进项税额转出。这说明四方公司每月只凭票抵扣了汽车配件部分的进项税,成品油虽然没有抵扣进项税,却对非应税项目(加油机自有车辆以外的汽车运输业务)大量耗用的成品油部分作了进项税额转出,造成各月进项转出数大于进项税额,最终导致税负率持续畸高。

针对注册税务师了解的情况,公司财务人员给予解释:上半年账面上的代储油是集团公司购买的,利用四方公司加油站的油罐存放的成品油。销售和自用的成品油确实都是代储油,考虑到最迟下半年就要用自购油来补充,所以视同自购油进行了会计处理。又因为是一般纳税人,尽管没有抵扣增值税,也对自用油作了进项税额转出处理。

注册税务师认为上述成品油购销业务的会计处理不合常理:第一,如果确实属于代储油,其产权性质不会因为存放地点的不同而发生改变,受托方无权自行处置。受托方只需根据代储协议设置备查簿登记其代储数量,在委托方用油时冲减其代储数量即可;如果双方签订的协议中,除代储外,还有代销条款,可以按照《企业会计制度》有关代销商品的会计处理规定,设置"受托代销商品"和"代销商品款"账户,区别不同的代销方式进行会计处理。不管是代储还是代销,双方都要签订协议,收取和支付服务费用。第二,加油站长达半年时间没有发生自购油业务,却要转出并未抵扣的进项税。按照《增值税暂行条例》和《增值税暂行条例实施细则》的规定,用于非应税项目的购进货物或者应税劳务的进项税额不得从销项税额中抵扣。已抵扣进项税额的购进货物或者应税劳务用于非应税项目的,应将该项购进货物或应税劳务的进项税额从当期发生的进项税额中扣减。由此可以看出,进项税额转出的前提是一般纳税人不应抵扣而抵扣了进项税,而且必须是纳税人自己购进的货物或者应税劳务。

四方公司连续半年没有发生自购油业务,自然不存在抵扣进项税额的前提条件,也不存在已抵扣税额转出的问题。

很明显,上述会计处理与代储油性质相矛盾。注册税务师根据国家税务总局发布的《成品油零售加油站增值税征收管理办法》(2002年4月2日国家税务总局令第2号)有关"加油站发生代储油业务时,应凭委托代储协议及委托方购油发票复印件向主管税务机关申报备案"的规定,请四方公司能出示委托代储协议、委托方购油发票复印件。财务人员不能提供,只好如实道出了公司的"税收筹划思路":集团公司从去年底开始销售形势一直很好,为了完成成本计划、平衡税负,调节应纳税款,由集团公司付款从石油公司购油,让四方公司车辆直接运回零售。增值税专用发票由石油公司直接开具给集团公司的,集团公司据以列支成本、费用并抵扣进项税。四方公司无发票入账,且无法凭票抵扣税款,也无法按正常购销业务进行会计处理,为了和以前同类业务会计处理相衔接,虚设"集团公司代储油"明细账户,依据收料单按实收油做借记"原材料"、贷记"应付账款"的分录。

注册税务师依据《税收征管法》等相关规定,针对上述问题与四方公司进行了交流和风险分析。

注册税务师认为,纳税风险问题可以从两个角度加以分析:从集团公司的角度看,存在错划会计要素和发出油品未作为销售处理两个问题。即将属于资产要素的外购存货直接作为费用要素处理,又将已作费用列支的存货直接运往所属法人企业用于对外销售。由于成品油已经发出,且四方公司也有权处置(销售)这些油品,所以应作为集团公司的销售行为在发出油品时确认债权和收入。从四方公司的角度看,也存在未抵扣税款而作进项税额转出和结转油品销售成本不合理两个问题。即结转的所谓代储油销售成本是集团公司已经作为费用列支的存货成本,造成同一项业务,集团公司和四方公司双重入账核算,重复列支成本、费用。

为了规避企业纳税风险,四方公司根据注册税务师在纳税服务报告中提出的建议,对上半年的代储油重新作为与集团公司之间的购销业务,依据财税规定进行了账务调整,让税负率由异常转为正常。

模块二　纳税审查的基础工作任务

在通常情况下,代理纳税审查一般是采用逆查法,从分析审查会计报表开始,通过对各种报表的相关指标及相互关系的审查分析,发现存在的问题,进一步确定审查的重点,对于会计报表中有疑点的地方再进一步审查会计账簿和会计凭证,查明问题所在,对有错漏的地方及时进行正确的账务调整。

工作任务一　会计报表审查

一、制定会计报表审查的工作流程

引导案例:

2010年8月,兴瑞税务师事务所的税务师们按照合同约定对东盛公司2010年上半年的纳税情况进行代理审查。注册税务师张华来到公司后,首先对该公司的2010年上半年的有关会计资料进行了审阅,发现以下疑点:

1. 资产负债表的二季度资产总计8 093 654元,负债总计2 805 744元,所有者权益数合计5 387 901元,负债和所有者权益总计8 093 645元。

2. 应收账款期末数为600 000元,年初数为300 000元;库存商品期末数为2 574 700元,年初数为2 580 000元;长期股权投资期末数为250 000元,年初数为250 000元;固定资产期末数为2 401 000元,年初数为1 500 000元;累计折旧期末数为170 000元,年初数为400 000元;应付账款期末数953 800元,年初数953 800元;应付职工薪酬期末数为100 000元,年初数为100 000元;应交税金期末数为205 344元,年初数为30 000元;长期借款期末数为1 160 000元,年初数为600 000元。

3. 资产负债表中的"其他流动资产"项目为红字,而同期报表上不存在其他流动负债。

4. 资产负债表中的未分配利润期末数为 202 215 元,期初数为 10 526 元,损益表中的本年累计数为 202 215 元。

如果你是一位注册税务师,对于东盛公司的会计报表存在的问题应该如何审查?

会计报表审查的工作流程:

第一步,承接代理纳税审查业务;

第二步,制定代理纳税审查计划;

第三步,收集企业涉税资料;

第四步,审核会计报表的填报是否正确;

第五步,审核会计报表各项目的勾稽关系是否正确;

第六步,整理会计报表审核工作底稿;

第七步,出具会计报表审核业务报告。

二、知识导航

会计报表是集中、概括、全面地反映企事业和机关、团体等单位经济活动情况及其结果的总结性报告文件。会计报表的审查是纳税审查的重要环节,在通常情况下,纳税审查是从审查和分析会计报表开始的,通过对会计报表的审查和分析,能够总括地把握纳税人资产与负债、收入与支出的变化,以及利润的实现有无问题,同时,通过对各种报表的相关指标及相互关系的审查分析,可发现存在的问题,进一步确定审查的重点。纳税人使用的会计报表主要有:资产负债表、利润表、现金流量表。纳税审查的重点是审查资产负债表和利润表。

(一) 会计报表审查的程序与步骤

会计报表一般按逆查法组织进行审查。其审查的基本程序如下:

(1) 运用审阅法就报表进行审查:从形式上查明报表的种类是否填报齐全;表内、表外应填列的指标是否已填列,有否遗漏之处;报送是否及时,手续是否完备。重点是查明应填列的指标是否有未填列的异常情况。

(2) 运用复核法,查证报表内的运算及平衡关系是否正确。查明有无计算上的错误和平衡关系不正常情况。

(3) 运用复核法,查证决算表与附表之间的勾稽关系,表与表之间相关数据是否相符。如果不一致则说明有误,则应进一步查明原因。

(4) 运用分析法判断报表中所填列的指标有无不正常的问题,作为进一步对会计账簿和凭证实施逆查的重点。

(5) 根据分析判断所决定的逆查项目,审查与选定与项目相关的账簿记录和会计凭证。对于需要查证的问题,运用查询法调查核实,并取得相应的证据。

(二) 资产负债表审查

资产负债表是纳税人对外报表中的一张主要报表,反映其某一特定时点上的财务状况。无论是对投资人、债权人,还是对税务机关来说,审核资产负债表都是了解纳税人经营和财务情况的一个重要途径。

1. 资产负债表的审查的基本方法

（1）数字比对法。数字对比法是通过分析和比较纳税人不同月份资产负债表的相同栏目的数字变化，发现纳税人的财务状况变动情况，进而发现其有关税收问题的一种方法。

（2）指标比对法。指标比较法是通过不同时期资产负债表所反映的各类经济指标的对比分析，发现和掌握纳税人有关税收问题的一种方法。资产负债率、资产流动比率、流动资产的速动比率等指标都是检查资产负债常涉及的内容。

2. 资产负债表的审查分析

（1）对流动资产各项目的审查与分析

流动资产包括"货币资金"、"交易性金融资产"、"应收票据"、"应收账款"、"坏账准备"（"应收账款"项目的抵减数）、"预付账款"、"应收股利"、"应收利息"、"其他应收款"、"库存商品"、"材料采购"、"发出商品"、"其他流动资产"等项目。在审查时，首先分析流动资产占全部资产的比重。分析企业的资产分布是否合理，分析流动资产的实际占用数是否与企业的生产规模和生产任务计划相适应，若流动资产实际占用数增长过快，则应注意是因材料或商品集中到货或因价格变动等因素引起，还是由于管理不善、物资积压、产品滞销或者是虚增库存成本所造成，以便进一步分析企业有无弄虚作假、乱计成本等问题。对流动资产项目进行分析后，还要进一步考核企业流动资金的周转情况，通过计算应收账款周转率、存货周转率等指标，并分别与计划、上年同期进行对比，分析这些指标的变化是否正常。

【例8-1】　某税务师事务所按合同约定对某企业进行纳税审查，注册税务师在对该企业年度资产负债表检查时得知该企业坏账准备提取率为4％。该企业"应收账款"余额为950 832元，但"坏账准备"贷方余额为15 803.33元，疑其存在多计费用问题。

经审阅该企业"应收账款"、"应收票据"、"预付账款"、"坏账准备"账户余额，该企业12月末"应收账款"余额为950 832元，应提坏账准备3 803.33元，"坏账准备"账户11月末贷方余额803.33元，故12月份应计提3 000元坏账准备，经调阅12月31日第68号记账凭证，发现年末计提的会计处理是：

借：管理费用　　　　　　　　　　　　　　　　　　15 000
　贷：坏账准备　　　　　　　　　　　　　　　　　　　　15 000

经审查，该企业虚增提取基数，任意提高计提标准，将提取率自行提高到6％，并将"应收票据"余额、"预付账款"余额与"应收账款"余额一起作为计提基数，从而使当年管理费用虚增了12 000元。

（2）对长期股权投资、固定资产、无形资产及长期待摊费用的审查与分析

长期股权投资反映企业不准备在一年内变现的投资。按规定，企业可以采用货币资金、实物、无形资产等方式向其他单位投资，由于投资额的大小涉及企业的投资效益，因此，在对资产负债表进行审查分析时，应首先核实企业长期投资数额；其次注意企业对长期股权投资的核算方法。会计制度规定，对被投资单位不具有共同控制

或重大影响,并且在活跃市场中没有报价、公允价值不能可靠计量的长期股权投资适用于成本法核算;对共同控制的合营企业、重大影响的联营企业适用于权益法。再次应注意核实企业长期股权投资数额。对长期股权投资的审查分析,除核实长期股权投资数额外,还应注意企业对长期股权投资的核算方法。企业进行长期股权投资,对被投资单位没有实际控制权的,应采用成本法核算,并且不因被投资单位净资产的增加或减少而变动;对拥有实际控制权的,应当采用权益法核算。由于成本法和权益法对于投资收益的确定方法不同,直接涉及所得税的计算和缴纳,因此要注意审查企业长期股权投资的核算方法是否得当。

固定资产的审查分析首先是了解资产增减变动的情况;其次,在核实固定资产原值的基础上,应进一步核实固定资产折旧额,审查企业折旧计算方法是否得当,计算结果是否正确。

对"在建工程"项目的审核,应注意了解企业有无工程预算,各项在建工程费用支出是否核算真实,有无工程支出与生产经营支出混淆情况等。

无形资产是反映企业的专利权、非专利技术、商标权、土地使用权等各种无形资产的价值。在审查无形资产项目时,应注意企业无形资产期末数与期初数的变化情况,了解企业本期无形资产的变动和摊销情况,并注意企业无形资产的摊销额计算是否正确,有无多摊或少摊的现象。

长期待摊费用包括开办费、固定资产修理支出、以经营租赁方式租入的固定资产改良支出等。对于长期待摊费用的审查,应注意企业有无将不属于开办费支出的由投资者负担的费用和为取得各项固定资产、无形资产所发生的支出,以及筹建期间应当计入资产价值的汇兑损益、利息支出等记入"长期待摊费用"账户的情况,并审核固定资产修理费支出和租入固定资产的改良支出核算是否准确,摊销期限的确定是否合理,各期摊销额计算是否正确。

【例8-2】　某税务师事务所按合同约定对某企业进行纳税审查,注册税务师在对该企业年度资产负债表进行审查,在审阅该企业1月份"待摊费用"总账下"固定资产修理费"明细账时,发现8日第68号记账凭证计入的一项待摊费用业务在账户摘要中注明"固定资产改良开支"字样。注册税务师疑其有错列待摊费用的问题。于是,注册税务师首先将第68号记账凭证调出,发现其账务处理是:

借:固定资产修理费　　　　　　　　　　　　　　　　　60 000
　　贷:银行存款　　　　　　　　　　　　　　　　　　60 000

审阅记账凭证所附的原始凭证时,发现是一张发货票和转账支票存根,根据发货票证明所购货物是企业用以更换某些租入生产设备的主要零部件。通过调查询问,证明该项支出属租入固定资产改良支出,摊销期应在一年以上,而该企业却列作待摊费用入账并于6个月内摊销完毕。

(3) 对负债各项目的审查与分析

资产负债表中将负债分为流动负债和长期负债排列。审查中应对流动负债和长期负债各项进行审查,通过报表中期末数与期初数的比较,分析负债的增减变化,对于增减变化数额较大、数字异常的项目,应进一步在查阅账面记录,审查企业有无将应转入的收入挂在"应付账款"账面,逃漏税收的情况。如应付账款类项目主要包括应付票据、应付账款、预收账款、其他应付款等项目,这些项目基本上都是根据应付账款类科目的期末余额填列的。在生产经营过程中发生的结算往来业务,都应及时办理债权债务的结算,不得长期拖欠。因此,审查时,如发现这些账户长时期保留较大数额或有增无减,有没有应转未转的销售收入。

审查企业"应交税费"是否及时、足额上缴,表中"未交税费"项目的金额与企业的"应交税费"贷方的余额是否相符,有无欠缴、漏缴等问题。

(4)对所有者权益的审查和分析

在审查资产负债表中所有者权益各项目时,主要依据财务制度的有关规定,审核企业投资者是否按规定履行出资义务,资本公积金核算是否正确,盈余公积金的提取比例是否符合制度的规定,并根据所有者权益各项目期末数和期初数之间的变动数额,分析企业投入资本的情况和利润分配的结果。

通过资产负债表的审查与分析,可以大致了解企业的资产分布情况、长短期负债情况和所有者权益的构成情况。在审查资产负债表时,还可以运用一些财务评价指标,如资产负债率、流动比率等对企业的经营状况、偿债能力等进行评价。

(三)损益表的审查

损益表是综合反映企业一定时期内(月份、年度)利润(亏损)的实现情况的报表。通过对损益表的审查和分析,可以了解企业本期生产经营的成果。由于企业的利润总额是计征所得税的依据,利润总额反映不实,势必影响缴纳的所得税额。

1. 损益表的审查方法

(1)根据企业会计制度的规定,审查年度损益表的编制结构和形式是否合理、合法,损益表中的各个项目、指标的填列是否正确,有无遗漏、错填等现象,指标与指标之间的计算是否正确,净收益计算是否有误等。

(2)按照损益表编制的脉络,追本溯源,依据账表、账账、账证的关系,审查利润表中的各项目资料,与账簿记录的内容是否相符,以及账簿登记的内容与有关的原始凭证、账簿凭证是否相符。

(3)审查与其他各种报表之间的勾稽关系,即审查损益表中的有关项目资料,与资产负债表、财务状况变动表中有关项目资料是否相一致,互相衔接。

2. 损益表的审查分析

(1)销售收入的审查

销售收入的增减,直接关系到税收收入和企业的财务状况及资金周转的速度,影响销售收入变化的主要因素是销售数量和销售价格。审查时,应分别按销售数量和销售单价进行分析。对销售数量的分析应结合当期的产销情况,将本期实际数与计划数或上年同期数进行对比,如果销售数量下降,应注意企业有无销售产品不通过"主营业务收入"账户核算的情况或企业领用本企业产品(或商品)而不计销售收入的情况。另外,还应注意销售合同的执行情况,有无应转未转的销售收入。对销售价格的审查,应注意销售价格的变动是否正常,如变动较大,应注意查明原因。企业的销售退回和销售折扣与折让,均冲减当期的销售收入,因此,应注意销售退回的有关手续是否符合规定,销售折扣与折让是否合理合法。特别是以现金支付的退货款项和折扣、折让款项是否存在套取现金或支付回扣等问题。

（2）销售成本的审查

对于产品（商品）销售成本的审查,应注意企业销售产品（商品）品种结构的变化情况,注意成本结转时的计价方法是否正确。同时,注意分析期末库存商品的成本是否真实。对于采用售价核算的商业企业,还应注意结转的商品进销价是否正确。

（3）营业税金及附加的审查

营业税金及附加是指企业销售产品（商品）所缴纳的消费税、营业税、城市维护建设税的税金以及教育费附加。分析时应注意:一是税率有没有调整变动;二是不同税率的产品产量结构有没有变动;三是企业申报数字是否属实。由于销售收入与营业税金有密切的联系,两者成正比例地增减。因此,要在核实销售收入的基础上,审查核实企业营业税金及附加计算结果是否正确,有无错计漏计等情况。

（4）销售利润的审查

销售利润是利润总额的组成部分,审查时应核查企业是否完成销售利润计划,与上期相比有无增减变动,计算出本期销售利润,并与上期、上年同期的销售利润率进行对比。如果企业生产规模无多大变化,而销售利润率变动较大,可能存在收入、成本计算不实、人为调节销售利润等问题,应进一步审查。

（5）营业利润的审查与分析

企业的营业利润是主营业务的利润加上其他业务利润,减去期间费用后的余额。在审查营业利润增减变动情况时,应注意审查主营业务的利润,注意审查其他业务的收入和为取得其他业务而发生的各项支出。其他业务收入应纳的流转税通过"其他业务成本"科目核算,因此,审查时要核实其他业务收入是否真实准确,其他业务成本是否与其他业务收入相配比,有无将不属于其他业务成本的费用摊入的现象。另外,对于属于期间费用的管理费用、财务费用、汇兑损失等要注意审核,对比分析各项费用支出额以前各期和本期的变动情况。如果费用支出增长较大,应进一步查阅有关"管理费用"、"财务费用"等账户,分析企业各项支出是否合理合法,有无多列多摊费用、减少本期利润的现象。

（6）投资收益的审查与分析

根据会计制度,企业对外投资取得的收益（损失）,通过"投资收益"科目进行反映。损益表中的投资收益项目就是根据"投资收益"科目的发生额分析填列的。企业的投资收益包括分得的投资利润、债券投资的利息收入、认购的股票应得的股利以及收回投资时发生的收益等。投资收益,应按照国家规定缴纳或者补缴所得税。在审查损益表的投资收益时,应注意企业是否如实反映情况。企业对外投资具有控制权时,是否按权益法记账、投资收益的确认是否准确。

（7）营业外收支项目的审查与分析

企业的营业外收入和营业外支出,是指与企业生产经营无直接关系的各项收入和支出。按照财务制度规定,营业外收入包括:固定资产的盘盈和出售净收益、罚款收入、因债权人原因确实无法支付的应付账款、教育费附加返还款等。营业外支出则包括：固定资产盘亏、报废、损毁和出售的净损失，非季节性和非修理期间的停工损失，职工子弟学校经费和技工学校经费，非常损失，公益救济性捐赠和非公益救济性捐赠，税收滞纳金、罚款、赔偿金、违约金等。审查营业外收支数额的变动情况时，对于营业外收入，应注意企业有无将应列入销售收入的款项或收益直接记作营业外收入，漏报流转税额。对于营业外支出，应注意是否符合规定的开支范围和开支标准，有无突增突减的异常变化。对于超过标准的公益救济性捐赠等，在计算应缴所得税时，应调增应纳税所得额。

（四）现金流量表的审查

现金流量表是反映企业在一定会计期间，所从事的经营、投资和筹资等活动对现金及现金等价物影响情况的会计报表。它通过对企业现金流入量、现金流出量和现金净流入量来反映现金项目从期初到期末的变动过程，提供企业在一定会计期间内现金流入与流出的有关信息，揭示企业的偿债能力、应付突发事件的能力和领导市场能力。

对现金流量表的审查，应注意审查核对现金流量表有关项目数字来源及计算的正确性。即主要核对经营活动、投资活动和筹资活动产生的现金流量。

🖐 工作任务评价标准

按照要求和流程完成了引导案例中提出的问题后，参照老师给出的标准，任务的完成者与老师共同来评价工作任务的完成情况。

评价标准：

（1）会计报表的审查方法的否得当；

（2）会计报表的审查重点是否突出；

（3）会计报表的审查是否正确。

工作任务二　会计账簿审查

一、制定会计账簿审查的工作流程

引导案例：

兴瑞税务师事务所按照合同约定对某企业进行纳税审查代理。在审阅企业管理费用明细账中的修理费时，注册税务师张华发现记有修建花园、假山、鱼池、亭台等用。在审阅成本明细账时，发现 A 型电机明细账结存中的数量是蓝字，金额却为红字。在审阅营业费用明细账时，发现记有客户用餐支出及支付的赔偿金、销货合同的违约金。

问题：1. 从该企业的明细账中你发现了什么问题？

　　　2. 如果你是一名注册税务师，在对企业的账簿进行审查应着重从哪些方面来进行审查？

会计账簿审查的工作流程：

第一步，承接代理纳税审查业务；

第二步，制定代理纳税审查计划；

第三步，收集企业涉税资料；

第四步，审核账簿组织及其记录是否符合一般原理原则；

第五步，审核账账是否相符，账簿记录计算的是否正确；

第六步，整理会计账簿审核工作底稿；

第七步，出具会计账簿审核业务报告。

二、知识导航

会计账簿是以会计凭证为依据，全面地、连续地、系统地记录企业各项资产、负债、所有者权益的增减变化情况以及经营过程中各项经济活动和财务成果情况的簿籍。由于会计账簿所记录的经济活动内容更系统和详细，比会计报表所提供的资料更充实、更具体，因此。它是纳税审查的重要依据，为进一步发现问题、核实问题提供了资料。

会计账簿可分为序时账、总分类账和明细分类账。审查时应根据经济业务的分类资料，按照从总分类账到明细分类账、从会计记录到实际情况的顺序进行审查。审查的针对性强，可以全面了解各类财产物资和负债等变化情况，系统地考察成本、费用和利润情况。通过对会计报表的审查分析后，对于有疑点的地方，则需通过账簿审查才能查证落实。报表的审查可提供进一步深入审查的线索和重点，账簿审查则是逐项审查和落实问题。

（一）会计账簿的审查程序和方法

审查账簿是审查凭证、账表承上启下的中间环节，其程序与技巧如下：

1. 运用审阅法审查账簿组织及其记录是否符合一般原理原则

比如：账簿记录是否符合登记账簿的规则；要素是否齐全；有无涂改、空页、空行及随意抽换账页的行为；账簿组织是否科学；记账分工是否符合内控原则等。

2. 运用平衡原理和账簿的内控关系，审查账账是否相符

会计的记账方法是以"资产＝负债＋所有者权益"的平衡关系为依据而设计的。因此，在对账簿记录的审查中，通过编制总分类账户本期发生额对照表（试算平衡表），运用平衡原理即可判明全部总分账记录有无影响平衡的错误。在记账过程中可能发生的错误，既有影响平衡的错误，又有不影响平衡的错误。凡发生了影响平衡的错误，如一方重记、漏记、错记数字、移位、倒位，以及反方向等，运用编制的"对照表"的方法，检查验证三组数据是否平衡，即可判明账账不符的原因。

在运用账簿内检制约关系审查核对账目之前，应运用复核法，初步审查各种账簿及其自身运算的正确性。比如，通过审查序时账编号的连贯性及分序号之和与总序号是否相符、发生额是否平衡，查明序时账本身有无差额。同时，对各种账簿记录的

计算也要进行复核和验证。在做好以上准备工作的基础上,即可运用账簿记录的纵横检控关系审查其正确性。运用账簿记录的横向检控关系,将"对照表"中的本期发生额合计与序时账本期发生额合计数进行核对,即可查明有无不影响平衡的错误,比如双方重记、双方漏记、双方等量错记和相抵的错误等。检验核对相符则证明无不影响平衡的错误,否则即可作出相反的判断。运用总分类账与现金日记账、银行存款日记账和专项存款日记账的纵向检控关系,检查核对其正确性。如相对应的四个数据相符,则可判断其账账相符。运用明细分类账户本期发生额明细账核对总分类账的方法检查、核对总分类账与明细分类账记录的正确性。如果"明细账"合计行中的四个数据与统驭它的总账与明细账,账账相符的结论,则证明记账无差错,即可作出总账与明细账,账账相符的结论。

3. 查证核对过账的正确性

即指审查者以审查合格的会计凭证为依据,查证转记于账簿中每笔记录的真实性、正确性、合规性和合法性的一项具体工作。会计账簿的真实性、正确性、合规性和合法性主要由会计凭证来加以证明,依据凭证记账则合法,无根据记账则属非法的伪账。所以,会计账簿审查的中心环节和重点内容就是查证和审核过账的正确性。

核对时应注明标记,凡账证相符者则标注符号(专用核对符号);账证数字不符者标注问号,即"?",并记录于审查工作底稿;根本对不上者则不标符号,也记录于审查工作底稿。对存在问题的账目,应进一步复查会计凭证后,再对其性质作出相应的结论。

4. 查证账簿计算的正确性

账簿记录是否正确,也是判断账簿记录是否真实、正确、合规、合法的另一个重要方面。所以,在审查核对过账的基础上,必须进一步审查账簿记录计算的正确性。审查会计账簿的计算,主要运用复核法查证发生额合计、结余额合计的正确性。运用虚列日计、月计和累计作弊是在账簿上作弊的一种惯用手法,借以达到虚增支出,人为调节成本、资金、利润或逃避以结余额考核其经济责任的目的。因此,会计账簿的计算的审查不可忽视。

最后,将核对过账中,账证数字不符或未核对上的账目所相关的凭证进行复查和验证,借以对其差错的性质作出正确的判断。在审查账簿时,审查者一般是以假定会计凭证合格(或者对凭证已作审查)为前提的,因此,对出现差错的问题相关凭证,必须进行复查和验证,根据复查和验证的结果,对其问题的性质进行准确的判断。

(二)会计账簿的审查内容

1. 序时账的审查与分析

序时账又称日记账,是按照经济业务完成时间的先后顺序登记的账簿。序时账有现金日记账和银行存款日记账。对现金日记账审查时,应注意企业现金日记账是否做到日清月结,账面余额与库存现金是否相符,有无白条抵库现象,库存现金是否在规定限额之内,现金收入和支付是否符合现金管理的有关规定,有无坐支或挪用现金的情况,有无私设小金库的违法行为。并进一步核实现金账簿记录是否正确,计算是否准确,更改的数字是否有经手人盖章。对银行存款日记账的审查,应注意银行存款账所记录的借贷方向是否正确,金额是否与原始凭证相符,各项经济业务是否合理合法,前后页过账的数字、本期发生额合计和期初、期末余额合计是否正确,并应注意将企业银行存款日记账与银行对账单进行核对,审查企业有无隐瞒收入等情况。

2. 总分类账的审查与分析

总分类账是按会计制度中的会计科目设置的,它可以提供企业资产、负债、所有者权益、成本、损益各类的总括资料。可以从总体上了解企业财产物资、负债等变化情况,从中分析审查,找出查账线索。审查总分类账时,应注意总分类账的余额与资产负债表中所列数字是否相符。各账户本期借贷方发生额和余额与上期相比较,有无异常的增减变化。特别是对与纳税有关的经济业务,应根据总账的有关记录,进一步审查有关明细账户的记录和相关的会计凭证,据以发现和查实问题。由于总分类账户提供的是总括的资料,一般金额比较大,如果企业某些经济业务有问题,但金额较小,在总分类账中数字变化不明显。则审查时不容易发现。因此,审查和分析总分类账簿的记录,只能为进一步审查提供线索,不能作为定案处理的根据。企业查账的重点应放在明细账簿的审查上。

3. 明细分类账的审查与分析

明细分类账是在总分类账的基础上,对各类资产、负债、所有者权益、成本、损益按照实际需要进行明细核算的账户,是总分类账的详细补充说明。总分类账审查后,带着问题的线索。应重点分析审查明细账,因为有些问题总分类账反映不出来或数字变化不明显。如结转耗用原材料成本所采用的计价方法是否正确,计算结果是否准确等,在总分类账中不能直接看出来,而查明细账则可以一目了然。明细账审查方法主要是:

（1）审查总分类账与所属明细分类账记录是否相吻合,借贷方向是否一致,金额是否相符。

（2）审查明细账的业务摘要,了解每笔经济业务是否真实合法,若发现疑点应进一步审查会计凭证,核实问题。

（3）审查各账户年初余额是否同上年年末余额相衔接,有无利用年初建立新账之机,采取合并或分设账户的办法,故意增减或转销某些账户的数额,弄虚作假、偷税漏税。

（4）审查账户的余额是否正常,计算是否正确。如果出现反常余额或红字余额,应注意核实是核算错误还是弄虚作假所造成的。

（5）审查实物明细账的计量、计价是否正确,采用按实际成本计价的企业,各种实物增减变动的计价是否准确合理。有无将不应计入实物成本的费用计入实物成本的现象,发出实物时,有无随意变更计价方法的情况。如有疑点,应重新计算,进行验证。

由于企业的账簿种类较多,经济业务量较大,而纳税审查的重点主要是审查企业有无偷税和隐瞒利润等问题。因此,在审查账簿时应有所侧重,重点选择一些与纳税有密切关系的账户,详细审查账簿中的记录,根据有关账户的性质,对借方、贷方、余额等进行有侧重的审查和分析。

　　上述对各类账簿进行审查时的侧重点,主要是针对与税收有关的一些主要账簿而言。在实际工作中,由于各个企业的经济业务不同,审查的目的和侧重点也应有所区别,审查时,应结合企业的特点,根据企业的规模大小、核算水平的高低、内部管理制度的严谨与否,灵活运用查账的方法,以提高纳税审查的工作效率。

🌀 工作任务评价标准

　　按照要求和流程完成了引导案例中提出的问题后,参照老师给出的标准,任务的完成者与老师共同来评价工作任务的完成情况。

　　评价标准:

　　(1)会计账簿审查的程序与方法是否得当;

　　(2)会计账簿审查的重点内容是否突出;

　　(3)会计账簿审查是否正确。

工作任务三　会计凭证审查

一、制定会计凭证审查的工作流程

引导案例:

　　兴瑞税务师事务所按照合同约定对某工厂进行纳税审查代理。注册税务师张华在审查过程中,发现以下疑点:

　　(1)该厂购买材料的记账凭证所附原始凭证为自制的材料入库单,没有购货发票。

　　(2)该厂购买水泥的发票与相应的验收单注金额不同,发票上注明购买水泥160吨,单价300元/吨,而验收单上注明入库水泥是100吨。

　　(3)审查该企业6月份应付账款的记账凭证时,发现398号记账凭证的会计分录是:

　　　　借:制造费用　　　　　　　　　　　　980

　　　　　贷:应付账款——A工厂　　　　　　　　980

　　该凭证下附一张四车间主任李某请A工厂机修车间修理机器的白条。

　　在审查7月份应付账款的记账凭证时,又发现435号记账凭证的会计分录是:

　　　　借:应付账款——A工厂　　　　　　　980

　　　　　贷:银行存款　　　　　　　　　　　　980

　　该凭证下附一张四车间主任李某的领款单和一张现金支票的存根。

　　请问上述会计凭证中存在什么问题? 如果你是一位注册税务师,应该着重从哪几个方面审查会计凭证?

　　会计凭证审查的工作流程:

　　第一步,承接代理纳税审查业务;

第二步,制定代理纳税审查计划;

第三步,收集企业涉税资料;

第四步,审查会计凭证内容及记录是否符合一般原理原则;

第五步,审核会计科目及其对应关系是否正确;

第六步,整理会计凭证审核工作底稿;

第七步,出具会计凭证审核业务报告。

二、知识导航

会计凭证是记录企业经济业务、明确经济责任进行会计处理的书面证明和记账根据,也是纳税审查中核实问题的重要依据。

会计凭证按其填制程序和用途划分,可分为原始凭证和记账凭证两种。原始凭证是在经济业务发生时所取得或者填制的、载明业务的执行和完成情况的书面证明,它是进行会计核算的原始资料和重要依据。记账凭证是由会计部门根据原始凭证编制的,是登记账簿的依据。由于原始凭证和记账凭证的用途不同,因此,审查的内容也不同。但两者有着密切的联系,应结合对照审查。

一、原始凭证的审查

原始凭证是根据经济业务内容直接取得的最初书面证明,按其取得的来源可以分为自制的原始凭证和外来的原始凭证两种。对外来和自制的原始凭证进行审查,就是审查其真实性和合法性。审查中,为进一步查明问题,还应当把被查的凭证同其他有关的凭证相互核对,若有不符或其他问题,应进一步分析落实。

具体的审查内容和方法如下:

1. 审查内容是否齐全,注意审查凭证的合法性

看凭证记录的经济内容是否符合政策、法规和财务会计制度规定的范围和标准。

(1)审查凭证的真实性。对凭证各项目的经济内容、数据、文字要注意有无涂改、污损、伪造、大头小尾等问题,并进行审查分析,从中发现问题。

(2)审查凭证的完整性。对凭证上的商品名称、规格、计量单位、大小写金额的填制日期仔细核对,应注意填写的内容是否清晰,计算的结果是否准确。

(3)审查自制的原始凭证手续是否完备,应备附件是否齐全。对差旅费报销还应与所附车船票、住宿费单据核对,看内容、金额是否相符。

2. 审查有无技术性或人为性的错误

主要通过产成品(库存商品)、原材料(材料物资)等出入库凭证的检查,看有无产品(商品)销售后收取的现金不入账。减少当期投入的情况;有无多列,虚列材料(商品)成本的情况;通过对成本类原始凭证的检查。看纳税人是否区分了本期的收支与非本期的收支,基本业务收支与营业外收支,资本性支出与收益性支出等,有无因此而影响当期或后期计税所得额的情况。

3. 审查有无白条入账的情况

要注意审查自制凭证的种类、格式及使用是否符合财会制度的规定,审批手续是

否健全,有无白条代替正式凭证的现象。对收款凭证要注意其号码是否连接,如发现缺本、缺页、审批手续不全的,应进一步查明原因。在审查支出凭证所记载的内容是否遵守制度规定的开支范围和标准时,要注意有无白条作支出凭证的情况。

二、记账凭证的审查

记账凭证是由会计人员对原始凭证归类整理而编制的,是登记账簿的依据。记账凭证的审查主要从以下几个方面进行:

(一) 审查所附原始凭证有无短缺,两者的内容是否一致

首先要注意记账凭证与原始凭证的数量、金额是否一致。有的记账凭证往往附有一些原始凭证,如支票存根、发票联、差旅费报销单、医药费单据等,应认真检查核对。有的原始凭证金额不能简单地加总,还需要按规定分析填制记账凭证,通过复核,看其是否与记账凭证所反映的金额相符。

(二) 审查会计科目及其对应关系是否正确

会计事项的账务处理及其科目的对应关系在会计制度中一般都有明确规定,如果乱用会计科目或歪曲会计科目,就可能出现少缴或未缴税款的情况。例如,企业销售产品(商品),不通过销售收入账户进行核算,而直接以借“银行存款”(或“应收账款”),贷“库存商品”的错误对应关系来处理,就掩盖了销售收入,漏掉了增值税,而且也影响了企业利润和所得税。

(三) 记账凭证的会计科目与原始凭证反映的经济业务内容是否相符

审查时应注意会计凭证的摘要说明与原始凭证的经济内容是否相符,如不相符,应注意纳税人是不是有意的,如收到对方的预收货款收款收据后,将其作为购货凭证登记“库存商品”或“材料物资”,取得正式发票后又重复入账的;将应记入“应付职工薪酬”、“在建工程”的支出列入直接费用或期间费用的;将应记入“长期待摊费用”分期摊销却列入当期生产成本一次摊销的。

工作任务评价标准

按照要求和流程完成了引导案例中提出的问题后,参照老师给出的标准,任务的完成者与老师共同来评价工作任务的完成情况。

评价标准:

(1) 会计凭证审查的程序与方法是否得当;

(2) 会计凭证审查的重点内容是否突出;

(3) 会计凭证审查是否正确。

模块三　账务调整工作任务

在代理人对纳税人的纳税情况进行全面审查后,对于有错漏问题的会计账目,按照财务会计制度进行账务调整,使账账、账证、账实相符。

工作任务一　对当期错误会计账目的调整

一、制定当期错误会计账目的调整工作流程

引导案例：

某税务师事务所审查某工业企业的纳税情况发现,发现以下几笔需要调整的账务:

(1)该企业将自制产品用于建造固定资产,所用产品的成本为 3 000 元,不含税销售价为 4 000 元,增值税税率为 17%,企业账务处理为:

借:在建工程　　　　　　　　　　　　　　　　　　 4 680
　　贷:产成品　　　　　　　　　　　　　　　　　　 4 000
　　　　应交税费——应交增值税(销项税额)　　　　 680

(2)该企业本月应摊销待摊费用 5 400 元,实际摊销 4 800 元,在本年度纳税审查中发现少摊销 600 元,企业的账务处理为:

借:制造费用　　　　　　　　　　　　　　　　　　 4 800
　　贷:待摊费用　　　　　　　　　　　　　　　　　 4 800

(3)该企业将专项工程耗用材料列入管理费用 6 000 元。企业的账务处理为:

借:管理费用　　　　　　　　　　　　　　　　　　 6 000
　　贷:原材料　　　　　　　　　　　　　　　　　　 6 000

请问上述三笔错账应该如何调整?

对当期错误会计账目的调整的工作流程:

第一步,找出当期错误的账务处理;

第二步,更正当期错账;

第三步,整理工作底稿;

第四步,出具当期错账调整业务报告。

二、知识导航

在审查中发现的当期的错误会计账目,可根据正常的会计核算程序,采用红字调整法、补充调整法、综合调整法予以调整。对于按月结转利润的纳税人,在本月内发现的错账,调整错账本身即可;在本月以后发现的错账,由于以前月份已结转利润,所以影响到利润的账项还需先通过相关科目最终结转到本年利润科目调整。

(一)红字冲销法

就是先用红字冲销原错误的会计分录,再用蓝字重新编制正确的会计分录,重新登记账簿。它适用于会计科目用错及会计科目正确但核算金额错误的情况。一般情况下,在及时发现错误、没有影响后续核算的情况下多使用红字冲销法。

【例 8-3】　某企业以银行存款缴纳消费税 20 000 元,缴纳税收滞纳金 500 元,企业已做账务处理如下:

借:营业税金及附加 20 000
　财务费用 500
　贷:银行存款 20 500

经审查发现滞纳金应记入"营业外支出"科目,缴纳消费税应记入"应交税费——应交消费税"属于会计科目使用错误,先红字冲销原账务处理,再重新编制正确的分录。调账如下:

借:营业税金及附加 20 000
　财务费用 500
　贷:银行存款 20 500　(红字)
借:应交税费——应交消费税 20 000
　营业外支出 500
　贷:银行存款 20 500

(二)补充登记法

通过编制转账分录,将调整金额直接入账,以更正错账。它适用于漏计或错账所涉及的会计科目正确,但核算金额小于应计金额的情况。

【例8-4】某企业会计在纳税审查中发现应摊销待摊费用6 000元,而企业实际少摊了1 000元,企业调账如下:

借:制造费用 1 000
　贷:待摊费用 1 000

(三)综合账务调整法

将红字冲销法与补充登记法综合加以运用,一般适用于错用会计科目的情况,而且主要用于所得税纳税审查后的账务调整,如果涉及会计所得,可以直接调整"本年利润"账户。

综合账务调整法一般运用于会计分录借贷方,有一方会计科目用错,而另一方会计科目没有错的情况。正确的一方不调整,错误的一方用错误科目转账调整,使用正确科目时及时调整。

【例8-5】 某企业将专项工程耗用材料列入了管理费用8 000元,会计处理如下:

借:管理费用 8 000
　贷:原材料 8 000

若企业当月发现问题直接调整错用会计科目即可,不涉及会计所得。调账分录为:

借:在建工程 8 000
　贷:管理费用 8 000

若企业在月底结账后发现问题,影响了会计所得,还应调整利润科目。调账分录为:

借:在建工程 8 000

　　　　贷：管理费用　　　　　　　　　　　　　　　　　　8 000
　　借：管理费用　　　　　　　　　　　　8 000
　　　　贷：本年利润　　　　　　　　　　　　　　　　　　8 000

工作任务评价标准

　　按照要求和流程完成了引导案例中提出的问题后，参照老师给出的标准，任务的完成者与老师共同来评价工作任务的完成情况。

　　评价标准：

　　（1）新的账务处理业务必须符合会计原理和核算程序，反映错账的来龙去脉；

　　（2）新的账务处理业务能否正确反映企业的财务状况和生产经营情况，并使会计期间上下期保持连续性和整体性；

　　（3）新的账务处理业务是否符合从简原则。

工作任务二　对上一年度错误会计账目的调整

一、制定上一年度错误会计账目的调整工作流程

引导案例：

　　某税务师事务所 2010 年 4 月对某公司 2009 年度纳税审查中，发现以下几笔需要调整的账务：

　　1. 在所得税的汇算清缴中，发现该企业将用于职工福利支出的 50 000 元记入"在建工程"账户，审查是在年终结账后进行的。

　　2. 发现该企业多预提厂房租金 30 000 元，应予以回冲。

　　请问应该如何进行账务调整？

　　对上年度错误会计账目的调整的工作流程：

　　第一步，找出上年度错误的账务处理；

　　第二步，更正上年度错账；

　　第三步，整理工作底稿；

　　第四步，出具当期错账调整业务报告。

二、知识导航

　　对上一年度错账且对上年度税收发生影响的，分以下两种情况：

　　（1）如果在上一年度决算报表编制前发现的，可直接调整上年度账项，这样可以应用上述几种方法加以调整，对于影响利润的错账须一并调整"本年利润"科目核算的内容。

　　（2）如果在上一年度决算报表编制之后发现的，一般不能应用上述方法，而按正常的会计核算对有关账户进行一一调整。这时需区别不同情况，按简便实用的原则进行调整。

对于不影响上年利润的项目，可以直接进行调整。

【例8-6】 在所得税的汇算清缴中，注册税务师受托对某企业所得税纳税情况进行审查，发现该企业将用于职工福利支出的30 000元记入"在建工程"账户，审查是在年终结账后进行的。注册税务师经过认真审核，确认该笔业务应通过"应付职工薪酬"科目核算，因企业基建工程尚未完工交付使用，故不影响企业当期所得税的缴纳，相关调账分录为：

借：应付职工薪酬 30 000
　　贷：在建工程 30 000

【例8-7】 某生产机电产品的工业企业上年度8月份售给甲厂A产品200件，售价总额250 000元，成本总额160 000元，企业作如下分录：

借：银行存款 250 000
　　贷：其他应付款——甲厂 250 000
借：其他应付款——甲厂 160 000
　　贷：库存商品——A产品 160 000

不通过"销售收入"账户，漏缴了增值税（销项税额）42 500元，同时也少实现企业利润47 500元（207 500—160 000）。

如果税务机关的纳税检查是在企业上年度决算编报之前进行的，因上年度尚未结账，可根据正常的会计核算程序，直接调整上年度账项，应通过"主营业务收入"科目核算产品（商品）的销售收入，通过"主营业务成本"科目核算产品（商品）销售成本，同时结转产品（商品）的销售利润。

其账务调整分录为（250 000元应是含税售价总额，应化为不含税售价）：

1. 计入收入

借：银行存款 250 000
　　贷：主营业务收入——A产品 213 675
　　　　应交税金——增值税检查调整 36 325（213 675×17%）

2. 结转成本

借：主营业务成本 160 000
　　贷：库存商品——A产品 160 000

对上一年度错账且不影响上一年度的税收，但与本年度核算和税收有关的，可以根据上一年度账项的错漏金额影响本年度税项情况，相应调整本年度有关账项。

【例8-8】 某税务师事务所2010年审查2009年某企业的账簿记录，发现2009年12月份多转材料成本差异40 000元（借方超支数），而消耗该材料的产品已完工入库，该产品于2010年售出。

这一错误账项虚增了2009年12月份的产品生产成本，由于产品未销售，不需结转销售成本，未对2009年度税收发生影响，但是由于在2010年售出，此时虚增的生产成本会转化为虚增销售成本，从而影响2010年度的税项。

如果是在决算报表编制前发现且产品还未销售，那么可以直接调整上年度账项，即：

借：材料成本差异   40 000

  贷：库存商品   40 000

如果是在决算报表编制后发现且产品已经销售，由于上一年账项已结平，这时可直接调整本年度的"主营业务成本"或"本年利润"账户，作调整分录如下：

借：材料成本差异   40 000

  贷："主营业务成本"或"本年利润"   40 000

⬤ 工作任务评价标准

按照要求和流程完成了引导案例中提出的问题后，参照老师给出的标准，任务的完成者与老师共同来评价工作任务的完成情况。

评价标准：

（1）对上一年度错误会计账目的调整方法是否正确；

（2）新的账务处理业务是否正确。

工作任务三　其他账务调整

一、制定其他账务调整工作流程

引导案例：

注册税务师受托对某企业进行纳税审查，发现该企业某月份将基建工程领用的生产用原材料 30 000 元计入生产成本。由于当期期末既有期末在产品，也有生产完工产品，完工产品当月对外销售一部分，因此，多计入生产成本的 30 000 元，已随企业的生产经营过程分别进入了生产成本、产成品、产品销售成本之中。经核实，期末在产品成本为 150 000 元，产成品成本为 150 000 元，产品销售成本为 300 000 元。

请问应该如何进行账务调整？

对其他账务调整的工作流程：

第一步，找出其他错误的账务处理；

第二步，更正错账；

第三步，整理工作底稿；

第四步，出具当期错账调整业务报告。

二、知识导航

注册税务师审查出的纳税错误数额，有的直接表现为实现的利润，不需进行计算分摊，直接调整利润账户；有的需经过计算分摊，将错误的数额分别摊入相应的有关账户内，才能确定应调整的利润数额。后一种情况主要是在材料采购成本、原材料成本的结转、生产成本的核算中发生的错误，如果尚未完成一个生产周期，其错误额会依次转入原材料、在产品、产成品、销售成本及利润中，导致虚增利润，使纳税人多缴当期的所得税。因此，应将错误额根据具体情况在期末原材料、在产品、产成品和本期销售产品成本之间进行合理分摊。

计算分摊的方法是：应按产品成本核算过程逐步剔除挤占因素，即将审查出的需分配的错误数额，按材料、自制半成品、在产品、产成品、产品销售成本等核算环节的程序，一步一步地往下分配。将计算出的各环节应分摊的成本数额，分别调整有关账户，在期末结账后。当期销售产品应分摊的错误数额应直接调整利润数。在实际工作中一般较多地采用"按比例分摊法"。

如某企业某月多计材料采购成本 20 000 元，生产领用一批，所领材料部分加工完成产成品一批，完工产品销售一部分，其 10 000 元的错误额此时已进入原材料，在产品，产成品，销售成本之中。因此应按比例计算确定各部分相应的错误额，相应调整各有关账户，而不能将 10 000 元的错误额全部调增当期利润。

采用"按比例分摊法"的计算步骤如下：

第一步：计算分摊率

查出的错误额分摊率

$$= \frac{错误总额}{期末材料成本＋期末在产品成本＋期末产成品成本＋本期销售产品成本}$$

说明：上式是一个基本计算公式，具体运用时，应根据错误发生的环节，相应选用某几个项目进行计算分摊，不涉及的项目则不参加分摊。一般说来应在出错环节或由出错以后的各环节进行分摊。如：在材料账户借方查出的问题，即多记或少记材料成本，要在上边公式中分母的四个项目之间分摊。在材料账户贷方查出的问题，即多转或少转成本的错误，应在公式中分母的后三个项目之间分摊。在"基本生产成本"账户借方查出的错误额，也需在上述三个项目之间分摊，在"生产成本"账户贷方，"库存商品"账户借方查出的数额，只需要在期末产成品，本期销售产品成本之间分摊。

第二步：计算分摊额

（1）期末材料应分摊的数额＝期末材料成本×分摊率

（2）期末在产品成本应分摊的数额＝期末在产品成本×分摊率

（3）期末产成品应分摊的数额＝期末产成品成本×分摊率

（4）本期销售产品应分摊的数额＝本期销售产品成本×分摊率

第三步：调整有关账户

将计算出的各环节应分摊的成本数额，分别调整有关账户，使企业的错误账务处理改正过来。需要说明的是，在期末结账后，当期销售产品应分摊的错误数额，应直接调整利润数。

【例 8-9】 注册税务师受托对某企业进行纳税审查。发现该企业某月份将基建工程领用的生产用原材料 30 000 元计入生产成本。由于当期期末既有期末在产品，也有生产完工产品，完工产品当月对外销售一部分，因此，多计入生产成本的 30 000 元，已随企业的生产经营过程分别进入了生产成本、产成品、产品销售成本之中。经核实，期末在产品成本为 150 000 元，产成品成本为 150 000 元，产品销售成本为 300 000 元。则注册税务师可按以下步骤计算分摊各环节的错误数额，并作相应调账处理。

第一步：计算分摊率。

$$分摊率 = \frac{多计生产成本数额}{期末在产品结存成本 + 期末产品结存成本 + 本期销售产品成本}$$

$$= \frac{30\ 000}{150\ 000 + 150\ 000 + 300\ 000} = 0.05$$

第二步：计算各环节的分摊数额。

1. 在产品应分摊数额＝150 000×0.05＝7 500(元)

2. 产成品应分摊数额＝150 000×0.05＝7 500(元)

3. 本期产品销售成本应分摊数额＝300 000×0.05＝15 000(元)

4. 应转出的增值税进项税额＝30 000×17％＝5 100(元)

第三步：调整相关账户。

若审查期在当年，调账分录为：

借：在建工程　　　　　　　　　　　　　　　　　　35 100

　　贷：生产成本　　　　　　　　　　　　　　　　　7 500

　　库存商品　　　　　　　　　　　　　　　　　　7 500

　　本年利润　　　　　　　　　　　　　　　　　　15 000

　　应交税费——应交增值税(进项税额转出)　　　　5 100

若审查期在以后年度，则调账分录为：

借：在建工程　　　　　　　　　　　　　　　　　　35 100

　　贷：生产成本　　　　　　　　　　　　　　　　　7 500

　　库存商品　　　　　　　　　　　　　　　　　　7 500

　　以前年度损益调整　　　　　　　　　　　　　　15 000

　　应交税费——应交增值税(进项税额转出)　　　　5 100

🌏 工作任务评价标准

按照要求和流程完成了引导案例中提出的问题后，参照老师给出的标准，任务的完成者与老师共同来评价工作任务的完成情况。

评价标准：

(1) 计算分摊的方法和步骤是否正确；

(2) 新的账务处理业务是否正确。

思 考 题

一、单项选择题

1. 在纳税审核中，发现企业以前年度多计收益少计费用的情况，应在(　　)进行反映。

A. "以前年度损益调整"科目借方

B. "利润分配——未分配利润"科目贷方

C. "本年利润"科目贷方

D. "应交税费——应交所得税"科目借方

2. 对于资产负债表的审查,以下说法正确的是(　　)。

A. 若流动资产实际占用数增长过快,则应该注意是由于材料或商品分散到货还有由于价格的原因造成的,但是可以肯定的是,不是由于管理不善造成的,所以不用在这方面分散精力

B. 在对固定资产进行审核分析时,首要核实的是固定资产折旧计算方法是否恰当,计算结果是否正确

C. 对于无形资产的审查,应该注意企业无形资产期末与期初数变化情况,了解本期变动情况和摊销情况,并注意摊销额是否计算正确

D. 审查所有者权益项目时,应该注意企业投资者是否按照规定履行出资义务,资本公积核算是否正确,公积金的提留比例是否符合税法规定

3. 账务调整的原则是(　　)。

A. 账务处理的调整要与现行财务会计制度相一致,要与财务会计准则相一致,不用与税法中的有关会计规定相一致

B. 账务处理的调整要与税法规定相符合

C. 调整错账的方法应从实际出发,简便易行

D. 在账务调整方法的运用上,能用冲销调整法则不用补充调整法

4. 注册税务师对某企业纳税情况审查时,发现该企业将职工福利耗用材料列入管理费用 12 000 元,请问采用较为恰当的调账方法是(　　)。

A. 红字冲销法　　　　　　　　　　B. 蓝字更正法

C. 补充登记法　　　　　　　　　　D. 综合账务调账法

5. 某注册税务师 2010 年 3 月对企业 2009 年纳税审核时,发现企业在 2009 年 12 月份结转完工产品成本时,多结转材料成本 10 000 元,进一步检查出、入库凭证等原始凭证时,确定该批产品已经在 2010 年 2 月全部出售,则 2009 年应做的调整分录中是(　　)。

A. 借:原材料　　　　　　　　　　　　　10 000

　　　贷:库存商品　　　　　　　　　　　　　　10 000

B. 借:原材料　　　　　　　　　　　　　10 000

　　　贷:主营业务成本　　　　　　　　　　　　10 000

C. 借:原材料　　　　　　　　　　　　　10 000

　　　贷:以前年度损益调整　　　　　　　　　　10 000

D. 借:原材料　　　　　　　　　　　　　10 000

　　　贷:利润分配——未分配利润　　　　　　　10 000

6. 税务机关审查 A 企业的有关账簿资料时,发现企业将半成品用于集体福利,半成品的成本是 10 000 元,企业计入了生产成本账户中,企业本期期末在产品的成本是 15 000 元,产成品的成本是 300 000 元,销售产品的成本是 250 000 元,则企业

应作出的调整分录是(　　　)。

  A. 借:应付职工薪酬　　　　　　　　　　　10 000
    贷:生产成本　　　　　　　　　　　　　　10 000
  B. 借:应付职工薪酬　　　　　　　　　　　10 000
    贷:生产成本　　　　　　　　　　　　　　265
     库存商品　　　　　　　　　　　5 310
     主营业务成本　　　　　　　　4 425
  C. 借:应付职工薪酬　　　　　　　　　　　10 000
    贷:生产成本　　　　　　　　　　　　　598.29
     库存商品　　　　　　　　　　　5 128.21
     主营业务成本　　　　　　　　4 273.50
  D. 借:应付职工薪酬　　　　　　　　　　　10 000
    贷:主营业务成本　　　　　　　　　　　10 000

二、多项选择题

1. 对于纳税审查方法的下列表述中,正确的是(　　　)。

  A. 针对查账的顺序不同,纳税审查的方法可以分为顺查法和逆查法

  B. 抽查法适用于对经济业务量较大的纳税人、扣缴义务人的审查

  C. 核对法便于了解现实情况,常与其他方法一起使用

  D. 比较分析法易于发现纳税人、扣缴义务人存在的问题,但是无法准确审查出纳税人账簿的具体问题

2. 纳税审查的基本内容包括(　　　)。

  A. 审查企业的会计核算是否符合税法中的有关规定

  B. 审核企业的会计核算是否符合《企业财务通则》和分行业财务制度及会计制度

  C. 审查计税是否符合税收法规,是否符合法定计税公式

  D. 审查纳税人有无不按纳税程序办事,违反征管制度的情况

3. 注册税务师对纳税人的固定资产进行审查分析时,要注意(　　　)。

  A. 了解资产增减变动的情况

  B. 首先核实固定资产的折旧方法

  C. 核实固定资产折旧额

  D. 审查企业折旧计算方法是否得当,计算结果是否正确

4. 对于原始凭证的审查中包括的内容有(　　　)。

  A. 审查内容是否齐全,注意审查凭证的合法性

  B. 审查会计科目及其对应关系是否正确

  C. 审查有无白条入账的情况

  D. 审查有无技术性或人为性的错误

5. 某工业企业生产的是单一的机械产品,各期生产销售均衡,各期原材料、在产品和产成品都有一定数量的余额。注册税务师在该企业 2010 年决算报表编制后的汇算清缴时发现,该企业 2009 年有一笔在建工程领用材料 20 000 元的账务处理为:

借:生产成本　　　　　　　　　　　　　　　23 400

　贷:原材料　　　　　　　　　　　　　　　　　　20 000

　　　应交税金——应交增值税(进项税额转出)　　3 400

经核实 2010 年相关的生产成本、完工产品成本期末均有余额,但完工产品尚未销售。计入贷方调整的科目有(　　　)。

A. 原材料　　　　　B. 生产成本　　　　C. 库存商品　　　　D. 本年利润

6. 某税务师事务所 2011 年 3 月对某企业 2010 年度纳税情况审查中发现仓库多提折旧 100 000 元,财务报表已经报出,则应实施的调账分录包括(　　　)。

A. 借:累计折旧　　　　　　　　　　100 000

　　贷:以前年度损益调整　　　　　　　　　100 000

B. 借:以前年度损益调整　　　　　　25 000

　　贷:应交税费——应交所得税　　　　　　25 000

C. 借:所得税费用　　　　　　　　　25 000

　　贷:应交税费——应交所得税　　　　　　25 000

D. 借:以前年度损益调整　　　　　　75 000

　　贷:利润分配——未分配利润　　　　　　75 000

案例分析

案例 1:

某注册税务师 2011 年 2 月对企业 2010 年的纳税情况进行审核,发现企业 12 月份将在建工程领用的材料成本 20 000 元计入生产成本中,由于企业生产产品成本已经进行了部分结转和销售,所以无法按照审核发现的 20 000 元直接作为错账调整金额。2008 年底企业的生产成本科目余额是 100 000 元,库存商品科目余额是 500 000 元,当期的主营业务成本是 400 000 元,假设该企业已经结账,增值税率 17%,所得税率 25%。

思考:请代注册税务师做出纳税调整分录。

案例 2:

某大型国有工业企业系增值税一般纳税人,主要生产各种机床。其流转税以 1 个月为 1 个纳税期,所得税每季按实际经营情况预交,税率为 25%。华瑞税务师事务所于 2010 年 4 月 8 日受企业委托对该企业第 1 季度所得税及流转税纳税情况进行审查。企业账面反映 1 季度实现利润总额 400 000 元,经进一步审查有关账册资料,发现如下几笔涉税经济业务:

(1) 1 月 10 日,外购副食品发给职工过节,取得增值税专用发票上注明金额 100 000 元,税金 13 000 元,企业账务处理为:

借:管理费用——其他　　　　　　　100 000

　　应交税金——应交增值税(进项税额)　13 000

贷:银行存款　　　　　　　　　　　　　　113 000

（2）2 月 8 日，辅助生产车间为本企业一专项工程（尚未完工）特制 1 台专用机床，经核实其实际生产成本为 80 000 元，企业账务处理为：

借：在建工程　　　　　　　　　　　　　80 000
　　贷：生产成本——辅助生产成本　　　　　　　　　　80 000

注册税务师抽查 2 月份账证资料，经计算，2 月份生产成本中所耗外购材料等扣除项目金额占整个生产成本的比例为 75%，采购材料适用增值税税率为 17%。

（3）2 月 21 日，企业从市煤炭一公司外购原煤 200 吨，取得增值税专用发票上注明价款 20 000 元，税金 3 400 元，本企业车队拉回，途中超载被交警罚款 500 元。验收入库时，发现短缺 0.1 吨，系合理损耗。企业账务处理为：

借：原材料——煤炭　　　　　　　　　　20 000
　　应交税金——应交增值税（进项税额）　　34 000
　　管理费用——其他　　　　　　　　　　500
　　贷：银行存款　　　　　　　　　　　　　　　23 900

（4）3 月 21 日，库存材料盘点，发现材料库盘亏钢板 10 吨，账面价值 43 400 元，根据盘点表，企业直接做账务处理：

借：营业外支出　　　　　　　　　　　　43 400
　　贷：原材料——钢板　　　　　　　　　　　　43 400

注册税务师进一步审核，发现造成钢板库存盘亏的原因系保管员粗心未按领料单数量而多发料所致，企业仍以领料单上原注明数量、金额入有关生产成本账，未反映这 10 吨钢板金额。

（5）3 月 31 日，301# 凭证反映 3 月份企业职工食堂耗用煤炭 15 吨，企业账务处理为：

借：其他应收款——食堂　　　　　　　　1 500
　　贷：原材料——煤炭　　　　　　　　　　　　1 500

经核实，煤炭全部从市煤炭一公司外购，1 季度企业累计耗用煤炭 60 吨，金额 6 000 元，且账务处理均相同。

有关资料及情况说明：

（1）企业采用"账结法"核算利润，3 月底"本年利润"账户贷方余额累计数为 420 000 元。

（2）1—3 月份"应交税金——应交增值税"明细账有关资料表明：各月销项税额均大于进项税额，且各月末"应交税金——应交增值税"账户无余额。

（3）注册税务师审核后将 1 季度成本调整数额在季末在产品、产成品和该季销售产品工厂成本之间按 1：3：6 的比例进行分配。

（4）城市维护建设税税率 7%，教育费附加征收率 3%。

思考：

1. 根据所给资料顺序扼要指出纳税方面存在的问题并作出调整分录；

2. 正确计算企业第 1 季度应预缴的企业所得税和应补增值税、城市维护建设税、教育费附加，并作出账务处理。

项目九　流转税纳税审核代理实务

知识目标

● 熟悉代理纳税审核的主要范围
● 掌握代理纳税审核的主要内容

技能目标

● 能够代理企业增值税纳税审核
● 能够代理企业消费税纳税审核
● 能够代理企业营业税纳税审核
● 能够帮助客户完成错账的调整
● 掌握纳税审核代理流程
● 能够编制纳税审核报告

模块一　增值税纳税审核代理实务

代理增值税纳税审核,包括代理增值税一般纳税人的纳税审核,代理增值税小规模纳税人的纳税审核以及出口企业增值税"免、抵、退"的纳税审核等。

工作任务一　增值税一般纳税人纳税审核

一、制定操作流程

引导案例:

某工业企业系增值税一般纳税人。税务师事务所于 2011 年 10 月受托对企业 7 月份增值税纳税情况进行审核,取得该企业 7 月份会计资料如下:

(1) 7 月 5 日 16 号凭证:购进原材料一批,已验收入库,取得增值税专用发票一张,注明价款 100 000 元,税额 17 000 元,取得运输部门开具的运费普通发票一张,注明运费 6 000 元,装卸费 3 000 元,款项均未支付,企业账务处理为:

借:原材料　　　　　　　　　　　　　　　　　　　108 370

　　　　应交税费——应交增值税(进项税额)　　　　　17 630

　　　　　贷:应付账款　　　　　　　　　　　　　　　　　　　126 000

　　(2) 7月7日25号凭证:购进材料并入库,企业账务处理为:

　　借:原材料　　　　　　　　　　　　　　　　　　　134 150

　　　　应交税费——应交增值税(进项税额)　　　　　26 200

　　　　　贷:银行存款　　　　　　　　　　　　　　　　　160 350

　　后附原始凭证:

　　① 增值税专用发票上注明价款 129 500 元,税额 25 850 元;

　　② 运费结算单据一张,注明运费 4 200 元,其他杂费 800 元;

　　③ 银行解款通知单,注明金额 160 350 元;

　　④ 材料入库单。

　　(3) 7月9日42号凭证:购进材料一批,尚未取得增值税专用发票,按照企业自制出库单据上注明价款 150 000 元,税额 25 500 元,货款未付,材料尚未入库。企业账务处理为:

　　借:在途物资　　　　　　　　　　　　　　　　　150 000

　　　　应交税费——应交增值税(进项税额)　　　　　25 500

　　　　　贷:应付账款　　　　　　　　　　　　　　　　175 500

　　(4) 7月15日82号凭证:销售产品一批,开出增值税专用发票一张,注明价款 200 000 元,税额 34 000 元,货已发出,款项已收到 60%。企业账务处理为:

　　借:银行存款　　　　　　　　　　　　　　　　　140 400

　　　　应收账款　　　　　　　　　　　　　　　　　　93 600

　　　　　贷:主营业务收入　　　　　　　　　　　　　　200 000

　　　　　　应交税费——应交增值税(销项税额)　　　　20 400

　　　　　　其他应付款——应交增值税　　　　　　　　　13 600

　　(5) 7月18日95号凭证:2006年6月15日收取的出租包装物押金 11 700 元,到期包装物未收回,企业账务处理:

　　借:其他应付款　　　　　　　　　　　　　　　　　11 700

　　　　　贷:其他业务收入　　　　　　　　　　　　　　　11 700

　　(6) 7月22日108号凭证:5月12日售出的部分产品,由于质量问题,购货单位退货,销货额为 50 000 元,税额 8 500 元,退回产品已验收入库,成本价为 40 000 元。企业账务处理为:

　　借:银行存款　　　　　　　　　　　　　　　　　－58 500

　　　　　贷:主营业务收入　　　　　　　　　　　　　　－50 000

　　　　　　应交税费——应交增值税(销项税额)　　　　－8 500

　　同时:借:主营业务成本　　　　　　　　　　　　　－40 000

　　　　　　　贷:产成品　　　　　　　　　　　　　　　－40 000

　　后附原始凭证:

　　① 产品入库单、银行退款的回执;

②进货退出证明单、红字增值税专用发票,注明价款－50 000元,税额－8 500元。

(7) 7月30日201号凭证:月末盘库发生原材料盘亏,企业账务处理为:

借:待处理财产损溢　　　　　　　　　　　　20 000

　　贷:原材料　　　　　　　　　　　　　　　　　20 000

后附:存货盘点表一张,业务内容:盘亏原材料成本20 000元。

(8) 其他资料:

① 2007年7月初"应交税费——应交增值税"明细账无余额;

② 2007年7月企业申报进项税额为69 330元,销项税额11 900元,当月尚有进项税额57 430元未能抵扣完。

(1) 增值税纳税审核中哪些是审核重点内容?

(2) 增值税纳税审核要查阅哪些资料?

(3) 该企业增值税计算缴纳存在哪些问题,本月企业少计(多计)增值税税额?

(4) 是否要进行"应交税费——应交增值税"明细账相关账务调账处理。

(5) 增值税纳税审核后是否需要出具有关报告?

增值税一般纳税人纳税审核流程:

第一步,了解委托人的基本情况,判断职业胜任能力及执业风险,决定是否要接受委托;

第二步,就委托相关事项,双方签订《委托代理协议书》;

第三步,由此项目负责人定制执业计划;

第四步,组织实施增值税一般纳税人的纳税审核;

第五步,审核增值税一般纳税人征税范围;

第六步,审核增值税一般纳税人销售税额;

第七步,审核增值税一般纳税人进项税额抵扣;

第八步,审核简易及特殊方面的计算;

第九步,审核当期应纳税额;

第十步,审核期间制作工作底稿;

第十一步,在实施过程中,应就一些重要内容与委托人进行沟通交流;

第十二步,完成纳税审核,并出具纳税审核报告,将有关意见及问题及时传达给委托人。

二、知识导航

代理增值税一般纳税人的纳税审核,一般应遵循增值税的计税规律确定审查环节,重点审核征税范围、销售额与销项税额、进项税额的结转与进项税额的转出、应纳税额与出口货物退(免)税。

（一）征税范围的审核

1. 增值税一般纳税人和小规模纳税人确定的审核

由于一般纳税人和小规模纳税人在税额计算、税款缴纳等方面有较大的区别，对增值税进行纳税审核必须首先对不同纳税人的划分进行审核。

（1）增值税一般纳税人的认定手续是否完备的审核。应重点审核以下两方面内容：一是重点审核纳税人认定手续是否完备、真实。这些手续包括申请报告、工商行政管理部门批准发放的营业执照，与纳税人成立及经营活动相关的章程、合同、协议书等资料。二是重点审核纳税人的《税务登记证》，看有无伪造、涂改等问题。

（2）纳税人年应税销售额是否达到一般纳税人条件的审核。审核时应注意：对于新开业的增值税纳税人，如果已被认定为临时一般纳税人，应通过开业年度纳税人资产负债表和损益表的审核，核实纳税人的应税销售额是否达到规定标准；对于已开业的增值税一般纳税人，主要审查上一年度的年应税销售额是否达到规定标准。

（3）纳税人会计核算制度是否健全的审核。审核时应注意纳税人有无健全的会计工作组织机构，有无完善的财务核算规章制度，能否进行准确的会计核算，有无历年来的纳税申报、会计报表等税务资料，分析判断纳税人是否符合一般纳税人的资格条件。

2. 增值税征税范围审核的基本内容

（1）应税货物范围的审核要点

① 审核企业是否所有应税货物的销售都申报并缴纳了增值税；

② 审核征收消费税、资源税的货物销售是否没有申报增值税。

（2）应税劳务范围的审核要点

① 审核企业有无将加工、修理修配同其他劳务相混淆不申报增值税；

② 审核企业受托加工的货物是否符合受托加工的条件。

（3）进口货物范围的审核要点

① 审核进口的应税货物是否全部申报了增值税；

② 审核从境内保税地购进的应税货物是否申报了增值税。

（4）出口货物范围的审核要点

主要审核纳税人出口不适用零税率的货物是否依法纳税。

（二）销项税额的审核

销项税额的计算要素有销售额与适用税率。销项税额的审核是增值税审核的首要环节。注册税务师应把握以下基本的操作要点。

1. 销售额审核要点

销售额是销项税额的计税依据，是正确计算销项税额的关键所在，应重点审核以下几方面内容：

（1）审核销售收入的结算方式，是否存在结算期内的应税销售额未申报纳税的情况。

① 赊销、分期收款结算方式销售货物的审核。注册税务师应重点审核企业产品赊销业务是否属实；合同规定的货款结算到期日的账务处理是否正确，有无只根据实际收款结转收入而不根据应收款结转收入的问题，有无只在全部货款收齐时结转收入而不是每次收到货款都结转收入的问题，有无将收到的货款长期挂入"其他应付款"、"预收账款"、"待处理财产损溢"等账户的问题。

② 预收货款结算方式销售货物的审核。注册税务师应重点审核企业发出货物的账务处理是否正确，有无在发出货物时不做账务处理。或只作货物减少的有关账务处理，而不及时结转货物的销售收入的问题。有无在分批发货的情况下，每批货物发出时不及时结转收入，而等到全部货物发出时再结转销售的问题。注册税务师可通过核实"库存商品"、"库存商品"明细账，查实记账凭证及账务处理是否正确；通过审查"预收账款"或"应收账款"明细账，核实有无滞后实现收入、不如期纳税的问题。

③ 托收承付或委托收款方式销售货物的审核。注册税务师应重点审核企业有无货物已发出、并向银行办妥了货物托收手续后仍不作销货处理的情况。审查时可重点以季末或年末发出商品备查簿为中心，查核商品发运记录资料，审查企业提供的购销合同，结合银行结算凭证回单联及发票开具日期，对照产品（商品）销售收入明细账等，查明是否有不及时结转销售收入而延误收入的入账时间的情况。

（2）根据现行增值税法的有关规定，审核纳税人在申报时对应税销售额的计算有无下列情况：

① 销售货物或应税劳务收取价外费用是否并入应税销售额。注册税务师应注意审核纳税人的"其他应付款"、"其他业务收入"、"营业外收入"等科目的明细账，如有属于销售货物或应税劳务而从购买方收取的价外收费，应对照"应交税费——应交增值税（销项税额）"科目进行审查，如"应交税费——应交增值税（销项税额）"科目没有反映这些价外收费销项税额内容的，就表明纳税人对价外收费隐瞒申报纳税。此外，还应注意审查纳税人的"管理费用"、"制造费用"、"营业费用"等科目的明细账，如有贷方发生额或借方红字发生额，应对照记账凭证，逐笔进行审查，看有无隐瞒价外收费，少计销项税额的问题。

② 销售残次品（废品）、半残品、副产品和下脚料、边角料等取得的收入是否并入应税销售额。注册税务师对生产经营中涉及残次品（废品）、半残品、副产品、下脚料、边角料外销业务的企业进行审核时，应注意这些企业发生上述业务后的账务处理是否正确，企业常见错误做法是将取得的收入直接冲减"生产成本"、"库存商品"、"制造费用"、"管理费用"，或记入"营业外收入"等账户，因此注册税务师应注意重点审核上述账户的借方红字发生额或贷方发生额的具体内容，并结合"主营业务收入"、"其他业务收入"等明细账，纳税人的纳税申报表等，查明企业是否存在少计应税销售额的问题。

③ 采取以旧换新方式销售货物，是否按新货物的同期销售价格确认应税销售额。注册税务师在审核时，应重点审核货物的销售价格，防止企业按实际收取的价款计提销项税额。具体方法是审查纳税人的产品（商品）销售收入明细账，看有没有哪

一种产品(商品)的销售价格明显低于正常时期的销售价格。如有所售货物价格明显偏低而无其他特殊情况的,一般多为实行以旧换新让价销售造成的,应予以调增应税销售额。

④ 采取还本销售方式销售货物,是否从应税销售额中减除了还本支出,造成少计应税销售额。还本销售是指纳税人在销售货物后,到一定的期限时,由销售方一次或分次退还给购货方全部或部分价款。这种销售方式是纳税人为了加速资金周转而采取的一种促销手段。其还本支出可作为产品销售费用或经营费用处理。注册税务师在审核时应注意企业是否按扣除还本支出后的销售额计销售,少计销项税额。审查时,首先应了解纳税人有无还本销售业务。

⑤ 采取折扣方式销售货物,将折扣额另开发票的,是否从应税销售额中减除了折扣额,造成少计应税销售额。注册税务师对采取折扣方式销售货物的,主要审核当期销售额的扣减数,具体可从以下几方面进行:一是将本期增值税申报表中的销售额与企业本期"主营业务收入"账户的总额核对,看其金额是否一致,如不一致,其差额可能存在着折扣的销售方式;二是将增值税申报表与"主营业务收入"账户的差额和企业销售货物中的折扣额进行核对,看是否一致;三是重点审核企业的销售货物中的折扣额是否在同一发票上注明,查"主营业务收入"账。四是审查企业实行折扣方式销售货物的合同(协议)等书面规定的资料,看是否与执行的折扣标准相符。

⑥ 为销售货物而出租、出借包装物收取押金,因逾期而不再退还的,是否已并入应税销售额并按所包装货物适用税率计算纳税。同时应注意审核有关特殊的纳税规定,如对销售酒类产品(除适用啤酒、黄酒外)收取的包装物押金的规定。

⑦ 将自产或委托加工的货物用于非应税项目以及集体福利、个人消费的,是否视同销售将其金额并入应税销售额。注册税务师审核时,应注意三个问题:一是该行为是否属于征税范围;二是计税依据是否正确。有无低于正常销售额计税;三是有无延期计税。

⑧ 将自产、委托加工或购买的货物对外投资、分配给股东、投资者、无偿赠送他人,是否按规定视同销售将其金额并入应税销售额。注册税务师审核此类业务的要点为:一是查看"长期投资"账户借方的对应关系。如果发现借记"长期股权投资",贷记"库存商品"、"原材料"、"自制半成品"、"固定资产"等异常会计分录,说明企业用存货对外投资未申报增值税。可要求企业提供联营投资的合同、协议,审阅其条款和对外投资实物的价款,与企业日常同类产品销售价相核对,分别作出补缴增值税的处理。二是审核纳税人"库存商品"、"自制半成品"等账户贷方发生额,如发生额大于当期所结转的"主营业务成本"账户借方发生额,说明纳税人可能将自制或委托加工货物用于无偿赠送或分配给股东、投资者,应对照纳税人的"营业外支出"、"应付利润"等账户进行审核。

⑨ 将货物交付他人代销是否按规定视同销售将其金额并入应税销售额。注册税务师审核要点主要有:一是通过"库存商品——委托代销产品"、"库存商品——委托代销商品"贷方发生额核查对应科目是否异常,有无漏作销售,特别是将代销手续费从销售额中扣除减少收入的现象;二是通过"代销合同"订立的结算时间核查实际

商品销售实现的时间，是否有延期作销售的现象。

⑩ 销售代销货物是否按规定视同销售将其金额并入应税销售额。注册税务师审核要点主要有：一是了解被审单位是否有代销业务，并了解其账务处理方法核算过程。二是关注"应付账款"、"其他应付款"的动向。特别要关注往来发生而又无实际业务的转来转去的款项，必要时可发协查函或直接至对方单位调查。

⑪ 移送货物用于销售是否按规定视同销售将其金额并入应税销售额。设有两个以上机构实行统一核算的纳税人，将货物从一个机构移送其他机构用于销售，视同销售货物，但相关机构设在同一县（市）的除外。据此，注册税务师审核的要点为：一是了解被查企业经营机构设立情况，通过查看工商登记、分支机构设立情况可以查明；二是审核异地分支机构互供商品是否实现销售。主要通过"产成品"、"库存商品"账户和货币资金结算往来账户两个方面入手查核。

⑫ 企业对外提供有偿加工货物的应税劳务，是否按规定将收入并入应税销售额。注册税务师审核的主要内容：一是审核"主营业务收入"、"其他业务收入"等账户贷方发生额。查看原始凭证，看有无加工、修理修配收入未计销项税额的行为；二是审核"原材料"账户的贷方发生额，以及委托方货款的结算方式，查看有无将自产品加工或代垫辅助材料未作收入实现的行为。

⑬ 以物易物或用应税货物抵偿债务，是否并入应税销售额。注册税务师的审核要点有：一是审查"库存商品"等账户的贷方发生额。如其对应科目为"原材料"、"库存商品"、"低值易耗品"、"在建工程"、"固定资产"、"应付账款"借方，同时借记"应交税费——应交增值税（进项税额）"，属于异常会计分录，说明企业以物易物未通过销售，未实现增值税的销项税额。二是核准交换价格，作出正确处理。在审核时，根据产成品发货单记录的数量、"产成品"账户贷方发生额记录发出的金额，除以发出数量，等于发出兑换商品单价，再与该产品正常售价比较，判断兑换商品的单价，分别作出正确处理。

⑭ 混合销售行为和兼营的非应税劳务，按规定应当征收增值税的，其应税销售额的确认是否正确。注册税务师对混合销售行为审核的要点是：一是审核企业混合销售行为是否缴纳增值税。二是审核混合销售行为申报销项税额的收入额是否正确。混合销售行为如征增值税，应以纳税申报表为依据，结合"主营业务收入"、"其他业务收入"明细账。

注册税务师对兼营非应税劳务审核的要点是：一是审核纳税人兼营的非应税劳务是否分别核算销售额。审核时，以"主营业务收入"、"其他业务收入"账户为核心，结合记账凭证，落实非应税劳务的核算方法，如果纳税人未分别核算或者不能准确核算非应税劳务的销售额，其非应税劳务与货物或应税劳务一并征收增值税。二是对兼营非应税劳务又不分别核算的企业以"主营业务收入"乘以税率得出的销项税额，与"应交税费——应交增值税（销项税额）"相核对，看是否相符。若计算的销项税额大于账面销项税额的合计数，应逐笔核对产品销售收入明细账和"应交税费——应交增值税（销项税额）"明细账，查清兼营收入未计算销项税额的问题。

⑮ 纳税人发生销售退回或销售折让，是否依据退回的增值税专用发票或购货方

主管税务机关开具的"企业进货退出及索取折让证明单"，按退货或折让金额冲减原销售额。注册税务师的审核要点是将"主营业务收入"明细账和"应交税费——应交增值税（销项税额）"明细账相互进行核对，审查纳税人销货退回或折让是否冲减当期的销项税额，有无将销售折扣作折让处理；对纳税人开具的红字增值税专用发票存根联进行审查，有无购货方主管税务机关开具的"进货退出及索取折让证明单"，有无擅自开具红字增值税专用发票的问题。

⑯ 销售货物或应税劳务的价格偏低或有视同销售货物行为而无销售额，纳税人按规定需组成计税价格确定销售额的，其应税销售额的计算是否正确。注册税务师的审核要点：在按法定程序确定销售额时，不能将确定的程序相互颠倒或者不区分任何情况而直接按组成计税价格确定计税销售额。注册税务师发现企业销售货物或应税劳务价格明显偏低的，一般可通过价格核对比较和销售毛利分析进行查证。

⑰ 销售货物或应税劳务采用销售额与销项税额合并定价方法的，其应税销售额的计算是否正确。

⑱ 外汇结算销售额折计人民币应税销售额是否正确。注册税务师审核时，应根据纳税人采用折合率的方法，核对当天或当月 1 日的外汇牌价，以鉴别其折算的正确性。如果发现有任意变更折合率或折合率使用不当的，应按规定进行计算调整。

2. 适用税率审核要点

（1）增值税税率运用是否正确，是否扩大了低税率货物的适用范围。注册税务师审核时，要深入企业了解情况，从投入产出和产品（商品）的性能、用途、生产工艺等各方面严格对照税法规定的征税范围及注释，审定适用的税率是否正确。

（2）增值税税率已发生变动的货物，是否按税率变动的规定执行日期计算纳税。

（3）纳税人兼营不同税率的货物或者应税劳务，未分别核算销售额的，是否从高适用增值税税率计算纳税。注册税务师审核时，应根据企业的"主营业务收入"账户和"应交税费——应交增值税（销项税额）"明细账，对照会计凭证，查核是如何核算销售额和销项税额的。凡未分别设明细账分别核算不同税率货物或应税劳务的销售额和销项税额的，应按规定从高适用税率计算补缴增值税。

（4）销售不同税率的货物或应税劳务，并兼营应属一并征收增值税的非应税劳务，看是否从高适用税率计算纳税。

（5）出口货物适用的退税率是否正确。是否将不同税率的出口货物分开核算和申报办理退税。如划分不清适用税率的，是否从低适用退税率计算退税。

（三）销售自己使用过的固定资产的审核

根据财税〔2008〕170 号、财税〔2009〕9 号、国税函〔2009〕90 号的规定：

纳税人	分 类	税务处理
一般纳税人	销售使用过的、已经抵扣进项税额的固定资产： （1）销售 2009 年 1 月 1 日以后购进或自制的固定资产 （2）试点地区：销售自己使用过的在本地区扩大增值税抵扣范围试点以后购进或者自制的固定资产	（1）按适用税率征收增值税 销项税额＝含税售价/（1＋17%）×17% （2）可以开具增值税专用发票
	销售使用过的、未抵扣进项税额的固定资产： （1）2008 年 12 月 31 日以前未纳入扩大增值税抵扣范围试点的纳税人，销售自己使用过的 2008 年 12 月 31 日以前购进或者自制的固定资产 （2）试点地区：销售自己使用过的在本地区扩大增值税抵扣范围试点以前购进或者自制的固定资产	（1）按照简易办法依照 4% 征收率减半征收增值税 应纳税额＝含税售价/（1＋4%）×4%×50% （2）开具普通发票，不得开具增值税专用发票
小规模纳税人	销售自己使用过的固定资产和旧货	（1）减按 2% 的征收率征收增值税 应纳税额＝含税销售额/（1＋3%）×2% （2）不得由税务机关代开增值税专用发票

备注：纳税人发生固定资产视同销售行为，对已使用过的固定资产无法确定销售额的，以固定资产净值为销售额。

注册税务师的审核要点：

（1）审核"固定资产"明细账，审核已出售的固定资产是否为使用过的游艇、摩托车和应征消费税的汽车，若属应税固定资产，是否按规定申报缴纳了增值税。

（2）审核"固定资产清理"账户的贷方发生额，并与"固定资产"明细账核对，审核属于企业固定资产目录所列使用过的其他属于货物的固定资产取得的变价收入是否超过了该项固定资产的原价。若超过原价，是否按规定申报缴纳了增值税。

（四）进项税额的审核要点

对于纳税人进项税额的计算和会计处理，注册税务师既要审核原始抵扣凭证，又要结合有关账户审核，防止虚增进项税额多抵销项税额、少缴增值税的问题。

1. 进项税额抵扣凭证的审核要点

审核进项抵扣凭证，应结合"固定资产"、"应付福利费"、"长期投资"、"应交税费——应交增值税"等账户进行。

（1）购进货物或应税劳务是否按规定取得增值税扣税凭证，取得的增值税专用发票抵扣联是否合法有效。

注册税务师审核要点包括：

① 审核纳税人购进货物或应税劳务取得增值税专用发票注明的进项税额。首先审查取得的增值税专用发票的真伪，然后审查票面开具的内容是否填写齐全正确，

税务登记号是否准确,取得增值税专用发票的实际金额与增值税专用发票版面是否相符。

② 审核纳税人据以核算进项税额的增值税专用发票的发票联、抵扣联的记载内容是否一致。有无只有抵扣联而无发票联或者只有发票联而无抵扣联的增值税专用发票。

③ 审核纳税人购进货物是否与购货方的生产、经营相关。一是核对生产经营范围,二是核对"原材料"、"库存商品"明细账,防止虚开、代开。

(2) 对增值税一般纳税人外购货物所支付的运输费用,允许依 7% 扣除率计算进项税额扣除,其运费结算单据(普通发票)是否为规定的结算单据,计算进项税额的运费金额是否正确。

注册税务师审核要点:

① 审核纳税人抵扣票据的合理、合法性。审核抵扣运费单据是否属于规定的可抵扣票据,票面项目是否符合要求。

② 审核纳税人"应交税费——应交增值税(进项税额)"科目的记账凭证。审核有无将不属于运费范围的款项,也计算了进项税额。

③ 审核纳税人"库存商品"、"原材料"、"低值易耗品"、"包装物"等明细账。审核单据所列项目与实物是否相符,有无为购入固定资产而支付的运费。

④ 审核纳税人运费凭证与有关资金或存货类账户的核算内容的关系。如果只有运费凭证,而无相应的资金或存货则不得抵扣。

⑤ 将购进货物的进项税额与支付运费计算的进项税额进行比较分析,查看有无异常,重点审核是否属虚抵进项税额。

(3) 进口货物是否按规定取得完税凭证,并按税法规定进行税款抵扣。

注册税务师审核要点:

① 审核海关代征进口货物增值税时的增值税专用缴款书票据的真实性。即原件的唯一性,企业名称的准确性。专用缴款书上若标明有两个单位名称,既有代理进口单位名称,又有委托进口单位名称的,只准予其中取得专用缴款书原件的单位抵扣税款。

② 审核专用缴款书所注明的进口货物入库单。重点追踪进口货物的流向,若无库存,是否已作销售申报纳税。

(4) 购进免税农业产品准予抵扣的进项税额,其原始凭证是否符合规定,有无超范围计算进项税额抵扣的问题。

注册税务师审核要点:

① 审核企业的收购凭证。将税务部门出售的收购凭证领购簿与使用的收购凭证对照检查,审核其使用的收购凭证是否合法。

② 审核企业收购凭证的汇总数和收购实物数。审核购进的货物是否属于免税农业产品,是否向规定的对象所收购,是否按规定的价格依据计算抵扣税额。

③ 审核企业计算免税农业产品进项税额的凭证与有关资金和往来账户。若只有开具的凭证而无相应的资金运动或负债产生,以及虽有资金运动或负债产生但内

容不一致、数额不相符的,则重点查实抵扣的真实性。

(5) 对进货退出或折让而收回的增值税税额,是否在取得红字专用发票的当期,从进项税额中扣减。

注册税务师注意审核以下要点:

① 根据主管税务机关为纳税人开具的"进货退出及索取折让证明单"(以下简称"证明单")的存根联,审查纳税人留存的"证明单",看纳税人是否按照规定保存"证明单"。如纳税人未按规定保存"证明单",证明纳税人有将已收回的增值税抵扣销项税额的可能。

② 对照"证明单"和销货方开具的红字增值税专用发票的发票联、抵扣联。审核纳税人的"应交税费——应交增值税(进项税额)"明细账,查明纳税人发生材料退货后,其进项税额是否从进项税额中扣减,或所扣减的进项税额是否小于"证明单"、红字增值税专用发票抵扣联上注明的税额。

③ 依据纳税人收到的红字增值税专用发票上所注明的开具时间。审查退货或索取折让的纳税人,是否有延期扣减进项税额的现象。

2. 进项税额结转的审核要点

审核纳税人是否存在多计进项税额的问题,不仅要从计算进项税额的凭证上进行审核,而且还要审核有无扩大结转、计提进项税额范围的问题。

(1) 非增值税劳务项目购进货物和劳务,是否结转了进项税额。

(2) 购进固定资产,是否结转了进项税额。

(3) 免征增值税项目的购进货物和应税劳务,是否结转了进项税额。

(4) 在建工程项目所用的购进货物和应税劳务,是否结转了进项税额。

(5) 用于集体福利或个人消费的购进货物或劳务,是否结转了进项税额。

(6) 购进货物发生的非正常损失,是否结转了进项税额。

3. 进项税额转出的审核要点

当纳税人购进的原材料、商品改变用途时,应将其负担的进项税额由"应交税费——应交增值税"账户的贷方"进项税额转出"科目转入相应的账户中去。因此,对纳税人发生的下列业务,应审核在结转材料和商品销售成本的同时,是否作了转出进项税额的账务处理:

(1) 非增值税应税项目使用购进的已结转进项税额的货物;

(2) 增值税免税项目使用购进的已结转进项税额的货物;

(3) 在建工程项目领用购进的已结转进项税额的材料物资;

(4) 集体福利项目领用购进的已结转进项税额的材料物资;

(5) 非正常损失的在产品、产成品所耗用的购进货物或者应税劳务。

对上述项目除了注意审查计算方法是否正确外,还要注意审核企业进项税额转出的金额计算依据是否正确,进项税额转出的时间与增值税会计处理的规定是否一致。

4. 销售返还进项税额转出的审核要点

对增值税一般纳税人,因购买货物而从销售方取得的各种形式的返还资金,均应依所购货物的增值税税率计算应冲减的进项税金，并从其取得返还资金当期的进项税金中予以冲减，并按如下公式计算：

当期应冲减的进项税额＝当期取得的返还资金/（1＋所购货物的适用税率）×所购货物适用的增值税税率

增值税一般纳税人因购买货物而从销售方取得的返还资金一般有以下表现形式：

（1）购买方直接从销售方取得货币资金；

（2）购买方直接从应向销售方支付的货款中坐扣；

（3）购买方向销售方索取或坐扣有关销售费用或管理费用；

（4）购买方在销售方直接或间接列支或报销有关费用；

（5）购买方取得销售方支付的费用补偿。

上述情况主要集中在流通领域内的商业企业。对取得返还资金所涉及进项税额的审核，应从经营主体、经营业务、经营形式、结算方式、购货方与销售方的合作方式及关联情况全面分析，并结合购货方的财务核算情况进行对照判别。其在财务上的审核要点如下：

（1）审核"主营业务收入"账户，判断是否存在将因购买货物取得的返还资金列入该账户核算，特别是"代销手续费"，是否符合代销的条件；

（2）审核"其他业务收入"账户，分析该收入的性质及取得该收入的原因；

（3）审核"投资收益"、"本年利润"账户，分析是否未向销售方投资或未与销售方联营协作而以投资收益或联营分利的名义分解利润；

（4）审核"应付账款"账户明细账。若购货方与供货方始终保持业务往来，而购货方应付账款余额越滚越大，要进一步分析原因；若应付账款余额被核销，需了解核销的原因，销售方对此债权是否也予以核销，而让购货方取得了除实物形式以外的返还利润；

（5）审核"银行存款"、"现金"等贷方发生额与购货发票票面所载金额的差额，对照购、销双方的结算清单，确定应结算与实际结算货款的差额，分析差额部分是否有代扣广告费、促销费、管理费等问题；

（6）审查"营业费用"、"管理费用"账户，了解"营业费用"、"管理费用"贷方发生额或红字冲销的原因，或"营业费用"、"管理费用"某一会计期间大幅度减少的原因，是否向销售方转移费用支出。对个别特殊企业如跨地区总分支机构、关联企业，审查其经销机构的费用来源、费用支出及核算是如何操作的。

5. 进项税额抵扣时限的审核要点

（1）增值税一般纳税人取得 2010 年 1 月 1 日以后开具的增值税专用发票、公路内河货物运输业统一发票和机动车销售统一发票，应在开具之日起 180 日内到税务机关办理认证，并在认证通过的次月申报期内，向主管税务机关申报抵扣进项税额。

（2）实行海关进口增值税专用缴款书（以下简称海关缴款书）"先比对后抵扣"管理办法的增值税一般纳税人取得 2010 年 1 月 1 日以后开具的海关缴款书，应在开具之日起 180 日内向主管税务机关报送《海关完税凭证抵扣清单》（包括纸质资料和电子数据）申请稽核比对。

未实行海关缴款书"先比对后抵扣"管理办法的增值税一般纳税人取得 2010 年 1 月 1 日以后开具的海关缴款书，应在开具之日起 180 日后的第一个纳税申报期结束以前，向主管税务机关申报抵扣进项税额。

增值税一般纳税人取得 2010 年 1 月 1 日以后开具的增值税专用发票、公路内河货物运输业统一发票、机动车销售统一发票以及海关缴款书，未在规定期限内到税务机关办理认证、申报抵扣或者申请稽核比对的，不得作为合法的增值税扣税凭证，不得计算进项税额抵扣。

对企业的未付款税额，主要审核是否按现行会计制度的要求，正确核算"应付账款"科目的有关内容，不得将"应付账款"和"应收账款"科目合并使用，也不得混淆"应付账款"和"其他应付款"科目的核算内容。

对纳入防伪税控管理的企业，取得防伪税控系统开具的专用发票，属于扣税范围的，应于纳税申报时或纳税申报前到税务机关申报认证，在取得税务机关开具的《认证结果通知书》和加盖"认证相符"戳记的专用发票抵扣联后，申报抵扣税款，凡认证不符的，不得作为扣税凭证。

（五）增值税应纳税额的审核

增值税应纳税额是否正确，重点是当期销项税额和当期进项税额两个部分的审核，当期销项税额和进项税额的审核要点前面已作了介绍，这里重点阐述对增值税"应交税费"明细账和纳税申报表的审查。

1. 增值税"应交税费"明细账审核要点

"应交税费——应交增值税"明细账，是为了全面核算和反映增值税的应缴、已缴情况而设置的。对纳税人"应交税费——应交增值税"明细账的审核，应主要注重以下几个方面：

（1）"应交税费——应交增值税"明细账中各项核算内容及财务处理方法，是否符合有关增值税会计处理的规定。

（2）增值税是否做到按月计算应纳税额，"月税月清"，有无将本月欠税用下期进项税额抵顶、滞纳税款的问题。

（3）有无多记"进项税额"，少记"销项税额"、"进项税额转出"，造成当期应缴税金不实的问题。

（4）生产销售的货物按简易办法计算缴纳增值税的企业，其不得抵扣进项税额计算是否正确；出口企业按出口货物离岸价与征、退税率之差计算的不予抵扣的税额是否在当期从"进项税额转出"科目转增产品销售成本等。

注册税务师应根据纳税人生产经营规模、会计核算水平以及增值税账簿设置等情况，选择相应的审核方法：

对于企业内部管理控制制度较完善，会计核算水平较高，账簿设置较规范的纳税人，一般采用审阅法、复核法、抽样检查法等审核方法。具体讲就是审阅检查"应交税费——应交增值税"明细账各栏目记录,将账簿记载的各项指标与会计报表、增值税纳税申报表的对应数据相核对,与增值税专用发票抵扣联相核对,检查有无差异。对调整账务、非正常业务账务、红字冲减账务应特别关注,调阅其记账凭证。同时抽样审核各类相关业务的账务处理,较迅速、全面地发现会计核算方面的问题。

对于会计核算不规范或企业内部管理控制制度不健全的纳税人,其增值税账簿记录往往不能作为审核的主要依据。应采用详查法,即审核每一笔经营业务情况,并可从销货发票、存货或银行存款等方面,审核其纳税情况。

2. 增值税一般纳税人申报表审核要点

(1) 本期销项税额。应根据"主营业务收入(出口销售收入)"、"其他业务收入"、"应交税费——应交增值税(销项税额)"等账户,检查内销货物和应税劳务的应税销售额和销项税额,出口货物的免税销售额。对于视同销售行为,应根据"在建工程"、"营业外支出"等账户核算内容,计算其销项税额。

(2) 本期进项税额。应根据"原材料"、"应付账款"、"管理费用"、"固定资产"、"应交税费——应交增值税(进项税额)"等账户,计算确认纳税人的本期进项税额、不允许抵扣的进项税额、本期应抵扣进项税额。

(3) 税款计算。应按《增值税一般纳税人申报表》上的逻辑关系正确计算各项税额,确认本期应纳税额和留抵税额。

(六) 纳税审核报告出具

根据《注册税务师涉税服务业务基本准则》,税务师事务所开展涉税服务业务,可根据服务内容和约定确定是否出具书面的业务报告。出具书面业务报告的,注册税务师应当在涉税服务业务完成时,编制涉税服务业务报告。不出具书面业务报告的,应当采取口头或其他约定的形式交换意见,并做相应记录。

目前,注册税务师签发的纳税审核报告,尚未采取固定的格式,但是,报告中应明确阐述下列问题(其他税种的纳税审核报告亦同此要求):

(1) 纳税审核的重点范围。主要的会计账户和原始凭证。

(2) 纳税审核发现的主要问题与分析。包括确认问题的会计报表项目,有关账户的会计处理和原始凭证,以及确认问题的税法、税收政策依据、财务会计制度方面的规定等。

(3) 提出切实可行的建议。针对问题确认应补缴的税额及解决办法,对有关账务处理重新作出调整后的会计分录。

(4) 提出改进措施。在分析问题产生原因的基础上,提出加强财务核算管理和有关计税资料稽核工作的具体措施。

(5) 纳税审核报告的日期。

(6) 税务代理机构的签章。

(7) 注册税务师的签章。

【例 9-1】 龙凤家具有限公司 2011 年 12 月发生下列业务:

1. 购进油漆 20 000 元,进项税额 3 400 元,已付款并验收入库。

2. 购进生产用原材料 100 000 元,进项税额 17 000 元,已付款并验收入库。

在入库后由于管理不善造成非正常损失 10 000 元,企业已转入"待处理财产损溢"账户。

3. 购进生产用辅助材料 10 000 元,进项税额 1 700 元,尚未收到增值税专用发票入账,但尚未付款验收入库。企业做账务处理:

借:材料采购 10 000
　应交税费——应交增值税(进项税额) 1 700
　　贷:银行存款 11 700

4. 本月购入生产用设备 20 台,取得销售方开具的增值税专用发票上注明价款 50 000 元,税额 8 500 元。企业做账务处理:

借:固定资产 50 000
　应交税费——应交增值税(进项税额) 8 500
　　贷:银行存款 58 500

5. 本月销售产品一批,不含税价格 200 000 元,产品适用增值税税率 17%。货款及税金已全部收到并已开出增值税专用发票。

6. 将生产产品一批(成本价为 8 000 元)分配给投资者,按市场不含税售价计算应为 10 000 元,已作如下账务处理:

借:应付利润 8 000
　　贷:库存商品 8 000

注册税务师在审查其本月《增值税纳税申报表》时,发现表中有关数据如下:

(1) 本期进项税额:30 600 元;

(2) 本期销项税额:34 000 元;

(3) 应纳税额:3 400 元。

要求:根据以上资料编制龙凤家具公司 2011 年 12 月增值税纳税审查报告。

关于龙凤家具公司 2011 年 12 月增值税纳税的审核报告

龙凤家具有限公司:

我们受贵公司的委托,对贵公司 2011 年 12 月增值税纳税情况进行审核,重点审核了本月的增值税纳税申报表和"应交税费——应交增值税"等明细账,抽查了相关会计凭证和账务处理,提出纳税审核报告如下:

第一,增值税纳税审核发现的主要问题:

1. 审核"待处理财产损溢"账户,发现购进原材料非正常损失 10 000 元,其进项税额未作转出处理。

2. 审核"材料采购"、"应付账款"账户,发现购进辅助材料 10 000 元,尚未收到合法扣税凭证、尚未付款验收入库,增值税税额 1 700 元,不应结转进项税额。

3. 审核"应付利润"、"库存商品"账户,将生产产品分配给投资者,按售价计算 10 000 元,属于视同销售行为,应计算销项税额。

第二,计算应补税额与账务调整:

1. 对购进原材料非正常损失 10 000 元,其进项税额 1 700 元,不应从销项税额中抵扣,应作进项税额转出处理。账务处理如下:

借:待处理财产损溢——待处理流动资产损溢　　1 700
　　贷:应交税费——应交增值税(进项税额转出)　　　1 700

2. 对于外购生产用辅助材料尚未取得合法扣税凭证,已验收入库,其税额 1 700 元不应计入本期进项税额处理,待验收入库后再作进项税额处理。调账分录为:

方法一:

借:材料采购　　　　　　　　　　　　　　　　1 700
　　贷:应交税费——应交增值税(进项税额转出)　　　1 700

或(1)红字冲回原分录

　　(2)再作账务处理:

借:物资采购　　　　　　　　　　　　　　　　11 700
　　贷:银行存款　　　　　　　　　　　　　　　　11 700

方法二:

借:待摊费用——待抵扣进项税额　　　　　　　1 700
　　贷:应交税费——应交增值税(进项税额转出)　　　1 700

或(1)红字冲回原分录

　　(2)重做账务处理:

借:材料采购　　　　　　　　　　　　　　　　10 000
　　待摊费用——待抵扣进项税额　　　　　　　　1 700
　　贷:银行存款　　　　　　　　　　　　　　　　11 700

3. 对视同销售行为应计算销项税额,补缴增值税。应红字冲回原分录再作账务处理:

借:应付利润　　　　　　　　　　　　　　　　11 700
　　贷:主营业务收入　　　　　　　　　　　　　　10 000
　　　　应交税费——应交增值税(销项税额)　　　　1 700
借:主营业务成本　　　　　　　　　　　　　　8 000
　　贷:库存商品　　　　　　　　　　　　　　　　8 000

5. 根据上述处理结果,本月增值税纳税申报表有关内容应调整如下:

(1)本期应抵扣进项税额:27 200 元;

(2)本期销项税额:35 700 元;

(3)本期应纳税额:8 500 元;

(4)本月应补缴增值税:8 500－3 400＝5 100(元)。

××税务师事务所(签章)

注册税务师:××(签章)

2011 年 12 月 31 日

工作任务评价标准

请根据工作任务要求,按照工作任务操作流程,结合完成工作任务所需要的知识导航,来完成该企业的增值税一般纳税人纳税审核。按照要求和规程完成了增值税一般纳税人纳税审核后,参照老师给出的标准,任务的完成者与老师共同来评价工作任务的完成情况。

评价标准如下:
(1) 审查增值税内容是否正确;
(2) 计算应纳增值税是否正确;
(3) 是否正确知道完成增值税账务调整;
(4) 是否完成纳税审核报告的出具。

工作任务二 增值税小规模纳税人纳税审核

增值税小规模纳税人销售货物或者应税劳务,实行简易征收办法计算应纳税额,计税方法简单。但是,由于小规模纳税人通常会计核算资料都不健全,销售收入少入账或账外经营的问题比较普遍,所以,代理增值税小规模纳税人的纳税审查,要根据小规模纳税人计税资料和会计核算的特点,确定审核内容和方法。

一、制定操作流程

引导案例:

某街道办集体工业企业系小规模纳税人,主要生产衍缝机。2011 年 1 月试生产,2011 年 7 月取得第一笔产品销售收入,并于 8 月份到主管税务机关按月申报缴纳增值税。10 月某国税局接到群众举报,反映该企业不开发票账外销售产品。税务机关委托××税务师事务所审核该企业的纳税情况,并指导该企业正确核算经营情况,如实申报纳税。

首先,注册税务师对银行存款日记账、现金日记账、往来账、产成品账、销售收入账、销售收据存根等进行重点审核,但只发现零配件的销售未申报纳税,没有发现账外产品销售。其次,从生产环节着手,到生产车间实地了解产品生产情况。其生产的衍缝机分为无梭机、94A、94C、64A 四种型号,产品的关键部件伺服电机系从国外进口,生产设备的床面都是外委加工。经过上述调查,注册税务师决定将确定产品生产的真实数量作为纳税审查的突破口。一是对该企业伺服电机购进入库数量、领用数量、库存数量进行核对,对伺服电机领用数量与产成品的入库数量、出库销售数量和库存数量作比较,找出电机购进、领用数量的差额。二是对外加工床面的入库数量、领用数量、库存数量作比较,找出其差额,分析确定各种型号产品的账外生产销售数量。运用这种方法,查实该公司 2006 年 1 至 9 月存在大量账外销售的问题如下:

(1) 产成品不入库,不开发票,账外销售产品 21 台,销售收入 532 451.61 元分别存入个人账户。

（2）销售零配件开收据，不作收入，账外销售收入 18 129.03 元，账务处理如下：

借：银行存款　　　　　　　　　　　　18 129.03

　　贷：其他应付款　　　　　　　　　　　　　18 129.03

请问：

（1）年销售额是否超过一般纳税人的标准？

（2）如果小规模纳税人年销售额超过一般纳税人标准而没申请，会有什么后果？

（3）纳税审核中应该重点审核内容是什么？

（4）纳税审核中发现的错误该如何调整？

完成增值税小规模纳税人纳税审核工作流程：

第一步，了解委托人的基本情况，判断职业胜任能力及执业风险，决定是否要接受委托；

第二步，就委托相关事项，双方签订《委托代理协议书》；

第三步，由此项目负责人定制执业计划；

第四步，组织实施增值税小规模纳税人的纳税审核；

第五步，审核应纳税销售额；

第六步，审核应纳税额；

第七步，在审核期间制作工作底稿；

第八步，在实施过程中，重点审核企业实际年销售额；

第九步，对在审核中发现的错误及时向企业进行沟通；

第十步，完成纳税审核，并出具纳税审核报告，将有关意见及问题及时传达给委托人。

二、知识导航

（一）应税销售额的审核

对于增值税小规模纳税人的审核，主要应针对销售收入不入账或者少计收入，隐瞒应税销售额的问题，采取"成本倒挤"、销售毛利率等方法加以核查。

审核纳税人期初存货、本期进货和期末存货的情况，根据纳税人货物的购、销、存情况，查找隐瞒应税销售额的问题。

审核纳税人经营资金的运转情况，重点审查纳税人的银行存款日记账和现金日记账，从纳税人的货币资金收、支情况中发现问题。

通过侧面调查的方法，从纳税人主要供货渠道中了解纳税人的进货情况，再结合纳税人销售渠道的市场营销情况，核实会计期间内纳税人的销售收入。

（二）应纳税额的审核

重点核查小规模纳税人将含税的销售额换算成不含税销售额的计算是否正确。将本期含税的销售额换算成不含税的销售额，与纳税人申报表中的销售额进行对比，审核是否一致。

审核小规模纳税人计算应纳税额适用的征收率是否正确。

审核应纳税额计算是否准确无误,纳税人是否按规定时限缴纳税款。

🕮 工作任务评价标准

请根据工作任务要求,按照工作任务操作流程,结合完成工作任务所需要的知识导航,来完成该企业的增值税小规模纳税人纳税审核。按照要求和规程完成了增值税小规模纳税人纳税审核后,参照老师给出的标准,任务的完成者与老师共同来评价工作任务的完成情况。

评价标准如下:

(1) 审查增值税内容是否正确,发现的问题是否准确;

(2) 计算应纳增值税是否正确;

(3) 是否正确知道完成增值税账务调整;

(4) 是否完成纳税审核报告的出具。

工作任务三　出口货物退(免)税的审核

一、制定操作流程

引导案例:

某生产企业自营出口,出口退税实行"免、抵、退"形式,为做好增值税退税工作,特聘请信之信税务师事务所的税务专家对该企业的纳税情况进行审核,如果你是该税务所的税务师,你该如何完成此次审核任务,在审核中应该注意哪些问题。

(1) 该企业是否适合"免、抵、退"形式退税?

(2) 在办理退税审核中应该重点审核哪些单据?

(3) 在办理出口退税中是否应该注意资金流向问题?

(4) 对于关联企业该如何进行退税审核?

完成增值税出口货物退(免)税的审核工作流程:

第一步,了解委托人的基本情况,判断职业胜任能力及执业风险,决定是否要接受委托;

第二步,就委托相关事项,双方签订《委托代理协议书》;

第三步,由此项目负责人定制执业计划;

第四步,组织实施增值税一般纳税人的纳税审核,并制作工作底稿;

第五步,在实施过程中,重点审核是否满足出口退税相关政策,单据完善程度,资金流向;

第六步,对在审核中发现的错误及时向企业进行沟通;

第七步,完成纳税审核,并出具纳税审核报告,将有关意见及问题及时传达给委托人。

二、知识导航

(一) 出口退 (免) 税重点审核的产品

2006 年 7 月,国家税务总局下发了《关于加强以农产品为主要原料生产的出口货物退税管理的通知》(国税函[2006]685 号),重点强调了如何加强以农产品为主要生产原料出口货物的退税管理问题,主要包括:皮革、毛皮、珍珠、名贵中草药、高档水产品等体积小、重量轻、价值高、不同等级(或规格)单价差别大的农产品的出口货物。特别是体积小、重量轻、价值高、不同等级单价差别大的出口产品,如:皮毛行业产品。

凡在出口退税预警、评估分析工作发现出口数量、出口价格异常增长的,生产企业自营或委托出口的,主管税务机关应对生产企业的场地、设备、生产能力、生产规模及生产的品种、数量以及纳税情况等进行实地核查,特别是对农产品收购发票的有关项目、入库单、资金流向、出材率等要进行认真审核;对外贸企业购进出口的,主管税务机关都有权按现行出口货物函调制度,向供货企业所在地县级以上税务机关发函调查,并依回函结果进行处理。

对体积小、重量轻、价值高、不同等级(或规格)单价差别大的农产品不局限于以上列举的范围。

(二) 出口企业业务往来、资金流向的审核重点

1. 外贸企业的管理规定

在审核外贸企业退税申报时,对出口业务的购货渠道、付款方向和出口退税款的资金流向等,属下列异常情况的,必须严格审核:

(1) 货物报关出口后即收汇,出口企业在收汇的当天或次日,将出口货物的价款付给供货方,收到退税款后,再将退税款支付给供货方或第三者;

(2) 出口企业收汇后,以现金或现金支票等形式支付给个人;

(3) 收款单位与增值税专用发票上注明的供货单位不一致;

(4) 在异地结汇,本地收汇核销的;

(5) 在外贸企业母子公司关系及借权、挂靠关系等问题的界定,应实事求是,区别对待。

在目前的外贸经营许可制度下,企业从事进出口贸易须具备一定的资格条件并经批准,对未获得进出口经营资格的子公司,不得直接从事对外贸易。但由于过去一直允许其子公司以母公司名义对外签约并履行合同,因此,对于以批准改制设立的外贸子公司,以母公司名义对外签约并履行合同,不属于《关于重申规范进出口企业经营行为,严禁借权经营和挂靠经营的通知》([2000]外经贸发展发第 450 号)所指的借权挂靠经营。

2. 生产企业的管理规定

生产企业(包括外商投资企业)自营或委托出口视同自产产品退税时,对集团公司(总厂)与成员企业(分厂)间关系的确定可按行业管理的分工掌握。

工贸企业在批准的经营范围内,收购非成员企业货物出口,符合《国家税务总局关于出口退税若干问题的通知》(国税发[2000]165号)第6条有关视同自产产品规定范围的,可以办理退税。

对于生产性集团成立的进出口公司,如果不具备独立法人资格,只作为生产性集团公司的一个职能部门,不论其是否实行独立核算,只就集团内企业的自产产品(包括视同自产产品)出口货物办理退税。

对生产性集团成立全资或控股的进出口公司,具备独立法人资格,可按照外贸公司收购货物出口办理退税;对该公司为本集团代理出口的自产产品(包括视同自产产品),应按照委托代理出口退税的规定,由委托方申报办理出口退税,但委托方申报退税前必须由当地主管税务机关对其有关征税情况进行确认。

🎯 工作任务评价标准

请根据工作任务要求,按照工作任务操作流程,结合完成工作任务所需要的知识导航,来完成该企业的增值税出口退(免)纳税审核。

评价标准如下:

(1) 出口退税额计算是否正确;

(2) 出口退税相关资料是否掌握。

模块二　消费税纳税审核代理实务

对于生产加工应税消费品的企业,注册税务师代理审核消费税的纳税情况可以与增值税同步进行,尤其是采用从价定率征收办法的应税消费品,因为其计税依据都是含消费税而不含增值税的销售额。但是,消费税又是一个特定的税种,在征税范围、计税依据、纳税环节、税额扣除等方面都有特殊规定。因此,注册税务师代理消费税的纳税审核应注重其特点,有针对性地核查纳税人的计税资料。

工作任务一　计税依据的审核

一、制定操作流程

引导案例:

宇宙卷烟厂2011年12月销售香烟12箱,不含税售价213 000元,企业在缴纳消费税时只缴纳了119 280元。税务机关给企业下达通知,补交税款,企业不知道哪里错了。你如果是该企业的受托税务师,你该如何答复?

(1) 消费税纳税依据有哪些?

(2) 委托加工的应税消费品计税依据有哪些特殊的地方?

(3) 委托加工应税消费品受托方代收代缴的消费税处理方式有哪些?

（4）视同销售的时候是否需要计算消费税？

（5）金银消费税计税依据有哪些特殊的地方？

消费税计税依据的审核的流程：

第一步，了解委托人的基本情况，判断职业胜任能力及执业风险，决定是否要接受委托；

第二步，就委托相关事项，双方签订《委托代理协议书》；

第三步，由此项目负责人定制执业计划；

第四步，组织实施；

第五步，根据行业特点审核，审核计税依据；

第六步，审核税目、税率；

第七步，审核会计处理；

第八步，在审核过程中制作工作底稿；

第九步，在实施过程中，应就一些重要内容与委托人进行沟通交流；

第十步，完成纳税审核，并出具纳税审核报告，将有关意见及问题及时传达给委托人。

二、知识导航

消费税实行从价定率或者从量定额的办法计算应纳税额，其计税依据分别是应税消费品的销售额和销售数量。实行从量定额征税办法的应税消费品有黄酒、啤酒、汽油和柴油等，其余应税消费品均按从价定率办法征税。在实际工作中，注册税务师应针对税法中对自产和委托加工应税消费品的不同规定，选择其计税依据审核的侧重点。

（一）销售自产应税消费品的审核

实行从价定率征税办法的应税消费品，其计税依据为纳税人销售应税消费品向购买方收取的全部价款和价外费用，但不包括应向购买方收取的增值税税款。应重点审核内容包括以下几点：

1. 对价外费用的审核要点

（1）审核纳税人"其他业务收入"、"营业外收入"等明细账，核对有关会计凭证，查看属于销售应税消费品从购货方收取的价外费用，是否按规定依照应税消费品的适用税率计算消费税，并与"应交税费——应交消费税"账户核对。

（2）审核纳税人"营业费用"、"管理费用"、"财务费用"、"其他业务成本"等明细账，如有借方红字发生额或贷方发生额，应对照有关会计凭证逐笔进行核对，审核纳税人是否有销售应税消费品收取的价外费用，是否按规定计算消费税，并与"应交税费——应交消费税"账户相核对。

（3）审核纳税人的"应收账款"、"应付账款"、"其他应收款"、"其他应付款"等往来账户，审查纳税人销售应税消费品收取的价外费用是否直接通过往来账户核算，而不并入销售额计算消费税。

（4）审核纳税人已开具的普通发票存根联时，如发现有运输费、仓储费等收费项目的，应注意审查是否属价外费用。

（5）审核纳税人与购买方的销售结算清单，仔细审查销售清单反映的收费项目是否有属应征消费税、增值税的价外费用。

2．对包装物计税的审核要点

随同应税消费品作销售的包装物是否按所包装的产品适用的税率缴纳了消费税。注册税务师审核的要点有：一是审核纳税人生产、销售环节领用的不单独计价的包装物。将"包装物"明细账的贷方发生额与"生产成本"、"营业费用"等账户的借方发生额对照审核，审核纳税人会计处理是否正确以及结转领用包装物的成本是否真实，有无直接冲减产品销售收入。二是审核纳税人随同应税消费品出售单独计价的包装物。将"包装物"明细账的贷方发生额与"其他业务支出"账户的借方发生额相核对，审查纳税人随同应税消费品出售单独作价的包装物的销售收入额是否记入"其他业务收入"账户计算缴纳消费税。三是审核纳税人购进包装物的财务核算是否正确。审核纳税人购进包装物是否不通过"包装物"账户而通过应收应付往来账户核算，发出后再以产品的销售收入冲账。

逾期不再退还的包装物押金及已收取1年以上的包装物押金，是否按规定缴纳了消费税。注册税务师主要通过审核纳税人的"其他应付款"明细账，审核纳税人按规定逾期未收回的包装物不再退还的押金，已收取1年以上的押金是否及时申报缴纳消费税。

对销售酒类消费品（除啤酒、黄酒外）收取的包装物押金是否按规定及时缴纳了消费税。对于酒类产品包装物的审核，主要通过"包装物"、"其他应付款"等明细账，审核企业是否有出售包装物收入和收取包装物押金，应缴纳消费税的包装物收入和收取的包装物押金，是否缴纳了消费税。

3．关联企业转让定价审核要点

由于我国目前的消费税施行单一环节一次课征制。除金银首饰在零售环节纳税外，其他应税消费品都在生产环节纳税。因此，生产环节消费税税基的大小就决定了消费税的多少。近几年来，一些消费税纳税人，特别是生产高税率产品的企业，如烟厂、酒厂、汽车厂等大中型企业划小核算单位，成立独立核算的销售公司，降低产品出厂价格，通过商业返还费用方式侵蚀税基，利用企业集团的内部协作关系，采取总公司低价生产供应零配件给生产企业，将应税消费品低价销售给公司的方式避税等。因此，对生产应税消费品成立独立核算的销售公司或组建成企业集团的纳税人，应通过审查其"主营业务收入"、"生产成本"、"管理费用"等账户，对各关联企业之间收取的价款、支付的费用进行核实。如价格明显偏低又无正当理由的，按税法规定予以调整。具体方法为：

（1）按独立企业之间进行相同或类似业务活动的价格；

（2）按照销售给无关联关系的第三者的价格所应取得的收入和利润水平；

（3）按成本加合理的费用和利润；

（4）按照其他合理的方法。

4. 对残次应税消费品的审核要点

纳税人销售残次应税消费品是否按规定缴纳消费税。注册税务师可以审核纳税人的"生产成本"、"制造费用"等成本费用类账户,留意纳税人的红字冲销额。看有无将残次应税消费品销售收入直接冲减相关成本费用不纳税;审核"应付福利费"账户,从贷方查看职工福利费的来源,看有无将残次品销售收入计入职工福利基金不纳税的情形。

纳税人销售残次应税消费品,向购买方收取的价差收入是否缴纳了消费税。如发现某购货方与纳税人有比较稳定的协作关系且购买的产品价格长期偏低,可去该购货方调查,通过了解其"应付账款"、"其他应付款"明细账,查清是否有返还销货方的价差收入。

5. 对纳税人不计、少计销售额的审核要点

纳税人是否按照税法规定的纳税义务发生的时间纳税。特别是货已发出、已开具发票但因货款不能回笼而不及时申报纳税的情况。注册税务师可以通过对财务部门的"库存商品"账与仓库的实物进行核对,看两者是否相符。如果财务部门的"库存商品"大于仓库的实物账,就很有可能存在货已发出而未纳税的情况,可进一步抽查纳税人已开具发票加以证实,即将纳税人一定时期内已开具发票的销售合计与消费税纳税申报核对,看两者是否相符。

纳税人是否将不符合税法规定的销售折扣、折让擅自冲减销售额。注册税务师应仔细审核纳税人"主营业务收入"明细账的贷方发生额是否存在红字冲销的情况,如有,应查明原因,如是销售折扣、折让,则要进一步核实是否符合税法规定的条件。若是销售折扣的,要与应税消费品开在同一张发票上;是销售折让的,要凭有效证明开具红字发票才能冲减应税消费品的销售额。

6. 对应税消费品以物易物、以货抵债、投资入股的审核要点

纳税人将自产的应税消费品用于换取生产资料、消费资料、投资入股、抵偿债务的是否纳税。注册税务师应仔细审查"库存商品"明细账的贷方发生额,认真查看贷方摘要栏记录,发现可疑,再查阅记账凭证和原始凭证。在通常情况下,"库存商品"账户贷方的对应账户为"主营业务成本",如发现"库存商品"账户贷方对应关系异常,如为借记"长期投资"、"原材料"、"应付账款"等,则有可能是纳税人以物易物、以货抵债、投资入股。审核纳税人是否按规定的计税依据计算缴纳消费税,并与"应交税费——应交消费税"账户核对。

计税价格是如何确定的,是否按纳税人同类消费品的最高销售价格作为计税依据计算缴纳消费税。

实行从量定额征税办法的应税消费品,其计税依据为应税消费品的销售数量。应审核"主营业务收入"、"营业税金及附加"、"库存商品"、"应交税费——应交消费税"等明细账,对照销货发票等原始凭证,看计量单位折算标准的使用及销售数量的确认是否正确,有无多计或少计销售数量的问题。审核纳税人的"营业费用"、"长期投资"、"营业外支出"、"管理费用"、"生产成本"等账户,审核纳税人是否有将自产的应税消费品用于其他方面而未在移送使用时申报缴纳消费税的情况。

（二）委托加工应税消费品审核要点

对于委托加工的应税消费品，首先应审核是否符合税法中规定的委托加工方式，如不符合规定，是否按销售自制应税消费品缴纳了消费税。然后，应重点审核以下几点：

应审核"委托加工物资"、"应交税费——应交消费税"等明细账，对照委托加工合同等原始凭证，看纳税人委托加工的应税消费品是否按照受托方的同类消费品的销售价格计算纳税；没有同类消费品销售价格的，是否按照组成计税价格计算纳税，受托方代收代缴的消费税税额计算是否正确。

应审核"委托加工物资"、"生产成本"、"应交税费——应交消费税"等明细账，看纳税人用外购或委托加工收回的已税烟丝等11种应税消费品连续生产应税消费品，在计税时准予扣除外购或收回的应税消费品的已纳消费税税款，是否按当期生产领用数量计算，计算是否正确。特别注意，停止执行外购或委托加工已税酒和酒精生产的酒准予抵扣外购酒及酒精已纳税款或受托方代收代缴税款的政策，防止企业仍按原规定执行，多抵消费税。上述外购或委托加工已税酒和酒精生产的酒包括以外购已税白酒加浆降度，用外购已税的不同品种的白酒勾兑的白酒，用曲香、香精对外购已税白酒进行调香、调味以及外购散装白酒装瓶出售等。

应审查"委托加工物资"、"应交税费——应交消费税"等明细账，看委托加工应税消费品直接出售的，有无重复征收消费税的问题。

（三）视同销售应税消费品的审核要点

审核"库存商品"、"原材料"、"应付账款"等明细账，看有无用应税消费品换取生产资料和消费资料、投资入股和抵偿债务等情况。如有，是否以纳税人同类应税消费品的最高销售价格作为计税依据计征消费税。

纳税人用于生产非应税消费品、在建工程、管理部门、非生产机构、提供劳务，以及用于馈赠、赞助、集资、广告、职工福利、奖励等方面的应税消费品，应于移送使用时视同销售缴纳消费税。注册税务师应审核"库存商品"、"原材料"、"应付账款"、"应付福利费"、"管理费用"等明细账，看有无这种情况；如有，是否于移送使用时缴纳了消费税。

（四）金银首饰的审核要点

1. 金银首饰范围的审核

注册税务师审核时，应注意正确掌握金银首饰的消费税的征收范围，不能简单地以商品名称确定其是否属于应税金银首饰的范围。

2. 金银首饰计税依据的审核要点

（1）以旧换新、翻新改制的审核。主要审核要点：一是审核纳税人"主营业务收入"、"库存商品"、"其他业务收入"等明细账，并与金银首饰零售发票核对，审核纳税人是否按规定申报缴纳消费税；二是审核纳税人"其他应付款"、"营业费用"等明细账的贷方发生额或借方红字发生额，审核纳税人是否将收取的加工费挂往来账或直接冲减费用未申报缴纳消费税。

（2）带料加工业务的审核。主要审核要点：一是审核纳税人带料加工业务是否真实。将"原材料"、"生产成本"、"其他业务收入"等明细账与有关会计凭证相互对照检查，审核其是否符合带料加工业务的条件。二是审核纳税人带料加工业务的计税依据是否正确。对纳税人当期或最近时期的同类金银首饰销售价格的有关资料或"主营业务收入——加工收入"明细账和委托加工合同进行检查，审核纳税人使用的计税价格或计算的组成计税价格是否正确。

（3）用于馈赠、赞助、集资、广告、样品、职工福利、奖励等方面的审核。主要审核要点：一是审核纳税人的"库存商品"等明细账户的贷方发生额，并与"应付工资"、"营业外支出"、"应付福利费"、"管理费用"、"营业费用"等明细账核对，审核纳税人用于馈赠、赞助、职工福利等方面的金银首饰是否按规定申报缴纳消费税。二是审核纳税人当期或最近时期的同类金银价格的有关资料或"生产成本"明细账，审核纳税人使用的计税价格或计算的组成计税价格是否正确。

（4）成套销售的审核。主要审核要点：一是询问企业有关人员有无成套金银首饰的业务并深入到金银首饰专柜，查看和了解有无成套销售金银首饰的样品及情况；二是审核纳税人"主营业务收入"明细账及有关会计凭证，并与金银首饰销售发票核对，审核纳税人若有成套销售金银首饰业务的，是否按规定申报缴纳消费税，有无分解销售收入少申报缴纳消费税的情况。

【例9-2】　注册税务师在代理审核某化妆品厂2011年8月应纳消费税情况时发现，该企业采用预收货款方式销售化妆品100箱，取得含税销售额117 000元，商品已发出。企业会计处理为：

借：银行存款　　　　　　　　　　　　　　　　　117 000
　　贷：预收账款　　　　　　　　　　　　　　　　　117 000

要求：计算本月应纳消费税并调账。

（1）对采取预收货款方式销售的化妆品，应于收到货款后、发出商品时缴纳消费税，并同时缴纳增值税。因此，该企业本月应纳消费税为：

$$117\,000 \div (1+17\%) \times 30\% = 30\,000(元)$$

（2）调账：

① 企业在商品发出时应将预收的销售款从"预收账款"账户转作产品销售收入，应做如下账务处理：

借：预收账款　　　　　　　　　　　　　　　　　117 000
　　贷：主营业务收入　　　　　　　　　　　　　　　100 000
　　　　应交税费——应交增值税（销项税额）　　　　17 000

② 将应缴纳的消费税款做账务处理：

借：营业税金及附加　　　　　　　　　　　　　　　36 000
　　贷：应交税费——应交消费税　　　　　　　　　　36 000
借：应交税费——应交消费税　　　　　　　　　　　36 000

　　　　　贷：银行存款　　　　　　　　　　　　　　　　　　36 000

　　【例9-3】　注册税务师受托对乙卷烟厂纳税情况进行审核，发现当期甲卷烟厂交给乙卷烟厂烟叶10吨（每吨成本600元）委托加工成烟丝，乙卷烟厂在加工过程中代垫辅助材料实际成本为1 000元，加工费为3 500元，双方协议中规定不考虑代垫辅料的费用。因乙卷烟厂无同类烟丝销售价格（不考虑从量计税因素），代收代缴消费税时作如下处理：

$$组成计税价格＝（材料成本＋加工费）÷（1－消费税税率）$$
$$＝（600×10＋3 500）÷（1－30\%）$$
$$＝9 500÷（1－30\%）$$
$$＝13 571.43（元）$$

　　应代收代缴消费税＝13 571.43×30\%＝4 071.43（元）

　　乙卷烟厂在甲卷烟厂提取烟丝时，收取了加工费、增值税的同时代收代缴消费税，账务处理如下：

　　借：银行存款　　　　　　　　　　　　　　　　　　9 166.43
　　　贷：主营业务收入　　　　　　　　　　　　　　　3 500
　　　　应交税费——应交增值税（销项税额）　　　　595
　　　　　　　　　——应交消费税　　　　　　　　　4 071.43
　　　原材料——辅助材料　　　　　　　　　　　　　1 000

　　注册税务师认为，根据《消费税暂行条例》第八条规定，委托加工的应税消费品按照受托方的同类消费品的销售价格计算纳税；没有同类消费品销售价格的，按照组成计税价格计算纳税。组成计税价格＝（材料成本＋加工费）÷（1－消费税税率）。同时，根据《消费税暂行条例实施细则》第十九条规定，"加工费"是指受托方加工应税消费品向委托方所收取的全部费用，包括代垫辅助材料的实际成本。企业在计算组成计税价格时没有将此项计入，正确的会计处理应为：

$$组成计税价格＝（材料成本＋加工费）÷（1－消费税税率）$$
$$＝（600×10＋3 500＋1 000）÷（1－30\%）$$
$$＝10 500÷（1－30\%）$$
$$＝15 000（元）$$

　　应代收代缴的消费税＝15 000×30\%＝4 500（元），少代收代缴消费税＝4 500－4 071.43＝428.57（元），少计加工费收入1 000元，少计提销项税额＝1 000×17\%＝170（元）。注册税务师建议乙卷烟厂会计作如下调账分录：

　　借：应收账款——甲卷烟厂　　　　　　　　　　　598.57
　　　主营业务成本　　　　　　　　　　　　　　　　1 000
　　　贷：主营业务收入　　　　　　　　　　　　　　1 000
　　　　应交税费——应交增值税（销项税额）　　　　170
　　　　　　　　　——应交消费税　　　　　　　　　428.57

（五）出具纳税审核报告

根据引导案例，自行编制纳税审核报告。

工作任务评价标准

请根据工作任务要求，结合完成工作任务所需要的知识导航，来完成该企业的消费税计税依据的审核。按照流程和规程完成纳税审核报告后，参照老师给出的标准，任务的完成者与老师共同来评价工作任务的完成情况。

评价标准：

（1）消费税计税依据分类是否掌握；

（2）卷烟计税依据是否掌握；

（3）金银首饰计税依据是否掌握；

（4）纳税审核报告是否正确。

工作任务二　适用税目、税率和纳税环节的审核

消费税不同于增值税，消费税是列举税目，税率有从价定率，从量定额，复合计税三种，征税环节为单一环节（除卷烟外）。所以在对消费税进行纳税审核时，除了审核计税依据外，适用税目、税率和纳税环节也是重要的审核内容。

一、制定操作流程

引导案例：

某市酿酒厂是年纳增值税、消费税逾千万元的国有企业，主要产品为白酒、酒精及饮料。2012 年 10 月初，注册税务师受托对其 2011 年 1—9 月份的纳税情况进行审查。通过审查产品销售明细账发现，各类应税消费品依法定税率计算的应纳税额与申报数额一致，但酒精的产品销售收入达 2 158 万元，与 2005 年同期相比增长了 38%，增幅较大。对此，企业财务人员解释说，今年以来，酿酒厂进行产品结构调整，减少了白酒产量，扩大了酒精生产规模，由于酒精消费税税率较低，所以，在总的应税收入增长的情况下，应纳消费税额却减少了。

为了弄清情况，注册税务师又对产成品账进行了审核，白酒产量比去年同期增长了 11%，酒精产量比去年增长 13.8%，增长幅度不大。企业生产的食用酒精全部记入"库存商品——食用酒精"账户，2011 年 1—9 月结转食用酒精销售成本 102 万元，结转工业酒精及医用酒精销售成本 996 万元，合计结转酒精销售成本 1 098 万元。与酒精产品销售收入明显不符。由此推断，企业存在混淆酒类产品销售与酒精产品销售的问题。

注册税务师对包括该门市部在内的 10 个购货单位 20 份销售发票进行外调，发现开给本厂门市部的两份大额销货发票记账联与发票联产品名称不符，记账联为"食用酒精"，发票联为"粮食白酒"。再核对这两笔业务的核算情况，发现"主营业务收

入——食用酒精"账页后面单设一账页,户名为"门市部",只登记产品销售数量、销售金额,未登记单价及单位成本。至此,该企业混淆产品销售收入、逃避纳税的问题终于查清。销售明细账的"门市部"户头记载 2006 年 1—9 月食用酒精 89.5 吨销售收入 537 万元,实际为粮食白酒销售收入,共少计消费税＝537×(25％－5％)＋89.5×2 000×0.000 05＝116.35(万元)。

请问:该企业应如何调账?

(1) 消费税的税目有哪些?

(2) 消费税的税率有哪些类型?

(3) 消费税纳税有哪些纳税环节?

对消费税使用税目、税率和纳税环节的审核工作流程:

第一步,了解委托人的基本情况,判断职业胜任能力及执业风险,决定是否要接受委托;

第二步,就委托相关事项,双方签订《委托代理协议书》;

第三步,由此项目负责人定制执业计划;

第四步,组织实施;

第五步,根据行业特点审核,审核计税依据;

第六步,审核税目、税率;

第七步,审核会计处理;

第八步,在审核过程中制作工作底稿;

第九步,在实施过程中,应就一些重要内容与委托人进行沟通交流;

第十步,完成纳税审核,并出具纳税审核报告,将有关意见及问题及时传达给委托人。

二、知识导航

(一) 适用税目、税率的审核要点

由于消费税并不是对所有的产品征税,其征税范围具有选择性,而且实行多档税率,不同产品税负不同,因此注册税务师应掌握消费税的征税范围,审核纳税人生产的产品是否应征收消费税。税目、税率是否按税法规定执行。

(1) 审核纳税人生产消费税税率已发生变化的应税消费品其应纳消费税是否按税法规定时间执行。

特别注意自根据《财政部 国家税务总局关于调整烟产品消费税政策的通知》(财税[2009]84 号)规定,税务总局重新核定了生产环节纳税人各牌号规格卷烟消费税最低计税价格,具体核算方法如下:甲类卷烟,即每标准条(200 支,下同)调拨价格在 70 元(不含增值税)以上(含 70 元)的卷烟,税率调整为 56％;乙类卷烟,即每标准条调拨价格在 70 元(不含增值税)以下的卷烟,税率调整为 36％,卷烟的从量定额税率不变,即 0.003/支;将雪茄烟生产环节的税率调整为 36％。卷烟批发环节加征一道 5％从价税。

　　另外,注意自 2006 年 4 月起,消费税政策作了较大调整,应按新政策审核纳税人相应期间的纳税情况。具体规定为:粮食白酒、薯类白酒的比例税率统一为 20%。定额税率为 0.5 元/斤(500 克)或 0.5 元/500 毫升。从量定额税的计量单位按实际销售商品重量确定,如果实际销售商品是按体积标注计量单位的,应按 500 毫升为 1 斤换算,不得按酒度折算。

　　(2)审核纳税人兼营不同税率的应税消费品是否分别核算不同税率应税消费品的销售额、销售数量,未分别核算销售额、销售数量,或者将不同税率应税消费品组成成套消费品销售的,是否从高适用税率。

　　注册税务师的审核要点:一是了解纳税人生产等基本情况,掌握纳税人生产、销售的应税消费品的品种、牌号,准确划分各征税对象及适用的消费税税率;二是了解纳税人销售的基本情况,掌握纳税人有无将不同税率的应税消费品组成成套消费品销售的经济业务;三是审核纳税人的"主营业务收入"明细账,并与有关的会计凭证核对,审核纳税人是否将组成成套消费品销售的不同税率的应税消费品分别核算,分别适用税率计算纳税或者从低适用税率计算纳税。

(二)纳税环节审核要点

　　审核"营业税金及附加"、"应交税费——应交消费税"、"生产成本"、"库存商品"等明细账,确认纳税人生产的应税消费品是否于销售或者批发时纳税。对于自产自用的应税消费品,用于连续生产应税消费品的,不纳税;用于其他方面的,是否已于移送使用时纳税。

　　审核"委托加工物资"、"应交税费——应交消费税"等明细账,确认委托加工收回的应税消费品,是否已由受托方在向委托方交货时代收代缴税款。

　　将纳税人"应付账款"、"预收账款"、"库存商品"、"分期收款发出商品"等明细账与有关会计凭证和产品销售合同相核对,审核有无已实现的销售收入不记入"主营业务收入"账户的情况。

　　【例 9-4】　某轮胎厂为增值税一般纳税人,生产各种汽车轮胎,该企业以外购橡胶、钢材等原材料自制外胎,与委托加工的内胎组装成各种汽车轮胎。注册税务师受托审核该厂 2011 年 8 月份增值税、消费税纳税情况,取得如下资料:

　　卡车轮胎不含税售价 400 元/个,小轿车轮胎不含税最高售价 350 元/个;轮胎的消费税税率为 10%;根据产品成本有关资料得知,各种轮胎成本中的外购货物和劳务的采购成本约占 60%,外购货物和劳务的增值税税率基本上为 17%。8 月份企业已按产品销售收入计提了消费税,并按抵减全部委托加工代扣代缴消费税后的余额缴纳了消费税。8 月末"应交税费——应交增值税"账户无余额。8 月份有关账务处理情况如下:

　　1. 8 月 4 日,委托橡胶制品厂加工卡车用内胎,发出橡胶 2 吨,价值 36 000 元。账务处理为:

　　　　借:委托加工物资——内胎　　　　　　　　　　36 000
　　　　　　贷:原材料——橡胶　　　　　　　　　　　　　　36 000

2. 8月14日，以银行存款支付委托加工费，取得增值税专用发票上注明加工费22 500 元，税额 3 825 元，同时支付受托方代收代缴的消费税 6 500 元，共收到委托加工内胎 1 000 个，其中 500 个收回后，直接被生产领用，连续生产卡车轮胎；另外 500 个以含税价 80 元/个，直接销售给某农机厂。企业账务处理分别为：

（1）支付加工费、增值税时

借：委托加工物资　　　　　　　　　　　　　　　　22 500
　　应交税费——应交增值税（进项税额）　　　　　　3 825
　　　贷：银行存款　　　　　　　　　　　　　　　　　　　　26 325

（2）支付消费税时

借：应交税费——应交消费税　　　　　　　　　　　6 500
　　　贷：银行存款　　　　　　　　　　　　　　　　　　　　6 500

（3）生产领用时

借：生产成本——卡车轮胎　　　　　　　　　　　29 250
　　　贷：委托加工物资　　　　　　　　　　　　　　　　　　29 250

（4）让售委托加工材料时

借：银行存款　　　　　　　　　　　　　　　　　　40 000
　　　贷：其他业务收入　　　　　　　　　　　　　　　　　　40 000

同时，借：其他业务成本　　　　　　　　　　　　　29 250
　　　　　贷：委托加工物资　　　　　　　　　　　　　　　　29 250

3. 8月18日，销售卡车轮胎一批，账务处理为：

借：银行存款　　　　　　　　　　　　　　　　　236 000
　　　贷：主营业务收入　　　　　　　　　　　　　　　　　200 000
　　　　　应交税费——应交增值税（销项税额）　　　　　　34 000
　　　　　其他业务收入——代垫运输、装卸费　　　　　　　2 000

借：销售费用　　　　　　　　　　　　　　　　　　2 000
　　　贷：银行存款　　　　　　　　　　　　　　　　　　　　2 000

后附有增值税专用发票一张，注明价款 200 000 元，税额 34 000 元；普通发票一张，注明代垫运输、装卸费，金额 2 000 元，其中运费 1 800 元，装卸费 200 元；承运部门开具给轮胎厂的运费结算单一张，注明运费 1 800 元，装卸费 200 元。

4. 8月20日，本厂在建工程领用卡车轮胎 8 个，账面成本价 245 元/个，账务处理为：

借：在建工程　　　　　　　　　　　　　　　　　　1 960
　　　贷：库存商品——卡车轮胎　　　　　　　　　　　　　1 960

5. 8月25日，以库存小轿车轮胎 100 个，抵顶租用出租汽车公司房屋租金 40 950 元，小轿车轮胎账面成本价为 230 元/个。账务处理为：

借：销售费用——租赁费　　　　　　　　　　　　　40 950
　　　贷：库存商品——小轿车轮胎　　　　　　　　　　　　40 950

6. 8月30日产成品库月末盘点，发现短缺卡车轮胎 10 个，账面价格共计 2 450 元，企业账务处理为：

借:待处理财产损溢　　　　　　　　　　　　　2 450
　　贷:库存商品——卡车轮胎　　　　　　　　　　　　　2 450
要求:根据以上资料编制纳税审核报告。

××轮胎厂增值税、消费税纳税审核报告

××轮胎厂:

我们受贵厂的委托,对2011年8月份的应纳增值税、消费税情况进行了审核。重点审核了有关账册和原始凭证,有关问题详述如下:

第一,增值税、消费税纳税审核中发现的主要问题:

1.8月14日将委托加工材料直接用于对外销售的,其代收代缴消费税抵减了消费税且让售收入少计增值税销项税额。

2.8月18日销售轮胎价外收取的运杂费,未并入应税销售额计征增值税和消费税,且为销售应税货物发生的运费少计算进项税额。

3.8月20日在建工程领用自制产品未视同销售,少计征增值税、消费税。

4.8月25日以产品抵顶租金未做收入少计增值税、消费税。

5.8月30日产成品盘亏未按规定转出应负担的增值税,造成少计增值税。

第二,计算应补税额及当期账务调整:

针对上述问题,依据现行税法有关规定,应作下列会计账务调整:

1.8月14日,将委托加工材料直接用于对外销售的,其代扣代缴消费税应计入委托加工材料成本中,不能抵减应纳消费税,应调增消费税=6 500÷2=3 250(元)。

当期调账分录:

借:其他业务支出　　　　　　　　　　　　　3 250
　　贷:应交税费——应交消费税　　　　　　　　　　　3 250

让售委托加工材料少计增值税,应调增增值税=40 000÷1.17×17%=5 811.97(元)。

当期调账分录:

借:其他业务收入　　　　　　　　　　　　　5 811.97
　　贷:应交税费——应交增值税(销项税额)　　　　　5 811.97

2.8月18日销售轮胎收取价外费用,应调增增值税=2 000÷1.17×17%=290.06(元),应调增消费税=2 000÷1.17×10%=170.94(元)。

当期调账分录:

借:其他业务收入　　　　　　　　　　　　　290.06
　　贷:应交税费——应交增值税(销项税额)　　　　　290.06
借:其他业务支出　　　　　　　　　　　　　170.94
　　贷:应交税费——应交消费税　　　　　　　　　　　170.94

销售轮胎发生的运费应计提进项税,少计进项税额=1800×7%=126(元)。

当期调账分录:

借:应交税费——应交增值税(进项税额)　　　126
　　贷:营业费用　　　　　　　　　　　　　　　　　　126

3. 8 月 20 日在建工程领用自制产品应视同销售,征收增值税和消费税。

$$应调增增值税 = 8 \times 400 \times 17\% = 544(元)$$

$$应调增消费税 = 8 \times 400 \times 10\% = 320(元)$$

当期调账分录:

借:在建工程   864
　　贷:应交税费——应交增值税(销项税额)   544
　　　　——应交消费税   320

4. 8 月 25 日以自产产品抵付租金,属于销售货物的行为,企业未做收入,应调增增值税 = 40 950 ÷ 1.17 × 17% = 5 950(元)。

$$应调增消费税 = 40\ 950 \div 1.17 \times 10\% = 3\ 500(元)$$

当期调账分录:

借:库存商品——小轿车轮胎   40 950
　贷:主营业务收入   35 000
　　　应交税费——应交增值税(销项税额)   5 950
同时,借:主营业务成本   23 000
　　　　贷:库存商品   23 000
借:营业税金及附加   3 500
　贷:应交税费——应交消费税   3 500

5. 8 月 30 日产成品盘亏,应按税法规定转出进项税额。

$$应调增增值税 = 2\ 450 \times 60\% \times 17\% = 249.9(元)$$

当期调账分录:

借:待处理财产损溢——待处理流动资产损失   249.9
　贷:应交税费——应交增值税(进项税额转出)   249.9

综合 1—5 项内容,本月应补增值税 = 5 811.97 + 290.6 - 126 + 544 + 5 950 + 249.9 = 12 720.47(元)

本月应补消费税 = 3 250 + 170.94 + 320 + 3 500 = 7 240.94(元)

××税务师事务所(签章)

注册税务师:××(签章)

2011 年 9 月 15 日

工作任务评价标准

请根据工作任务要求,结合完成工作任务所需要的知识导航,来完成该企业的消费税计税税目、税率、纳税环节的审核。

按照流程和规程完成纳税审核报告后,参照老师给出的标准,任务的完成者与老师共同来评价工作任务的完成情况。

评价标准：

（1）消费税计税税目分类是否掌握；

（2）卷烟计税税率是否掌握；

（3）消费税纳税环节是否掌握；

（4）编制纳税审核报告是否正确。

模块三　营业税纳税审核代理实务

营业税是地方性税收的主要税种之一，其计税依据是纳税人提供应税劳务、转让无形资产或销售不动产所取得的营业额。营业税按行业或经营项目设置税率，按比例征收，范围较广。本节只选取税务代理涉及较多的饮食服务业、建筑安装业、货运企业和金融保险企业，论述代理纳税审核的基本操作规范。

工作任务一　应税劳务额的审核

一、制定操作流程

引导案例：

某培训中心属全民所有制的餐饮服务企业，经营范围是住宿、餐饮、服务等。2011 年 12 月，累计实现营业收入 1 659 700 元，缴纳各税费合计 86 303 元。

××税务师事务所受托于 2012 年 1 月对该培训中心 2011 年度的纳税情况进行审核。注册税务师用逆查法对该培训中心 2009 年度的会计账簿和会计凭证进行了审查。在审核资金往来账簿时，发现"应付账款"科目贷方有一笔本市某公司拨来的补助款 169 000 元，原会计分录为：

借：银行存款　　　　　　　　　　　　　　　169 000

　　贷：应付账款　　　　　　　　　　　　　　169 000

通过进一步审查核实，此笔款项实为培训中心的营业收入。注册税务师认为，根据《餐饮服务业财务制度》的规定，此笔款项应记入"主营业务收入"科目，并按照《营业税暂行条例》的规定缴纳营业税＝169 000×5％＝8 450（元），缴纳教育费附加＝8 450×3％＝253.5（元），缴纳城市维护建设税＝8 450×7％＝591.5（元）。如果你是该税务师事务所的负责人该如何完成这次任务？

（1）不同行业重点审查的科目有不同？

（2）建筑业中是否应该对"预收账款"科目进行核查？

（3）需要签订委托协议书？

（4）税务代理中产生的法律责任应该归属谁？

完成营业税应税劳务额的审核的工作流程：

第一步，了解委托人的基本情况，判断职业胜任能力及执业风险，决定是否要接受委托；

第二步,就委托相关事项,双方签订《委托代理协议书》；

第三步,由此项目负责人定制执业计划；

第四步,组织实施；

第五步,根据行业特点审核,审核计税依据；

第六步,审核税目、税率；

第七步,审核会计处理；

第八步,在审核过程中制作工作底稿；

第九步,在实施过程中,应就一些重要内容与委托人进行沟通交流；

第十步,完成纳税审核,并出具纳税审核报告,将有关意见及问题及时传达给委托人。

二、知识导航

(一)服务业审核要点

服务业的征收范围包括代理业、饮食业、旅店业、广告业、仓储业、租赁业、其他服务业。各个具体行业的服务项目也可能有相互兼容的情况。现就主要行业代理纳税审核的重点介绍如下：

1. 对代理业的审核

注册税务师审核的要点有：审核纳税人应税收入是否及时、足额申报纳税,有无少报、瞒报应税收入；审核纳税人成本费用支出情况,有无将营业收入直接冲减成本费用；审核纳税人往来账项,有无将营业收入长期挂账,不及时申报纳税；审核纳税人扣减项目的金额是否正确,有无多扣减或错扣减；审查纳税人收费价格是否正常,有无明显偏低而无正当理由。

2. 对饮食业的审核

(1)将"主营业务收入"明细账与有关的收款凭证和原始记录相核对,如服务员开具的菜码单、报送的营业日报表等,审核纳税人有无分解营业收入的现象。

① 对于纳税人申报收入明显偏低,与其经营规模、雇工人数、饮食营业成本、水电费用等明显不成比例的,应查明其有无不计收入、钱货直接交易的情况。必要时,通过原材料的耗用量来换算成品销售量,测算营业收入额,并与营业日报表和交款凭单核对,查明有无漏计、漏报或瞒报收入的情况。

② 抽查销售价格,看其是否按配料定额成本和规定的毛利率或加成率计算营业收入。

$$销售价格＝原材料成本÷(1－毛利率)$$
$$或＝原材料成本×(1＋加成率)$$

(2)对配备有卡拉 OK 等娱乐设施的饭馆、餐厅等饮食服务场所,审核中应注意其为顾客在就餐的同时所提供的娱乐性服务是否按娱乐业计算纳税。

（3）将"主营业务成本"、"营业费用"、"管理费用"等明细账与有关的凭证进行核对，注意成本、费用、账户的贷方发生额，看有无将收入直接冲减成本、费用，而未记"主营业务收入"的现象。

（4）将"应付账款"、"预收账款"等往来明细账与有关的记账凭证、原始凭证相核对，看有无将收入长期挂往来账，偷逃税款的现象。有无将收入不入账直接抵顶租赁费、装修费、承包费等各项债务等。

（5）审核饮食业统一发票开具及领、用、存情况，并对照收入账户，看纳税人是否按规定开具发票，是否存在开具大头小尾发票等现象。

3. 对旅店业的审核

注册税务师应区分不同情形予以审核。对规模小、档次低的旅店，应特别认真地核查住宿登记本（或登记单），将登记本（或登记单）上登记的人次、天数与住宿收入相核对，看收到的款项是否有不入账或少入账的情况。对经营规模大、档次高的旅店，其功能除了住宿以外，还从事饮食、桑拿、歌舞厅、理发美容、会议、代理购票、代办长途电话、洗车、停车等项服务。对这类企业的审查，首先要调查清楚经营项目、经营方式（如有些项目是承包经营的）、收费标准等；然后对其会计资料进行审核，看其该收的收入是否已全额入账，已入账的收入是否已全额申报纳税，已申报纳税的应税收入有无错用税目、税率的情况，如将属于"娱乐业"税目征税范围的歌舞厅经营收入并入属于"服务业——旅店业"税目征税范围的住宿收入征税，达到从低适用税率、少计缴税款的目的。

4. 对旅游业的审核

注册税务师的审核要点有：一是通过审查其自印收款凭证的领、用、存情况和旅客报名表等，查看"主营业务收入"账户贷方和"应收账款"等账户借方，核实营业收入结算是否及时、正确。看有无在收费以外另收餐费、保险费、签证费等费用不入账或少入账而不按规定计税的情况。二是查看"主营业务成本"账户借方及其对应账户，确定应当从旅游业营业收入中扣除计税的项目范围及金额，要注意纳税人为旅游者支付给其他单位的住宿费、餐饮费、交通费和其他代付费用是否取得合法凭证。

5. 对广告业的审核

注册税务师的审核要点有：一是通过审核承揽合同、收款凭证，看其应收的收入是否入账，有无以提供广告为前提，向对方索取货物，而不折算为收入入账，或以赞助费、联营利润名义入账，偷逃税款的情况。二是审核企业有无将制作费、劳务费、播放费、信息费以党政机关报刊或广播电台、电视台的名义收款，混入免税收入中偷逃税款的情况。

6. 对仓储业的审核

注册税务师主要通过审核现金、银行存款等账户及企业已开具使用的收款凭证等，审核其价外收取的各类款项，如汽车进仓佩带防火罩费、熏蒸虫费、吊机费、延期提货（付款）费、过地磅费、铁路专用线费、搬运费等，是否已按规定计入营业额中，申报纳税。

7. 对租赁业的审核

注册税务师审核要点：一是通过对"其他业务收入"或"营业外收入"、往来账户进行审核，看企业有无取得的出租收入通过"其他业务收入"科目反映，但不申报纳税，或通过"其他应付款"、"营业外收入"科目反映，逃避纳税的情形；二是通过对成本费用类科目的审查，看企业有无取得的租赁收入冲减成本费用的情形。

（二）建筑安装业审核要点

建筑业务是使用建筑材料建造建筑物、构筑物并对其进行修缮、装饰以及安装各种设备工程作业的劳务活动。建筑业务的计税依据是从事建筑业务所取得的全部收入。

纳税人从事建筑业务所取得的收入，在不同的行业中，会计核算也是不相同的。施工企业通过设置"主营业务收入"科目进行核算，其他行业的建筑业务往往不是其主营业务，在会计上设置"其他业务收入"科目来核算。因此，注册税务师在审核中应根据纳税人不同的会计核算特点，重点审核以下几个方面：

（1）审核应税收入是否全额纳税。建筑业营业税的营业额包括建筑安装企业向建设单位收取的工程价款（即工程造价）及工程价款之外收取的各种费用。审核中应参照工程承包合同、纳税申报表，结合"主营业务收入"账户，看纳税人"工程价款结算账单"中确认的价款是否全额申报纳税。

（2）审核有无分解工程价款的现象。抽查"主营业务收入"、"库存商品"、"其他业务收入"、"营业外收入"等有关账户的原始凭证和记账凭证，审查材料出库单等原始凭证，确定实际完成工作量的施工成本。注意纳税人有无为逃避纳税而分解工程价款的情况。如：

① 将工程耗用的材料不计施工成本，而是直接冲减库存材料。

② 将向发包单位收取的各种索赔款不作为计税收入，而记入"营业外收入"账户。

③ 向建设单位收取抢工费、全优工程奖和提前竣工奖，将这部分收入记入"应付福利费"作为职工奖励基金。

④ 将材料差价款直接冲减工程结算成本或材料等账户，少计工程收入额。

（3）审核"应付账款"、"预收账款"等往来明细账，核对记账凭证及原始凭证，看有无将已结算的工程价款长期挂账不计收入的。

（4）建筑业的总承包人将工程分包给他人的，应对照分包建筑安装工程合同及分包工程的"工程价款结算账单"，核实"应付账款"等账户核算内容，审查其营业额是否为工程的全部承包额减去付给分包人的价款后的余额。

（5）从事建筑、修缮、装饰工程作业的纳税人，一般情况下无论与对方如何结算，其营业额均应包括工程所用原材料及其他物资和动力的价款在内；从事安装工程作业的纳税人，要查看安装工程合同，凡所安装的设备价值作为安装产值的，其营业额应包括设备的价款在内。

（6）对于企业行政事业单位的自营施工单位为所在单位承担建筑安装工程

的,应查验该纳税人是否为独立核算单位,是否与本单位结算工程价款。从而确定该施工项目是否确属于自建自用工程项目,有无借故"自建自用建筑物"而未计征营业税。

【例9-5】 某市第一建筑工程公司第四施工处,属集体所有制企业。2011年12月税务代理人受托对该企业纳税情况进行审查。

注册税务师采取外调方式对该企业纳税情况进行审查,首先到建设单位进行调查,查看建设单位的账目。经查发现建设单位2011年12月"应付账款——第一建筑工程公司第四施工处"科目借方有支出材料款共10笔,金额为421 705.58元,注册税务师询问建设单位有关人员后认定是甲方建设单位用材料抵顶应付乙方第一建筑工程公司第四施工处的工程款。然后税务代理人开始对第一建筑工程公司第四施工处的工程款的问题进行检查核实,确认该处收到材料后,未作任何账务处理,亦未申报纳税。

注册税务师认为:该第四施工处未按会计及税法制度规定,少计工程结算收入421 705.58元,少纳营业税=421 705.58×3‰=12 651.17(元),少纳城建税=12 651.17×7%=885.58(元),少纳教育费附加=12 651.17×3%=379.54(元),为此,建议企业补缴税款并作相关调账分录:

(1)调整漏计收入

借:库存商品　　　　　　　　　　　　　　421 705.58
　　贷:主营业务收入　　　　　　　　　　　　　421 705.58

(2)补提税金

借:营业税金及附加　　　　　　　　　　　13 916.29
　　贷:应交税费——应交营业税　　　　　　　　12 651.17
　　　　　　　　　——应交城建税　　　　　　　　885.58
　　　　　　　　　——教育费附加　　　　　　　　379.54

(3)补缴税金

借:应交税费——应交营业税　　　　　　　12 651.17
　　　　　　　——应交城建税　　　　　　　　885.58
　　　　　　　——教育费附加　　　　　　　　379.54
　　贷:银行存款　　　　　　　　　　　　　　13 916.29

(三)货运业审核要点

货运业的营业额是指纳税人从事交通运输取得的全部收入,包括全部价款和价外费用。在不同类型企业,其营业额的会计核算不同。交通运输企业的营运业务收入分别在"主营业务收入——运输收入"、"主营业务收入——装卸收入"、"主营业务收入——堆存收入"、"主营业务收入——港务费收入"等会计科目核算,其他性质的企业一般在"其他业务收入"科目核算。因此,在审核中应针对不同性质纳税人,结合有关账册进行审查。

1. 交通运输企业

（1）将"主营业务收入——运输收入"等收入明细账与营业税纳税申报表及有关的发票、收款单据等原始凭证核对，审核已实现的营运业务收入是否及时足额申报纳税，有无收入不及时入账，漏报收入或以收抵支的现象。

（2）有无将应税运营收入记入"营业外收入"、"其他业务收入"账户，少计收入，少缴税款的。

（3）审核"应付账款"、"预收账款"等科目相应的原始凭证，看有无将已实现的运营收入长期挂账，不作收入处理的现象。

（4）审核"主营业务成本——运输支出"、"主营业务成本——装卸支出"等支出类明细账，是否存在以收入直接冲减费用支出，少计收入的现象。

（5）交通运输企业从事国际运输业务，可以全程运费扣除付给以后其他国际运输企业的客货运费后的实际运费收入为营业额；从事联运业务，可以全程运费扣除付给以后承运企业的运费、装卸费、换装费等后的余额为营业额。对有类似业务的运输企业，应重点审核税前扣除的依据，必须是对方填开的运输发票或税务机关认可的抵扣凭证。

2. 其他企业

对其他企业从事运输业务，应首先分清纳税人发生的运营业务属于混合销售行为还是兼营行为。如果在一项销售行为中同时涉及应税劳务和货物，即企业销售货物的同时负责运输，则纳税人的运输收入应按混合销售行为征收增值税。如果确定是兼营行为，则应注意审核所得的运输收入是否与其他不同税种的收入分别核算，分别申报纳税。

（1）审核"其他业务收入"明细账及有关记账凭证、原始凭证，看收入是否及时足额入账，有无将收取的价外费用不计收入，直接冲减成本费用少缴税款的现象。

（2）审核有关成本费用及往来账户，有无将运输收入不记入，直接冲减成本费用或将已实现的运输收入挂往来账户不纳税的现象。

【例 9-6】 某汽车运输公司开展联运业务，2011 年 5 月发生下列业务：

1. 受某企业委托完成货物运输业务一项，运程为沈阳—大连—烟台。纳税人一次性支付运费 50 万元，途中转运运费 20 万元由该汽车运输公司支付给某海运公司。

2. 运输途中购进汽车用柴油 2 万元，支付码头停车费 1 万元。司机住宿、餐饮等费用 1 万元。该公司计算本月应纳营业税为：

$$(50-20-2-1-1)\times 3\% = 0.78(万元)$$

要求：计算该公司本月实际应纳营业税，分析说明并作账务处理。

1. 计算本月实际应纳营业税：

$$(50-20)\times 3\% = 0.9(万元)$$

2. 分析说明及账务处理：

根据《营业税暂行条例》及实施细则的有关规定，联运业务以实际取得的收入为营业额，即该汽车运输企业收到的收入扣除付给以后承运者某海运公司的运费后的余额。账务处理如下：

```
借：银行存款                              500 000
    贷：营业收入——运输收入                    300 000
        其他应付款(或联运往来)                 200 000
借：营业税金及附加                            9 000
    贷：应交税费——应交营业税                    9 000
```

(四)金融保险业审核要点

1. 金融业审核要点

金融企业的收入在会计核算中的明细为"利息收入"、"金融企业往来收入"、"手续费收入"、"汇兑收益"、"租赁收益"、"证券发行收入"等科目,因此,审核时,应结合企业营业税纳税申报表及各收入类账户进行。

(1)贷款的利息收入。第一,对于一般贷款业务主要审核"利息收入"、"利息支出"、"营业费用"明细账及其有关的原始凭证和记账凭证,看纳税人有无随意分解收入,或将费用、支出直接冲减收入现象。第二,对于委托贷款业务,应重点审核"应付账款"和"手续费收入"账户,核实每期应付的委托贷款利息和扣收的手续费,看有无错计、漏计营业税的。第三,对典当业的抵押贷款业务,应注意审核典当物品的保管费用和经营费用是否并入应税营业额中。第四,对转贷业务应注意审查纳税人是否按一般贷款业务与转贷业务划分各自营业额分别计算应纳税额,若属转贷业务,扣减的利息支出是否确属转贷范围,有无多计支出的问题。

(2)融资租赁收入。应根据租赁合同,主要审核"应收账款——应收租赁收益"和"租赁收益"账户及有关凭证,审核纳税人从事融资租赁业务是否经有关部门批准,纳税人的应税营业额是否扣除了向承租方收取的该项出租货物的实际成本。

(3)金融商品转让的收益额。主要审核"利息支出"、"金融企业往来支出"等账户,并抽查重要的原始凭证和记账凭证,核实从利息收入等科目中抵减的支出项目是否真实、准确。

(4)手续费收入。主要审核"手续费收入"、"手续费支出"等明细账并抽查相关原始凭证及记账凭证,看有无将收入冲减费用或差额计税的情况。

2. 保险业审核要点

保险业以向投保者收取的全部保险费为营业额。在会计核算中,保险公司主要通过"保费收入"、"追偿款收入"、"利息收入"、"手续费收入"、"其他收入"等科目核算。

(1)将企业的纳税申报表与"保费收入"等账户相核对,看企业的纳税申报是否正确,有无少报、瞒报收入的现象。将"保费收入"明细账与有关会计凭证相核对,看有无分解收入或将费用支出冲减收入的现象。

(2)审核分保险业务,应结合保险合同和分保账单,审查"保费收入"、"应付分保账款"、"分保费支出"等明细账及有关原始凭证、记账凭证,看其保费收入是否全部纳税,有无借故付给分保人保险费,而减少应税营业额。

（3）审核无赔款奖励业务。保险机构的无赔款奖励支出，进行冲减保费收入处理时，在计征营业税时仍要以冲减前的保费收入为计税依据，纳税人如有无赔款奖励支出，计算纳税时是否扣除了这部分支出而少纳营业税。

（4）审核有无收费收入长期挂账的问题。按规定对保户采取分期收费的，必须全额贷记"保费收入"。审核时应注意，企业有无收取保费，但长期挂账而不结转的问题。

【例9-7】 某银行系营业税纳税人，主要经营金融业务，2011年8月注册税务师受托对该企业2009年1—7月营业税纳税情况进行审核。发现问题如下：

（1）审核企业"利息收入"明细账和贷款合同，发现企业部分贷款业务未计算利息收入，系企业以利息未收到为由，将逾期90天以内的应收利息2 000 000元未进行核算，未申报纳税。

（2）审核"贴现"、"其他应付款"等明细账，并核对相关会计凭证，发现企业的贴现业务收入400 000元挂往来账，未申报纳税。企业账务处理为：

借：贴现　　　　　　　　　　　　　　　　400 000
　　贷：其他应付款　　　　　　　　　　　　　　400 000

（3）审核企业"手续费收入"明细账，发现企业取得受托发放贷款的手续费收入30 000元。进一步审核"委托存款"、"其他应付款"等明细账，核实受托发放贷款金额3 000 000元，取得受托贷款利息300 000元。企业账务处理为：

借：银行存款　　　　　　　　　　　　　　3 000 000
　　贷：其他应付款　　　　　　　　　　　　　3 000 000
借：其他应付款　　　　　　　　　　　　　　300 000
　　贷：手续费收入　　　　　　　　　　　　　　300 000

经核实，企业通过"利息收入"、"手续费收入"账户核算的收入均已依法缴纳了营业税。要求：根据以上资料计算该银行应补缴的营业税并加以分析说明及作当期调账分录。

（1）该银行补缴应纳营业税＝2 000 000×7％＋400 000×7％＝168 000（元）

（2）分析说明及当期调账：

企业部分贷款业务逾期未过90天，应按会计制度及税法规定计提应收未收利息，计征营业税。调账分录：

借：应收利息　　　　　　　　　　　　　　2 000 000
　　贷：利息收入　　　　　　　　　　　　　　2 000 000

③ 企业贴现业务属于其他金融业务，应依法计征营业税，企业将应税收入挂往来账户，少计营业税。调账分录：

借：其他应付款　　　　　　　　　　　　　　400 000
　　贷：其他营业收入　　　　　　　　　　　　　400 000

④ 企业补缴应纳营业税168 000元，计提分录为：

借：营业税金及附加　　　　　　　　　　　　168 000
　　贷：应交税费——应交营业税　　　　　　　　168 000

（五）邮电通信业审核要点

邮电通信企业的邮政收入、长途电信收入和市内电话收入在"主营业务收入"科目核算,邮政电信物品销售收入在"其他业务收入"科目核算。注册税务师应从以下几方面予以审核:

（1）审核纳税人"主营业务收入"和"其他业务收入"明细账的贷方发生额,并与企业纳税申报表核对。审查纳税人的纳税申报情况,有无少报、瞒报收入。

（2）审核纳税人"主营业务收入"和"其他业务收入"明细账,并与有关会计凭证核对。审查纳税人有无分解应税收入。

（3）审核纳税人"主营业务成本"、"营业费用"、"管理费用"、"其他业务支出"等明细账。并与有关会计凭证核对,审查纳税人有无将营业收入直接冲减成本、费用而不计收入的情况。

（4）审核纳税人"营业款结算"、"应付账款"、"预收账款"等往来账,并与有关会计凭证核对,审核纳税人有无将营业收入长期挂账而延期纳税的情况。

【例 9-8】　某电信局系营业税纳税人,主要从事电信业务,某税务师事务所受托对该电信局进行纳税审核,通过审核"应付职工薪酬——应付福利费"明细账及有关会计凭证发现企业将装移机收入分开记账,向税务局仅申报用户装、移机工料收入和市内初装费收入,而将手续费收入 200 000 元直接转入"应付福利费"账户。其账务处理为:

借:银行存款　　　　　　　　　　　　　　　　　200 000
　　贷:应付职工薪酬——应付福利费　　　　　　　　200 000

注册税务师认为企业应按税法规定补缴营业税 200 000×3‰＝6 000(元),并作当期调账分录为:

（1）调增收入

借:应付职工薪酬——应付福利费　　　　　　　　　200 000
　　贷:主营业务收入　　　　　　　　　　　　　　　200 000

（2）计提税金

借:营业税金及附加　　　　　　　　　　　　　　　6 000
　　贷:应交税费——应交营业税　　　　　　　　　　6 000

（3）纳税审核报告

根据引导案例自行完成纳税审核报告编制。

🖤 工作任务评价标准

按照流程和规程完成营业税应税劳务额审核报告后,参照老师给出的标准,任务的完成者与老师共同来评价工作任务的完成情况。

评价标准:

（1）各行业应税劳务额计算是否掌握;

（2）各行业审核的重点是否掌握;

（3）调账及纳税申报报表是否掌握。

工作任务二　销售不动产、转让无形资产的审核

一、制定操作流程

引导案例：

某房地产公司 2011 年 10 月取得售房款 500 万元，在售房的同时代煤气公司收取气源费 50 万元，并分别开具商品房发票和收款收据，将 50 万元记入"应付账款"账户。月末将代收气源费交煤气公司后，冲"应付账款"账，公司确认本月营业收入 500 万元。计算缴纳营业税 500×5％＝25（万元）。

要求：根据以上资料计算本月应纳营业税并加以分析说明及调账。

（1）销售不动产计税依据有哪些情况？什么情况下用全额？什么情况下用差额？

（2）房地产开发企业和非房地产企业在纳税审核中有哪些不同的地方？

（3）转让无形资产纳税审核中重点审查的内容有哪些？

对于销售不动产、转让无形资产的审核的工作流程：

第一步，了解委托人的基本情况，判断职业胜任能力及执业风险，决定是否要接受委托；

第二步，就委托相关事项，双方签订《委托代理协议书》；

第三步，由此项目负责人定制执业计划；

第四步，组织实施，并制作工作底稿；

第五步，在实施过程中，应就一些重要内容与委托人进行沟通交流；

第六步，完成纳税审核，并出具纳税审核报告，将有关意见及问题及时传达给委托人。

二、知识导航

（一）销售不动产审核要点

销售不动产的营业额是纳税人销售不动产向对方收取的全部价款和价外费用。由于不同的企业会计核算不同，因此，对房地产开发企业和其他企业应根据其不同特点，结合有关账册，审核其营业收入额的确认是否正确。

1. **房地产开发企业**

（1）将"主营业务收入"账与有关会计凭证相核对，同时核对纳税人开具的"商品房发票"和"动迁房发票"存根联，看有无分解收入、减少营业额的现象。

（2）将"主营业务收入"、"分期收款开发产品"等明细账与有关记账凭证、原始凭证以及销售合同相核对，看有无按合同规定应收取的销售款因实际未收到等原因而未转作"经营收入"的现象。

（3）将"应付账款"、"预收账款"等往来明细账与有关记账凭证、原始凭证、销售合同等相核对，看有无将收入挂往来账而不纳税的现象。

（4）纳税人以房换地时，其转让房屋的营业额是否为用来换取土地使用权的新建房屋的造价、旧有房屋的评估价格或旧有房屋的买价。

（5）应特别注意有出租房、周转房的房地产开发企业。因为商品房、出租房和周转房三者之间用途是极不稳定的，如销售市场疲软，可将商品房对外出租；如销售市场看好，出租房可变为商品房对外销售；商品房暂未出售前，可临时用于安置动迁户，动迁户回迁或安置完毕，周转房可用作出租和商品房销售。所以审核时要注意三者之间的增减变化，看其出租或销售收入是否记入"经营收入"，有无将出租房、周转房销售后直接冲减出租房、周转房发生的摊销费和改装修复费等。

2. 其他企业

（1）将纳税人的纳税申报表与"固定资产清理"账相核对，看纳税人出售建筑物等不动产的收入是否申报纳税，其计税依据应为出售时获得的价款，而不是从所获价款中扣除清理费等以后的净收益。

（2）将"固定资产清理"账与有关记账凭证、原始凭证相核对，看有无分解销售不动产销售额的现象。

（3）将"固定资产"、"营业外收入"、"营业外支出"等账户与有关记账凭证、原始凭证相对照，看有无将出售不动产的营业额未通过"固定资产清理"账户，而直接列作了营业外收支的现象。

（4）将"固定资产"、"营业外支出"等账户与有关会计凭证相对照，看有无对外捐赠不动产的行为，捐赠不动产是否已比照销售不动产缴纳了营业税。

【例 9－9】 注册税务师受托对某市一工业企业进行纳税审核，发现该企业当期出售房屋一幢，并连同房屋所在范围的土地使用权转让，取得全部收入 3 500 000 元，发生公证费、手续费等 50 000 元，该项固定资产原值 2 000 000 元，已提折旧 1 100 000 元，企业会计作的相关账务处理如下：

（1）取得收入时

借：银行存款　　　　　　　　　　　　　　3 500 000
　　贷：其他应付款　　　　　　　　　　　　　　3 500 000

（2）支付费用时

借：固定资产清理　　　　　　　　　　　　　50 000
　　贷：银行存款　　　　　　　　　　　　　　　50 000

（3）转销固定资产时

借：固定资产清理　　　　　　　　　　　　　900 000
　　累计折旧　　　　　　　　　　　　　　1 100 000
　　贷：固定资产　　　　　　　　　　　　　2 000 000

（4）结转净损失

借：营业外支出　　　　　　　　　　　　　　950 000
　　贷：固定资产清理　　　　　　　　　　　　　950 000

注册税务师认为企业将取得的收入转移挂在往来账上,未按规定缴纳营业税,应予以纠正,相关调账分录为:

(1) 调整收入

借:其他应付款　　　　　　　　　　　　　　　3 500 000

　　贷:固定资产清理　　　　　　　　　　　　　　　　3 500 000

(2) 补提税金

借:固定资产清理　　　　　　　　　　　　　　192 500

　　贷:应交税费——应交营业税　　　　　　　　　　　175 000

　　　　　　　　——应交城建税　　　　　　　　　　　 12 250

　　　　　　　　——教育费附加　　　　　　　　　　　　5 250

(3) 调整利润额

借:固定资产清理　　　　　　　　　　　　　　3 307 500

　　贷:营业外收入　　　　　　　　　　　　　　　　　3 307 500

(4) 补缴税金

借:应交税费——应交营业税　　　　　　　　　175 000

　　　　　　——应交城建税　　　　　　　　　　12 250

　　　　　　——教育费附加　　　　　　　　　　 5 250

　　贷:银行存款　　　　　　　　　　　　　　　　　　192 500

(二) 转让无形资产审核要点

纳税人转让无形资产向对方收取的全部价款和价外费用为计税营业额,在会计核算中记入"其他业务收入"或"营业外收入"等账户,在确认纳税人转让无形资产的行为是否属税法规定的本税目征税范围的同时,应重点审核其确认的收入额正确与否。

应审核纳税人确认的收入额正确与否,将"其他业务收入"、"其他业务成本"、"无形资产"等账户与有关记账凭证、原始凭证相对照,看有无分解收入,或将收入直接冲减无形资产成本或其他支出的现象。

将"应付账款"、"预收账款"等往来明细账与有关凭证相核对,看有无将已实现的营业额如预收定金等挂往来账而不及时纳税的现象。

如果纳税人转让无形资产取得的是货物或其他经济利益,审核中应注意其货物价值在合同中有无明确规定。如果没有规定,是否按以下顺序确定其价值:

(1) 受让人提供的货物的当月销售价格;

(2) 受让人同类货物的近期销售价格;

(3) 同类货物的市场销售价格。

【例 9-10】 注册税务师受托对某市一街道办集体企业进行纳税审查,发现企业签订了一份技术所有权转让合同(已按规定贴印花税票并画销)标明转让金额为20 万元,该项无形资产账面摊余价值为 12 万元,企业会计做账务处理如下:

(1) 取得收入时

```
借：银行存款                                  200 000
    贷：无形资产——××技术                            120 000
        其他业务收入                                  80 000
```

（2）计提税金

```
借：其他业务成本                                4 320
    贷：应交税费——应交营业税                          4 000
              ——应交城建税                            200
              ——教育费附加                            120
```

注册税务师认为企业将转让无形资产取得的收入先冲抵账面摊余价值，以余额作收入。应予以调账，并补提相应的税金，故建议企业作如下调账处理：

方法一：

（1）红字冲销原账务处理。

（2）补做正确会计分录：

```
借：银行存款                                  200 000
    累计摊销                                  120 000
    贷：无形资产                                      240 000
        应交税费——应交营业税                          10 000
              ——应交城建税                            500
              ——教育费附加                            300
        营业外收入——处置非流动资产所得                 69 200
```

方法二：

```
借：累计摊销                                  120 000
    其他业务收入                                80 000
    贷：其他业务成本                                  4 320
        无形资产                                      120 000
        应交税费——应交营业税                          6 000
              ——应交城建税                            300
              ——教育费附加                            180
        营业外收入——处置非流动资产所得                 69 200
```

【例 9-11】 某工程承包公司 2011 年总承包一建筑安装工程，工程造价 1 000万元。工程承包公司付给某规划设计院 100 万元，付给某物资公司材料款 300 万元，另将 300 万元的土建工程分包给了其他施工单位。该工程承包公司计算应纳营业税为：(1 000－100－300－300)×3%＝9(万元)。

要求：根据以上资料编制纳税审核报告。

××工程承包公司营业税纳税审核报告

××工程承包公司：

我们受贵公司的委托，对贵公司的应纳营业税情况进行了审核，通过对《营业税

纳税申报表》及"工程结算收入"、"应付账款"、"应交税费——应交营业税"等账户的审查,发现以下问题:

总承包人在计税时,可以从营业额中扣除分包、转包工程的营业额后计税,而非工程转包、承包的费用不准扣除,如设计费、材料费等。因此,你公司付给某规划设计院的 100 万元,付给某物资公司材料款 300 万元,均应并入营业额计征营业税。

据此,应做如下计算纳税和会计处理调整:

你公司应缴纳的营业税款为=(1 000−300)×3%=21(万元)

应做账务处理:

| 借:营业税金及附加 | 210 000 |

| 　　贷:应交税费——应交营业税 | 210 000 |

| 借:应交税费——应交营业税 | 210 000 |

| 　　贷:银行存款 | 210 000 |

××税务师事务所(签章)
注册税务师:××(签章)
2012 年 2 月 12 日

工作任务评价标准

请根据工作任务要求,结合完成工作任务所需要的知识导航,来完成该企业的销售不动产、转让无形资产营业税纳税的审核。

按照流程和规程完成纳税审核报告后,参照老师给出的标准,任务的完成者与老师共同来评价工作任务的完成情况。

评价标准:

(1) 销售不动产应税劳务额计算是否掌握;

(2) 审核的重点是否掌握;

(3) 调账及纳税申报报表是否掌握。

思 考 题

一、单项选择题

1. 注册税务师审核某啤酒厂时,发现该酒厂收取的啤酒箱押金情况如下:2009年 3 月收取 351 元,2009 年 6 月收取 585 元,2010 年 4 月销售啤酒含税售价为351 000元,同时,另收啤酒箱押金 234 元,都记入"其他应付款——存入保证金"账户,以前收取的押金均未退还,则 2010 年 4 月的销项税额为(　　)元。

A. 51 000　　　　　　　　　　　B. 51 034

C. 51 051　　　　　　　　　　　D. 51 136

2. 某商场采用了还本销售的方式,销售电视机 100 台,每台不含税售价 5 000

元,约定 2 年后,将售价的 50% 返还给购货人,则该商场当期计算的增值税销项税额是 42 500 元,注册税务师审核后,认为销项税额应该是(　　)。

A. 42 500 元　　　　　　　　　　B. 85 000 元

C. 10 000 元　　　　　　　　　　D. 20 000 元

3. 注册税务师在审核纳税人发票填开情况时,对销售方为购买方开具的红字增值税专用发票,在购买方已做账务处理的情况下,以具有购买方所在地主管税务机关开具的(　　)作为依据。

A. 销售退回证明单　　　　　　　　B. 进货退回证明单

C. 开具红字增值税专用发票通知单　　D. 进货退出及索取折让证明单

4. 关于增值税进项税额抵扣的规定,以下选项中正确的是(　　)。

A. 一般纳税人取得运费发票,应该根据运费发票上注明的金额 ÷(1+7%)×7% 计算可以抵扣的进项税额

B. 一般纳税人收购免税农产品,应该根据收购凭证上注明的金额×10% 计算可以抵扣的进项税额

C. 一般纳税人购进货物所支付的运费,取得运费发票上注明的运费、建设基金、装卸费可以按 7% 计算抵扣进项税额

D. 一般纳税人购进自来水,可以根据自来水公司开具的增值税专用发票上注明的价款×6% 计算可以抵扣的进项税额

5. 某生产企业属增值税小规模纳税人,2009 年 1 月对部分资产盘点后进行处理:销售边角废料,由税务机关代开增值税专用发票,取得不含税收入 8 万元;销售使用过两年的设备,取得含税收入 8 万元。该企业上述业务应缴纳增值税(　　)。

A. 0.34 万元　　　　　　　　　　B. 0.40 万元

C. 0.54 万元　　　　　　　　　　D. 0.58 万元

6. 以下关于出口货物抵税的审核中,说法正确的是(　　)。

A. 对于生产两种以上出口货物且适用退税率不同的出口企业,其进项税额的计算与账务处理应按出口货物的种类区分,凡是无法直接划出各自应负担的进项税额的,应按照从低适用退税率的原则处理

B. 对于生产的货物既有出口又有内销的出口企业,其进项税额首先要按出口货物离岸价与征税率、退税率之差计算不予抵扣的进项税额,然后再用于抵减内销产品的销售税额

C. 对于出口货物不予抵扣的进项税额大于本期进项税额(含上期留抵进项税额)的情况,出口企业应将不予抵扣的进项税额结转下期或挂账冲减下期进项税额,不允许在本期抵减进项税额

D. 对于生产货物所耗用的原材料存在部分或全部免税原材料的,应该是按照出口货物离岸价格与征、退税率差计算出不予免征和抵扣税额的抵减额

7. 消费税纳税人出口按规定不予退税或免税的应税消费品,税务处理办法是(　　)。

A. 可不计算应缴消费税　　　　　　B. 不予办理退免税

C. 视同出口非应税消费品 D. 视同国内销售处理

8. 关于交通运输企业的纳税审核要点中,以下说法中不正确的是( )。

A. 审核已实现的营运业务收入是否及时足额申报纳税

B. 审核有无将应税运营收入记入"营业外收入"等账户

C. 审核有无将已实现的运营收入长期挂账

D. 审核从事国际运输、联运业务的,审核是否已经按照全程收入计算营业税的情况

9. 以下选项中,不用缴纳营业税的项目是( )。

A. 纳税人自建仓库对外投资,按照收入额的固定比例取得利润

B. 纳税人自建房屋通过国家民政部门赠送给养老院

C. 纳税人自建住房销售给职工

D. 纳税人自建自用办公楼

10. 下列收入中,应免征营业税的是( )。

A. 展览馆举办文化活动的门票收入 B. 寺庙出售的纪念品收入

C. 公园内电影院门票收入 D. 电视台的广告收入

11. 下列金融业务中,有关营业税计税依据的确定,表述正确的是( )。

A. 金融机构从事外汇买卖业务,以卖出价为营业额

B. 金融机构销售账单凭证、支票,以取得的收入为营业额

C. 金融机构将吸收的存款贷与他人使用,以贷款利息减去存款利息的余额为营业额

D. 金融机构进行债券转让业务,以买卖债券的净收益为营业额

二、多项选择题

1. 注册税务师对纳税人的"应交税费——应交增值税"明细账进行审核时,企业的以下处理中,正确的是( )。

A. 企业当期发生进货退回业务,应该减少当期进项税额 10 万元,贷记"应交税费——应交增值税(进项税额转出)"账户

B. 企业在建工程建设领用了上月购进的钢材一批,贷记"应交税费——应交增值税(进项税额转出)"账户

C. 企业因管理不善造成自产涂料发生非正常损失,贷记"应交税费——应交增值税(进项税额转出)"账户

D. 企业用外购汽车对外捐赠,贷记"应交税费——应交增值税(进项税额转出)"账户

2. 增值税一般纳税人因购买货物从销售方取得的返还资金的表现形式一般有( )。

A. 购买方直接从销售方取得货币资金

B. 购买方直接从应向销售方支付的货款中坐扣

C. 购买方取得销售方支付的费用补偿

D. 购买方在销售方直接列支的费用

3. 注册税务师发现企业销售货物或应税劳务价格明显偏低的,一般可以通过( )进行查证。

A. 同行业市场价格

B. 价格核对比较

C. 其他企业同类产品价格

D. 毛利率核对比较

4. 关联企业之间收取的价款、支付的费用,如价格明显偏低又无正当理由的,按税法规定予以调整,具体方法有( )。

A. 按独立企业之间进行相同或类似业务活动的价格

B. 按照销售给无关联关系的第三者的价格所应取得的收入和利润水平

C. 按成本加合理的费用和利润

D. 按照实际成本

5. 下列项目中并入销售额中计算应纳增值税的有( )。

A. 销项税额

B. 奖励费

C. 产品优质费

D. 迟付货款利息

6. 依据税法规定,对于增值税一般纳税人在购货过程中,取得的以下( )资金,应当冲减进项税金。

A. 购进货物价值 100 万元,按销售方促销政策,获得 1 万元的返还资金

B. 购进货物价值 100 万元,双方协商,将采购人员的差旅费在销售方报销 1 万元

C. 购进货物价值 100 万元,因为购买金额较大,经双方协议,按 99% 支付价款,因此获得 1% 的节约资金

D. 购进货物价值 100 万元,经双方协议,3 个月后一次性付清全款,企业因此节约 1.25 万元贷款利息

7. 注册税务师指导纳税人进行增值税纳税申报时,应当提示以下( )收入应当并入应税销售额计算销项税额。

A. 销售残次品

B. 销售副产品

C. 销售下脚料

D. 销售边角料

8. 根据 2009 年增值税的规定,下列( )为增值税小规模纳税人或者可以按小规模纳税人纳税。

A. 某生产企业年应税销售额为 45 万元

B. 某商业企业年批发及零售应税销售额为 90 万元

C. 某生产企业销售自产产品,并兼营设备修理,取得年应税销售额为 40 万元

D. 偶尔发生应税行为的非企业性单位

9. 金银首饰的纳税审核时,以下说法是正确的有( )。

A. 在以旧换新、翻新改制的业务中,重点审核企业是否均按照实际收取的不含增值税的全部价款作为计税依据计算消费税和增值税

B. 在带料加工业务中,重点审核企业是否按照组成计税价格计算消费税

C. 在销售金银首饰业务中,重点审核企业是否按照不含增值税的销售额计算消费税

D. 在销售金银首饰时,重点审核企业是否按照以下原则处理:同时销售包装物的,如果包装物单独计价的,不用计算消费税;如果包装物与销售额无法划分的,应该合并计征消费

10. 对外贸企业自营出口的应税消费品,进行审核时,应该审核的单据有( )。

A. 出口发票

B. 出口收汇核销单

C. 出口报关单

D. 出口货物消费税专用缴款书

11. 下列( )业务中,对于增值税与消费税均要按视同销售处理计税。

A. 自产应税消费品用于集体福利

B. 外购的金银首饰用于职工福利

C. 外购应税消费品用于职工宿舍建造

D. 自产应税消费品用于对外投资

12. 审核"委托加工物资"、"生产成本"、"应交税费——应交消费税"等明细账,检查纳税人用外购或委托加工收回的应税消费品连续生产应税消费品的,按照税法规定,可以抵扣已纳消费税的情况有( )。

A. 用外购或委托加工的酒精生产酒

B. 用外购或委托加工的摩托车生产摩托车

C. 用外购或委托加工的烟叶生产烟丝

D. 用外购或委托加工的石脑油为原料生产的应税消费品

13. 消费税纳税人应该按照最高销售价格确定消费税的计税依据的情况有( )。

A. 纳税人将自产的白酒作为出资与某公司设立一大酒店

B. 纳税人将自产的卷烟用于招待客户

C. 纳税人用自产的化妆品换取原材料

D. 纳税人用委托加工收回的酒精换取汽油

14. 以下应税消费品中,实行从量定额征收的有( )。

A. 啤酒   B. 粮食白酒

C. 石脑油   D. 高尔夫球

15. 对建筑安装业应纳营业税代理审查表述中正确的是( )。

A. 建筑安装业应税营业额为建筑安装企业向建设单位收取的工程价款及其收取的各种费用

B. 向发包单位收取的各种索赔款,不应计入应税营业额

C. 向建设单位收取的提前竣工奖应计入应税营业额

D. 建筑业的总承包人将工程分包或转包给他人的,其应税营业额为工程全部承

包额,支付给分包或转包人的承包费不得扣除

案例分析

案例1:

北京天瑞科技有限公司系增值税一般纳税人,成立于1998年2月份,经营注册地在北京西城区,当年盈利并被有关部门认定为软件生产企业(以后每年均认定为软件生产企业),主要从事企业纳税申报软件的研制开发、技术咨询、技术培训业务,计算机、读卡器等硬件产品销售业务。其生产的软件产品获得北京市软件企业和软件产品认证小组颁发的《软件产品证书》。2000年12月企业由西城区迁至海淀区中关村高新技术开发区内。并自2001年起又获得高新技术开发企业认定证书。企业均依法办理了税收优惠审批手续。企业财务部门在研究并报有关部门批准后,决定在流转税纳税上选择软件企业的纳税政策,即对增值税一般纳税人销售其自行开发生产的软件产品,按17%的法定税率征收增值税后,对其增值税实际税负超过3%的部分实行即征即退政策。增值税一般纳税人在销售计算机软件的同时销售其他货物,其计算机软件难以单独核算进项税额,应按照开发生产计算机软件的实际成本或销售收入比例确定其应分摊的进项税额。北京天瑞科技有限公司符合享受相关优惠政策的条件。

2011年度12月份有关流转税涉税资料(所有进项税专用发票都在当月认证相符)如下:

(1)12月5日,外购原材料一批,既用于软件产品生产又用于硬件产品,取得增值税专用发票上注明价款200 000元,税款34 000元,以支票结算货款,原材料已入库,以现金支付运费500元,取得货运定额发票五张,每张100元。企业会计处理:

借:原材料		200 465
应交税费——应交增值税(进项税额)		34 035
贷:银行存款		234 000
现金		500

(2)12月10日外购低值易耗品一批,取得增值税专用发票注明价款1 200元,增值税204元,以支票结算货款,企业会计处理:

借:周转材料——低值易耗品		1 200
应交税费——应交增值税(进项税额)		204
贷:银行存款		1 404

(3)12月4日—10日,在申报期内向崇文区国税局所辖范围内的增值税一般纳税人销售480套软件产品,每套含税价格994.5元,并随同每一软件产品销售配套读卡器一份,每份含税价格117元,收取培训费88.5元/人(定于12月15日办培训班,报名人数480人),企业会计认为培训业务不属货物范围,开具了普通发票,软件产品和读卡器销售属货物销售范畴,开具了增值税专用发票,企业账务处理分别为:

（1）软件产品收入

借：银行存款 477 360

　　贷：主营业务收入——软件 408 000

　　　　应交税费——应交增值税（销项税额） 69 360

（2）读卡器收入

借：银行存款 56 160

　　贷：主营业务收入——硬件 48 000

　　　　应交税费——应交增值税（销项税额） 8 160

（3）培训费收入

借：银行存款 42 480

　　贷：其他业务收入 42 480

借：其他业务成本 2 336.4

　　贷：应交税费——应交营业税 2 124

　　　　　　　　——应交城建税 148.68

　　　　　　　　——教育费附加 63.72

（4）12 月 15 日，举办培训班时，又有零散企业 20 户财会人员参会，因增值税专用发票数量有限，企业会计将软件产品、读卡器、培训费合计每户 1 200 元，全部开具在一张普通发票上共开具了 20 份普通发票，企业会计处理为：

借：银行存款 24 000

　　贷：主营业务收入——软件 19 000

　　　　其他业务收入——培训 1 770

　　　　应交税费——应交增值税（销项税额） 3 230

借：其他业务成本 97.35

　　贷：应交税费——应交营业税 88.50

　　　　　　　　——应交城建税 6.20

　　　　　　　　——教育费附加 2.65

（5）12 月 30 日支付供电部门电费，取得增值税专用发票上注明电费 3 000 元，税额 510 元，支付供水部门水费，取得增值税专用发票上注明水费 600 元，税额 36 元，企业会计处理为：

借：管理费用——水费 600

　　　　　　——电费 3 000

　　应交税费——应交增值税（进项税额） 546

　　贷：银行存款 4 146

（6）12 月 31 日，外购生产硬件产品材料一批，取得增值税专用发票上注明价款 80 000，税额 13 600 元，货款尚未支付，原材料已入库。企业会计处理为：

借：原材料 80 000

　　应交税费——应交增值税（进项税额） 13 600

　　贷：应付账款 93 600

思考：审核上述资料，扼要指出存在影响纳税的问题，正确计算企业 2011 年 12 月份应纳和应退各流转税额（各步骤计算结果保留小数点后两位数）。

案例 2：

某生产企业，为增值税一般纳税人，具有进出口经营权，出口业务适用免抵退税管理办法。2009 年 8 月初留抵税额 120 万元，当期购进材料一批进项税额 80 万元，此材料所有产品均需耗用。为进料加工业务另进口免税材料 300 万元。当期内销产品的收入 550 万元，一般贸易出口产品离岸价 500 万元，进料加工业务出口产品离岸价 600 万元。来料加工业务进口材料 400 万元，加工完成后出口产品收取的料工费 110 万元。货物的征税率为 17％，退税率为 13％。企业会计业务处理为：

来料加工应转出的进项税额＝110×17％＝18.70（万元）

一般贸易出口不得免征和抵扣税额＝500×（17％－13％）＝20（万元）

进料加工贸易不得免征和抵扣税额＝600×（17％－13％）＝24（万元）

当期应纳税额＝550×17％－（80－18.70－20－24）－120＝－43.80（万元）

当期免抵退税额＝（500＋600）×13％＝143（万元）

当期应退税额＝43.80（万元）

当期免抵税额＝143－43.80＝99.20（万元）

会计分录为：

借：销售费用　　　　　　　　　　　　　　　62.70 万
　　贷：应交税费——应交增值税（进项税额转出）　62.70 万

借：其他应收款——出口退税　　　　　　　　　43.80 万
　　应交税费——应交增值税（出口抵减内销产品应纳税额）99.20 万
　　贷：应交税费——应交增值税（出口退税）　　　　143 万

思考：1. 简述来料加工复出口与进料加工复出口业务的区别和相关税收政策。

　　　2. 企业免抵退税计算及会计处理存在的问题，及正确的处理措施是什么？

项目十　所得税纳税审核实务

知识目标

- 熟悉企业所得税中收入总额的审核
- 熟悉企业所得税中税前准予扣除项目的审核
- 熟悉企业所得税适用税率及减免税的审核
- 熟悉企业所得税应纳税所得额的审核
- 熟悉企业所得税应缴入库所得税额的审核
- 熟悉个人所得税中工资薪金所得的审核
- 熟悉个人所得税中其他应税所得的审核

技能目标

- 能够依法审核收入总额
- 能够依法审核税前扣除项目的范围和标准
- 能够正确审核应纳税所得额
- 能够进行企业所得税应缴入库所得税额的审核

模块一　企业所得税纳税审核实务

企业所得税是对我国内资企业和经营单位的生产经营所得和其他所得征收的一种税,实行按年计算、分期预缴。企业所得税以纳税人取得的所得为征税对象,以全部收入剔除不征税、免税收入,扣除成本、费用、税金和损失,再对以前年度亏损进行弥补,对此净所得适用税率计算应缴纳的税款。其中,应纳税所得额的计算比较复杂,涉及收入的确认、各类项目的扣除,还有不同类别的各种税收优惠,是整个纳税审核中的重点和难点。

工作任务一　认识企业所得税纳税审核

一、制订企业所得税纳税审核代理操作流程

引导案例：

武汉市宏大税务师事务所的小何接受武汉市志远公司委托,对其 2010 年纳税情况进行审核。武汉市志远公司为生产企业,是甲企业的全资子公司。经审查发现,该企业 2010 年度共实现会计利润 20 万元,已按 20% 的税率预缴企业所得税 4 万元。在审查中发现如下业务:

1. 审查"主营业务收入"明细账贷方发生额。1 月 1 日,该企业与购买方签订分期收款销售 A 设备合同一份,合同约定的收款总金额为 80 万元,分 4 年于每年底等额收取。按会计准则规定,以商品现值确认收入 70 万元。结合"主营业务成本"明细账,借方发生额中反映 1 月 1 日分期收款销售 A 设备一套结转设备成本 50 万元。进一步审查"财务费用"明细账,贷方发生额中反映 12 月 31 日结转当年 1 月 1 日分期收款销售 A 设备未实现融资收益 2.5 万元。

2. 审查"销售费用"明细账。5 月 2 日,预提本年度销售 B 产品的保修费用 21 万元,合同约定的保修期限为 3 年。

3. 审查"财务费用"明细账。12 月 31 日支付给关联方甲企业 500 万元债券 2010 年度利息 50 万元。甲企业在武汉市志远公司的股本为 100 万元,同期同类贷款利率为 7%。

4. 审查"投资收益"科目。包含 2010 年 10 月 21 日,从境内上市公司乙企业分得股息 20 万元;该 10 000 股股票是武汉市志远公司 2010 年 3 月 10 日购买的,购买价格为每股 5 元,2010 年 10 月 21 日当天的收盘价为 7.2。11 月 10 日,武汉市志远公司将乙企业的股票抛售,取得收入扣除相关税费后为 8 万元,存入银行。会计处理为:

借:银行存款　　　　　　　　　　　　　　　　80 000
　　贷:交易性金融资产——成本　　　　　　　　　　50 000
　　　　投资收益　　　　　　　　　　　　　　　　30 000

5. 审查"以前年度损益调整"明细账。2010 年 6 月 30 日,企业盘盈固定资产一台,重置完全价值 100 万元,七成新。会计处理为:

借:固定资产　　　　　　　　　　　　　　　100
　　贷:累计折旧　　　　　　　　　　　　　　　　30
　　　　以前年度损益调整　　　　　　　　　　　　70
借:以前年度损益调整　　　　　　　　　　　70
　　贷:利润分配——未分配利润　　　　　　　　　70

6. 审查"在建工程"明细账。2010 年 6 月 25 日,在建工程领用本企业 B 产品一批,成本价 80 万元,同类货物的售价 100 万元。该产品的增值税率为 17%。会计处

理为：

  借：在建工程　　　　　　　　　　　　　　　　　　97
   贷：库存商品——B产品　　　　　　　　　　　　80
    应交税费——应交增值税（销项税额）　　　　17

  7. 其他资料：职工人数30人，资产总额800万元。

企业所得税纳税申报代理的操作流程：

第一步，承接企业所得税纳税审核代理业务；

第二步，制定企业所得税纳税审核代理计划；

第三步，收集企业所得税纳税审核的涉税资料；

第四步，审核企业所得税的涉税资料；

第五步，正确计算企业所得税额；

第六步，作出正确的账务调整。

二、知识导航

（一）年度收入总额的审核

企业的收入总额包括以货币形式和非货币形式从各种来源取得的收入，具体有：销售货物收入，提供劳务收入，转让财产收入股息、红利等权益性投资收益，利息收入，租金收入，特许权使用费收入，接受捐赠收入，其他收入。

收入总额的审核包括：主营业务收入的审核，其他业务收入的审核，投资净收益的审核和营业外收入的审核。

1. 主营业务收入的审核

（1）审核主营业务收入的入账时间

对主营业务收入确认的审核，主要采用抽查法、核对法和验算法，通常可按下列步骤实施：

① 抽查部分收入业务的原始凭证，与主营业务收入明细账相核对，核实已实现的收入，并检查是否已经如数入账。

② 查阅各种收入明细账，从中抽出一部分与相关的记账凭证、原始凭证互相核对，以证实所记录的收入是否均已实现并确属本期。

③ 检查企业的销售发票是否完整无缺、连续编号，核实有无涂改或"大头小尾"现象。抽取部分发票与库存商品明细账、分期收款发出商品明细账以及主营业务收入明细账相核对，检查其发出数与销售数量是否一致。

④ 对于已确认并已记录入账的收入，进一步与现金日记账、应收账款明细账、预收账款明细账以及库存商品明细账相核对，以进一步确定销售数量、金额和时间是否相符。

（2）审核主营业务收入的入账金额

主营业务收入的入账金额准确与否，直接影响应纳税所得额的正确性，因此应注意审核收入金额是否真实，有无故意隐匿收入和虚增虚减销售收入的现象。

（3）审核主营业务收入的会计处理是否正确

审核中应特别注意审核库存商品明细账的发出栏记录，检查其对应账户的正确性。

① 对应账户为"盈余公积"、"在建工程"等，应注意是否为福利部门、在建工程领用产品，未通过主营业务收入账户，漏计收入。

② 对应账户为"销售费用"、"管理费用"等，应注意是否将产品作为馈赠礼物。

③ 对应账户为"银行存款"、"现金"、"应收账款"，应注意其价格是否正常，有无低估收入等情况。

④ 对应账户为"原材料"等存货类账户，应注意是否存在以物易物，互不开销售发票，从而少计收入的情况。

（4）审核应税收入与不征税收入和免税收入的划分是否正确

根据税法规定，收入总额中的下列收入为不征税收入：财政拨款，依法收取并纳入财政管理的行政事业性收费、政府性基金，国务院规定的其他不征税收入。

企业的下列收入为免税收入：国债利息收入，符合条件的居民企业之间的股息、红利等权益性投资收益，在中国境内设立机构、场所的非居民企业从居民企业取得与该机构、场所有实际联系的股息、红利等权益性投资收益，符合条件的非营利组织的收入。

审核人员要注意企业有无错将应税收入当作不征税收入或免税收入，从收入总额中予以扣除，减少应纳税所得额。

2. 其他业务收入的审核

（1）审核其他业务收入的入账时间和入账金额是否正确，是否有漏计其他业务收入的情况，或者通过往来账少计其他业务收入。审核时，应着重审核材料销售发票和其他业务的收款凭证，核实其他销售收入数额，并与"其他业务收入"账户发生额进行核对，查明企业的其他销售收入是否全部入账，有无问题；审核有无将其他收入转入"其他应收款"、"应付福利费"、"盈余公积"账户的；有无将其他收入隐匿或私分的。

（2）审核其他业务收入的账务处理是否正确，是否存在将不属于其他业务收入的业务收入记入本账户。审核时，可根据"其他业务收入"明细账借方或贷方发生额，调阅会计凭证核实。

【例 10-1】　某税务师事务所受托对某市一企业 2010 年上半年纳税情况进行检查。以前曾了解该厂年初将闲置不用的临街门面房四间租赁给某服装店。税务检查时，重点审核了"其他业务收入"账户，未发现有租赁收入的记载，而后，又审核了"营业外收入"账户，经核对也没有结果。于是，再进一步审核了往来结算账户，发现在"其他应付款"账户上寄挂了房租收入。

该厂每月收取房租 3 000 元，上半年共计收入 18 000 元，全部挂在"其他应付款——某服装店"账户上。核实后，应作如下调整：

计算调整为：

应补营业税＝18 000×5％＝900（元）

应补城建税＝900×7％＝63(元)

应补教育费附加＝900×3％＝27(元)

应纳税所得额＝18 000－900－63－27＝17 010(元)

应补所得税＝17 010×33％＝5 613.30(元)

账务调整为：

借：其他应付款   18 000

  贷：其他业务收入   18 000

借：其他业务成本   990

  贷：应交税费——应交营业税   900

      ——应交城建税   63

      ——应交教育费附加 27

如果属以前年度调账，还应进行所得税会计处理。

借：以前年度损益调整   5 613.30

  贷：应交税费——应交所得税(查补所得税) 5 613.30

【例10-2】 2009年2月某市货运企业(内资)在2008年报表编制后，委托注册税务师事务所进行所得税汇算清缴的审核。注册税务师在"其他应付款"明细账中，发现本期收取的装卸费200万元，通过审核记账凭证，发现后附原始凭证为本企业开具的收款收据，收款收据注明为装卸费，经过咨询该企业会计负责人，得知此200万元为企业在提供运输业务时收取的装卸费，由于不属于运输劳务，所以没有计入主营业务收入中核算，因没有想到合适的处理办法，所以暂时计入"其他应付款"科目中核算。

假定该企业2008年4月成立，相关涉税手续均按照税法规定办理。2008年申报的应纳税所得额为－120万元，2008年度计算的会计利润为－70万元，也无其他涉税事项，该企业城建税税率7％、教育费附加率3％。注册税务师核实后，应作如下调整：营业税的计税依据是营业额，营业额为纳税人提供应税劳务、转让无形资产或者销售不动产向对方收取的全部价款和价外费用，价外费用包括向对方收取的手续费、基金、集资费、代收款项、代垫款项及其他各种性质的价外收费。所以，该企业提供运输业务时，向对方收取的装卸费属于营业税的应税范围，对于企业而言，也属于是营业收入的核算内容。

应补缴的营业税＝200×3％＝6(万元)

应补缴的城建税＝6×7％＝0.42(万元)

应补缴的教育费附加＝6×3％＝0.18(万元)

应补缴的企业所得税＝[(200－6－0.42－0.18)－70]×25％＝30.85(万元)

会计调整分录：

借：以前年度损益调整   6.6万

    贷:应交税费——应交营业税   6 万

     应交税费——应交城建税   0.42 万

     应交税费——应交教育费附加   0.18 万

   借:其他应付款   200 万

     贷:以前年度损益调整   200 万

   借:以前年度损益调整   30.85 万

     贷:应交税费——应交所得税   30.85 万

   借:以前年度损益调整   162.55 万

     贷:利润分配——未分配利润   162.55 万

 · 以前年度损益调整贷方＝200(万元)，借方＝6.6＋30.85＝37.45(万元)，二者差额为贷方＝162.55(万元)。

  3. 投资收益的审核

  (1) 投资收益会计处理方法的审核

  投资收益是企业在对外进行股票、债券或其他投资活动中取得的收益。主要包括企业在对外投资中分得的利润、股利和债券利息，投资到期收回或者中途转让取得款项高于账面价值的差额，以及按照权益法核算的股票投资在被投资单位增加的净资产中所拥有的数额。

  ① 股票投资收益的审核

  股票投资，一般采用成本法和权益法进行会计处理。具体采用哪种方法，要按股票投资比例和对被投资公司的影响力而定。当公司股票投资拥有的股权不对被投资公司的经营决策有重大影响时，应采用成本法。当公司股票投资对被投资公司的经营能施加重大影响时，应采用权益法。

  采用"成本法"核算的企业，其审核要点包括:公司在未收回投资前，有无对"长期投资"账户的账面价值进行了调整;公司有无将收到的股利，不作当期投资收益处理。

  采用"权益法"核算的企业，其审核要点包括:核实投资公司的投资额;通过会计师事务所或发行公司所在地税务机关，查核发售股票公司的赢利或亏损数额，对其赢利或亏损数额应取得审定单位的法定证明;审核企业是否按投资比例计算所拥有权益的增加。在审核过程中，必须对投资双方的有关资料进行核对，查看是否一致。

  ② 债券投资收益的审核

  对债券投资收益的审核，首先审核应计利息是否正确。审核企业债券投资是否按债券的票面利率计提应计利息，计算是否正确;审核应计利息是否记入"投资收益"账户，有无漏记、少记或转作他用的情况。

  其次，审核溢价或折价摊销额的计算是否正确。

  再次，审核债券的转让收入与原账面金额的差额是否记入"投资收益"账户，同时，还要注意审查"投资收益"账户的期末余额是否转入"本年利润"账户，有无长期挂账不作本年收益处理的情况。

  此外，对其他投资的审核，应注意收回其他投资时，其收回的投资与投出资金的差额，是否作了增减投资收益处理。

（2）审核投资收益是否及时、足额按规定记入"投资收益"科目

企业在对外投资时，与被投资单位签订合同或协议规定对外投资的回报率。但是在实际中，企业出于种种原因，不按签订合同或协议的规定，未及时足额取得投资收益，未及时足额地将投资收益记入"投资收益"账户，有的将不足部分挂账在"其他应付款"账户，隐瞒收入，因此，审核时首先应通过审阅检查合同或协议及其他有关资料文件，了解被查单位某项投资所应收取收入的金额及具体时间。然后，通过向有关人员了解应收未收投资收益的原因，审阅"投资收益"及有关账户中的明细账记录内容，并将其与对应的会计凭证进行核对。确定该项投资实际收取的收益金额及收取时间，在此基础上，通过核对和进一步调查分析来查证问题。

（3）联营投资收益的审核

联营投资包括固定资产、流动资产和无形资产等的投资，其收益产生于投出资产与收回资产的差额，或联营投资的分利收入。

① 查明企业对外投资的财产和资金，是否在国家规定的范围之内，是否按国家规定对投出资产进行了评估作价，其评估作价的真实性、正确性如何。

② 审核联营协议所规定的利润分配办法是否符合国家规定。

③ 结合"投资收益"科目查明对外投资取得的收入是否及时入账，特别是分利的执行情况，有无已分配的利润不收回，长期挂在被投资单位账上；或有部分收回，部分不收回的现象。还要注意有无列入其他科目不如实反映投资收益的情况。

④ 应注意在收回投资时，其收回的投资与投出资金数额的差额，是否按规定计入了投资收益。对上述问题可以审阅"长期股权投资"、"投资收益"有关明细账及"银行存款"日记账记录，对照有关会计凭证、投资协议，必要时向被投资企业调查以发现问题的线索。

（4）对外投资收回或转让收益的审核

企业对外投资到期收回或中途转让对外投资的实收款项与投出时的账面净值之间的差额，应计入投资收益；按规定应缴纳营业税的股票买卖等投资的收益，在纳税后并入投资收益；如果以分享产品抵作投资分利的，应按分享产品的同类商品市价或其销售收入计入投资收益。

在实际中存在着未按上述规定和要求进行投资收益处理的问题。主要表现为：

① 企业将中途转让对外投资的实收款项与投出时的账面净值之间的差额，计入了营业外收入或营业外支出。

② 对按规定应缴纳营业税的股票买卖等投资的收益未纳税或未将纳税后的收益计入投资收益。

③ 以分享产品抵作投资分利的，所确定产品的价格过低或过高，造成多计或少计投资收益，从而调节当期盈利水平的高低。

对上述问题，审核人员在审阅"投资收益"账户下有关明细账，并与有关会计凭证记录内容相核对可以发现线索或疑点，然后通过进一步审核有关会计资料，调查询问有关单位或个人，分析研究有关情况来查证落实问题。

另外，有些有价证券的转让、出售，其市价收入可能与原购入成本不一致，从而产

生证券出售损益。审核人员可核查投资账户的购入成本资料和经纪人出售通知单，确定证券出售损益计算是否正确，是否按有关会计原则处理，有无漏计情况。对上述问题，审核人员可以通过查阅"长期投资"、"投资收益"等明细账，核对有关会计凭证并对有关结果进行复核，了解被查企业是否存在上述问题。

（5）企业取得的债券利息以及股利的审核

应注意审核是否按规定及时入账，企业认购溢价发行在一年以内不得变现或不准备变现的债券，是否按规定于每期结账时，按规定数额列入投资收益，企业认购折价发行的债券，是否也按规定处理；债券到期时，是否按规定数额计入投资收益。审核时，应重点审阅"投资收益"、"长期投资"、"其他应收款"、"银行存款"等账户，必要时可追踪查阅会计凭证以揭示其存在的问题。

4. 营业外收入的审核

营业外收入是指企业发生与生产经营没有直接联系的收入。作为营业外收入，不属于经营性收入，不缴纳营业税金，直接构成利润总额的组成部分。营业外收入包括固定资产盘盈、处理固定资产净收益、罚款收入、确实无法支付而应转作营业外收入的应付款项、教育费附加返还款等。对营业外收入审核的主要内容和方法：

（1）审核应属于营业外收入的项目，有无不及时转账，长期挂"其他应付款"、"应付账款"账户的。有些企业将应反映在营业外收入中的各种收入通过各种方式反映在"应付账款"、"应付工资"、"其他应付款"等账户中或作为账外"小金库"。

对上述问题的审核应从以下几个方面入手：检查"银行存款"日记账及"现金"日记账的记录，从摘要记录及对方科目中发现线索；有重点地检查"应付账款"、"应付工资"、"其他应付款"等明细账记录，必要时检查有关的记账凭证和原始凭证，了解其会计处理是否符合实际业务情况。

（2）审核有无将营业外收入直接转入企业税后利润，甚至做账外处理或直接抵付非法支出的。

在审核时应注意从账户的对应关系中，审核有无异常的转账凭证。从生产费用各账户贷方检查企业是否把营业外收入直接冲减费用额；从"盈余公积"贷方发生额检查有无将营业外收入列入税后利润；从"待处理财产损溢——待处理固定资产损溢"账户借方，审核固定资产盘盈是否转入"营业外收入"账户；从"固定资产清理"账户审核出售固定资产净收益是否作为"营业外收入"入账，若发现问题，应认真查阅有关会计凭证，进而追查，弄清问题真相，凡属于营业外收入，均应调增应纳税所得额。

（二）税前准予扣除项目和标准的审核

1. 主营业务成本的审核

主营业务成本是企业在一定时期内（如一个纳税年度）已实现销售的产品制造成本，它是用已销产品数量乘以单位制造成本计算出来的。

由于单位制造成本是依据库存商品成本确定，而库存商品来源是生产车间转来的完工产品，其成本与生产过程所发生的各项费用（材料、人工和制造费用）密切相关，因此，对主营业务成本的审核应包括：材料费用的审核；工资及三项费用的审核；

制造费用的审核；产品制造成本的审核；主营业务成本的审核。

（1）材料费用的审核

审核材料收发、领退的各种原始凭证是否完整、内容是否真实齐全，材料收入的计价是否正确，是否符合财务会计制度规定；有无没有原始凭证估计耗料，或平时不开领料单，月末一次估计耗料数量，增加生产成本的。

企业有无将购进材料直接记生产费用账户，多计材料消耗的。

有无以领代耗，对生产已领未用材料月末不办理退料或假退料手续，加大当月生产成本的。

有无将生产经营过程中回收的有利用价值的各种边角余料、下脚料不作价入账，长期留在账外，不冲减生产成本的；有无不按规定的方法计算发出材料单价（按实际成本时）、材料成本差异率和发出材料应负担差异额（按计划成本时），随意多计材料成本或多（少）转材料成本差异的。

有无把非生产部门领用的材料计入生产成本的。

② 审核的主要方法：

直接材料成本的审核一般应从审阅材料和生产成本明细账入手，抽查有关的费用凭证，验证企业产品直接耗用材料的数量，计价和材料费用分配是否真实合理。

抽查产品成本计算单，检查直接材料成本的计算是否正确，材料费用的分配标准与计算方法是否合理和适当，是否与材料费用分配汇总表中该产品分摊的直接材料费用相符。

分析比较同一产品前后年度的直接材料成本，如有重大波动应查明原因。

抽查材料发放及领用的原始凭证，检查领料单的签发是否经过授权批准，材料发出汇总表是否经过有关人员复核，材料单位成本计价方法是否适当，是否正确及时入账。

对采用定额成本或标准成本的企业，应检查直接材料成本差异的计算、分配与会计处理是否正确，并查明直接材料的定额成本、标准成本在本年度内有无重大变更。

（2）低值易耗品的审核

① 低值易耗品和固定资产界限的审核。核查企业有无将属于固定资产的生产资料按照低值易耗品处理，增加当期成本的问题。

② 低值易耗品摊销的审核。采用"一次摊销法"的，应核查"低值易耗品"明细账的贷方发生额与"制造费用"、"管理费用"、"其他业务支出"明细账的借方发生额，注意有无以购代耗的问题；对采用"分期摊销法"的，应核查"低值易耗品"的贷方发生额与"待摊费用"、"递延资产"明细账的借方发生额，核查有无缩短摊销期限、提高摊销额、加速摊销的问题；采用"五五摊销法"的，应核查"低值易耗品——在库低值易耗品"账户的贷方发生额，与"低值易耗品——在用低值易耗品"账户的借方发生额，注意有无将未用的低值易耗品摊入当期成本的问题。

③ 低值易耗品残值收入的审核。根据领用部门填写的"低值易耗品报废单"核查使用期限、残值估价是否合理，报废的低值易耗品收回残料作价是否冲销已摊销价值，有无留在账外不入账或挂往来账的问题。

（3）包装物的审核

① 包装物出租收入的核查。根据"包装物——出租包装物"明细账借方发生额，查明包装物出租的时间和租金收入，与其他业务收入贷方发生额相核对，审核企业有无将租金收入长期挂往来账的情况。

② 逾期包装物押金收入的核查。根据"包装物——出租包装物"和"包装物——出借包装物"明细账的借方发生额，查明包装物出租、出借时间和期限，通过审核"其他应付款——存入保证金"、"营业外收入"账户，收取包装物押金时开具的收款发票存根联等，审核有无逾期押金长期未清理，隐瞒租金收入的问题。

（4）材料盘盈、盘亏的审核

审核"待处理财产损溢——待处理流动资产损溢"明细账，与材料盘点表相核对，核实申报的材料盘盈、盘亏数量是否相符，审查有无擅自将盘亏转账处理，盘盈长时间挂账不作处理的问题。

（5）工资及"两项费用"的审核

工资是企业根据职工的劳动数量和质量以货币形式支付给职工个人的劳动报酬。"两项费用"是指按工资总额一定比例提取的职工工会经费和职工教育经费。工资及"两项费用"数量的多少，直接影响到产品成本的大小和企业经营成果，从而最终影响着企业纳税额，所以对工资及"两项费用"的审核十分必要。

① 审核纳税人实际支出的工资总额，是否符合税法规定的内容，是否存在将非工资性的支出列入工资总额。对这部分内容的审核，应以"工资结算单"和有关的记账凭证为依据，逐笔对工资结算凭证上的项目进行核算，不属于工资总额的内容核对一下记账凭证的会计分录，看是否将不属于工资总额的内容记入"应付工资"科目，从而计入成本费用中。在审核工资结算凭证时，还应注意是否有非工资性的支出。

② 审核纳税人有无将应由管理费用列支的离退休职工工资及 6 个月以上病假人员工资计入"生产成本"；有无将在建工程，固定资产安装、清理等发生的工资记入生产成本。

对这部分内容的审核，应复核工资的分配是否符合制度裁定。首先了解有无从事基建工程和固定资产安装清理的人员，然后核对工资分配表，并将"应付工资"账户贷方与"在建工程"账户借方核对，看"在建工程"借方有无工资列支，如有问题，再进一步查找"应付工资"的其他对应账户，看有无扩大成本、费用和其他业务支出的。

③ 有无将不属于本企业人员的工资列入本企业的工资支出的；有无弄虚作假、重复列支工资，扩大成本、费用的。对上述内容的审核，应将"应付工资"账户的每月借方发生额在月份间相互对照，看各月是否均衡，对突然偏高的月份应与本月或下月的工资结算单进行比较，找出偏高原因，必要时可结合审核"工资卡"、"职工花名册"或劳动工资部门查询有关资料，从而查明是否有不属于本企业人员的工资和重复列支工资问题。

④ 工资费用、"两项费用"的列支是否符合税法规定的准予税前扣除的标准。企业实际发生的合理的职工工资薪金，准予在税前扣除。企业发放给在本企业任职的主要投资者个人及其他有关联关系的人员的工资薪金，应在合理的范围内扣除。对

特殊类型的企业发放的工资薪金,按国家有关规定实行扣除。企业实际发生的满足职工共同需要的集体生活、文化、体育等方面的职工福利费支出,准予扣除。企业实际发生的职工工会经费支出,在职工工资薪金总额 2%(含)内的,准予扣除。除国务院另有规定外,企业实际发生的职工教育经费支出,在职工工资总额 2.5%(含)以内的,准予据实扣除。因此在计算企业所得税时,应按税法规定如实列支工资及"两项费用",看是否超过标准列支两项费用的问题,若有应作为纳税调整项目,不允许税前扣除。

【例 10 - 3】　某企业 2009 年 2 月份委托注册税务师进行 2008 年度企业所得税的汇算清缴时,注册税务师发现企业上年实际发放工资是 1 000 万元,但当地税务机构核准的合理工资是 850 万元,企业没有进行纳税调整,则注册税务师应做以下账务调整:

　　　借:以前年度损益调整　　　　　　　　　　　　　　37.50 万
　　　　　贷:应交税费——应交所得税　　　　　　　　　　　37.50 万
　　　借:利润分配——未分配利润　　　　　　　　　　　37.50 万
　　　　　贷:以前年度损益调整　　　　　　　　　　　　　37.50 万
　　企业在实际缴纳税款时会计处理:
　　　借:应交税费——应交所得税　　　　　　　　　　　37.50 万
　　　　　贷:银行存款　　　　　　　　　　　　　　　　　37.50 万

（6）制造费用的审核

制造费用,是指企业为生产产品(或提供劳务)而发生的各项间接费用,应该计入产品制造成本。对其审核的主要内容和方法:

① 审核制造费用列支范围是否正确

将不属于制造费用内容的支出列作制造费用。如将不属于成本开支范围的在建工程的人工费,在工资费用分配时计入制造费用核算,利用这种办法,企业借以达到加大产品成本,减少当期或近期的利润,以减少缴纳所得税的目的。审核人员首先审阅制造费用明细账,再审阅制造费用凭证,若费用超支较多,可怀疑是否把不该列入制造费用的支出列入了。进一步审阅"在建工程"明细账、工资费用分配表,确定费用支出的实际业务内容,最后进行核对、综合分析,确定问题。

将属于期间费费用支出列作制造费用。如车间工人外出学习的培训费,错列入制造费用。这样的问题,审核人员一般要审阅制造费用明细账,根据摘要记录,确定费用支出的实际内容,查找记账凭证,确定问题。

将不属于当月列支的费用列入当月制造费用。审核人员应审阅制造费用明细账中摘要的文字记录,确定支付的实际业务的经济内容,再与有关原始凭证核对,确定问题。

将属于制造费用列支的项目未列作制造费用。如将车间的大修理费列入在建工程,这样做的结果虚增了企业利润,不仅使成本和费用得不到应有的补偿,而且还会影响企业生产经营的顺利进行。查账人员应通过审阅"在建工程"、"递延资产"、"无形资产"等有关明细账,发现疑点或线索,核对原始凭证。调查了解该项经济业务的具体内容,在此基础上查证问题所在。

② 审核是否有任意提高费用开支标准,加大成本的制造费用项目。如用缩短固定资产使用年限或扩大提取折旧的固定资产的范围、提高折旧率等方法,增大计入制造费用的折旧率,加大产品成本,少计利润,减缓企业应缴纳的所得税。

企业提取折旧的方法、折旧率一经确定就不能任意改动,因为它是影响成本费用正确性的重要因素。因此审核人员在审阅"累计折旧"明细账时,如发现某月提取的折旧额有变化,应带着这个问题去进一步审核固定资产总账及有关明细账,确定提取的折旧额的变化原因。是因为设备增减造成的,还是因为折旧方法、折旧率变化所致,确定其问题。

(7) 产品制造成本的审核

产品制造成本是工业企业生产某个种类和一定数量产品所发生的各项生产费用的总和,它反映生产费用的最终归宿,是正确计算利润的基础。产品制造成本是通过对生产过程中的生产费用归集分配,并采用一定的成本计算方法计算出来的,因此对产品制造成本的真实性、正确性审核应包括生产费用归集、分配的审核和产品制造成本计算的审核。

① 生产费用归集、分配的审核

生产费用的归集前面已讲述,不再重复,生产费用分配审核主要应从企业采用的分配标准、应分配的金额和分配率等方面进行。

审核企业对各项费用的分配采用的分配标准是否适当,有无利用变换分配标准,人为调整各产品间应承担的费用的;分配的标准与实际发生的统计数有无不相符的。对上述内容进行审核,一是收集资料,掌握企业历年来各种间接费用采用分配标准的情况,对照本年采用的分配标准是否适当;二是查清分配标准如何确定及其取得的来源;三是核实车间原始记录、统计报表数字等,审核各种费用分配表上的分配标准,是否有弄虚作假的现象。

审核"费用分配表"的分配费用总额与该项费用账户的发生额是否相符,有无将应由下期成本承担的费用提前在本期分配的;有无将不应由产品成本负担的非生产项目的费用,计入分配额的;有无将直接费用错作间接费用分配的;有无将免税产品的费用记入分配额转嫁给应税产品的。审核时,应根据费用分配表与有关费用明细账及会计凭证核对,特别注意待摊费用和预提费用的摊销和预提是否符合制度规定,从费用归属项目、归属期限以及数字计算等方面加以核实,如发现不实应重新计算并编制"费用分配表",然后与原"费用分配表"比较,其差额从生产成本中剔除,转入有关项目。

审核生产费用分配率的计算是否正确,分配给各产品的费用与应负担的生产费用是否相符。可根据"费用分配表"用以下公式计算:

$$费用分配率=\frac{应分配费用总额}{费用分配标准总数}\times100\%$$

某种产品应负担的费用＝某种产品的分配标准×费用分配率

通过复核,如发现有错,应查明原因,予以调整。

② 产品成本计算的审核

对产品成本的计算主要是核实完工产品的成本是否正确、真实,重点是检查本期发生的成本分配是否合理。

工业企业完工产品的成本按下列公式计算:

完工产品总成本＝期初在产品成本＋本期发生的生产费用－期末在产品成本

可见,期末在产品成本计算是否正确,直接影响完工产品成本计算的正确性。

③ 在产品成本计算的审核

所谓在产品成本计算就是采用一定的方法将全部生产费用在在产品和完工产品之间进行分配,从而确定在产品成本。企业根据在产品数量的多少,各月在产品数量变化的大小,各项费用所比重的大小,以及定额管理基础的好坏等具体条件,选择既合理又较简便的分配方法将生产费用在完工产品和在产品之间进行分配。目前,常采用的几种分配方法是:不计算在产品成本法;按年初数固定计算在产品成本法;在产品按所耗原材料费用计价法;约当产量比例法;在产品成本按完工产品成本计算法;在产品按定额成本计价法和定额比例法。无论选用哪种方法,都必须适合企业的生产特点和管理对成本资料的要求。

④ 本期产成品总成本计算的审核

本期产品总成本是由"产品成本计算单"中期初余额加本期借方发生额减期末在产品成本构成的,由于本期期初余额也就是上期在产品期末余额,因此,审核在产品成本之后,对产品总成本的审核,只需对本期借方发生额作一般的审核核对即可。重点是审核期末剩料退库和有价值的边角余料的回收,是否冲减了当期产品的生产成本。

在当期产成品总成本计算的审核中,还应注意以下几个问题:

① 在产品成本核算中,有意加大产成品成本。如企业采用综合逐步结转分步法计算产品成本,自制半成品由上一步骤转入下一步骤,直到制成成品为止,在自制半成品转移过程中,加大由上一步骤转到下一步骤自制半成品成本,这样就加大了产成品的成本。

审核人员应审阅自制半成品的明细账,在审阅过程中发现有关产品的自制半成品的明细账期末余额为红字,需进一步查询,确定问题。

② 企业把新开发的产品试制费,计入到产成品的成本中,加大产成品成本。企业产成品成本核算,应把新开发的产品作为成本计算对象,设置明细账,按成本项目归集费用。月末将新开发的产品费用,由"生产成本——基本生产成本"账户贷方转入到"管理费用——新技术开发费"账户的借方。应审核企业对新开发的产品是否单独设置明细账,把新产品试制费分配到产成品成本中去。

审核人员应首先审阅生产计划,发现有新产品试制的,再进一步审核新产品试制计划及生产成本计算单,经查询、落实后,确定问题。

③ 企业在生产主要产品的同时,如果有副产品产出,企业成本核算应采用分类

法核算产品成本,也就是应把生产主要产品的费用,采用一定的方法扣除副产品成本,所得和差异为主要产品成本。如果企业不采用分类法进行产品成本核算,将副产品作为账外物资,将生产过程中的费用全部计入主要产品成本,就会加大产成品的成本。

审核人员首先对企业产品性质及产品生产工艺进行了解,在了解生产过程的情况下,再审阅生产统计报表和生产成本计算单,确定问题。

(8) 主营业务成本的审核

主营业务成本是企业已销产品的实际制造成本,由产品销售数量乘以单位制造成本构成。对其审核的主要内容和方法是:

由于产品销售成本是由销售数量和单位制造成本构成的,所以应主要审核有无不按销售产品的数量计算和结转销售成本,造成产品销售成本不实的;有无不按加权平均法(或先进先出法、移动平均法等)计算和结转销售成本,造成多转或少转销售成本的;有无将销货退回只冲减销售收入,不冲减销售数量,不作销售退回处理的;有无不按月计算和结转销售成本应分担的产品成本差异的;有无将在建工程领用产成品,自制半成品计在产品销售成本中,而又不作销售收入的;有无不按当月实际发生额计算工业性劳务收入和结转工业性劳务成本,造成多转或少转成本的。

① 用"主营业务收入"明细账销售数量栏的本月销售合计,同"主营业务成本"明细账结转销售成本的数量相对照,看二者的数量是否一致,看"产品销售计算表"中计算的产品成本是否正确。

② 对采用"加权平均法"和"移动平均法"计价的企业,要注意审核"库存商品"明细账,看其结余栏各期库存产成品单位是否平衡,有无忽高忽低现象,如有较大波动,在各月生产成本比较均衡的情况下,说明在计算结转销售成本时有金额计算错误,若出现赤字现象,可能存在多转销售成本问题。

③ 对采用计划成本进行成本核算的企业,应审核"产品成本差异"明细账,看在计算结转销售成本时,是否同时计算并结转产品成本差异,有无未按照产品的用途结转差异的问题。此外,注意审核"主营业务收入"明细账上的销售退回是怎样计算的,对照"主营业务成本"明细账,是否相应地作冲减销售成本的处理。

2. 期间费用及支出的审核

期间费用是指企业行政管理部门为组织和管理生产经营活动,筹集资金、组织产品销售而发生的各项费用,包括企业的管理费用、财务费用以及为销售产品和提供劳务而发生的销售费用、进货费用。

支出包括其他业务支出和营业外支出。

(1) 管理费用的审核

① 固定资产折旧审核

主要审核有无将未使用、不需用、已提足折旧、报废或经营租赁方式租入的固定资产计提折旧的;有无任意改变折旧方法或不按规定加速折旧的;有无将当月购进和使用的固定资产当月计提折旧的。

首先,从"累计折旧"账户贷方看各月提取的折旧金额是否均衡,如发现有的月份折旧额突然增加和减少,应作进一步审核,看是否有多提和少提折旧的问题。其次,通过"固定资产登记簿"和"固定资产折旧表",对照审核固定资产残值和折旧年限的确定是否符合规定,折旧额计算是否正确,有无擅自改变折旧方法的。第三,审核"固定资产登记簿"和"固定资产卡片",核实未使用、不需用、报废、已提足折旧的情况,从而审定计提折旧的范围。

另外,还应注意对以下几种情况的审核:未按规定的范围计提折旧、未按规定选用折旧方法、未按规定确定折旧年限、折旧方法与折旧年限随意变动、固定资产的净残值预计不符合规定、月折旧额的计算不真实、不正确。

② 固定资产修理费的审核

主要审核修理费用的支出是否真实,有无人为扩大修理费用,造成制造费用、管理费用不实的;采用预提办法的,有无实际发生的修理支出不冲减"预提费用"。或实际发生数小于预提数而不将差额冲减有关费用的。

可根据"制造费用"、"管理费用"账户修理费用项目的发生额与"预提费用"、"待摊费用"、"递延资产"明细账对照,结合原始凭证进行审核,各项支出的内容是否真实,有无将应构成固定资产的原值的支出作为修理费用入账,各项支出的单据是否合法有效,并归属于本期应摊销的费用;有无违反规定计提大修理基金的;年终预提修理费结余数是否抵减有关费用,跨年度修理费用有无提前摊销的。

另外,还应注意审核以下问题:固定资产修理业务及其支出不真实、固定资产修理费用的列支不合理。

③ 无形资产摊销的审核

主要审核外购无形资产入账的价值、付款的期限与合同协议是否一致,有无虚列冒报的;已作为技术转让费在费用中列支的使用非专利技术的支出,有无错按无形资产入账重复摊销的;无形资产应在有效使用期限内平均摊销,如法律和合同或者企业申请书均未规定法定的有效期限或受益年限的,按照不少于10年的期限分摊。要审核企业的摊销期和金额是否符合规定,有无缩短摊销期扩大摊销额的。

审核的方法:根据"无形资产"账户借方发生额,结合其原始凭证,审核入账的金额是否真实,然后根据"无形资产"账户贷方发生额审核其摊销期限和金额是否正确。

对摊销期限的审核,首先收集无形资产的法规及其证书,如专利法、商标法、版权法和专利证书,商标证明书等,了解各项无形资产有无法定年限;其次查阅企业的有关合同、协议和申请书,了解是否对无形资产的期限作出规定;最后根据收集到的有关资料判断企业无形资产有效期限的确定是否正确、合规。

④ 业务招待费的审核

对业务招待费的审核,主要看列入业务招待费的支出是否真实、合理、合法,有无将请客送礼违反财经纪律的支出列入管理费用的;有无将不属于业务经营的费用或不合理的支出列入管理费用的;对超限额列支的业务招待费在计算所得额时是否作调增处理;实行销售大包干的企业是否列支了业务招待费。

审核时,首先将"管理费用——业务招待费"明细账与有关会计凭证进行核对,审核其支出是否合理合法;其次,注意审核"管理费用——其他"项目看是否有业务招待费在此列支;同时还应注意查看企业销售费用明细账中是否有业务招待费列支。根据税法规定,企业实际发生的与经营活动有关的业务招待费,按实际发生额的60%或不超过销售(营业)收入的5‰扣除。因此,要依据企业实际发生业务招待费的40%或超过销售(营业)收入的5‰作纳税调整处理。

⑤ 坏账损失的审核

对坏账损失的审核,主要看:对坏账损失的处理是否合理,是否存在两种方法交替使用的情况;采用备抵法核算的,备抵法的运用是否正确,是否存在提取坏账准备的技术及比例不正确,如将"应收票据"、"其他应收款"等一并计入计提基数,虚列应收账款余额的情况;是否存在年终清算时考虑"坏账准备"账户余额的情况;是否存在按坏账损失的标准确认坏账的发生,如将预计可能收不回的应收账款作为坏账处理;是否存在收回已核销的坏账时,未增加坏账准备而是作为"营业外收入"或"应付账款"或不入账作为内部"小金库"处理;直接冲销法运用是否正确,是否存在不按坏账标准及时确认坏账,长期挂账,或随意列支坏账,虚增当期管理费用的情况;或在已核销的坏账有收回时,未冲减管理费用,而是将其私分或存入"小金库"。

审核时,首先通过查阅账簿或询问确定备查企业所采用的方法,抽查"坏账准备"、"管理费用"等账户及对应账户,确定其实际的处理方法是否前后各期一致。其次,核实年末"应收账款"金额,以计提比例计算出提取坏账准备金额,如"坏账准备"账户贷方有金额,应扣除金额后,作为本年应提数,如借方有余额,则加上余额为本年应提数。然后,同企业实提坏账准备数核对,如应提大于实提,企业补提坏账准备,如应提小于实提,将多提数并入应纳税所得额。第三,运用审阅法、审核法审核"坏账准备"借方发生额及有关原始凭证,查证有无人为多冲或少冲坏账准备的情况;审核"坏账准备"贷方发生额或相应账户及有关原始凭证,并调查询问有关部门,查证企业是否存在收回已核销的坏账而未入账或记入规定账户的情况。第四,在直接冲销法下审核"管理费用——坏账损失"明细账发生额,看其列支的坏账损失与有关原始凭证是否相符,有无审批部门意见。

【例10-4】 某税务师事务所注册税务师受托对某企业坏账准备金的计提进行了审核。该厂采用"应收账款余额百分比法",按4‰的比例计提坏账准备金。"坏账准备"账户期初余额为2 940元(上年末结存数),借方发生额1 250元(某个体联营户解体已无法收回的应收账款),贷方余额1 690元,本年末计提坏账准备金2 148元。于是又审查了"应收账款"账户,其借方余额为537 000元,按4‰计算,可提坏账准备金正好是2 148元。但在提取坏账准备金时,"坏账准备"账户的期末余额1 690元应予减除,所以年末应提坏账准备金458=(2 148-1 690)元,该企业多提坏账准备金1 690元。查其多提原因,是有关人员业务不熟所造成。

注册税务师认为该企业多提坏账准备,加大了管理费用,影响了当期利润,应调增利润1 690元。当期调账分录为:

借:坏账准备　　　　　　　　　　　　　　　　　　　1 690

　　贷:资产减值损失　　　　　　　　　　　　　　　　　　　1 690

⑥ 技术开发费的审核要点

技术开发费是指企业研究开发新产品、新技术、新工艺所发生的新产品设计费、工艺规程制定费、设备调试费、原材料和半成品的试验费，以及包括委托其他单位进行科研试制的费用及试制失败损失。

另外，国家还规定，企业研制新产品、新工艺、新技术所发生的开发费用以及为开发上述新产品、新技术、新工艺而购置的单台价值在 30 万元以下的测试仪器和试验性装置的购置费可以直接扣除。为鼓励企业加速开发新产品、新工艺、新技术，对所发生的各项费用，其当年实际发生的费用除按规定据实列支外，赢利企业年终还可以经由主管税务机关审核批准后，再按实际发生额的 50% 直接抵扣当年应纳税所得额。亏损企业只能按实际发生费用实扣除。

因此在审核时，要调阅企业开发新产品、新技术、新工艺的专项批文并证实项目的合法性。另外还应调阅原始凭证、记账凭证，以及管理费用明细账，逐一对照核实。

⑦ 固定资产租赁费的审核要点

根据税法规定，纳税人因生产、经营需要租入固定资产所支付的租赁费可以于税前扣除。但是这里所指的固定资产租赁费用是指以经营租赁方式租入固定资产而发生可以列入管理费用账户核算的租赁费。因此在审核"管理费用"账户时，对其中的固定资产租赁费用明细账，首先要区分是否有将融资性租赁支出列入其中的情况。由于我国《企业会计准则》规定，对以融资租赁形式租入的固定资产应视同承租企业自有的固定资产进行管理，并按规定计提折旧计入成本，所以如果管理费用中的固定资产租赁费中计入了融资性租赁支出，那么可以肯定，是企业扩大了当期期间费用，偷逃税款。

另外，对该费用的检查还应审核企业的实际支出是否同合同金额相符，以及记账的原始凭证是否完整。

管理费用的审核要点除前面有关项目的内容外，还有一些其他费用项目，其检查主要是根据列支的项目对照制度规定，结合原始凭证，审核其真实性、合法性、合理性及应在本期列支的，有无拖后列支，不在本期列支的，是否提前列支。同时，要划分资本支出和收益支出的界限，防止将固定资产、在建工程的支出作为管理费用列支。

（2）销售费用的审核

注册税务师应注意审核其开支是否属于销售费用的范围，有无将应计入材料采购成本的外地运杂费，应向购货方收回的代垫费用，业务应酬费开支，以及违反财经纪律的开支列入销售费用的；开支是否属实，有无虚报冒领、营私舞弊的；销售费用在产品之间的分配是否正确。

具体审核方法：

根据"销售费用"的借方发生额，对照有关凭证，审查开支是否真实、合理。根据贷方发生额审核销售费用在销售产品之间的分配及分配标准是否合理；有无将免税产品应负担的费用分配给应税产品的。

【例 10-5】　某服装厂主要生产经营各式童装。2011 年初某税务师事务所受托对该厂 2010 年所得税纳税情况进行审核。注册税务师对该厂的"营业费用"账户进行了检查，从摘要栏中看到 2010 年 4 月和 9 月分别支付广告费 3 000 元和 5 000 元。

继而审核了"销售费用——广告费"明细账户,并进一步核实了有关记账凭证和原始凭证,发现该企业为了扩大销售市场,发展关系户,当本市某服装商店和某百货市场5月1日和10月1日开业之前,分别向其支付了赞助费,然后将赞助费用视为广告费计入营业费用。

注册税务师认为,依现行税法规定:纳税人支付的各种非广告性质的赞助支出,不得在应纳税所得额中扣除。而该企业将赞助费计入了销售费用,挤占产品销售利润。但其不是故意的,属于对广告费的理解问题,故调整计税利润8 000元,补缴所得税2 640元。账务调整处理为:

借:营业外支出　　　　　　　　　　　　　　　8 000
　　贷:销售费用　　　　　　　　　　　　　　　　　8 000
借:所得税费用　　　　　　　　　　　　　　　2 640
　　贷:应交税费——应交所得税　　　　　　　　　　　2 640

（3）财务费用的审核

① 利息净支出的审核

利息支出的审核,主要审核企业是否存在将资产性利息支出,作为生产经营期间的利息支出列入财务费用,如购建固定资产在尚未完工交付使用前发生的利息费用不计入固定资产价值,而列入财务费用;列入财务费用的利息支出金额是否超出规定的准予列支标准;有无利息收入不抵减利息支出的;长期借款利息有无人为调节利润而不按期限均衡提取的。

审核时,应对"财务费用"账户明细账的借方发生额,对照原始凭证逐笔进行审核。看列支的利息支出是否有超范围,对集资的利息支出看是否有政府批文,计算一下金额是否正确,对不符合规定的列支金额应剔除,调增利润。通过审核"财务费用"明细账贷方,看看企业的利息收入是否在本账进行了全额反映,以借款合同或有关协议书为依据。核实生产期贷款利息的预提是否正确。

② 汇兑损益的审核

对汇兑损益主要审核:汇兑损益的计算方法是否正确,企业是否按规定时间确定汇兑损益;核对所用汇率是否正确;对于从筹建期间汇兑损益转入的,应查明其摊销方法在前后期是否保持一致,摊销金额是否正确。

审核时,应对"财务费用——汇兑损益"明细账逐笔进行核实,翻阅有关原始凭证检查其核算的正确性。

（4）营业外支出的审核

对营业外支出的内容进行审核:有无扩大营业外支出的范围。如将应记入"在建工程"的基建费用,应从税后利润支出的非公益救济性捐赠,各项罚款、滞纳金,以及违反财经纪律的支出列入营业外支出,在计税时未作剔除;有无不按规定要求支出的。如有些企业停工损失的界线混淆,将季节性和修理性停工损失,列入营业外支出;对公益救济性捐赠超支部分,在计税时未作剔除。税法规定:纳税人用于公益、救济性的捐赠,在年度利润总额12%以内的部分,准予在计算应纳税所得额时扣除;有无擅自列支固定资产净损失和非常损失的。

审核方法:根据"营业外支出"明细账借方发生额,对摘要栏内容进行逐笔审核,对金额较大、登记摘要不明的,应重点审核记账凭证和原始凭证所反映的经济内容,鉴别、分析是否应列入营业外支出;对一些有列支标准的项目,要审核是否符合规定的标准,如将营业外支出账上列支的公益救济性捐赠数额,与按规定的标准和计算办法计算出法定限额对照,对超支部分应在计税时剔除调增应纳税所得额。企业当期发生的公益救济性捐赠不足年度利润总额 12% 的,应据实扣除;对于一些规定有审批手续的营业外支出项目,要检查是否有报批手续。如非常损失必须根据损失金额大小,分别报送不同级次的主管税务部门进行审批,并扣除过失人和保险赔款后列入营业外支出。如对固定资产的盘亏,要根据"待处理财产损益——待处理固定资产损益"账户,结合"固定资产明细账"看核销的盘亏固定资产是否已经查明原因,有无批件,盘亏固定资产是原值还是净值,已提折旧是否冲减等,对于报废和毁损及出售的固定资产的净损失,应审核"固定资产清理"账户和固定资产明细账,看转入清理的固定资产的是净值还是原值,已提折旧是否转入,变价的价款是否冲减损失等。此外,还要注意对照"本年利润"账户,看期末结转的金额是否一致。

(5)其他业务成本的审核

审核"其他业务成本"是否符合配比原则,有无少计、多计或不计成本费用的现象。

审核其成本结转的计算方法是否正确。对于材料物资出售结转成本,可采用先进先出、加权平均法等计算其支出成本。

审核"其他业务支出"是否有余额。审核时,应依据"其他业务成本"账户的借方发生额进行,对偏高的月份进行重点审核,并注意审核"本年利润"账户,看其期末结转是否正确,"其他业务成本"有无余额。

3. 税金审核要点

营业税金包括消费税、营业税、城市维护建设税、资源税、土地增值税等。附加是指国家为了筹集教育经费,支持教育事业的发展,按企业实际缴纳的消费税、增值税、营业税额的一定比例计提的教育费附加。营业税金及附加的审核,主要从营业税金及附加的预提、缴纳、结算三个方面进行,看有无多提少缴或不缴的情况。

(1)预提税金及附加的审核

对预提税金及附加的审核,应在核实销售收入和适用税率的基础上,认真查阅"应交税费"账户,看贷方发生额与纳税申报表上计提的应交税费及附加是否一致,如果不一致,则要查明原因。防止将耕地占用税、税收罚款等记入"营业税金及附加"账户中核算,减少本期利润。

(2)缴纳税金的审核

企业缴纳税金在"应交税费"明细账户借方反映,应审核税款所属期限、实际缴纳期限是否正确,缴纳的税额是否与计提数一致,并要审阅各税完税凭证,分析缴纳税金的情况。有无提而不缴或将错提、多提的税金从"应交税费"账户借方非法转入其他账户的情况。

(3)结算税金的审核

年度终了，企业对缴纳各税的情况应进行汇算清缴，及时办理补退手续。由于年度税务检查一般是在年度决算后的次年进行的，企业应补或应退的产品销售税金及附加。应在"以前年度损益调整"账户结算。而有的企业将查补上年的税款记入本年"营业税金及附加"账户中，抵减了本年利润，审核时要认真核实有无上述问题。

（三）适用税率及减免税的审核

1. 适用税率的审核

审核企业所得税所用税率是否正确，对于小型微利企业，是否符合税法规定的条件，有无用错税率的情况。审核时，应以企业所得税申报表为依据，看其确定的适用税率是否正确。

2. 减免税的审核

审核符合享受减免税条件的企业是否充分运用了优惠政策。根据税法规定，企业的下列支出，可以在计算应纳税所得额时加计扣除：开发新技术、新产品、新工艺发生的研究开发费用；安置残疾人员及国家鼓励安置的其他就业人员所支付的工资。创业投资企业从事国家需要重点扶持和鼓励的创业投资，可以按投资额的一定比例抵扣应纳税所得额。企业的固定资产由于技术进步等原因，确需加速折旧的，可以缩短折旧年限或者采取加速折旧的方法。企业综合利用资源，生产符合国家产业政策规定的产品所取得的收入，可以在计算应纳税所得额时减计收入。企业购置用于环境保护、节能节水、安全生产等专用设备的投资额，可以按一定比例实行税额抵免。审核人员在检查时，应注意企业对于减免税政策运用的是否正确，是否存在着应该享受的优惠，由于企业的原因，没有足额享受，而不应享受的优惠又超范围超标准享受的情况。

审核企业已享受的优惠政策是否有税务机关的批文。

审核企业享受减免的金额计算是否正确。

审核时，首先应通过询问，对照税收优惠政策，看看该企业应享受哪些政策；其次，审核所得税申报表，看看企业已享受了哪些优惠政策；第三，对所得税申报表上已享受的减免税项目，应审核税务部门的批文；第四，对所得税申报表上的减免税不符合规定的应予以剔除，对企业应该享受而未享受的减免税，帮助企业尽快享受。

【例10-6】　某创业投资企业采取股权投资方式在2008年2月1日向某未上市的中小高新技术企业投资2 000万元。2008年该创业投资企业应纳税所得额为1 000万元；2009年为1 200万元；2010年为1 500万元。注册税务师经审核确定，该创业投资企业可以在股权持有满2年的当年（2010年），按其对该中小高新技术企业投资额的70%抵扣其2010年的应纳税所得额。因此该企业2008年、2009年按应纳税所得额的全额纳税，2010年其应纳税额的计算如下：

$$应纳税额＝(1\ 500－2\ 000×70\%)×25\%＝25（万元）$$

（四）应纳税所得额的审核

应纳税所得额的审核是在前述收入、税前扣除项目审核、计算得出会计期间利润总额的基础上,对按照税法的有关规定进行纳税调整,将会计所得调整为应税所得的情况进行审核。

1. 审核超过规定标准项目

即超过税法规定标准扣除的各种成本、费用和损失,而应予调整应纳税所得额部分。包括税法中单独作出明确规定的扣除标准,也包括税法虽未单独明确规定标准,但财务会计制度已作了规定的部分。

2. 审核不允许扣除项目

指税法不允许扣除,但企业已作为扣除项目而予以扣除的各项成本、费用和损失,应调整应纳税所得额。

(1)资本性支出。通过审核"低值易耗品"、"管理费用"、"制造费用"、"财务费用"、"长期借款"、"在建工程"、"应付债券"等账户,确认企业有无将资本性支出作收益性支出处理,有无将应资本化的利息费用作为期间费用。若有,作相关调账处理,调整应纳税所得额。

(2)无形资产受让开发支出。根据税法规定,无形资产开发支出未形成资产的部分可作为支出准予扣除,已形成的无形资产不得直接扣除,须按直线法摊销。注册税务师应通过"管理费用"、"制造费用"、"无形资产"等账户,结合查询等方法予以确认,判明是否要调整应纳税所得额。

(3)违法经营罚款和被没收财物损失项目。此项是指纳税人生产、经营违反国家法律、法规和规章,被有关部门处以罚款以及被没收财物的损失,属于计算应纳税所得额时不允许扣除的项目。注册税务师通过"营业外支出"、"管理费用"、"其他业务成本"等账户的审核,将上述支出金额调整应纳税所得额。

(4)税收滞纳金、罚金、罚款项目。现行会计制度允许企业将该项支出在"营业外支出"科目中核算,故注册税务师应通过"营业外支出"、"以前年度损益调整"等账户的审核,将该项支出在计算应纳税所得额时予以剔除,以调整应纳税所得额。

(5)灾害事故损失赔偿。按税法规定,该损失赔偿的部分在计算应纳税所得额时不得扣除,注册税务师应通过"固定资产清理"、"待处理财产损溢"、"营业外支出"及"银行存款"、"其他应收款"等账户的审核,以判明企业对应该得到或已得到损失赔偿的部分账务处理是否正确,若不正确,作相关调账处理,进而调整应纳税所得额。

(6)非公益救济性捐赠。按现行会计制度规定,该项支出也在"营业外支出"科目中核算,故注册税务师也应通过"营业外支出"等科目的审核,以判明是否存在非公益救济性捐赠支出,若有,在计算应纳税所得额时,全额予以剔除,以调整应纳税所得额。同时注册税务师要注意严格按税法规定,正确区分公益救济性捐赠与非公益救济性捐赠的界限,以准确调整应纳税所得额。

(7)各种赞助支出。是指各种非广告性质的赞助支出不得在税前列支。这里注册税务师特别要注意通过对赞助支出取得原始单据的审核,以判明企业的赞助支出是否属于广告性质的赞助,若是广告性的赞助支出,可以在所得税前列支。注册税务师可以审核"营业外支出"、"销售费用"等账户,调阅相关原始凭证,核实即可予以确认,对于非广告性质的赞助支出全额调增应纳税所得额,但有例外情况。为了贯彻落实《中共中央、国务院关于加强技术创新，发展高科技，实现产业化的决定》，鼓励技术创新和高新技术企业的发展，财政部、国家税务总局以财税字〔1999〕273 号文予以明确：对社会力量，包括企业单位（不含外商投资企业和外国企业）、事业单位、社会团体、个人和个体工商户（下同），资助非关联的科研机构和高等学校研究开发新产品、新技术、新工艺所发生的研究开发经费，经主管税务机关审核确定，其资助支出可以全额在当年度应纳税所得额中扣除。当年度应纳税所得额不足抵扣的，不得结转抵扣。非关联的科研机构和高等学校是指，不是资助企业所属或投资的，并且其科研成果不是唯一提供给资助企业的科研机构和高等学校。企业向所属的科研机构和高等学校提供的研究开发经费资助支出，不实行抵扣应纳税所得额办法。企业等社会力量向科研机构和高等学校资助研究开发经费，申请抵扣应纳税所得额时，须提供科研机构和高等学校开具的研究开发项目计划、资金收款证明及其他税务机关要求提供的相关资料，不能提供相关资料的，税务机关可不予受理。

（8）与收入无关的支出。是指与企业生产经营无关的支出部分。企业任何费用支出，必须与应税收入有关。如企业为其他纳税人提供与本身应纳税收入无关的贷款担保，因被担保方还不清贷款由该担保纳税人承担的本息等，不得在担保企业税前扣除。注册税务师在对"营业外支出"、"其他业务成本"、"管理费用"、"财务费用"等科目的审核过程中，若发现类似与企业收入无关的支出，应予以调账，进而调整应纳税所得额。

3. 审核应税收益项目

指纳税人根据税法及有关政策规定应计入应纳税所得额的收益，以及由于其他原因少提或未计入应纳税所得额而应补报的收益。注册税务师主要审核如下项目：

（1）无赔款优待。企业参加财产保险和运输保险，按规定交纳的保险费用，准予扣除。保险公司给予企业的无赔款优待，须计入应纳税所得额。

（2）已收回的坏账准备。企业按财政部的规定提取的坏账准备金和商品削价准备金，准予在计算应纳税所得额时扣除；纳税人已作为支出、亏损或坏账处理的应收款项，在以后年度全部或部分收回时，应计入收回年度的应纳税所得额。这里，注册税务师要注意按现行财务会计制度规定，企业发生的坏账损失，冲减坏账准备金，收回已核销的坏账，增加坏账准备金。此处财务制度与税法规定不同，应该遵守税法规定计入应纳税所得额，故注册税务师可通过"坏账准备"、"应收账款"、"银行存款"等账户予以确认。

（3）其他少计、未计应税收益。是指企业应计而未计或少计应纳税所得额而应补报的收益，对属于计算上的差错或其他特殊原因而多报的收益，可用"－"号表示。

4. 其他纳税调整项目的审核

主要审核按财务制度规定计入当期会计所得，而根据现行税收规定，应从当期应税所得抵减的项目。

（1）审核弥补亏损。注册税务师应审核企业以前年度亏损弥补期限及结转的计算是否正确，有无少转或多转亏损的问题。根据企业所得税纳税调整项目表（所得税申报表附表一）上的弥补亏损金额，对照以前年度税务机关调整后的亏损额，核实本年度可弥补亏损金额,对不符合规定的应加以调整,按调整后的金额弥补亏损。

(2)审核"投资收益"、"未分配利润",对于税后利润从应税所得中调减。如联营分回利润、股息收入、境外收益,按税法规定免予征税的所得,企业事业单位进行技术转让 500 万元以下的收益,国库券利息收入等,直接从应税所得中扣除。注册税务师应根据所得税申报表及附表有关项目,结合"投资收益"科目进行核查。对于企业来源于中国境外的所得已在境外缴纳的所得税税款,准予在汇总纳税时从其应纳税额中扣除。因此,应重点审核企业境外所得税款扣除限额的计算是否正确,申请抵免的境外所得税额是否有投资国税务机关填发的完税凭证原件等。

5. 外国企业常驻代表机构应税所得审核要点

(1)采取按实征税方法应税所得的核查

根据纳税人对外签订的合同,对照会计账簿及收支原始凭证,核查常驻代表机构的佣金、回扣收入是否全部入账,有无收入结算、支付地点在境外,或者直接支付给总机构而未计收入的情况。

(2)采取按经费支出征税方法应税所得的核查

根据纳税人的经费支出明细账,对照银行存款对账单,审核企业计税费用支出是否全部入账,有无应由纳税人负担但未在账面中反映的费用,如总机构直接支付给常驻代表机构雇员的工资可不入账,但属于该纳税人的经费支出。审核有无将发生的利息收入冲减经费支出的问题,有无属于纳税人的经费支出,如支付的滞纳金、罚款等,不应并入应纳税所得额的情况。

6. 外币业务的审核要点

(1)审核各相关明细账户,核对有关原始凭证,看有无外币收入业务实现后未及时记账或未按规定要求记账的情况。

(2)审核企业按照记账本位币和各种外币设置的"银行存款"明细账户,并对各账户的期末余额按规定的方法进行核对,看企业将外币折合成记账本位币或将记账本位币折合成外币的计算是否正确,有无错计汇兑损益,进而影响财务费用的情况。

(3)审核记账本位币和各种外币存款账户余额,并将余额的折合率同规定的人民币汇价相比较,如果期末余额的折合率高,可能是多计汇兑损失,多列财务费用。

(4)审核外币金额结算账户,对资产类账户要注意结转余额,看其有无只有外币而没有记账本位币金额(可能少计汇兑损失)的问题。负债类账户则相反,只有外币金额没有记账本位币金额的,可能是多转汇兑收益;只有人民币金额而没有外币金额的,可能是少转汇兑损益。

(5)逐项审核计算和结转汇兑损益情况,看有无计算差错、应结转而未结转、把汇兑收益转到"实收资本"、"盈余公积"、"利润分配"或其他科目的情况。

(6)审核有无企业为购建固定资产而发生的汇兑损益,在固定资产尚未办理竣工决算前计入损益处理的情况。

7. 对关联企业业务往来的审核要点

(1)审核"自制半成品"、"库存商品"、"分期收款发出商品"、"主营业务收入"(营业收入或其他收入)等明细账的借方发生额及余额,并同各该明细账相对应的会计科目相核对,从中确定企业的关联企业或可能是关联企业的客户。

(2) 对已确定为企业的关联企业或可能是关联企业的客户,应通过原始凭证和有关合同、协议,进一步审核企业向其提供商品或服务的成本利润情况,看有无不按独立企业之间的业务往来作价的情况。

(3) 审核"物资采购"、"原材料"、"包装物"、"低值易耗品"、"委托加工物资"等明细账的借方发生额,并同各该明细账的对应会计科目核对,确定企业的主要采购对象,看企业同其关联企业在采购过程中,是否按照独立企业之间的业务往来作价,有无多支付或少支付价款情况。

(4) 企业与关联企业之间融通资金的审核要点

① 审核投资项目资金来源及资金投向。审核"短期投资"或"长期投资"等有关明细账的发生额及余额,看企业向控股公司、附设企业、子公司及境内或境外的分支机构等关联企业投资的种类、数额、资金来源是否符合规定,投资手续是否完备。

② 审核投资收益结算及处理。审核投资协议和有关合同。核对"短期投资"或"长期投资"、"银行存款"和"投资收益"等相关科目,主要查阅投资合同、协议规定的利率水平是否超过或低于同类业务的正常利率;是否按期结算并按规定结转当期损益,有无隐匿在对方账户的迹象。

③ 审核借款利息的结算及列支。审核"短期投资"、"长期投资"等按债权人设置明细账的发生额和余额,查核从相关联的总机构、母公司及其他关联企业所取得价款,其资金渠道是否符合规定,借款用途是否正当。

④ 审核借款的资金渠道及其用途。审核"银行存款"、"财务费用"、"预提费用"等与支付借款利息有关的科目。查阅欠款合同、凭证,查核其支付的借款利息是否高于或低于正常利率,有无隐匿或转移利息收入的问题。对于与购建固定资产或取得无形资产有关的长期借款利息支出和有关费用,以及外币折合差额,在固定资产尚未交付使用或者虽已交付使用但尚未办理竣工决算之前,是否按规定计入有关的固定资产购建成本或无形资产的实际成本。

(5) 企业与关联企业之间提供劳务的审核要点

企业与关联企业之间互相提供工业性劳务、受托或委托加工材料或加工产成品、零配件等,可查核有关加工合同、审定单位加工费,结合"产品销售收入"账户核对加工收入的结算;关联企业之间没有签署加工合同的,则可根据加工业务发生的辅助材料(受托方不得垫付主要材料)、工资和费用成本,加上行业同类产品加工的一般利润(以成本利润率计算),计算加工业务的销售收入,核对"主营业务收入"明细账,以审定提供劳务的收入进账情况。

企业与关联企业之间互相提供非工业性劳务。审核"其他业务收入"、"其他业务支出"及按不同的应收账款单位设置的应收账款明细账,核对与"其他业务支出"相关的"原材料"、"包装物"、"累计折旧"、"生产成本"、"应付工资"、"银行存款"、"应交税费"、"其他应交款"等科目,确定其对外提供劳务的类型以及收取的劳务收入是否和类似劳务活动的正常收费标准相同,有无无偿劳务、收入劳务标准过高或过低的情况。

审核委托方设置的"应付账款"明细账,根据委托方提供的发票及有关合同、协议,确定对方提供劳务的性质及提供劳务的类型、数额及金额,核对各有关成本费用科目,看其是否按照独立企业之间业务往来支付劳务费用,有无多付或少付劳务费的情况。

(6)企业与关联企业之间转让财产、提供财产使用权等往来业务的审核要点

对企业与关联企业之间转让财产,主要审核"固定资产"明细账的发生额及余额,看其和企业有关联的投资者投入的或向关联企业投资的固定资产,是否按照评估价值确认或者合同、协议确定的价值计价,是否存在不按独立企业之间业务往来作价收取或支付使用费的问题。

对企业与关联企业之间转让无形财产,提供财产使用权业务,应审核"无形资产"明细账的发生额和余额,看从关联企业取得的或转让的无形资产是否按照规定计价。对于以投资方式作为资本金或者合作条件投入或转让的,是否按照评估确认或者合同、协议约定的金额计价,对以评估或协议确定价值的增值或减值部分是如何处理的;对于购入或转让的无形资产作价是否正确,是否按照实际支付的价款计价,其增值或减值部分又是如何处理的,购入或转让的非专利技术和商誉的计价,是否经法定评估机构确认,其支付或收取的费用是否符合独立企业之间业务往来的作价原则。

(7)企业向关联企业支付费用的审核要点

按照现行税法规定,外商投资企业不得列支向其关联企业支付管理费。对于外国企业在中国境内设立的机构、场所支付的同本机构、场所、生产经营有关的合理的管理费,应当提供总机构出具有合理费用的汇集范围、定额、分配依据和方法及证明文件,并应附有注册会计师的查证报告,经当地税务机关审核同意后才能予以列支。

8.清算所得审核要点

(1)核查委托人"实收资本"、"企业储备和发展基金"、"未分配利润"等账户的数字与清算前编制的资产负债表的数字是否相符,核查"清算损益"账户是否包括清算期间取得的资产收入,核查清算费用及有关原始凭证,核实清算过程中所发生的费用是否真实合法,有无将职工奖励及福利基金抵减了清算所得的问题。

(2)政策性减免税企业,应核算在清算期间是否享受减免税照顾,对于清算后破产的外商投资企业,如果实际经营期不满规定年限,应审核是否补缴由于享受税收优惠政策而免征、减征的所得税。

【例10-7】 某企业2010年8月停止生产经营,进行清算,清算过程的相关数据如下:资产的账面价值3 360万元、资产的计税基础3 890万元、资产的可变现净值4 230万元、负债账面价值3 750万元、负债的计税基础324万元、负债的清偿所得为304万元,企业清算期内支付清算费用70万元,支付职工安置费、法定补偿金100万元,清算过程中发生的相关税费为20万元,以前年度可以弥补的亏损100万元。注册税务师受托进行清算审核如下:

清算所得=4 320-3 890+324-304-70-100-20=260(万元)

清算应纳税所得额=260-100=160(万元)

清算应纳所得税＝160×25％＝40（万元）

（五）应缴入库所得税额的审核

根据企业纳税申报表应纳税额的计算，在进行减免税额或应补税额的调整的基础上，确定企业实际应缴的所得税税额，年终汇算清缴应补退所得税税额。

1. 减免税额的审核要点

根据企业申报的减免税额，核对适用的减免税政策与计算方法，确认政策依据、审批手续是否符合减免税规定，有无擅自减免或多计减免税的问题。特别是校办企业、福利企业、安置待业人员就业的劳服企业更应重点审核其减免税条件是否具备，有无虚假申报骗取减免的问题。

2. 应补税额审核要点

企业所得税的纳税方法是按期预缴，年终汇算清缴。注册税务师应审核"应交税费——应交所得税"明细账借方发生额，与已缴税款原始凭证和纳税申报表相核对确定实缴税款，再将全年应缴入库的所得税额与已纳税额相核对，确定企业年终应补退所得税额。对于取得联营分回利润、股息和境外收益的企业，应审核因适用税率的差异，投资方企业应补缴的所得税额。

工作任务二　企业所得税纳税审核

一、分项目进行企业所得税纳税审核的代理

1. 分组按照操作流程根据引导案例提供的资料，完成以下任务：

（1）对导入案例中武汉市志远公司的企业所得税纳税事项进行分析，并表述相关税收政策；

（2）计算武汉市志远公司 2010 年度应当补缴的企业所得税；

（3）作出正确的账务调整。

2. 小组自查，组间评价。

工作任务评价标准

根据相关政策，紧密结合知识导航，完成导航中的纳税审核代理工作。

评价标准：

（1）是否掌握企业所得税纳税审核流程；

（2）是否明确企业所得税各项目审核要点。

模块二　个人所得税纳税审核代理实务

个人所得税是以个人（自然人）取得的各项应税所得为征税对象所征收的一种

税。我国个人所得税实行分类所得税制度,将个人取得的各种所得划分为 11 类,分别适用不同的费用减除规定、不同的税率和不同的计税方法。

工作任务一 认识个人所得税纳税审核

一、制订个人所得税纳税审核代理操作流程

引导案例:

A 公司是一家专门从事人寿保险的股份公司,该公司委托武汉市宏大税务师事务所进行个税纳税审核和调整,具体由小何负责。对 A 公司 2010 年业务进行纳税检查后,小何发现以下问题:

1. A 公司对营销业绩第一名的营销员李某(属本公司员工)提供免费旅游服务,为价值 5 000 元的海南双飞七日游,李某同时还取得当月工资 3 000 元,旅游支出和工资已计入当月管理费用。

2. 在培训会上,A 公司为代理人方某(非雇员个人)发放的现金 1 500 元和价值 2 800 元的礼品,计入销售费用。

3. A 公司在庆典中为参会嘉宾刘某赠送价值 3 000 元的面值卡,计入业务招待费。

4. A 公司向保户钱某支付利息支出 2 000 元,直接冲减当期收入。

5. 为高管何某支付 12 月工资 6 000 元,年终一次性奖金 20 000 元。

6. 12 月分别支付 2 名董事赵某和孙某的董事费 8 000 元和 3 000 元,赵某为独立董事,孙某为本公司员工。孙某还从本公司取得当月工资 4 000 元,以上开支均计入管理费用。

请你和小何一起,分析审核上述所得的个税缴纳是否正确? 如果不对,该如何正确计算个税? 如何进行账务调整?

个人所得税纳税申报代理的操作流程:

第一步,承接个人所得税纳税审核代理业务;

第二步,制定个人所得税纳税审核代理计划;

第三步,收集个人所得税纳税审核的涉税资料;

第四步,审核个人所得税的涉税资料;

第五步,正确计算个人所得税额;

第六步,作出正确的账务调整;

第七步,出具审核报告。

二、知识导航

个人所得税是对居民和非居民取得的个人所得征收的一种税,征税时对各项不同所得采取了不同的计税方法。所以,对个人所得税的计税依据,应按不同项目分别审核。在日常代理业务中,涉及业务比较普遍的是工资、薪金所得,劳务报酬所得,利

息、股息、红利所得。

（一）工资、薪金所得的审核

1. 工资、薪金收入的审核

工资、薪金所得是通过任职和受雇形式取得的个人收入，判定某项所得是属于工资薪金所得还是属于劳务报酬所得，可从纳税人与任职单位所存在的雇佣或非雇佣关系方面，判定是否属于非独立劳务。如存在雇佣关系就属于非独立劳务，应按"工资薪金所得"税目征税，否则，应按"劳务报酬所得"税目征税。

（1）中方个人工资、薪金收入的审核要点

① 审核代扣代缴义务人代扣的税款是否及时申报缴纳。现行会计制度没有具体规定代扣税款在什么科目核算，但一般在以下两个科目核算：① 通过"应交税费"科目核算；② 通过"其他应付款"科目核算，在这两个科目下设置"代扣应交个人所得税"明细科目。审核时，查这两个科目的明细账户，看有无代扣应缴个人所得税账户，看其贷方有无余额，是否已按规定期限解缴税款。

② 对没有履行税法规定代扣代缴个人所得税的审核。个人的工资、薪金所得在代扣代缴义务人单位均在"应付工资"账户核算。企事业单位应付给职工的工资总额，包括各种工资、奖金、津贴等。审核"应付工资"账户时，根据每月会计记账凭证号码，核对记账凭证所附的工资单（工资单详细记录有基本工资、职务工资、各种补贴、津贴、奖金等）。审核发给每人每月应付工资的总额，有无达到应缴个人所得税的收入。如有，则应把其记录下来，按规定的适用税率计算出应缴的个人所得税。除审核"应付工资"账户外，还应审核"盈余公积"及"利润分配"两个科目。有的企业年终时为奖励对生产、经营有突出贡献者，往往从"盈余公积"或"利润分配——未分配利润"中提取奖金，而不通过"应付工资"账户，审核时应加以注意。

③ 审核纳税人一个月内从两个或两个以上单位或个人处取得工资薪金所得，或者取得两次或两次以上的工资薪金是否按规定合并计算纳税，有无分别计算而少纳税款的问题。了解纳税人有无外派劳务人员、双重职务人员和双重单位人员，核查从两处或两次取得的工资收入是否合并纳税。

④ 对纳税人或扣缴义务人代扣代缴税款情况检查时还应检查有无扩大减除费用标准或分次多扣费用的情况；有无虚列人数，降低工资、薪金所得水平的现象。

【例 10-8】 注册税务师对某企业全年代扣代缴个人所得税情况进行审核，发现该企业 2010 年 1 月—12 月每月工资计算时均作如下分录：

借：生产成本——基本生产成本	120 000
制造费用	36 000
管理费用	45 000
应付福利费	3 000
在建工程	6 000
贷：应付工资	210 000

实发工资时：

借:应付工资　　　　　　　　　　　　　　　　　210 000

　　贷:现金　　　　　　　　　　　　　　　　　　　　210 000

　　假定企业每月工资计提发放数额均相等,经查每月工资分配情况表,发现实际签收数分别为:厂长2 160元/月,书记2 160元/月,车间主任2 100元/月,供销科长2 100元/月,行政科长2 050元/月,财务科长2 050元/月,其余74名职工月工资奖金达不到计征个人所得税标准。企业每月代扣个人所得税时:

借:其他应付款(应付工资)　　　　　　　　　　　31

　　贷:应交税费——应交个人所得税　　　　　　　　　31

附:个人所得税计算表:

厂长:应纳个人所得税=(2 160-2 000)×5%=8(元)

书记:应纳个人所得税=(2 160-2 000)×5%=8(元)

车间主任:应纳个人所得税=(2 100-2 000)×5%=5(元)

供销科长:应纳个人所得税=(2 100-2 000)×5%=5(元)

行政科长:应纳个人所得税=(2 050-2 000)×5%=2.5(元)

财务科长:应纳个人所得税=(2 050-2 000)×5%=2.5(元)

要求:(1)扼要指出存在问题;

(2)正确计算应代缴个人所得税数额;

(3)计算应补个人所得税数额。

注册税务师经过认真审核,认为该企业为职工个人负担个人所得税税款,未将税款计入应税所得,应将不含税收入换算成含税收入进行纳税调整。

具体补缴计算略。

(2)外籍个人(包括港澳台同胞)工资、薪金收入的审核要点

外籍个人的情况比较复杂,在审核前,应了解外籍个人的工资、薪金的构成、聘任期限、职务、福利待遇,以及国籍、在华时间等情况。

① 外籍个人在境内担任企业董事或高层管理职务,在境内连续或累计居住超过90天,或在税收协定规定期间在境内连续累计居住超过183天但不满一年的个人,是否对以前月份来源于中国境内而由境外支付的所得一并申报纳税。审核时,可根据外籍个人提供的派遣单位开具的原始明细工资单(包括奖金、津贴证明资料),与"个人所得税月份申报表"相对照,审核申报收入是否真实,是否按规定从入境第一日开始计算。

② 外商投资企业的董事长同时担任企业直接管理职务,应核查其是否分别就董事长身份取得董事费和以雇员身份取得工资薪金所得缴纳个人所得税。对以董事费名义和分红形式取得的收入,应划分从事企业日常管理工作每月应取得的工资、薪金额,按工资、薪金所得计算纳税。

③ 企业以实物向雇员提供福利,如向外籍雇员提供的汽车、住房等个人消费品,应根据不同情况作不同的纳税处理。注册税务师应核查所购房屋产权证和车辆发

票,如房屋产权证和车辆发票均填写职员姓名,并满足一定条件后,房屋、车辆属于职员,这种情况应按规定申报纳税。纳税义务发生时间为取得实物的当月,将实物折合为现金,在规定工作年限内(高于5年的按5年计算)按月平均计算纳税。

2. 税前扣除额审核要点

(1) 根据纳税人"工资结算单"对照个人所得税计算表,逐项核实扣除项目,如有无以误餐费的名义向职工发放补贴不计入工资收入而作为税前扣除的。

(2) 纳税人从两个或两个以上的单位和个人处取得工资、薪金所得应根据"个人所得税月份申报表"和"扣缴个人所得税报告表"审核有无重复计算扣除问题。特别是对外籍个人在境内担任高层管理职务,居住时间超过 183 天,对以前月份境外收入一并纳税时,是否有重复扣除的问题。

3. 应纳税所得额的审核要点

(1) 核查个人所得税的计算方法。对于企业为个人负担税款的,应核查是否按规定将不含税工资薪金收入换算成含税所得计算纳税;个人一次取得数月奖金或年终加薪、劳动分红,是否单独作为一个月的工资薪金所得计算所纳税款,有无重复扣除费用问题。

(2) 核查计算个人所得税适用的税率和速算扣除数是否正确。

(3) 对于居民纳税人来源于中国境外的应税所得,按照该国税法规定实际已缴纳的个人所得税额,核查是否持有完税凭证原件,扣除额是否超过按税法规定计算的扣除限额。

【例 10-9】 注册税务师审核某公司代扣个人所得税情况,审核 2010 年"应付工资"账户及"盈余公积"等账户,从每月的记账凭证中发现,该公司经理每月应发和实发工资(包括奖金、津贴)均为 2 620 元。因其经营有方,企业超额完成上级下达的各项经济指标,经上级领导批准,年终奖励 10 000 元,公司从"盈余公积"中提取,没有通过"应付工资"账户。同时,经查实,公司未代扣其个人所得税。

注册税务师与企业会计人员提出了上述问题,并通过会计人员,与经理进行了沟通,该经理表示应履行纳税义务,并请注册税务师代其计算应补缴个人所得税款。

注册税务师按现行税法及有关具体规定,将其应补个人所得税具体计算如下:

每月所得应补个人所得税=(2 620-2 000)×10%-25=37(元)

年终一次奖金应补个人所得税:10 000÷12=833.33(元),适用税率 10%,速算扣除数为 25

应补个人所得税=10 000×10%-25=975(元)

该经理 2010 年度应补个人所得税=975+37×12=1 419(元)

同时作相关调账分录:

借:其他应收款——×××　　　　　　　　　　　1 419
　　贷:应交税费——应代扣个人所得税　　　　　　　1 419

补缴时:

借：应交税费——应代扣个人所得税　　　　　　　　2 069
　　贷：银行存款　　　　　　　　　　　　　　　　　　2 069

（二）其他应税所得的审核

其他应税所得包括承包承租经营所得，劳务报酬所得，特许权使用费所得，财产租赁、转让所得，利息、股息、红利所得，由于税务代理涉及较多的是劳务报酬所得和利息、股息、红利所得。在此就这几类所得的审核进行介绍。

1．劳务报酬所得审核要点

企业向个人支付劳务报酬，一般是到税务机关代开"临时经营发票"，首先应审核企业取得发票是否合法，是否按规定计算纳税。纳税人为个人负担税款时，应审核是否将不含税的劳务报酬收入换算成含税收入。

【例 10－10】　工程师张某为某工业企业提供设计服务，取得设计收入 3 000 元，按协议由支付单位代其缴纳个人所得税。该企业作如下处理：

$$(3\,000-2\,000)\times10\%-25=75(元)$$

注册税务师审核后提出调整意见如下：

该工程师不属于该企业的雇员，该企业与该工程师之间不存在雇佣关系，该工程师提供设计服务属于独立劳务活动，所以应按"劳务报酬所得"税目计算缴纳个人所得税。由于个人所得税税款是由企业负担，应将不含税收入换算成含税收入。具体计算如下：

不含税所得额：$3\,000-800=2\,200(元)$

应纳税所得额：$2\,200\div(1-20\%)=2\,750(元)$

应纳税额：$2\,750\times20\%=550(元)$

应补税额：$550-75=475(元)$

财务调整：
借：营业外支出　　　　　　　　　　　　　　　　　475
　　贷：银行存款　　　　　　　　　　　　　　　　　475

2．利息、股息、红利所得审核要点

（1）企业向个人支付利息的审核

根据"财务费用"明细账借方发生额、"其他应付款"明细账贷方等有关凭证，了解企业是否有职工个人集资，核查企业支付集资利息费用，对于支付的集资是否按规定代扣代缴税款，企业为个人负担税款的是否将不含税的利息收入换算成含税的收入纳税，对职工个人出资交纳的风险抵押金利息收入是否按利息所得处理。

（2）企业向个人支付股息、红利的审核

根据企业"利润分配——应付利润"明细账及有关原始凭证，审核支付对象有无个人，对于外国投资者从企业取得的股息（利润）、红利暂免征收个人所得税。对于中国公民取得的股息、红利应按规定纳税。

【例 10-11】　某机械厂系全民所有制企业,主要从事机械加工、汽车零配件业务,税务代理人受托对该企业 2010 年度个人所得税纳税情况进行审核。注册税务师发现该企业 2010 年 6 月 12 日收取个人集资款 1 584 000 元,在"财务费用"账户中发现 2010 年 12 月 20 日兑现个人集资利息 142 560 元。经核对原始凭证及询问财会人员,证实是用于兑现职工个人集资款利息,该企业未履行代扣代缴义务。

注册税务师认为,根据《中华人民共和国个人所得税法》第二条第七款"下列各项个人所得,应纳个人所得税……利息、股息、红利所得"及第三十四条"扣缴义务人在向个人支付应税款项时,应当依照税法规定代扣代缴税款。按时缴库,并专项记载备查"的规定,该企业应补缴个人所得税。

具体补缴税款计算如下:

142 560×20%＝28512(元)

同时作相关调账分录为:
借:其他应收款　　　　　　　　　　　　　　　28 512
　　贷:应交税费——应交个人所得税　　　　　　　　　28 512
补缴个人所得税时:
借:应交税费——应交个人所得税　　　　　　　　28 512
　　贷:银行存款　　　　　　　　　　　　　　　　　28 512

3. 对捐赠扣除计税的审核要点

审核纳税人的公益性捐赠是否通过了中国境内的非营利性的社会团体、国家机关。税法规定,只有通过社会团体、国家机关的捐赠才允许从应纳税所得额中扣除;未经过上述机关、团体的捐赠,即由纳税人直接向受益人的捐赠不得扣除。所称的社会团体,包括中国青少年发展基金会、希望工程基金会、宋庆龄基金会、减灾委员会、中国红十字会、中国残疾人联合会、全国老年基金会、老区促进会,以及经民政部门批准成立的其他非营利性的公益性组织。

审核捐赠款是否用于教育事业、其他公益事业以及遭受自然灾害的地区或贫困地区,捐赠款是否超过允许扣除的比例。不符合以上条件的,不予在税前扣除,防止纳税人利用公益性捐赠扣除项目少缴纳税款。

纳税人通过社会团体、国家机关的公益性捐赠超过扣除限额的部分,应由纳税人自行负担,不得以任何形式抵减税款。

【例 10-12】　中国公民李某是中国境内外商投资企业的高级职员,2010 年的收入情况如下:

(1) 雇佣单位每月支付工资、薪金 12 000 元;

(2) 派遣单位每月支付工资、薪金 2 400 元;

(3) 从国外一次取得特许权使用费折合人民币 18 000 元,并提供了来源国的纳税凭证,纳税折合人民币 3 000 元;

(4) 参加国内某市举办的工程设计大赛,获奖一次取得奖金收入为 10 000 元;

(5) 2010 年 4 月 1 日承包一家商店,年底获利润 100 000 元,按承包合同规定上

缴发包人 80 000 元,20 000 元的承包所得分两次领取,分别为 26 400 元、8 000 元;

(6) 李某将上述承包所得通过民政局向灾区捐赠 4 000 元。

李某已对 2010 年度应纳个人所得税办理了申报纳税,其计税过程如下:

(1) 雇佣单位全年支付的工资、薪金所得的代扣代缴的税额为:[(12 000－4 000)×20％－375]×12＝1 225×12＝14 700(元)

(2) 派遣单位全年支付的工资、薪金所得代扣代缴的税额为:(2 400－2 000)×5％×12＝240(元)

(3) 从国外取得特许权使用费收入 18 000 元,李某依据我国对所得来源地采取特许权使用地作为判定标准认定,该项特许权不在中国境内使用,因而不属于中国境内的所得,不需计缴个人所得税。

(4) 将奖金收入作为进行工程设计的报酬,按劳务报酬所得的有关规定计算应纳个人所得税额为 10 000×(1－20％)×20％＝1 600(元)。

(5) 承包所得分两次领取,应将其总额扣除捐赠支出后作为计算个人所得税的依据(26 400＋8 000－12×2 000－4 000)×10％－250＝390(元)。

综合上述各项所得应纳(代扣代缴)的个人所得税,李某 2010 年共缴纳税款为:14 700＋240＋1 600＋390＝16 930(元)

注册税务师通过检查李某提供的纳税申报材料,并向其他有关人员进行了解,发现李某在计算应纳个人所得税款时,对税法的理解、运用有误,现对有关问题进行调整、解释如下:

(1) 在外商投资企业、外国企业和外国驻华机构工作的中方人员取得的工资、薪金收入,凡是由雇佣单位和派遣单位分别支付的,应由支付单位代扣代缴个人所得税。对雇佣单位和派遣单位分别支付工资、薪金的,采取只由雇佣单位在支付工资、薪金时,按规定减除费用,派遣单位支付的工资、薪金不再减除费用,以支付全额直接确定适用税率,然后,由纳税人选择并固定一地税务机关申报,汇算清缴其工资、薪金收入的个人所得税。

李某就其工资、薪金所得汇算清缴应纳税额为:

$$[(12\ 000＋2\ 400－2\ 000)×20％－375]×12＝25\ 260(元)$$

(2) 在中国境内有住所,或无住所而在境内居住满一年的个人,从中国境内和境外取得的所得,应缴纳个人所得税。由此,可以判定中国公民李某为负无限义务的居民纳税人,应就其来源于境内和境外的所得缴纳个人所得税。因此,李某从境外取得的特许权使用费所得应当缴纳个人所得税。

同时,纳税义务人从境外取得的所得,准予其在应纳税额中扣除已在境外缴纳的个人所得税税额。但扣除不得超过该纳税义务人境外所得依照我国税法规定计算的应纳税额(抵免限额)。超过抵免限额的境外已纳税款,可在以后 5 个纳税年度内,用该国或地区抵免限额的余额补扣。

李某从境外取得的特许权使用费应纳个人所得税计算如下:

$$抵免限额＝18\ 000×(1－20％)×20％＝2\ 880(元)$$

李某在境外实际缴纳税款 3 000 元,超过抵免限额,因此,李某不需缴纳个人所得税。未足额抵扣的 120 元(3 000－2 880),可在以后 5 个纳税年度内,以该国抵免限额的余额补扣。

(3) 个人因得奖、中奖、中彩以及其他偶然性质取得的所得,应纳个人所得税。李某参赛获奖属偶然所得,不属于劳务报酬所得,应按偶然所得的计税方法计算应纳个人所得税:10 000×20％＝2 000(元)

(4) 承租人、承包人对企业经营成果不拥有所有权,仅是按合同(协议)规定取得一定所得的,其所得按工资、薪金所得项目征税;承包人、承租人按合同(协议)的规定向发包方、出租方交纳一定费用后,企业经营成果归其所有的,承包人、承租人取得的所得按对企事业单位的承包经营、承租经营所得项目征税。由此判断,李某的承包、承租经营所得属于后一种情况。

另外,实行承包、承租经营的纳税义务人,应以每一年度取得的承包承租经营所得计算纳税。在一个纳税年度内,承包、承租经营所得不足 12 个月的,以其实际承包、承租经营的月份数为一个纳税年度计算纳税,计算公式为:

应纳税所得额＝该年度承包、承租经营收入额－(2 000×该年度实际承包、承租经营月份数)

应纳税额＝应纳税所得额×适用税率－速算扣除数

李某自 2010 年 4 月 1 日起承包经营,至 2010 年年底实际经营月份数为 9 个月,应以此作为费用扣除的依据。

(5) 个人将其所得通过社会团体和国家机关对教育事业和其他公益事业以及遭受严重自然灾害的地区、贫困地区的捐赠,捐赠额未超过纳税义务人申报的应纳税所得额 30％的部分,可以从其应纳税所得额中扣除。李某将其承包所得通过民政部门向灾区捐赠,符合以上规定,捐赠额不超过李某承包、承租经营所得应纳税所得额 30％的部分,可以在税前扣除。

综合(4)、(5),李某 2010 年度承包、承租经营所得应纳个人所得税计算如下:

$$捐赠限额＝(26\ 400＋8\ 000－9×2\ 000)×30％＝4\ 920(元)$$

李某实际捐赠额为 4 000 元,可以全额税前扣除。

$$承包所得应纳税额＝(26\ 400＋8\ 000－9×2\ 000－4\ 000)×10％－250＝990(元)$$

综合以上李某在 2010 年取得的各项所得,李某实际应缴纳个人所得税为:

$$25\ 260＋2\ 000＋990＝28\ 250(元)$$

2010 年度李某已被扣缴个人所得税 16 930 元,还应补缴个人所得税 28 250－16 930＝11 320(元)。

工作任务二　代理审核个人所得税的纳税情况

一、代理个人所得税纳税审核

根据引导案例中的资料，结合知识导航中的相关政策，完成以下工作任务：

（一）根据政策分析该公司的个税缴纳是否正确。

（二）正确计算各项个税。

（三）做出正确的账务调整。

工作任务评价标准

根据个人所得税纳税审核的操作流程，完成导入案例中的代理事项。

评价标准：

（1）能否正确区分不同类型的所得；

（2）能否正确掌握不同所得的扣除项目；

（3）能否正确计算各类所得的个人所得税款；

（4）能否作出正确的账务调整。

思　考　题

一、单项选择题

1. 企业所得税年度申报表附表三《纳税调整项目明细表》中所列补充养老保险和补充医疗保险属于（　　）。

A. 收入类调整项目　　　　　　　　　　B. 资产类调整项目

C. 扣除类调整项目　　　　　　　　　　D. 与取得收入无关的调整项目

2. 2011 年 4 月注册税务师在对某增值税一般纳税人 2010 年度增值税纳税审核时，发现纳税人 2010 年 12 月有下列一笔业务：

借：银行存款　　　　　　　　　　　　　　　　　100 000

　　贷：营业外收入　　　　　　　　　　　　　　　　　100 000

经审核确认为纳税人因购进钢材达到一定数额从销售方取得的返还资金（假定该纳税人 2010 年决算报表已编制）。注册税务师作出的下列账务调整中，正确的是（　　）。

A. 借：以前年度损益调整　　　　　　　　　　17 000

　　　贷：应交税费——应交增值税（销项税额）　　　17 000

B. 借：以前年度损益调整　　　　　　　　　　17 000

　　　贷：应交税费——应交增值税（进项税额转出）　　17 000

C. 借：以前年度损益调整　　　　　　　　　　14 529.91

　　　贷：应交税费——应交增值税（销项税额）　　　14 529.91

　　D. 借:以前年度损益调整　　　　　　　　　　14 529.91

　　　　贷:应交税费——应交增值税(进项税额转出)　14 529.91

3. 新企业所得税法规定,企业在国内投资联营,如果联营企业的适用税率低于投资方企业适用税率,则投资方企业从联营企业分回的税后利润(　　　)。

　　A. 退还所得税　　　　　　　　　　B. 补缴企业所得税

　　C. 属于免税收入,免予纳税　　　　D. 属于不征税收入,免予纳税

4. 关于企业所得税,以下收益中不用计入应纳税所得额中的是(　　　)。

　　A. 无赔款优待

　　B. 国债手续费收入

　　C. 国务院统一进行清产核资发生的资产增值

　　D. 在建工程试运行收入

5. 某企业 2009 年的会计利润是 10 万元,由于开展新技术开发,实际发生开发费用 14 万元,经过税务机关审核批准,符合享受加计扣除的条件,则该企业 2009 年实际应缴纳的企业所得税是(　　　)。

　　A. 0　　　　　　　B. 0.75　　　　　　C. 0.81　　　　　　D. 0.99

6. 企业转让各种经营用无形资产"使用权"的净收益,应填报在《企业所得税纳税申报表》中的(　　　)项目中。

　　A. 销售营业收入　　B. 补贴收入　　　C. 营业外收入　　　D. 租赁收入

7. 某外国常驻代表机构,按经费支出额计算纳税,某季度该代表机构由总机构直接支付给其雇员工资 5 万元,另发生经营支出房租、差旅费、办公费等 12 万元,滞纳金和罚款 0.5 万元,该机构应纳税所得额为(　　　)万元。(核定利润率 10%,营业税税率 5%)

　　A. 1.18　　　　　　B. 2.06　　　　　　C. 1.24　　　　　　D. 20

8. 李作家在一家晚报上连载某小说半年,前三个月每月月末报社支付稿酬 3 000元;后三个月每月月末报社支付稿酬 5 000 元。李作家所获稿酬应缴纳的个人所得税为(　　　)元。

　　A. 2 688　　　　　　B. 2 604　　　　　　C. 3 840　　　　　　D. 3 720

9. 德国某公司派其某雇员到我国某企业安装、调试空调生产线,该外籍员工于 2011 年 1 月 1 日来华,工作期间为 9 个月,但其中 9 月份仅在我国居住 15 天。其工资由外方企业支付,日薪金折合人民币 2 000 元。则其 9 月份在我国应缴纳的个人所得税为(　　　)。

　　A. 6 712.5　　　　　B. 7 192.5　　　　　C. 7 125.5　　　　　D. 5 125

10. 某国家机关在发放公务员工资时,应代扣代缴个人所得税,则其应在(　　　)内,向当地税务机关办理扣缴税款登记。

　　A. 扣缴义务发生之日起 30 日　　　　B. 扣缴义务发生之日起 15 日

　　C. 设立之日起 30 日　　　　　　　　D. 设立之日起 15 日

11. 下列业务中,依据个人所得税税法的规定,应当缴纳个人所得税的有(　　　)。

A. 国债持有期间取得的利息

B. 国债转让所得

C. 个人之间借款业务取得的利息收入

D. 持有上市公司股票取得的股息收入

12. 某个体工商户企业,2008 年取得主营业务收入及其他业务收入 30 万元,税金及附加 1.5 万元,产品销售成本为 12 万元,其他费用和税务机关认可的损失合计 2 万元。另,业主从上市公司取得红利 5 万元。业主当年应缴纳的个人所得税是( )万元。

A. 5.34 　　　　B. 4.59 　　　　C. 3.09 　　　　D. 4.09

二、多项选择题

1. 关于企业所得税收入确认时间的说法,正确的有( )。

A. 股息、红利等权益性投资收益以被投资人作出利润分配决定的日期确认收入的实现

B. 特许权使用费收入按照合同约定的特许权使用人应付特许权使用费的日期确认收入的实现

C. 接受捐赠收入按签订捐赠协议日期确认收入的实现

D. 分期收款方式销售货物按合同约定的收款日规确认收入的实现

E. 采取产品分成方式取得收入,以企业分得产品的时间确认收入的实现

2. 某纳入预算管理的事业单位在进行企业所得税纳税申报时,下列项目中,准予从收入总额中扣除的不征税收入有( )。

A. 财政拨款

B. 依法收取并纳入财政管理的行政事业性收费

C. 附属单位缴款

D. 依法收取并纳入财政管理的政府性基金

3. 企业所得税法中,注册税务师审核主营业务收入时应当注意的审核不包括( )方面。

A. 增值税应税收入与营业税应税收入的划分是否正确

B. 主营业务收入的入账金额

C. 主营业务收入的会计处理是否正确

D. 主营业务收入的入账时间

4. 以下关于注册税务师对包装物审核的说法正确的有( )。

A. 根据"包装物——出租包装物"明细账借方发生额查明包装物出租的时间和租金收入

B. 根据"银行存款"借方发生额,查明包装物出租的时间和租金收入

C. 根据"其他应付款——存入保证金"、"营业外收入"等账户,收取包装物押金时开具的收款发票存根等,审核有无逾期押金长期未清理、隐瞒租金收入的问题

D. 根据"包装物——出租包装物"明细账与其他业务收入贷方发生额相核对,审

核企业有无将租金收入长期挂往来账的情况

5. 注册税务师在生产费用归集、分配审核中,应审核"费用分配表"的分配费用总额与该项费用账户的发生额是否相符,有无( )。

A. 将应由下期成本承担的费用提前在本期分配的

B. 将不应由产品成本负担的非生产项目的费用计入分配额的

C. 将直接费用错作间接费用分配的

D. 将应税产品的费用记入分配额转嫁给免税产品的

6. 注册税务师对纳税人企业所得税纳税情况审核时,应当予以关注的不允许扣除的项目有( )。

A. 企业将在建工程项目非正常中断 2 个月的贷款利息计入了当年的损益

B. 企业直接向当地学校捐助

C. 企业通过红十字会向红十字事业的捐款

D. 支付给某上市公司的管理费

7. 注册税务师受托某工业企业 2010 年企业所得税纳税审核,对主营业务成本的审核不应包括( )。

A. 材料费用的审核　　　　　　　　B. 销售费用的审核

C. 工资及三项费用的审核　　　　　D. 产品制造成本的审核

8. 注册税务师年初对某企业上年发出的材料进行审核时,发现企业年末 A 材料实际盘存 1 000 公斤,每公斤 4 元,但是 A 材料明细账反映,年末结余数为红字的 200 公斤,红字金额 400 元。经核实,为企业出库单登记有误,多列材料数量和成本,假设企业上年末在产品、库存商品为 0。决算后进行调账时,正确的调整分录为( )。

A. 借:原材料　　　　　　　　　　　　　　　4 000
　　　贷:本年利润　　　　　　　　　　　　　　　　4 000

B. 借:原材料　　　　　　　　　　　　　　　4 000
　　　贷:以前年度损益调整　　　　　　　　　　　4 000

C. 借:原材料　　　　　　　　　　　　　　　4 400
　　　贷:本年利润　　　　　　　　　　　　　　　　4 400

D. 借:原材料　　　　　　　　　　　　　　　4 400
　　　贷:以前年度损益调整　　　　　　　　　　　4 400

9. 关于实行查账征收办法的个人独资企业计算缴纳个人所得税,允许税前扣除的说法中,正确的有( )。

A. 企业从业人员的合理工资,税前扣除标准自 2008 年 3 月 1 日起调整为 2 000 元/月

B. 投资者及其家庭发生的生活费用不允许在税前扣除

C. 实际发生的职工教育经费在工资、薪金总额 2.5% 标准内据实扣除

D. 实际发生的与生产经营活动直接相关的业务招待费,可以按实际发生额的 40% 扣除

10. 某公司财务主管向注册税务师咨询关于下列收入中,应缴纳个人所得税的有( )。

A. 为企业集资取得的利息

B. 国家发行的金融债券利息

C. 转让国债取得的转让收入

D. 个人按规定缴付住房公积金并从银行提取

11. 注册税务师接受一企业主管会计询问,下述津贴、补贴不应当计入工资、薪金所得项目征税的有( )。

A. 职工的加班费

B. 独生子女补贴

C. 中国科学院院士津贴

D. 托儿补助费

12. 下列项目在计算个体工商户应纳税所得额时,不得在税前列支的有( )。

A. 个体工商协会的会费   B. 赞助支出

C. 税款的滞纳金   D. 业主的工资

E. 被没收的财物

案例分析

案例 1:

ABC 有限公司位于北京市中关村科技园区,系增值税一般纳税人,属于高新技术企业(2010 年 12 月已通过相关部门的重新认定,获得了高新技术企业资格证书),从事电子设备研发、生产、销售、技术服务。2011 年 4 月,诚信税务师事务所受托对该公司 2010 年度及 2009 年 1 季度的纳税情况进行审核,获得下列资料:

1. 2010 年度相关资料

(1)基本情况:2008 年度公司取得含税收入 5 850 万元,实现利润 850 万元,纳税调增项目为:业务招待费 17.2 万元,纳税调减项目为:研发费用加计扣除 560 万元,应纳税所得额=850+17.2-500=367.2(万元),企业已缴企业所得税:367.2×25%=91.8(万元)。

(2)具体涉税问题:

① 在审查有关账目时,发现每个季度末"财务费用"借方都有一笔红字冲转,经调查核实,该公司 2010 年向各地销售电子设备,部分购买方没有及时付款,ABC 公司向欠款的购买方按季收取所欠货款的利息,全年合计 14 万元,企业每季账务处理为:

借:银行存款   ×××

    贷:财务费用   ×××

② 2010 年 5 月,以公司自己生产制造的电子设备 180 万元(不含税销售价)对外

投资。该公司财务部门将该批电子设备依其生产成本116万元全部结转到"长期股权投资"科目,企业账务处理为:

　　借:长期股权投资　　　　　　　　　　　116万
　　　贷:库存商品　　　　　　　　　　　　　116万

　　③ 公司在"管理费用"中列支了业务招待费43万元,以及符合条件的新产品研究开发费用500万元;在"销售费用"中列支了广告费700万元、业务宣传费50万元(2009年累计未抵扣完的广告费120元,业务宣传费10万元)。

　　2. 2011年一季度相关资料

　　(1) 1月18日为了奖励公司研发部门学科带头人李某,兑现年终奖,奖励给李某价值18万元的小汽车一辆,产权办理在李某名下,企业账务处理为:

　　借:管理费用——研发费　　　　　　　　18万
　　　贷:银行存款　　　　　　　　　　　　　18万

　　李某每月工资1万元,已按税法规定代扣了个人所得税。公司规定有关年终奖涉及税款均由公司替员工负担。

　　(2) 2月8日,企业将一台旧设备处置,取得收入50万元。该设备于2008年购进,原值49万元,已提折旧9万元。企业账务处理为:

　　借:固定资产清理　　　　　　　　　　　40万
　　　累计折旧　　　　　　　　　　　　　　9万
　　　贷:固定资产　　　　　　　　　　　　　49万
　　借:银行存款　　　　　　　　　　　　　50万
　　　贷:固定资产清理　　　　　　　　　　　50万

　　(3) 3月10日,从国内采购机器设备2台给生产基地使用,增值税专用发票上注明每台设备价款100万元,增值税税额17万元,购进固定资产所支付的运输费用1万元,安装调试费3万元,取得合法发票,均用银行存款支付。企业账务处理为:

　　借:固定资产　　　　　　　　　　　　　204万
　　　应交税费——应交增值税(进项税额)　34万
　　　贷:银行存款　　　　　　　　　　　　　238万

　　思考:1. 按照所给资料顺序,指出公司存在的纳税问题。
　　　　　2. 分别计算各年度应补(退)税款。(计算结果以万元为单位,保留两位小数)
　　　　　3. 作出2011年度相关调账处理。

　　案例2:

　　某企业职工李冬2010年每月工资5 500元,当年6月取得半年奖6 000元,当年12月取得年终奖8 000元。该企业为李冬代扣代缴个人所得税计算如下:

　　6月:

$$工资应纳税额=(5\ 500-2\ 000)\times15\%-125=400(元)$$

半年奖应纳税额计算如下:

6 000÷6=1 000元,适用税率10%,速算扣除数为25

半年奖应纳税额＝6 000×10％－25＝575(元)

12 月：

工资应纳税额＝(5 500－2 000)×15％－125＝400(元)

半年奖应纳税额计算如下：

8 000÷6＝1 333 元,适用税率 10％,速算扣除数为 25

半年奖应纳税额＝8 000×10％－25＝775(元)

思考：该企业计算缴纳个人所得税额是否正确?

项目十一　其他税种纳税审核代理实务

知识目标

- 熟悉印花税的应税凭证、计税依据和减免税优惠
- 熟悉土地增值税的扣除项目计算及减免税优惠
- 熟悉房产税的计税依据及减免税优惠
- 了解城镇土地使用税计税面积的判定顺序及减免税优惠
- 熟悉资源税的不同征税环节计税依据及减免税优惠

技能目标

- 能够代理印花税纳税审核
- 能够代理土地增值税纳税审核
- 能够代理房产税纳税审核
- 能够代理城镇土地使用税纳税审核
- 能够代理资源税纳税审核

模块一　印花税、土地增值税纳税审核代理实务

在经济活动和经济交往中，各种类型有营业收入的企事业单位和从事经济活动的个人在订立有关经济凭证时都要向税务机关缴纳印花税。印花税虽然税率低，但征税范围广泛，而且应税行为经常发生，故也是地方税中的一个重要税种。印花税应税经济凭证包括四大种类：权利许可证照、经济合同、产权转移数据和营业账簿。

土地增值税是对有偿转让国有土地使用权及地上建筑物和其他附着物产权，取得增值收入的单位和个人征收的一种税。我国的土地增值税以转让房地产的增值额为计税依据，按照超率累进税率对我国境内转让房地产并取得收入的单位和个人，按次征收。由于房地产业在我国的特殊地位，对土地增值税进行纳税审核，显得尤为重要。

工作任务一　印花税的代理纳税审核

一、制定操作流程

引导案例：

华城家具批发有限责任公司是武汉一家专营家具批发业务的企业,位于武汉市武昌区徐东大街家盈大厦 A 座 4 楼,于 2009 年设立。企业规模较大,拥有独立的商标权和专利技术。

在设立之初,华城企业需要到工商部门办理营业执照,取得合法经营资格,它所取得的工商营业执照证明了其经济业务的合法性。存续期间,拥有证明其经营地点的房屋产权证和土地使用证,拥有区别于其他同类公司的商标注册证和专利证。另外,还拥有卫生许可证和税务登记证。华城公司认为,企业拥有印花税应税凭证中的"权利、许可证照"7 本,副本 7 本,共需贴花 70 元。

由于规模较大,其家具销往国内多个省份,为了使顾客能够快捷便利地购买货物,华城公司与多家运输公司合作。作为经济活动当中的交易主体,各方在确立各自权利义务时需要订立运输合同,正是因为签订了这个经济合同,参与各方就要按运输费用的大小缴纳印花税了。企业在日常的经济活动中还会发生各种各样的交易事项,会订立其他各种类型的经济合同,如购销合同、加工承揽合同、财产租赁合同、仓储保管合同、借款合同、财产保险合同和技术合同等。2011 年 2 月 6 日,华城公司签订了一份仓储保管合同,计税金额为 3 万元,因为合同未按期兑现,故其未对该合同计税贴花。

华城公司按照财务会计制度的要求设置反映生产经营活动的账册。"实收资本"和"资本公积"金额于 2011 年增加 50 万元,对此增加,企业未做任何处理。

2011 年 2 月 18 日,华城公司将其一栋外购房产进行转让,签订了产权转移书据,取得收入 2 000 万元,外购价为 1 400 万元,企业按收入与取得时的购置价的差额算缴纳印花税。

同学们,你们看到了吧,企业的日常经营活动是离不开印花税的,虽然这个税的税率低,但由于征税范围广泛,而且发生的频率高,所以,如果企业偷逃印花税也会对国家的税收收入造成较大的负面影响。企业面对这么多的应税凭证计算印花税税额是否正确呢?

代理企业印花税审核业务的操作流程：

第一步,承接企业印花税审核业务;

第二步,制定企业印花税审核计划;

第三步,收集企业印花税涉税资料;

第四步,审核印花税税额计算是否正确;

第五步,审核印花税减免税申请材料;

第六步,审核印花税会计核算是否正确;

第七步,审核印花税纳税申报表填报是否正确;

第八步,审核印花税完税凭证;

第九步,整理审核工作底稿;

第十步,出具审核业务报告。

二、知识导航

各种类型有营业收入的企事业单位和从事经济活动的个人在办理某事、转移某项财产的所有权、获得政府部门颁发的从事某项行为资格或权利证明,甚至记载生产经营活动的财务会计核算账簿时,都需要有相关的合法凭证才能对所进行的经济活动进行证明和约束。而对于这类经济凭证,在书立、领受和使用时,纳税人所在地的税务机关都要依据一定的标准向其征收印花税。这些应税凭证包括四大种类:经济合同、营业账簿、产权转移数据和权利许可证照。

(一)应税凭证的审核

1. 应税合同审核要点

印花税应税合同是指纳税人在经济活动和经济交往中书立的各类经济合同或具有合同性质的凭证。立合同人即合同当事人,就是印花税应税合同的纳税人,但它不包括合同的担保人、证人和鉴定人。

(1)审核征税范围

纳税人在经济交往中书立的凭证种类很多,鉴别所书立的凭证是否具有合同性质,是判别征免的主要标准。各类合同,包括借款、购销、技术、建筑安装工程承包、财产租赁、财产保险、仓储保管、加工承揽、货物运输、建设工程勘察设计合同。在到有关部门掌握凭证书立或领受情况后,应根据有关政策规定,对照纳税人的有关凭证从其内容、性质等方面进行审核。例如,审核纳税人有无错划凭证性质,将应税凭证划为非应税凭证,或因对政策规定理解有误,而将应税凭证作为免税凭证,造成漏纳印花税的问题。

(2)审核应税合同的计税依据

① 合同所载金额有多项内容的,是否按规定计算纳税。例如对各类技术合同,一般应按合同所载价款、报酬和使用费的合计金额依率计税,但为了鼓励技术研究开发,对技术开发合同,只就合同所载的报酬金额计税,研究开发经费不作为计税依据。若合同约定按研究开发经费一定比例作为报酬的,则应按一定比例的报酬金额计税贴花。

② 已税合同修订后增加金额的,有否补贴印花。按税法规定,已税合同修订后减少金额的,已纳税款不予退还;但增加金额的,应按增加金额计算补贴印花税票。

③ 未注明金额或暂时无法确定金额的应税凭证,是否已按规定贴花。如技术转让合同中的转让收入,是按销售收入的一定比例收取或是按实现的利润分成得来;财产租赁合同,只规定了月(日)租金标准而无租赁期限,对于签订时无法确定金额的应税凭证,可在签订时先按定额 5 元贴花,以后结算时再按实际金额计税,补贴印花。

④ 以外币计价的应税合同,是否按照凭证书立当日国家外汇管理局公布的外汇牌价折合成人民币,然后计算应纳税额。

⑤ 当合同中既有免税金额,又有应税金额时,纳税人是否正确计算纳税。

⑥ 应税合同在签订时纳税义务即已发生,应计算应纳税额并贴花。故审核应税合同是否已纳税,不论合同是否兑现或是否按期兑现。

⑦ 对国内各种形式的货物联运,凡在起运地统一结算全程运费的,是否以全程运费作为计税依据,由起运地运费结算双方缴纳印花税;凡分程结算运费的,是否以分程运费作为计税依据,分别由办理运费结算的各方缴纳印花税。

对于国际货运,凡由我国运输企业运输的,不论在我国境内、境外起运或中转分程运输,我国运输企业所持的一份运费结算凭证,是否按本程运费计算应纳税额;托运方所持的一份运费结算单据,是否按全程运费计算应纳税额。注意,由外国运输企业运输进出口货物的,外国运输企业所持的一份运费结算凭证是否免纳印花税;托运方所持的一份运费结算凭证是否缴纳印花税。国际货运运费结算凭证在国外办理的,是否在凭证转回我国境内时按规定缴纳了印花税。

⑧ 只要是具有合同效力的凭证,不论是何名称,均应贴花纳税。具有合同性质的凭证,指具有合同效力的协议、契约、合同、单据、确认书及其他各种名称的凭证。因此,印花税缴纳办法中的"自行贴花缴纳办法",极易造成漏贴印花。在检查"预付账款"账户时应予注意。

⑨ 审核商品购销活动中,采用以货换货方式进行商品交易签订的合同,是反映既购又销双重经济行为的合同,应审核是否按所载的购销合计金额计税贴花。如合同未列明金额的,是否按合同所在购销数量,依照国家牌价或市价计算贴花。

⑩ 审核施工单位将自己承包的建设项目,分包或者转包给其他施工单位所签订的分包合同或者转包合同,是否按新的分包或转包合同所载金额计税贴花。

(3)审核应税合同的适用税率

① 纳税人有无将按比例税率和按定额税率计征的凭证相互混淆。如将营业账簿中记载有"实收资本"和"资本公积"的账簿等同于其他账簿,错按定额 5 元纳税贴花。

② 纳税人有无将载有多项不同性质经济业务的经济合同误用税目税率。例如一份合同中,分别记载有"加工承揽合同"和"购销合同"的经济内容,纳税人未分别按各自的税目税率计税贴花,而全部套用"购销合同"税目税率计税贴花。对此类合同的审核,应当注意签订合同双方单位的性质、经营范围以及合作内容,借此发现问题。

③ 纳税人有无将性质相似的凭证误用税目税率。如将建设工程勘察设计合同错按建筑工程承包合同的税率计税贴花。

④ 技术合同、租赁合同等,在签订时因无法确定计税金额而暂时按每件 5 元计税贴花的,是否在结算实际金额时按其实际适用的比例税率计算并补贴了印花。

【例 11-1】　注册税务师受托对某银行进行纳税审核,实地观察该银行办公地点设在某大厦一至三层,并在审核其有关费用账目时发现有租金支出。询问财务人员了解到,该银行办公地系租用某大厦的财产,即要求该企业出具租赁协议文书,并对该租赁协议进行审核,发现协议未贴印花税票。租赁协议总金额8 100万元。

注册税务师认为该企业租赁协议未贴印花税票,违反了《印花税暂行条例》第二条的规定,其行为属未按规定缴纳税款。要求企业补贴印花税票:81 000 000×1‰=81 000(元)。并作相关的调账分录:

借:预付账款——待摊印花税   81 000
　　贷:银行存款   81 000

2. 其他凭证的审核要点

(1)审核营业账簿计税情况

首先,审核企业有无错划核算形式,漏缴印花税的问题。营业账簿为企业的生产经营用账册,记载资金的账簿按实收资本和资本公积合计金额的0.5‰贴花;其他账簿,包括日记账簿和各明细分类账簿按件贴花5元。审核时,应注意营业账簿计税的几种特殊情况。例如,采用分级核算形式的纳税人,是否仅就财会部门本身设置的账簿计税贴花,对设置在二级核算单位和车间的明细账未按规定计税贴花的情况。

其次,审核资金账簿计税情况是否正确。例如,企业"实收资本"和"资本公积"两项合计金额大于已贴花资金的,是否按规定就增加部分补贴印花税票。

再次,审核其他账簿是否按规定计税贴花,除总分类账簿以外的账簿,包括日记账簿和各明细分类账等,是否按件贴花。

最后,再举几个例子:① 对有经营收入的事业单位,凡属由国家财政拨付事业经费,实行差额预算管理的单位,其记载经营业务的账簿,按其他账簿定额贴花,不记载经营业务的账簿不贴花;凡属经费来源实行自收自支的单位,其营业账簿,应对记载资金的账簿和其他账簿分别计算应纳税额;② 跨地区经营的分支机构使用的营业账簿,各分支机构是否在其所在地计算贴花。对上级单位核拨资金的分支机构,是否按记载资金的账簿按核拨的账面资金额计税贴花,其他账簿按定额贴花;对上级单位不核拨资金的分支机构,是否只按其他账簿按件贴花。注意,为避免对同一资金重复征税,上级单位记载资金的账簿,是否按拨给下属机构资金数额后的余额计税贴花。

(2)审核产权转移书据、权利许可证照的计税情况

产权转移书据包括财产所有权、商标专用权、专利权、专有技术使用权等转移书据、土地使用权出让合同、土地所有权转让合同、商品房销售合同。权利许可证照,包括政府部门发给的房屋产权证、土地使用证、工商营业执照、商标注册证和专利证。了解和掌握纳税人在经济活动和经济交往中都书立、领受了哪些产权转移书据。其次审阅产权转移书据的内容,并与"固定资产"、"无形资产"等账户发生额核对,核实其实际发生的计税金额;同时按规定的税率验算其应纳税额,并与产权转移书据上粘贴的印花税票核对,看是否存在错算或少缴印花税的问题。

【例11-2】 某电器厂系街道办集体所有制企业,主要从事变压器制造业务。税务代理人员于2010年10月15日对该企业2010年3月至10月纳税情况进行审核,发现如下问题:该企业2010年3月成立,由街道政府投入资金93 000元,个人投资24 600元,合计117 600元,实收资本117 600元未贴印花税票,而该企业将投资记在"应付账款"科目,只在账本贴印花税票5元。注册税务师认为企业的行为未足

额缴纳印花税款。根据规定,该企业应按实收资本 117 600 元的 0.5‰贴印花税票 58.80 元,并作相关调账分录:

(1) 调增实收资本

借:应付账款 117 600

　　贷:实收资本 117 600

(2) 补缴印花税

借:管理费用——印花税 58.80

　　贷:银行存款 58.80

(二)应纳税额的审核

1. 减税免税审核要点

审核时,要注意纳税人已按免税处理的凭证是否为免税合同,有无混淆征免税界限、扩大减免税范围的情况。例如,审核视同正本使用的副本或抄本是否计税贴花;审核实行公司制改造的企业在改制过程中成立的新企业(重新办理法人登记的),其新启用的资金账簿记载的资金或因企业建立资本纽带关系而增加的资金,除原已贴花的部分可不再贴花外,未贴花的部分和以后新增加的资金是否按规定贴花;审核以合并或分立方式成立的新企业,其新启用的资金账簿记载的资金,除原已贴花的部分可不再贴花外,未贴花的部分和以后新增加的资金是否按规定贴花;审核企业债权转股权新增加的资金、改制中经评估增加的资金和其他会计科目记载的资金转为实收资本或资本公积的资金是否按规定贴花。

2. 履行完税手续审核要点

(1) 审核纳税人是否按规定及时足额地履行完税手续,有无在应纳税凭证上未贴或少贴印花税票的情况;已贴印花税票有无未注销或者未画销的情况;有无将已贴用的印花税票揭下重用的问题。

(2) 审核平时"以表代账"的纳税人,在按月、按季或按年装订成册后,有无未按规定贴花完税的问题。

(3) 审核一份凭证应纳税额超过 500 元,是否向当地税务机关申请填写缴款书或者完税证,是否将其中一联粘贴在凭证上或者由税务机关在凭证上加注完税标记代替贴花。审核同一种类应纳税凭证,需要频繁贴花的,纳税人如自行决定采用按期(1 个月)汇总缴纳印花税的,如不能分别将征税凭证和免税凭证汇总的,是否按本期全部凭证的实际汇总金额计缴印花税。

🍂 工作任务评价标准

评价标准:

(1) 是否正确区分了印花税各种应税凭证;

(2) 是否正确计算了印花税税额;

(3) 是否正确办理了印花税减免税申请;

(4) 是否正确办理了印花税完税手续。

工作任务二　土地增值税的纳税审核

一、制定工作流程

引导案例：

　　位于武汉市江岸区的嘉园房地产开发公司是一家专业住宅开发企业。2010 年 3 月销售一批商品房，取得销售收入 4 000 万元，未全额开具发票，发票实际开具金额为售价的 85％；另外，销售合同所载商品房面积与有关部门实际测量面积不一致，在清算前发生补房款 700 万元。应扣除的为取得土地使用权所支付的金额和开发成本金额合计为 1 800 万元。房地产开发费用中，财务费用 500 万元，为向一家非金融机构的借款利息支出，贷款利率为 10％，商业银行同类同期贷款利率为 7％，省级人民政府规定的扣除比例为 5％。在计算土地增值税时，嘉园房地产开发公司以地价款和开发成本 1 800 万元，加上房地产开发费用 500＋1 800×5％＝590（万元），加上相关税费 4 000×5％×(1＋7％＋3％)＋4 000×0.5‰＝222（万元），加上加计扣除金额 1 800×20％＝360 万元，合计 2 972 万元作为扣除项目金额合计数，据此，计算出土地增值税的增值率为 34.6％，应纳土地增值税＝(4 000－2 972)×30％＝308.4（万元）。

　　同学们，长期以来，由于房地产业创造的产值在国民生产总值中占有相当的比重，房地产经营收入日益成为政府财政收入的重要组成部分，所以与转让房地产有关的土地增值税的计算问题显得非常重要，特别是对于分期开发的项目，更要进行严格管理。如果你们就是注册税务师，需要对该公司的土地增值税清算事项需要进行鉴证，该如何进行此项工作呢？

　　代理企业土地增值税审核业务的操作流程：

　　第一步，承接企业土地增值税审核业务；

　　第二步，制定企业土地增值税审核计划；

　　第三步，收集企业土地增值税涉税资料；

　　第四步，审核土地增值税的收入总额计算是否正确；

　　第五步，审核土地增值税准予扣除项目金额计算是否正确；

　　第六步，审核土地增值税应纳税额是否正确；

　　第七步，审核土地增值税会计核算是否正确；

　　第八步，审核土地增值税纳税申报表填报是否正确；

　　第九步，整理审核工作底稿；

　　第十步，出具审核业务报告。

二、知识导航

　　对土地增值税审核，关键是核实转让房地产所取得的收入和法定的扣除项目金额，以此确定增值额和适用税率，并核查应纳税额。

（一）转让房地产收入审核要点

纳税人转让房地产取得的收入，应包括转让房地产的全部价款及有关的经济收益。从收入的形式来看，包括货币收入、实物收入和其他收入。检查时，应着重从以下几方面进行：

1. 审核收入明细账

如房地产开发企业"主营业务收入"明细账，工商企业的"其他业务收入"（转让土地使用权）、"固定资产清理"（转让房地产）明细账等账户，并与房地产转让合同、记账凭证、原始凭证相核对，看企业有无分解房地产收入或隐瞒房地产收入的情况。土地增值税清算时，已全额开具商品房销售发票的，审核是否按照发票所载金额确认收入；未开具发票或未全额开具发票的，是否以交易双方签订的销售合同所载的售房金额及其他收益确认收入。销售合同所载商品房面积与有关部门实际测量面积不一致，在清算前已发生补、退房款的，是否已在计算土地增值税时予以调整。

2. 审核往来账户

如"应付账款"、"预付账款"、"分期收款开发产品"、"其他应付款"等账户，并与有关转让房地产合同、会计凭证相核对，看有无将房地产收入长期挂账、不及时申报纳税的情况。

3. 审核房地产的成交价格，看其是否正常合理

对于转让房地产的成交价格明显偏低于评估价格，而又无正当理由的，应由评估部门进行评估，按房地产评估价格计算应纳的土地增值税。

（二）扣除项目金额审核要点

1. 审核取得土地使用权所支付的金额

按照房地产开发企业会计制度规定，实行国有土地使用权有偿使用后，企业为建办公楼房等而获得的土地使用权所支付的土地出让金，在"无形资产"科目中核算；企业为房地产开发而获得的土地使用权所支付的土地出让金，在"开发成本"科目中核算。审核"无形资产"或"开发成本"账户，应与土地转让合同和有关会计凭证等相互核对，审核开发成本的分配与结转是否正确。例如，分期、分批开发、分块转让，其取得土地使用权时所支付的金额就需要在已开发转让、未开发转让的项目中进行分配，仅就对外转让部分计入扣除，审核时应根据"开发产品"、"分期收款开发产品"、"经营成本"明细账进行核实。

2. 审核房地产开发成本

房地产开发成本通过"开发成本"账户核算，开发成本的种类应按"土地开发"、"房屋开发"、"配套设施开发"和"代建工程开发"等设置明细账，按成本项目进行核算。房地产开发企业发生的开发间接费用，先通过"开发间接费用"账户核算，期末按企业成本核算办法的规定，分摊记入"开发成本"各明细账户之中。

审核房地产开发成本应着重从以下几个方面进行：

（1）审核"开发成本"明细账，并与有关会计凭证相核对，看企业成本核算是否真实、准确,有无将不属于开发房地产的成本、费用记入"开发成本"的情况;有关成本费用在各成本核算对象之间的分配和结转有无差错,有无多转"开发产品"成本的情况。

(2)审核"开发间接费用"明细账,并与有关会计凭证相核对,看有无不属于开发产品的费用计入了开发间接费用之中;已发生的开发间接费用在各成本核算对象之间的分配与结转是否合理、正确;有无多计应税项目费用而少计非应税项目费用的情况。

(3)审核"开发产品"、"分期收款开发产品"、"主营业务成本"各有关明细账,并与房地产转让合同、会计凭证相核对,看成本结转办法是否正确,有无虚列、多转房地产销售成本的情况。

3.审核房地产开发费用

房地产开发费用是指与房地产开发项目有关的销售费用、管理费用和财务费用。这三项费用作为期间费用,直接计入当期损益,不按成本核算对象进行分摊。

审核企业借款情况,看其借款利息支出能否按转让房地产项目计算分摊:一是利息的上浮幅度要按国家的有关规定执行,超过上浮幅度的部分不允许扣除;二是对于超过贷款期限的利息部分和加罚的利息不允许扣除。

4.审核与转让房地产有关的税金

企业转让房地产时缴纳的营业税、城市维护建设税、教育费附加,在"营业税金及附加"、"应交税费"账户核算;缴纳的印花税在"管理费用"账户中核算。审核时,应注意与土地增值税纳税申报表相核对,看其申报抵扣的税金是否正确,已缴纳的印花税,如为房地产开发企业,因在房地产开发费用中计入扣除,故在此不允许重复扣除。

5.审核其他扣除项目

对从事房地产开发的纳税人,可按取得土地使用权所支付的金额与房地产开发成本计算的金额之和,加计20%扣除。审核时,应在核实纳税人取得土地使用权所支付的金额和房地产开发成本的基础上,按规定的扣除比例重新计算核实,看企业申报扣除的金额有无差错。

(三)应纳税额的审核

审核应纳税额是否正确的程序是:核实增值额;以增值额除以扣除项目金额,核查增值额占扣除项目金额的比率,以此确定该增值额适用的级距、税率和速算扣除系数;计算土地增值税应纳税额。

【例 11-3】 注册税务师受托对某房地产开发公司土地增值税纳税情况进行审核,了解到该房地产开发公司本期转让土地一块,销售收入 1 200 万元,申报缴纳土地增值税时,申报取得土地使用权及开发投资成本 400 万元,缴纳营业税、城市维护建设税及教育费附加 66 万元,开发费按购地款和开发成本 10%扣除 40 万元,加计扣除 20%,即 80 万元,合计扣除项目金额 586 万元。

① 增值额＝1 200－586＝614(万元)

② 增值率＝614÷586＝105%

③ 应缴土地增值税＝614×50%－586×15%＝307－87.9＝219.1(万元)

④ 已缴 150 万元

⑤ 欠缴 69.10 万元

注册税务师发现该房地产开发公司存在如下问题：

1. 取得 13 000 平方米土地使用权，支付金额 500 万元，未曾进行任何开发，便将 7 000 平方米转让取得收入 1 200 万元。

2. 因为转让的土地没有开发，计征土地增值税时不能享受 20% 加计扣除。根据以上两点，核实其扣除项目金额：

(1) 取得土地使用权支付金额 = 500÷13 000×7 000 = 269.230 5(万元)

(2) 其开发费按购地款和开发成本 10% 予以扣除 26.923 1 万元

(3) 核实扣除项目金额 = 269.230 5+66+26.923 1 = 362.153 6(万元)

(4) 增值额 = 1 200−362.153 6 = 837.846 4(万元)

(5) 增值额占扣除项目金额的比例 = 837.846 4÷362.153 6 = 231%

(6) 应缴纳土地增值税 = 837.846 4×60%−362.153 6×35%

$$= 502.707\ 8−126.753\ 8 = 375.954(万元)$$

(7) 企业已缴纳土地增值税 150 万元。

(8) 应补缴土地增值税 = 375.954−150 = 225.954(万元)

(9) 企业少计提土地增值税 = 375.954−219.1 = 156.854(万元)

建议企业做相关调账分录：

借：营业税金及附加　　　　　　　　　　1 568 540

　　贷：应交税费——应交土地增值税　　　　1 568 540

工作任务评价标准

评价标准：

(1) 是否正确判断土地增值税的收入总额；

(2) 是否熟练掌握土地增值税准予扣除项目金额的计算；

(3) 是否熟练掌握土地增值税应纳税额的计算；

(4) 是否对房地产的特殊处置行为正确判定需要的计征土地增值税；

(5) 是否熟悉房地产开发企业土地增值税清算的相关内容。

模块二　房产税、城镇土地使用税纳税审核代理实务

房产税、城镇土地使用税的会计核算比较简单，纳税审核的针对性较强，注册税务师在开展纳税审核工作时，应主要核查有关合同和会计账户，征免界限的划分，适用税率、幅度税额的确定等问题。

工作任务一　房产税的代理纳税审核

一、制定工作流程

引导案例：

　　玉笛动漫有限责任公司是一家从事动漫制作的上市公司，2010 年公司拥有 5 处房产，其中 3 套用于自用经营，分别作为设计房、创意房和加工车间投入使用，另外两栋房产一栋用于出租，一栋正准备进行出售。已知 3 套自用的房屋原值为 5 000 万元，已提折旧 1 500 万元；出租房屋原值 1 600 万元，每年取得租金收入 800 万元；准备出售的房屋原值 1 300 万元，已提折旧 700 万元，获得处置收入 900 万元，支付处置清理费用 50 万元。省级政府确定的一次减除比例为 20%。对于这五处房产，玉笛动漫有限责任公司将 3 套自用的房屋按计税余值(5 000−1 500)×(1−20%)=2 800(万元)，确认应纳房产税=2 800×1.2%=33.6(万元)；出租的一栋房产应纳房产税=800×12%=96(万元)，持有以备出售的房产未计提房产税。

　　代理企业房产税审核业务的操作流程：

　　第一步，承接企业房产税审核业务；

　　第二步，制定企业房产税审核计划；

　　第三步，收集企业房产税涉税行为和资料；

　　第四步，审核计税原值计算是否正确；

　　第五步，审核出租房产租金是否合理；

　　第六步，审核房产税金额计算是否正确；

　　第七步，审核房产税会计核算是否正确；

　　第八步，审核房产税纳税申报表填报是否正确；

　　第九步，整理审核工作底稿；

　　第十步，出具审核业务报告。

二、知识导航

　　在中国的城镇地区，各类企事业单位和个人的经营性住房都是房产税的征税对象。根据经营性房屋的使用用途不同，我们将这类房产分为自用经营和出租经营。房产税的征收不仅能为地方政府提供稳定的收入来源，同时也能加大对经营性住房的监管。

　　目前，房产税改革试点工作在上海和重庆两市进行，主要针对的是个人非经营性但住房面积较大或价格较高的住房。以上海为例做一个简单的介绍，上海市宣布自 2011 年 1 月 28 日起对部分个人住房征收房产税。征收范围包括上海市居民家庭在上海市新购且属于该居民家庭第二套及以上的住房和非上海市居民家庭在当地新购的住房。税率依房屋价格暂定为 0.6% 和 0.4%。税基暂按应税住房市场交易价格的 70% 计算缴纳，适用税率暂定为 0.6%。对住房每平方米市场交易价格低于当地上年度新建商品住房平均销售价格 2 倍(含 2 倍)的,税率暂减为 0.4%。对于免征面积方案明确,上海居民家庭新购且属于该居民家庭第二套及以上住房的,合并计算的家庭全部住房建筑面积人均不超过 60 平方米的,其新购的住房暂免征收房产税;人均超过 60 平方米的,对属新购住房超出部分的面积计算征收房产税。虽然是试点,我们也可以看出,房产税的征税对象正在由单一的城镇经营性房屋向复合型征税模式进行改革。

现行房产税向产权所有人征收,纳税审核的重点范围应是房屋原值和租金收入。

(一)自用房产审核要点

审核房产的原值是否真实,有无少报、瞒报的现象。审核"固定资产"账簿中房屋的造价或原价是否真实、完整,有无分解记账的情况。同时,要注意纳税人对原有房屋进行改建、扩建的,是否按规定增加其房屋原值,有无将其改建、扩建支出列入大修理范围处理的情况。审核纳税人"在建工程"明细账,看有无已完工交付使用的房产继续挂账,未及时办理转账手续、少计房产原值的情况。必要时要深入实地查看,看企业是否有账外房产。对于融资租赁房屋,由于租赁费包括购进房屋的价款、手续费、借款利息等,与一般房屋出租的"租金"内涵不同,且租赁期满后,当承租方偿还最后一笔租赁费时,房屋产权要转移到承租方。所以,计征房产税时要审核企业是否将此业务错按从租计征计税。

对于房屋附属设备和配套设施,应审核凡以房屋为载体,不可随意移动的附属设备和配套设施,是否计入房产原值;对于更换房屋附属设备和配套设备的,审核企业在将其价值计入房产原值时,是否扣减了原来相应设备和设施的价值,对附属设备和配套设施中易损坏、需要经常更换的零配件,审核是否也在更新后计入房产原值。

审核按照房产原值计税的房产,房屋原值是否包含了地价,审核此地价是否包括为取得土地使用权支付的价款、开发土地发生的成本费用等。特别是宗地容积率低于 0.5 的,是否按建筑面积的 2 倍计算土地面积并据此确定计入房产原值的地价。

(二)出租房产审核要点

(1)审核"其他业务收入"等账户和房屋租赁合同及租赁费用结算凭证,核实房产租金收入,有无出租房屋不申报纳税的问题。

(2)审核有无签订经营合同隐瞒租金收入,或以物抵租少报租金收入。

(3)审核有无出租使用房屋,或租用免税单位和个人私有房产的问题。

【例 11-4】 注册税务师受托审核某企业房产税缴纳情况,从固定资产明细账查实该企业有房屋 11 幢,合计原值为 34 202 200 元,再查对"应交税费——应交房产税"账户的应缴税金,复核计算无误,税款亦已入库。但是,审核"其他业务收入"账户发现有一笔固定资产出租收入 62 400 元,核查原始凭证,这笔收入是出租长安街一幢房给某公司经营的租金收入,没有计缴房产税。

注册税务师认为企业应补缴房产税,计算办法如下:

$$应补缴的房产税 = 62\,400 \times 12\% = 7\,488(元)$$

并作相关调账分录：

借：管理费用   7 488

  贷：应交税费——应交房产税   7 488

（三）应纳税额审核要点

1. 审核征免界限的划分

各免税单位的自用房产与生产、经营用房产以及出租房产的划分，以及免税单位房产与下属单位房产的划分是否明确，其划分方法是否正确，以及免税房产在改变用途转为应税房产后是否按规定申报纳税。在需要时，检查其申报的房产使用情况与其实际用途是否相符。

2. 审核房产税计算纳税的期限

对于新建、改造、翻建的房屋，已办理验收手续或未办理验收手续已经使用的，是否按规定期限申报纳税，有无拖延纳税期限而少计税额的问题。

3. 审核房产税纳税申报表，核实计税依据和适用税率的计算是否正确

对于固定资产账户未记载的房产原值，或房产原值明显不合理的应提议纳税人按有关程序进行评估，以保证计税依据的准确完整。

工作任务评价标准

评价标准：

（1）是否正确区分不同房产的经营用途；

（2）是否熟练采用计税余值和租金收入计算房产税税额；

（3）是否熟练掌握投资联营房产和融资租赁房产的特殊规定；

（4）是否能够熟练办理房产税减免税申请。

工作任务二　城镇土地使用税的纳税审核

一、制定工作流程

引导案例：

华谊传动设备股份有限公司位于浙江省宁波市，企业总占地面积 26 万平方米，公司厂区内有绿化用地 1 万平方米，厂区外绿化用地 0.2 万平方米，公司内自办的幼儿园、医院用地 1.2 万平方米。企业自行计算的土地使用面积仅为 26 万平方米，并据此进行了城镇土地使用税纳税申报。

代理企业城镇土地使用税审核业务的操作流程：

第一步，承接企业城镇土地使用税审核业务；

第二步，制定企业城镇土地使用税审核计划；

第三步，收集企业城镇土地使用税涉税行为和资料；

第四步，审核应税土地面积是否正确；

第五步,审核企业城镇土地使用税减免税手续是否齐全;

第六步,审核企业城镇土地使用税计算是否正确;

第七步,审核企业城镇土地使用税会计核算是否正确;

第八步,审核企业城镇土地使用税纳税申报表填报是否正确;

第九步,整理审核工作底稿;

第十步,出具审核业务报告。

二、知识导航

城镇土地使用税以纳税人实际占用土地面积为计税依据,按照当地政府根据国务院制定颁布的条例和省、自治区、直辖市人民政府规定的年税额幅度确定的适用税额计算征收。在审核时,应重点审核纳税人实际占用土地的面积、减免税土地面积、适用单位税额以及税款计算缴纳等问题。

(一)应税土地面积审核要点

应税土地面积是纳税人实际占用土地的面积,它是计算土地使用税的直接依据。凡已由省、自治区、直辖市人民政府指定的单位组织测定土地面积的,以实际测定的土地面积为应税土地面积;凡未经省、自治区、直辖市人民政府指定的单位组织测定的,以政府部门核发的土地使用证书确认的土地面积为应税土地面积;对尚未核发土地使用证书的,暂以纳税人据实申报的土地面积为应税土地面积。检查时,应将"城镇土地使用税纳税申报表"中填报的应税土地面积与实际测定的土地面积、土地使用证书确认的土地面积、"固定资产"明细账中记载的土地面积相核对,看其是否相符。

(二)减免税土地面积审核要点

在审核过程中,应严格掌握土地使用税的减免税规定,对纳税人新征用的土地面积,可依据土地管理机关批准征地的文件来确定;对开山填海整治的土地和改造的废弃土地,可依据土地管理机关出具的证明文件来确定。另外,要审核是否将免税土地用于出租,或者多报免税土地面积的问题。

(三)应纳税额审核要点

根据土地位置和用途,对照当地人民政府对本地区土地划分的等级及单位税额,审核纳税人适用税率是否正确。在此基础上,进一步复核土地使用税纳税申报表和有关完税凭证,审核纳税人应纳税款的计算正确与否,税款是否及时申报缴纳入库。

【例 11-5】　审核某运输公司 2010 年度土地使用税纳税情况,该公司有两个车站,一个在市区,占地 34 000 平方米,按市政府规定该地段每平方米年应纳税额 1.2元;另一个车站在市郊,占地 93 000 平方米,按市政府规定,该地段每平方米年应纳税额 0.8 元,但该公司申报纳税时全按每平方米年应纳税额 0.8 元计算。经查实后,要求该公司纠正,并计算补缴 2010 年土地使用税 = 34 000 × (1.2 - 0.8) = 13 600(元)。作相关调账分录:

借：管理费用   13 600

  贷：应交税费——应交城镇土地使用税   13 600

若跨年度审核，调账分录为：

借：以前年度损益调整   13 600

  贷：应交税费——应交城镇土地使用税   13 600

⊙ 工作任务评价标准

评价标准：

(1) 是否正确区分应税土地面积；

(2) 是否熟练运用有幅度的差别税额计算城镇土地使用税税额；

(3) 是否熟练办理城镇土地使用税减免税申请；

(4) 是否熟练办理城镇土地使用税完税手续。

模块三　资源税纳税审核代理实务

国家对占用自然资源的行为征税，除了基于财政原因之外，主要是为了运用税收经济杠杆调节纳税人的收入，为企业间开展公平竞争创造外部条件，促进经济社会可持续发展。

工作任务　资源税的纳税审核

一、制定工作流程

引导案例：

山西紫英煤矿厂为增值税一般纳税人，2010 年 8 月开采销售原煤 20 吨，开采销售选煤 5 吨，煤矿生产的天然气 5 000 千立方米。原煤加工产品的自用量为 8 吨，连续加工前无法正确计算原煤移送使用量，但已知加工产品的综合回收率为 30%，适用 1.4 元/吨的单位税额。另外，该煤矿厂本月销售铜矿石原矿 300 吨，移送入选精矿 4 000 吨，选矿比为 20%，适用 1.2 元/吨的单位税额。煤矿厂下属的盐场，本月外购液体盐 5 吨（税率为 5 元/吨），用于连续生产固体盐 3 吨（税率为 20 元/吨）。企业计算资源税时对于开采销售的原煤和选煤统一按照原煤计税；对于煤矿生产的天然气按天然气适用税率计税；对原煤加工后的加工产品和原矿加工后的精矿误以为是非应税消费品没有计征资源税；对于外购液体盐连续生产固体盐销售时，按固体盐销售吨数计缴了资源税。

代理企业资源税应税产品数量审核的操作流程：

第一步，承接企业资源税审核业务；

第二步，制定企业资源税审核计划；

第三步,收集资源税涉税行为和资料;

第四步,审核应税产品数量是否正确;

第五步,审核应税税目、单位税额是否正确;

第六步,审核减免税是否正确;

第七步,审核企业资源税会计核算是否正确;

第八步,审核资源税纳税申报表填报是否正确;

第九步,整理审核工作底稿;

第十步,出具审核业务报告。

二、知识导航

现实世界中,资源的种类多种多样,但目前资源税的征税对象并没有涉及到所有的自然资源,而是采用正列举法将资源税的应税资源确定为:原油、天然气、煤炭、其他非金属矿原矿、黑色金属矿原矿、有色金属矿原矿和盐七种。资源税的计税方法目前主要采用从量定额法,对在新疆开采原油、天然气实行从价定率计税方法。除生产开采应税资源品的单位和个人在生产销售环节缴纳资源税外,收购未税矿产品的扣缴义务人也要积极履行代扣代缴义务。另外,纳税人开采或生产应税产品自用的,以移送使用(非生产用)数量为课税对象,对于无法准确掌握纳税人移送使用的煤炭和原矿数量的,可以通过综合回收率和选矿比折算出原煤和原矿数量。

资源税的纳税人是在我国境内从事开采矿产品和生产盐的单位和个人,本节主要针对应税矿产品开采加工过程中资源税税额稽征的特点,阐述代理纳税审核的操作规范。

(一)应税产品课税数量的审核

资源税实行从量定额征税。代理纳税审核首先应确定纳税人计税依据,即应税产品的课税数量的确认是否准确无误。

1. 销售应税产品审核要点

纳税人开采或者生产应税产品销售的,以销售数量为课税数量。审查"营业税金及附加"、"应交税费——应交资源税"等账户,对照销售发票存根联等原始凭证,确认课税数量是否正确。不能确认的,应以应税产品产量或主管税务机关确定的折算比换算的数量为课税数量。

【例11-6】　注册税务师受托对某油田(系增值税一般纳税人)进行纳税审核。发现当期企业下列两笔经济业务异常:

(1)用原油50吨等价换柴油互开普通发票,账务处理为:

借:原材料——燃料(柴油)　　　　　　　　　30 000(成本价)

　　贷:库存商品——原油　　　　　　　　　　　30 000(成本价)

(2)有一笔产成品减少300吨的会计分录为:

借:银行存款　　　　　　　　　　　　　　　351 000

　　贷:库存商品　　　　　　　　　　　　　　180 000

　　　其他应付款　　　　　　　　　　　　　171 000

经核实该油田资源税的计算是以销售数量为课税数量,适用单位税额为 10 元/吨,该油田销售原油每吨不含增值税售价为 1 000 元。

按规定,用原油产品交换原材料应作销售处理,并缴纳资源税、增值税,企业用油换原材料直接冲减"库存商品"成本,漏计销售收入=50×1 000=50 000(元),少计增值税=50 000×17%=8 500(元),少缴资源税=50×10=500(元)。

企业销售原油 300 吨,未记入"主营业务收入"账户收入 300 000 元,少缴资源税 3 000 元,增值税 51 000 元,故予以调账处理:

(1)调增产品销售收入

① 交换原材料业务

借:原材料 28 500
　　库存商品——原油 30 000
　　贷:主营业务收入 50 000
　　　　应交税费——应交增值税(销项税额) 8 500

② 未计收入的 300 吨业务

借:其他应付款 171 000
　　库存商品——原油 180 000
　　贷:主营业务收入 300 000
　　　　应交税费——应交增值税(销项税额) 51 000

(2)结转产品销售成本

借:主营业务成本 210 000
　　贷:库存商品——原油 210 000

(3)补提资源税

借:营业税金及附加 3 500
　　贷:应交税费——应交资源税 3 500

(4)结转增值税应缴税金

借:应交税费——应交增值税(转出未交增值税) 59 500
　　贷:应交税费——未交增值税 59 500

(5)补缴资源税、增值税

借:应交税费——应交资源税 3 500
　　　　　　——未交增值税 59 500
　　贷:银行存款 63 000

2. 自用应税产品审核要点

纳税人开采或者生产应税产品自用的,以自用数量为课税数量。自产自用包括生产和非生产自用。应审核"生产成本"、"制造费用"、"应交税费——应交资源税"等账户,对照领料单等原始凭证,确认自产自用数量是否正确。

对不能确认的,应以应税产品产量或主管税务机关确定的折算比换算成的数量为课税数量。例如,对于连续加工而无法正确计算原煤移送使用量的煤炭,可按加工产品的综合回收率,将加工产品实际销量和自用量折算成原煤数量作为课税数量。

对于无法准确掌握纳税人移送使用原矿数量的金属和非金属矿产品原矿,可将其精矿按选矿比折算成原矿数量作为课税数量。

【例 11－7】 审核某煤矿(系增值税一般纳税人)纳税情况,发现"生产成本"明细账借方发生额中有红字冲销额 8 000 元,其账务处理为:

借:应付职工薪酬　　　　　　　　　　　　　　　　8 000
　　贷:生产成本　　　　　　　　　　　　　　　　　　8 000

经核实,企业将宿舍区锅炉用煤直接冲减了基本生产成本,共查出职工生活方面用煤 500 吨,均以实际成本作上述账务处理,该批煤炭平均生产成本为 80 元/吨,不含增值税售价为 120 元/吨,该煤矿适用的资源税税额为 1.20 元/吨。

纳税人自用应税产品,应在移送使用时按使用数量计算缴纳资源税。而该煤矿将宿舍区锅炉用煤及其他职工生活用煤直接冲减了"生产成本",未缴纳资源税,应补缴资源税 500×1.2＝600(元)。同时,企业未作视同销售处理,少计增值税销项税额＝500×120×13％＝7 800(元),故建议企业作调账分录如下:

(1)补提税金

借:应付职工薪酬　　　　　　　　　　　　　　　　8 400
　　贷:应交税费——应交增值税(销项税额)　　　　　7 800
　　　　　　　　——应交资源税　　　　　　　　　　　600

(2)结转增值税应缴税金

借:应交税费——应交增值税(转出未交增值税)　　7 800
　　贷:应交税费——未交增值税　　　　　　　　　　　7 800

(3)补缴税金

借:应交税费——应交资源税　　　　　　　　　　　600
　　　　　　　——未交增值税　　　　　　　　　　　7 800
　　贷:银行存款　　　　　　　　　　　　　　　　　　8 400

3. 收购应税产品审核要点

(1)独立矿山、联合企业收购的未税矿产品,是否按本单位适用的资源税单位税额,依据收购数量在收购地代扣代缴资源税。

(2)其他收购未税矿产品的单位,是否按税法规定的单位税额,依据收购数量在收购地代扣代缴资源税。

扣缴义务人属商品流通企业的,应审核"库存商品"明细账的借方发生额,并结合审核原始凭证,如"商品入库单"、"购货发票"等凭证,核实收购未税产品的数量。扣缴义务人属工矿企业的,应审核其"原材料"账户,结合"材料入库单"、"发货票"的审核,查实收购未税矿产品的数量,再与企业申报纳税的计税数量相核对,若申报数量小于核实的数量,说明企业少扣缴了税款,应予及时补缴少扣税款。

【例 11－8】 2010 年 8 月受托对某工业企业进行纳税审核,发现企业所用煤炭不是从煤炭公司或煤矿外购的,而是从农民自开的小煤窑收购的,均未缴纳资源税。经核实。当期企业收购煤炭 1 000 吨,每吨收购价为 60 元,该地区煤炭资源税单位税额为 2.4 元/吨。企业原账务处理为:

```
借:材料采购                                    60 000
    贷:银行存款                                      60 000
```

验收入库后

```
借:原材料——煤炭                               60 000
    贷:材料采购                                      60 000
```

该企业收购未税矿产品未履行代扣代缴义务,故建议企业做如下调账处理:

(1)补提代扣代缴税金

```
借:原材料                              2 400(1 000×2.4)
    贷:应交税费——应交资源税                           2 400
```

(2)补缴资源税

```
借:应交税费——应交资源税                        2 400
    贷:银行存款                                      2 400
```

(二)适用税目、税率的审核

资源税的税目共有原油、天然气、煤炭、其他金属矿原矿、黑色金属矿原矿、有色金属矿原矿、盐等7个及若干个子目。其适用税额分为两个层次:一是原则性的幅度税额;二是具体的明细税额。应重点注意审核纳税人是否存在以下问题:

(1)降低或混淆应税产品的等级,使用低等级的单位税额,少纳资源税。

(2)液体盐加工成固体盐销售,但仍按液体盐的单位税额申报纳税。

(3)将稀油计入稠油、高凝油之中,降低单位税额,少纳资源税。税法规定,原油中的稠油、高凝油与稀油划分不清或不易划分的,一律按原油的数量课税。

(4)《资源税暂行条例》及实施细则未列举单位适用税额及等级的,不按省、自治区、直辖市人民政府规定的单位税额计算纳税。

(5)因业务不熟导致错用单位税额。

资源税的单位税额由于按开采条件、质量等级而设置,因此,不但不同产地的单位税额不同。而且同一地点、同一矿山的应税产品,因等级不同其单位税额也不尽相同。审核时一般应根据《资源税税目税额明细表》、《几个主要品种的矿山资源等级表》,对照审核企业的"生产成本"、"库存商品"、"主营业务收入"、"应交税费"明细账,以及"资源税税金计算表"。一看企业有无混淆等级,故意将高等级的产品记入等级低的明细账中,使单位税额降低的情况;二看企业在计算税金时有无错用单位税额。税金的计算缴纳是否正确,注意按核实的计税数量和单位税额计算的应纳税额,与企业"应交税费——应交资源税"账户的贷方发生额以及纳税申报表上的应纳税额是否一致,如不一致则说明企业或适用税率有误,或申报缴纳不实。

(三)减免税项目的审核

在审核中,应注意纳税人的减税、免税项目,是否单独核算课税数量,未单独核算或不能准确核算数量的按规定不能享受减税和免税。目前,具体的减税、免税规定为:

(1)开采原油过程中用于加热、修井的原油,免税。

（2）纳税人开采或者生产应税产品过程中，因意外事故或者自然灾害等原因遭受重大损失的，由省、自治区、直辖市人民政府酌情决定减税或者免税。

（3）从 2007 年 1 月 1 日起，对地面抽采煤层气暂不征收资源税。

（4）自 2010 年 6 月 1 日起，纳税人在新疆开采的原油、天然气，自用于连续生产原油、天然气的，不缴纳资源税；自用于其他方面，视同销售，依照本规定计算缴纳资源税。有下列情形之一的，免征或者减征资源税：油田范围内运输稠油过程中用于加热的原油、天然气，免征资源税；稠油、高凝油和高含硫天然气资源税减征 40％；三次采油资源税减征 30％。

（5）国务院规定的其他减税、免税项目。

（四）纳税审核报告的出具

【例 11－9】　某煤矿 100 吨原煤经过入洗、去掉煤矸石等废弃物的生产过程，一般可生产出 60 吨的精煤、10 吨块煤和 10 吨煤泥。该煤矿 2010 年第一季度共生产销售精煤 5 000 吨。自产自用块煤 200 吨。该原煤适用单位税额标准为每吨 0.6 元，该煤矿本月计算原煤的应纳资源税额为 5 200×0.6＝3 120（元）。

要求：根据以上资料编制该煤矿资源税纳税审核报告。

××煤矿资源税纳税审核报告

××煤矿：

我们受贵单位的委托，对贵单位 2010 年第一季度缴纳原煤的资源税情况进行审核，经对"营业税金及附加"、"应交税费——应交资源税"等明细账及原始凭证审核后，发现下列问题：

你单位按生产销售的精煤和自产自用的块煤数量，计算原煤的移送使用数量为 5 200 吨，因计税方法的错误造成少缴资源税，应作如下调整：

第一，对于连续加工前无法正确计算原煤移送数量的，可按加工产品的综合回收率，将加工精煤的实际销售数量和自用块煤的数量，折算成原煤数量作为课税数量。根据有关资料，你单位洗煤的综合回收率为：

$$[(60＋10＋10)÷100]×100％＝80％$$

第二，根据你单位生产销售的精煤、自产自用的块煤数量和洗煤的综合回收率，计算原煤的课税数量和应纳资源税税额。

（1）原煤的课税数量＝（5 000＋200）÷80％＝6 500（吨）

（2）应纳资源税＝6 500×0.6＝3 900（元）

（3）已纳资源税 3 120 元

（4）应补缴资源税 780 元

××税务师事务所（签章）

注册税务师：××（签章）

2010 年 4 月 30 日

工作任务评价标准

评价标准:

(1) 是否正确区分资源税的征税对象;

(2) 是否熟练运用从量定额法和从价定率法计算资源税税额;

(3) 是否熟练办理资源税减免税申请;

(4) 是否熟练办理资源税完税手续。

思 考 题

一、选择题

1. 下列凭证中,无需缴纳印花税的有(　　　)。

A. 外国政府向我国企业提供优惠贷款签订的借款合同

B. 银行同业拆借所签订的借款合同

C. 无息、贴息贷款合同

D. 仓库设置的属于会计核算范围,记载金额的相关账簿

2. 关于资源税中,应纳资源税额的确定,以下说法中正确的是(　　　)。

A. 独立矿山、联合企业收购未税矿产品的,应该按照收购地的资源税适用税额计算缴纳资源税

B. 独立矿山、联合企业收购未税矿产品的,应该按照收购未税矿产品原产地的资源税适用税额计算缴纳资源税

C. 独立矿山、联合企业收购和本单位产品相同的未税矿产品的,应该按照本单位的资源税适用税额计算缴纳资源税

D. 其他收购未税矿产品的单位,应该按照收购地的资源税适用税额计算缴纳资源税

3. 某企业 2010 年初拥有房产 3 栋,分别为:厂房 1 栋,原值 500 万元,已经使用 5 年,预计还可以使用 20 年;办公楼 1 栋(10 层),原值 1 000 万元,已经使用 1 年,预计还可以使用 19 年;仓库 1 栋,原值 150 万元,已经使用 10 年,预计还可以使用 15 年。2007 年 6 月 30 日将办公楼的两层出租给另一企业使用,每月收取租金 10 万元。2007 年 8 月仓库停用,进行大修理,2007 年 11 月大修理完毕,大修理期间耗用材料成本费用共计 25 万元,计入仓库的成本中核算。2007 年 10 月从在建工程转入固定资产核算的一栋房屋,作为企业的职工食堂使用,原值 50 万元。则该企业 2007 年应缴纳的房产税是(　　　)万元。(当地房产税从价计征的扣除比例是 20%)

　　A. 23.76　　　　　　B. 23.28　　　　　　C. 23.06　　　　　　D. 22.18

案例分析

案例：

某工业企业 2009 年 3 季度的有关经济业务：

（1）拥有三处房产，分别为：办公楼一栋，原值 1 200 万元，2009 年 5 月 31 日将其中的 50％出租给当地税务机关用于办公，当年收取租赁收入 140 万元；厂房一栋，原值 580 万元，预计可使用 20 年，已经使用 15 年；仓库一栋，原值 500 万元，企业纳税申报缴纳的 2009 年 3 季度的房产税是 21.888 万元。

（2）2009 年 6 月 2 日，该企业与设备销售公司签订购买价值为 1 000 万元的设备合同，为了购买此设备又与银行签订了 1 000 万元的借款合同，后因故购销合同作废，改签融资租赁合同，租赁费 1 000 万元。企业实际缴纳印花税为 0.1 万元。

思考：1. 指出企业已纳的房产税是否正确。（已知当地税务机关规定的房产原值扣除率为 20％）

2. 指出企业已纳的印花税是否正确。

项目十二 税务行政复议代理实务

知识目标

- 熟悉税务行政复议代理的定义和作用
- 熟悉税务行政复议代理的法律关系和法律责任
- 熟悉税务行政复议代理的范围
- 熟悉税务行政复议代理不同阶段的应对措施

技能目标

- 能够确立税务行政复议代理的法律关系
- 能够判断税务行政复议代理的法律责任
- 能够树立防范税务行政复议代理风险的意识
- 对税务行政复议代理不同阶段的问题能够采取不同正确措施

模块一 认识税务行政复议

税务行政复议是我国行政复议制度的一个重要组成部分。对纳税人而言，为维护自己的合法权益，行使法律赋予自己的要求税务机关对其行政行为进行复议的权利，首先要依照法律法规的规定提出复议申请。为了防止和纠正税务机关违法或者不当的具体行政行为，保护纳税人及其他当事人的合法权益，保障和监督税务机关依法行使职权，国家税务总局根据《行政复议法》、《税收征收管理法》和《行政复议法实施条例》，结合税收工作实际，制定了新的《税务行政复议规则》，自 2010 年 4 月 1 日起施行。

一、税务行政复议代理任务导读

李某于 2010 年 10 月 7 日被所在县的地税局罚款 600 元，他认为地税局的罚款过重，于同年 11 月 14 日向该县政府邮寄了行政复议书。由于邮局的原因，该县政府 2011 年 1 月 14 日才收到行政复议申请书，该县政府在 2011 年 1 月 24 日以超过复议申请期限为由做出不予受理决定，并电话通知了李某。李某该怎么办呢？

二、税务行政复议代理提出

在现实生活中,税务部门依据国家的法律法规处理纳税人的涉税事宜,但当纳税人认为税务机关侵害了其合法权益、或者不服其行政行为时,可以提请行政复议。但由于纳税人对相关法律法规的不了解,需要有代理机构代理其处理有关行政复议方面的事务,这样税务行政复议代理就应运而生了。

从事税务行政复议代理需要明确如下几个问题:

任务 1——明确税务行政复议代理的业务范围、具体任务是什么?

任务 2——办理税务行政复议申请。

任务 3——复议申请批准后代理税务行政复议的审理、赔偿等事项。

三、税务行政复议代理任务分析

2004 年 5 月 1 日,国家税务总局公布了《税务行政复议规则(暂行)》,对税务行政复议的各项内容进行了明确的规定。为了充分发挥行政复议职能,妥善解决税务行政争议,切实保护纳税人合法权益,推进税务机关依法行政,构建和谐征纳关系,根据中共中央办公厅、国务院办公厅《关于预防和化解行政争议健全行政争议解决机制的意见》(中办发[2006]27 号)和国务院行政复议工作座谈会精神,国家税务总局提出了充分发挥行政复议化解税务行政争议的主渠道作用;畅通渠道,积极受理行政复议案件;提高工作质量,力争把税务行政争议解决在税务机关内部;注重运用调解手段,实现法律效果和社会效果的统一;创新工作方法,提高解决行政争议的效率;关注个案调研,促进税收政策完善;总结经验,落实和完善行政复议有关制度;采取切实措施,强化行政复议能力建设;加强组织领导,为做好行政复议工作提供有力保障等九点工作建议。通过本模块的学习我们将明白税务行政复议代理的相关概念、特点,以及税务行政复议代理的处理流程等,为解决税务行政复议代理具体工作打下基础。

四、知识导航

(一) 税务行政复议的受案范围

1. 税务机关作出的征税行为

包括确认纳税主体、征税对象、征税范围、减税、免税及退税、适用税率、计税依据、纳税环节、纳税期限、纳税地点以及税款征收方式等具体行政行为和征收税款、加收滞纳金及扣缴义务人、受税务机关委托征收的单位作出的代扣代缴、代收代缴行为。

2. 税务机关作出的税收保全措施

(1)书面通知银行或者其他金融机构冻结存款;

(2)扣押、查封商品、货物或其他财产。

3. 税务机关未及时解除保全措施,使纳税人及其他当事人合法权益遭受损失的行为

4．税务机关作出的强制执行措施

（1）书面通知银行或者其他金融机构从其存款中扣缴税款；

（2）变卖、拍卖扣押、查封的商品、货物或者其他财产。

5．税务机关作出的行政处罚行为

（1）罚款；

（2）没收财物和违法所得；

（3）停止出口退税权。

6．税务机关不予依法办理或者答复的行为

（1）不予审批减免税或者出口退税；

（2）不予抵扣税款；

（3）不予退还税款；

（4）不予颁发税务登记证、发售发票；

（5）不予开具完税凭证和出具票据；

（6）不予认定为增值税一般纳税人；

（7）不予核准延期申报、批准延期缴纳税款。

7．税务机关作出的取消增值税一般纳税人资格的行为

8．收缴发票、停止发售发票

9．税务机关责令纳税人提供纳税担保或者不依法确认纳税担保有效的行为

10．税务机关不依法给予举报奖励的行为

11．税务机关作出的通知出境管理机关阻止出境行为

12．税务机关作出的其他具体行政行为

纳税人及其他当事人认为税务机关的具体行政行为不合法，在对具体行政行为申请行政复议时，可一并向复议机关提出对该规定的审查申请：

（1）国家税务总局和国务院其他部门的规定；

（2）其他各级税务机关的规定；

（3）地方各级人民政府的规定；

（4）地方人民政府工作部门的规定。

前款中的规定不含规章。

（二）税务行政复议的参加人

1．税务行政复议的申请人

税务行政复议的申请人，是指认为税务机关的具体行政行为侵犯其合法权益，依法向税务行政复议机关提出复议申请的公民、法人或其他组织以及外国人、无国籍人，具体是指纳税义务人、扣缴义务人、纳税担保人和其他税务当事人。

有权提出复议申请的法人或其他组织发生合并、分立或终止的，承受其权利的法人或其他组织可以作为特殊申请人提出复议申请；有权提出复议申请的公民死亡的，其近亲属可以提出复议申请；有权申请复议的公民是无行为能力或限制行为能力人的，其法定代理人可以代理申请复议。

2. 税务行政复议的被申请人

税务行政复议的被申请人,是指作出引起争议的具体行政行为的税务机关。

(1) 申请人对税务机关的征税或其他具体行政行为不服申请复议的,该税务机关是被申请人;

(2) 对税务机关依法设立的派出机构,按照税收法律、法规,以自己的名义作出的具体行政行为不服申请复议的,该派出机构是被申请人;

(3) 对法律、法规规定需要上级税务机关批准的具体行政行为不服申请的复议,最初报请批准的税务机关是被申请人;

(4) 申请人对税务机关委托代征人、扣缴义务人作出的代征、代缴税款的行为不服申请复议,该委托税务机关是被申请人;

(5) 作出具体行政行为的税务机关被撤销、合并的,继续行使其职权的税务机关是被申请人。

3. 税务行政复议的第三人

税务行政复议的第三人,是指与申请复议的具体行政行为有利害关系的个人或组织。这里所说的“利害关系”,一般是指经济上的债权、债务关系,股权控股关系等。税务行政复议第三人经税务行政复议机关批准,可以参加税务行政复议活动。

4. 税务行政复议的代理人

税务行政复议代理人是指接受当事人的委托,以被代理人的名义,在法律规定或当事人授予的权限范围内,为代理复议行为而参加复议的个人。

(三) 税务行政复议的管辖原则

税务行政复议管辖,是指税务行政复议机关之间受理税务行政复议案件的职权划分。税务行政复议机构是税务机关内部的一个职能部门。

对各级税务机关作出的具体行政行为不服的,向其上一级税务机关申请行政复议。

对省、自治区、直辖市地方税务局作出的具体行政行为不服的,可以向国家税务总局或者省、自治区、直辖市人民政府申请行政复议。

对国家税务总局作出的具体行政行为不服的,向国家税务总局申请行政复议。对行政复议决定不服,申请人可以向人民法院提起行政诉讼,也可以向国务院申请裁决,国务院的裁决为终局裁决。

对其他税务机关、组织等作出的具体行政行为不服的,按照下列规定申请行政复议:

(1) 对计划单列市税务局作出的具体行政行为不服的,向省税务局申请行政复议。

(2) 对税务所、各级税务局的稽查局作出的具体行政行为不服的,向其主管税务局申请行政复议。

(3) 对扣缴义务人作出的扣缴税款行为不服的,向主管该扣缴义务人的税务机关的上一级税务机关申请行政复议;对受税务机关委托的单位作出的代征税款行为不服的,向委托税务机关的上一级税务机关申请行政复议。

(4) 国税局(稽查局、税务所)与地税局(稽查局、税务所)、税务机关与其他行政机关联合调查的涉税案件,应当根据各自的法定职权,经协商分别作出具体行政行为,不得共同作出具体行政行为。

对国税局(稽查局、税务所)与地税局(稽查局、税务所)共同作出具体行政行为不服的,向国家税务总局申请行政复议;对税务机关与其他行政机关共同作出的具体行政行为不服的,向其共同上一级行政机关申请行政复议。

(5) 对被撤销的税务机关在撤销前所作出的具体行政行为不服的,向继续行使其职权的税务机关的上一级税务机关申请行政复议。

有前款2、3、4、5项所列情形之一的,申请人也可以向具体行政行为发生地的县级地方人民政府提出行政复议申请,由接受申请的县级地方人民政府依法进行转送。

(四)税务行政复议申请

申请人可以在知道税务机关作出具体行政行为之日起60日内提出行政复议申请。

因不可抗力或者被申请人设置障碍等其他正当理由耽误法定申请期限的,申请期限自障碍消除之日起继续计算。

纳税人、扣缴义务人及纳税担保人对税务行政复议范围第(一)项和第(六)项第1、2、3目行为不服的,应当先向复议机关申请行政复议,对行政复议决定不服,可以再向人民法院提起行政诉讼。

申请人按前款规定申请行政复议的,必须先依照税务机关根据法律、行政法规确定的税额、期限,缴纳或者解缴税款及滞纳金或者提供相应的担保,方可在实际缴清税款和滞纳金后或者所提供的担保得到作出具体行政行为的税务机关确认之日起60日内提出行政复议申请。

申请人提供担保的方式包括保证、抵押及质押。作出具体行政行为的税务机关应当对保证人的资格、资信进行审查,对不具备法律规定资格,或者没有能力保证的,有权拒绝。作出具体行政行为的税务机关应当对抵押人、出质人提供的抵押担保、质押担保进行审查,对不符合法律规定的抵押担保、质押担保,不予确认。

申请人对税务行政复议范围第(一)项和第(六)项第1、2、3目以外的其他具体行政行为不服,可以申请行政复议,也可以直接向人民法院提起行政诉讼。

申请人申请行政复议,可以书面申请,也可以口头申请;口头申请的,复议机关应当当场记录申请人的基本情况、行政复议请求、申请行政复议的主要事实、理由和时间。

申请人向复议机关申请行政复议,复议机关已经受理的,在法定行政复议期限内申请人不得再向人民法院提起行政诉讼;申请人向人民法院提起行政诉讼,人民法院已经依法受理的,不得申请行政复议。

（五）税务行政复议受理

复议机关收到行政复议申请后，应当在 5 日内进行审查，决定是否受理。负责税务行政复议、赔偿和组织听证的税务机关，应当自纳税人提出申请或要求后，依法告知纳税人申请税务行政复议、赔偿以及举行听证的程序、时限和相关资料等事项。对不符合规定的行政复议申请，决定不予受理，并书面告知申请人。

对有下列情形之一的行政复议申请，决定不予受理：

（1）不属于行政复议的受案范围；

（2）超过法定的申请期限；

（3）没有明确的被申请人和行政复议对象；

（4）已向其他法定复议机关申请行政复议，且被受理；

（5）已向人民法院提起行政诉讼，人民法院已经受理；

（6）申请人就纳税发生争议，没有按规定缴清税款、滞纳金，并且没有提供担保或者担保无效；

（7）申请人不具备申请资格。

对不属于本机关受理的行政复议申请，应当告知申请人向有关复议机关提出。复议机关收到行政复议申请后未按前款规定期限审查并作出不予受理决定的，视为受理。

对符合规定的行政复议申请，自复议机关法制工作机构收到之日起即为受理；受理行政复议申请，应当书面告知申请人。

对应当先向复议机关申请行政复议，对行政复议决定不服再向人民法院提起行政诉讼的具体行政行为，复议机关决定不予受理或者受理后超过复议期限不作答复的，纳税人及其他当事人可以自收到不予受理决定书之日起或者行政复议期满之日起 15 日内，依法向人民法院提起行政诉讼。依照有关规定延长行政复议期限的，以延长后的时间为行政复议期满时间。

纳税人及其他当事人依法提出行政复议申请，复议机关无正当理由而不予受理且申请人没有向人民法院提起行政诉讼的，上级税务机关应当责令其受理；必要时，上级税务机关也可以直接受理。

行政复议期间具体行政行为不停止执行；但有下列情形之一的，可以停止执行：

（1）被申请人认为需要停止执行的；

（2）复议机关认为需要停止执行的；

（3）申请人申请停止执行，复议机关认为其要求合理，决定停止执行的；

（4）法律规定停止执行的。

行政复议期间，有下列情形之一的，行政复议中止：

（1）申请人死亡，须等待其继承人表明是否参加行政复议的；

（2）申请人丧失行为能力，尚未确定法定代理人的；

（3）作为一方当事人的行政机关、法人或者其他组织终止，尚未确定其权利义务承受人的；

（4）因不可抗力原因，致使复议机关暂时无法调查了解情况的；

（5）依法对具体行政行为的依据进行处理的；

（6）案件的结果须以另一案件的审查结果为依据，而另一案件尚未审结的；

（7）申请人请求被申请人履行法定职责，被申请人正在履行的；

（8）其他应当中止行政复议的情形。

行政复议中止应当书面告知当事人。中止行政复议的情形消除后，应当立即恢复行政复议。

行政复议期间，有下列情形之一的，行政复议终止：

（1）依照规定撤回行政复议申请的；

（2）行政复议申请受理后，发现其他复议机关或者人民法院已经先于本机关受理的；

（3）申请人死亡，没有继承人或者继承人放弃行政复议权利的；

（4）作为申请人的法人或者其他组织终止后，其权利义务的承受人放弃行政复议权利的；因前条第1、2项原因终止行政复议满60日仍无人继续复议的，行政复议终止，但有正当理由的除外；

（5）行政复议申请受理后，发现不符合受理条件的。

行政复议终止应当书面告知当事人。

【例12-1】　2011年2月10日，××市某县国税稽查局在对一家钢管有限公司进行检查时发现，该厂2010年度销售产品时，收取的价外费用46.80万元未并入产品销售收入申报缴纳增值税，稽查局遂于2月15日向该厂下达了补缴增值税6.80万元的《税务处理决定书》。该公司对此处理不服，于2月18日向该县国税局提出复议申请。该县国税局经审查后，以该公司未补缴税款为由，拒绝受理其复议申请。

3月1日，该县国税稽查局再次向该公司下达了《限期缴纳税款通知书》，限该公司于3月9日前缴清应补缴的税款。因该公司一直认为其收取的价外费用不应同产品销售一起缴纳增值税，故在3月9日未能将应缴税款缴纳入库。3月10日，该县国税稽查局依法从该公司的开户银行账户上划走了应补缴的税款。由于种种原因，直到2011年7月21日，该公司才正式就县国税稽查局查处的价外费用补税和从银行账户上强行划缴税款一事向该县人民法院提起行政诉讼。

县人民法院审查后，以该公司诉讼时限已超为由，驳回了该公司的诉讼请求。至此，这一复议和诉讼案件以该公司超越时限画上了句号。

分析：这一案件之所以企业没能进行复议和提起诉讼，主要还是该公司没能把握住复议和诉讼时限要求所致。

首先，《税收征管法》第八十八条规定："纳税人、扣缴义务人、纳税担保人同税务机关在纳税上发生争议时，必须先依照税务机关的纳税决定缴纳或者解缴税款及滞纳金或者提供相应的担保，然后可以依法申请行政复议。对行政复议决定不服的，可以依法向人民法院起诉。"对此，该公司既没有依照税务机关的纳税决定先缴纳税款，也没有向税务机关提供纳税担保，那么，该公司也就失去了复议的申请权，县国税局有权拒绝其行政复议申请。

其次,根据《税收征管法》第八十八条第二款和《行政复议法》第九条规定,当事人对税务机关的处罚决定、强制执行措施或者税收保全措施不服的,可以在 60 日内向上一级税务机关提出复议申请。对于县国税稽查局强行划缴税款的行政行为,该公司直到 2011 年 7 月 21 日才向该县国税局提出复议申请,实际上已超过复议申请期限,失去了复议申请权。企业直接向该县人民法院提出诉讼请求,由于此项行为属于必经复议,没有经过复议申请,无权直接提起诉讼请求,且也超过了诉讼时效,故人民法院不予受理。

(六) 证据

行政复议证据包括书证,物证,视听资料,证人证言,当事人的陈述,鉴定结论,勘验笔录、现场笔录。

在行政复议中,被申请人对其作出的具体行政行为负有举证责任。

复议机关审查复议案件,应当以证据证明的案件事实为根据。

复议机关应当根据案件的具体情况,从以下方面审查证据的合法性:证据是否符合法定形式;证据的取得是否符合法律、法规、规章、司法解释和其他规定的要求;是否有影响证据效力的其他违法情形。

复议机关应当根据案件的具体情况,从以下方面审查证据的真实性:证据形成的原因;发现证据时的客观环境;证据是否为原件、原物,复制件、复制品与原件、原物是否相符;提供证据的人或者证人与当事人是否具有利害关系;影响证据真实性的其他因素。

下列证据材料不得作为定案依据:违反法定程序收集的证据材料;以偷拍、偷录、窃听等手段获取侵害他人合法权益的证据材料;以利诱、欺诈、胁迫、暴力等不正当手段获取的证据材料;当事人无正当事由超出举证期限提供铁证据材料;当事人无正当理由拒不提供原件、原物,又无其他证据印证,且对方当事人不予认可的证据的复制件或者复制品;无法辨明真伪的证据材料;不能正确表达意志的证人提供的证言;不具备合法性和真实性的其他证据材料。法制工作机构依据有关规定的职责所取得的有关材料,不得作为支持被申请人具体行政行为的证据。

在行政复议过程中,被申请人不得自行向申请人和其他有关组织或者个人搜集证据。

申请人和第三人可以查阅被申请人提出的书面答复、作出具体行政行为的证据、依据和其他有关材料,除涉及国家秘密、商业秘密或者个人隐私外,复议机关不得拒绝。

(七) 税务行政复议决定

行政复议原则上采用书面审查的办法,但是申请人提出要求或者法制工作机构认为有必要时,应当听取申请人、被申请人和第三人的意见,并可以向有关组织和人员调查了解情况。

复议机关对被申请人作出的具体行政行为所依据的事实证据、法律程序、法律依据及设定的权利义务内容之合法性、适当性进行全面审查。

复议机关法制工作机构应当自受理行政复议之日起 7 日内,将行政复议申请书副本或者行政复议申请笔录复印件发送被申请人。

被申请人应当自收到申请书副本或者申请笔录复印件之日起 10 日内,提出书面答复,并提交当初作出具体行政行为的证据、依据和其他有关材料。

行政复议决定作出前,申请人要求撤回行政复议申请的,可以撤回,但不得以同一基本事实或理由重新申请复议。

申请人在申请行政复议时,依据相应规定一并提出对有关规定的审查申请的,复议机关对该规定有权处理的,应当在 30 日内依法处理;无权处理的,应当在 7 日内按照法定程序转送有权处理的行政机关依法处理,有权处理的行政机关应当在 60 日内依法处理。处理期间,中止对具体行政行为的审查。

复议机关在对被申请人作出的具体行政行为进行审查时,认为其依据不合法,本机关有权处理的,应当在 30 日内依法处理;无权处理的,应当在 7 日内按照法定程序转送有权处理的国家机关依法处理。处理期间,中止对具体行政行为的审查。

法制工作机构应当对被申请人作出的具体行政行为进行合法性与适当性审查,提出意见,经复议机关负责人同意,按照下列规定作出行政复议决定:

(1) 具体行政行为认定事实清楚,证据确凿,适用依据正确,程序合法,内容适当的,决定维持;

(2) 被申请人不履行法定职责的,决定其在一定期限内履行;

(3) 具体行政行为有下列情形之一的,决定撤销、变更或者确认该具体行政行为违法;决定撤销或者确认该具体行政行为违法的,可以责令被申请人在一定期限内重新作出具体行政行为:主要事实不清、证据不足的;适用依据错误的;违反法定程序的;超越或者滥用职权的;具体行政行为明显不当的。

复议机关责令被申请人重新作出具体行政行为的,被申请人不得以同一事实和理由作出与原具体行政行为相同或者基本相同的具体行政行为;但复议机关以原具体行政行为违反法定程序而决定撤销的,被申请人重新作出具体行政行为的,不受前述限制。

(4) 被申请人不按照规定提出书面答复,提交当初作出具体行政行为的证据、依据和其他有关材料的,视为该具体行政行为没有证据、依据,决定撤销该具体行政行为。

重大、疑难的行政复议申请,复议机关应当集体讨论决定。重大、疑难行政复议申请的标准。由复议机关自行确定。

申请人在申请行政复议时可以一并提出行政赔偿请求,复议机关对符合国家赔偿法的有关规定应当给予赔偿的,在决定撤销、变更具体行政行为或者确认具体行政行为违法时,应当同时决定被申请人依法给予赔偿。

申请人在申请行政复议时没有提出行政赔偿请求的,复议机关在依法决定撤销或者变更原具体行政行为确定的税款、滞纳金、罚款以及对财产的扣押、查封等强制措施时,应当同时责令被申请人退还税款、滞纳金和罚款,解除对财产的扣押、查封等强制措施,或者赔偿相应的价款。

复议机关应当自受理申请之日起 60 日内作出行政复议决定。情况复杂,不能在规定期限内作出行政复议决定的,经复议机关负责人批准,可以适当延长,并告知申请人和被申请人,但延长期限最多不超过 30 日。复议机关作出行政复议决定,应当制作行政复议决定书,并加盖印章。行政复议决定书一经送达,即发生法律效力。

被申请人不履行或者无正当理由拖延履行行政复议决定的,复议机关或者有关上级行政机关应当责令其限期履行。

申请人逾期不起诉又不履行行政复议决定的,或者不履行最终裁决的行政复议决定的,按照下列规定分别处理:

(1) 维持具体行政行为的行政复议决定,由作出具体行政行为的行政机关依法强制执行,或者申请人民法院强制执行。

(2) 变更具体行政行为的行政复议决定,由复议机关依法强制执行,或者申请人民法院依法强制执行。

(八) 送达

行政复议期间的计算和行政复议文书的送达,依照《民事诉讼法》关于期间、送达的规定执行。

上述关于行政复议期间有关"5 日"、"7 日"的规定是指工作日,不含节假日。

模块二 税务行政复议代理实务

我国的税务行政复议代理是顺应纳税人的客观要求而逐步产生和发展的,不仅依法保护纳税人、扣缴义务人的税收权益,同时也促进税务机关依法行政。

工作任务 代理税务行政复议

一、确定税务行政复议代理流程

引导案例:

2011 年 11 月 12 日,××区地方税务局收到一封群众举报信,举报×实业有限公司在经营过程中,不按法律规定开具发票,偷逃了国家税收。被申请人接到举报后,决定给予申请人处以 10 000 元罚款。该公司不服,委托××税务师事务所向市国税局申请行政复议。税务师事务所派出注册税务师王为代理这一事项。

税务行政复议代理通常情况下通过以下流程进行:

第一步,接受委托,签订《税务代理协议书》明确双方法律责任;

第二步,组织调查收集证据;

第三步,连同证据向税务机关提出书面申请;

第四步,在审理过程中应税务机关要求提供补充材料;

第五步,确定复议决定后的代理策略。

二、知识导航

(一)代理税务行政复议的基本前提

税务行政复议是保护纳税人、扣缴义务人的有效途径,也是维护税务机关依法行政的重要渠道,注册税务师作为征纳双方的中介,在决定受托代理税务行政复议之前,必须明确下述前提:

1. 解决税收争议的途径

在税收征管的每个环节,税务机关所作出的具体行政行为都有可能引发税收争议,但是,更为普遍的情况是针对税务稽查结论所产生的税款滞补罚争议。解决这类争议的前一个环节,是在主管税务机关下达《税务行政处罚事项告知书》送达后 3 日内,由纳税人、扣缴义务人或者委托注册税务师向税务机关书面提出听证,由作出具体行政行为的税务机关自行审查解决纳税争议。对于注册税务师而言,可视征纳双方争执的具体情况确定是否经过听证程序。

在《税务处理决定书》送达之后,针对税务机关作出的征税行为,可根据复议前置原则,通过必经复议程序解决税收争议;对于税务机关作出的处罚行为,采取税收保全措施和强制执行措施的行为,既可通过必经复议程序,也可直接通过司法程序进行税务行政诉讼。注册税务师的使命是在税务处罚听证程序中和通过税务行政复议程序,解决税收争议,依法保护纳税人、扣缴义务人的合法权益。如果需要承接税务行政诉讼程序,应由纳税人、扣缴义务人委托律师代理诉讼。

2. 引起税收争议的焦点

引起税收争议的原因是多方面的,所涉及征免范围划分的纳税事项的调整也因事而宜。在决定受托代理税务行政复议之前,必须以独立、客观的立场来调查了解产生税收争议的过程,征纳双方各自的主张和论据,税收法律、法规有关争议问题的解释,税务机关对以往类似问题的判例等等。分析引起税收争议的焦点可使注册税务师了解产生争议的事实,判定征纳双方争议的是非曲直,研究解决税收争议的策略与方式。

【例 14-2】 在中国境内投资设立的某外商独资企业,其业务范围是为境外总公司桥梁、车辆干线、重型机械的制造进行计算机软件的辅助设计和辅助制造,通过磁盘为载体,以邮件的形式出口日本。海关出口商品编码 8888888,出口产品名称为计算机软件产品,该公司自 2000 年以来一直在某市国税局对外税务分局被认定为产品出口企业,出口日本的磁盘(辅助设计、辅助制造的软件程序)凭海关出口货物报关单、出口发票、出口收汇核销单等办理免征增值税的手续,企业所得税按生产性企业认定享受"免二减三"的优惠政策。

2011 年 6 月,某市地税局对外税务分局检查该公司的纳税情况,提出的纳税检查结论为该公司计算机软件开发业务属于设计劳务,应按"营业税服务业——其他服务业"税目征收营业税,按《税收征管法》的规定,因税务机关的责任致使纳税人、扣缴人未缴或者少缴税款的,税务机关在 3 年内可以要求纳税人、扣缴义务人补缴税款,但是不得加收滞纳金。故要求从税务机关作出改征营业税决定之日向前追溯 3 年补缴税款,总计 88.18 万元。

对于税务机关的上述纳税检查结论,该科技开发有限公司持有异议,提出理由为:

第一,本公司已在国税局办理增值税免税手续,如改征营业税应得到国税主管税务机关的认同,在未得到国税局对外税务分局的通知之前,我公司不能履行营业税的纳税义务。

第二,本公司按生产性外商投资企业认定,自 2000 年核定为获利年度,享受企业所得税的减免税政策。如要改征营业税与已被认定的生产性企业不符。

第三,本公司为境外总公司提供的辅助设计、辅助制造计算机软件产品,具有完备的出口免税手续和税务机关的批文,改征营业税如果是国家税收政策调整,应从有关文件批复之日起执行。

分析上述征纳双方的争议,可以认为税收争议的焦点有两个问题:其一,该科技开发有限公司从事的计算机辅助设计与辅助制造是按照电子工业产品,还是计算机设计劳务认定? 前者适用增值税,产品出口应享受免税;后者适用营业税应按出口收入额征税。其二,征免政策调整的时限是从文到之日起执行,还是向前追溯 3 年,这一争议关系到对《税收征管法》相应条款适用对象的理解。在明确产生税收争议的焦点问题之后。可针对争议各方所持的理由进行分析判断,确定代理税务行政复议应申诉解决的问题。显然,如果该公司的产品被认定为是计算机设计劳务,由出口免税转为缴纳营业税是确定无疑的,但是,并非适用追溯 3 年补税的法律规定。

(二) 代理税务行政复议的风险

由于税收争议多属于较为疑难复杂的问题,征纳双方都很敏感,直接涉及纳税人、扣缴义务人的税收权益,处于中介地位的注册税务师即使以完全独立、客观的立场来分析判断税收争议,仍要承担较高的代理风险,它主要来自三个方面:

第一,纳税人、扣缴义务人提供有关税收争议资料的合法性与可信程度。如果纳税人、扣缴义务人单从自己的税收权益考虑,不能正视国家的税收法律、法规和主管税务机关的有关规定,就会过分偏执自我判断,不能提供客观全面的资料,会使注册税务师陷入被动。

第二,税务机关作出的具体行政行为如果有明显的缺陷和不足,而主管税务机关的领导和具体执行人员,不能客观分析执行过程中存在的问题并加以纠正,不能正确处理维护税务机关的执法权威与保护纳税人、扣缴义务人合法权益的关系,也会人为地增加困难,甚至功亏一篑。

第三,注册税务师在决定受托代理之前,对产生税收争议的前因后果未加详细的调查分析而盲目代理,或者由于代理解决税收争议的方式及策略方面的失误也会无功而返。

分析代理税务行政复议的风险,实质上是从独立、客观的立场判断税收争议双方的谁是谁非,代理争议获得诉愿实现的把握程度,它是确定税务行政复议代理的重要前提之一。

【例14-3】 刘某自2010年1月起,承包某国有企业。该企业实行独立核算,自负盈亏,主要从事对外加工业务。

2011年9月,该单位会计向东郊税务所反映张某2011年1—8月隐瞒加工收入200 000元,偷漏税款12 000元。东郊税务所针对该会计反映情况,向刘某发出《催缴税款通知书》。针对这笔税款,刘某一方面采取抽空、转移其银行存款的办法,致使税务机关无法强行扣缴其应纳税款;另一方面对东郊税务所发出的《催缴税款通知书》,置之不理,抗拒缴纳。

2011年10月10日,东郊税务所一检查人员根据所长指示,从刘某家中扣押了其从事加工的机器设备,并开具了所内使用的收据,限刘某于10月20日前缴纳税款。由于刘某仍然拒不缴纳税款,东郊税务所将其机器设备于10月19日拍卖,以拍卖所得抵缴税款。张某不服,决定委托税务师事务所代理税务行政复议。

根据本案例分析,税务师事务所应这样代理这项行政复议的委托。

若刘某要求税务师事务所就其隐瞒加工收入、未申报纳税这一事项申请复议,税务师事务所应向其解释有关税收法律、法规规定,使其认识到偷漏税的严重后果。此项代理税务行政复议的委托没有意义,必然会被驳回。

若刘某要求对东郊税务所扣押其加工设备、开具收据、拍卖其加工设备一事申请税务行政复议,税务师事务所可接受此项委托。原因有:第一,东郊税务所未经上级(县以上税务局)局长批准,自己仅凭所长决定就执行扣押加工设备,这属于税收保全措施执法程序不当。第二,根据《税收征管法》规定:实施扣押、查封等税收保全措施时,必须有两名以上税务人员执行,并通知被执行人。该税务所在执行扣押时仅有一名税务人员在场。属于未按法定程序行使税收执法权力。第三,东郊税务所查封时使用的是所内使用的收据。未按规定开具《扣押、查封财产清单》,属于未按法定程序行使税收执法权力。第四,东郊税务所在规定期限以前,拍卖了张某的加工设备,而不是到期再执行税收强制执行措施,属于未按法定程序行使税收执法权力。

鉴于以上问题,税务师事务所可以接受张某就东郊税务所扣押其加工设备、开具收据、拍卖其加工设备事项的税务行政复议委托代理事项。

(三) 代理税务行政复议的操作规范

1. 确定代理复议操作要点

代理税务行政复议的操作是从签订《税务代理协议书》开始的。但是,在正式决定受托代理之前,注册税务师应履行如下程序:

(1) 了解分析税收争议双方的基本情况,产生税收争议原因、过程与结果,税务机关最后的决定,纳税人、扣缴义务人请求复议的理由与要求;

(2) 审核纳税人、扣缴义务人申请复议的条件是否具备,如申请复议的内容是否为受案和管辖范围,申请的时限是否符合法定的复议期限,如因纳税问题提请复议是

否按照税务机关的要求缴纳了税款和滞纳金等;

(3) 磋商代理事项、价格和收费方法,签订《税务代理协议书》。一般而言,代理事项的技术难度、风险程度,纳税人、扣缴义务人通过代理所获得的税收权益与代理费用成正比。由于代理税务行政复议属于技术系数较高的业务项目,代理事项的结果有许多不可预见性,在签订合同时,应按商定代理价格的 30%～40% 预交费用,以预防代理中可能发生的过高成本与风险损失。

2. 代理复议申请操作要点

(1) 根据《税务行政复议规则》第三十七条,申请人表达诉愿的基本方式,是向税务行政复议机关提交《复议申请书》,以便于明确表述复议请求。注册税务师制作《复议申请书》,应认真填写各个栏目的内容,简单清晰地表达申请复议的要求和理由,针对税务机关的具体行政行为,提出持有异议的论据并进行充分的论证。

(2) 在向税务行政复议机关提交《复议申请书》之后的 10 日内,注册税务师可视下列情况分别处理:① 复议机关决定受理复议申请,应做好参加审理的准备;② 复议机关要求限期补正,应按限定的时间提供有关资料;③ 复议机关通知不予受理,如果申请人对此裁决不服可以自收到不予受理裁决书之日起 15 日内,就复议机关不予受理的裁决向人民法院起诉。

(3) 在法定的申请期限内,如因不可抗力而延误申请,注册税务师应在障碍消除后的 10 日内向复议机关申请延长复议申请期限。

3. 代理复议审理

审理是复议机关对决定受理的复议申请,审查其具体行政行为合法性和适当性的过程。它是复议机关最终作出复议决定的基础。注册税务师应根据审理过程中案情的发展而加以运作,力争复议请求的圆满解决。

(1) 在采取书面审理的方式下,被申请人自收到《复议申请书》之日起 10 日内,向复议机关提交《答辩书》和有关证据材料,为支持原具体行政行为提供事实和法律方面的辩护。复议机关对争议双方所提出的论点和证据进行分析研究,责成专人调查取证,经复议委员会集体审议后作出复议决定。注册税务师应密切注意案情的发展,针对原具体税务行政行为在合法性与适当性方面存在的问题,补充和完善《复议申请书》的证据材料,指导申请人在复议机关调查取证时提供更详尽有力的证据。

(2) 在采取公开审理的方式下,注册税务师要与被申请人就税收争议进行辩论,公开陈述申请人的复议请求,论证税务机关作出的具体行政行为在事实认定、适用法律及执法程序中存在的问题。因此,公开审理实际上是通过税收争议双方的公开论辩,使税务行政复议机关查明事实真相,解决疑难复杂的税收争议问题。注册税务师参加公开审理,除要作充分的书面准备外,还要有雄辩的口才,在公开辩论中充分表述,为维护纳税人、扣缴义务人的合法权益进行不懈的努力。

4. 复议决定后的代理策略

税务行政复议机关作出复议决定,并向复议参加人送达《复议决定书》,标志着税务行政复议这一行政裁决税收争议程序的结束。复议决定的结论不同,注册税务师其后操作的代理策略也要有所区别。

（1）在复议机关作出维持原具体行政行为的决定时,意味着对代理复议的请求给予否认,该项税务代理未能达到预定的目的,注册税务师应作客观冷静的分析:第一,如果是由于上级税务机关未在复议中履行审查职责,或者有意偏袒下级税务机关作出的原具体行政行为,对其认定事实、适用法律、法规和执法程序方面存在的问题未加纠正,注册税务师应引导申请人请求司法救济,向人民法院提起诉讼,以求得税收争议的司法裁决。第二,如果是由于申请人隐瞒了某些重要的事实及过程并提供了不真实的资料,或者是注册税务师在分析税收争议适用税收法律、法规方面的某些错误而导致复议请求的否定,注册税务师应以书面形式向申请人作出说明,并提示其今后应吸取的教训。

（2）在复议机关作出变更、撤销原具体行政行为的决定时,表明对代理复议的请求给予部分或全部肯定,可以认为该项税务代理的结局比较理想。注册税务师应总结经验。并以书面的形式告知申请人如何执行税务复议决定,原已执行的税务行政行为如何纠正。涉及已纳税款、滞纳金、罚款的退还应如何办理等。

（3）在复议机关认为原具体行政行为有程序上的不足,决定被申请人补正时,注册税务师可根据申请人的复议请求决定是否服从复议机关的裁决。如果原具体行政行为除有执法程序上的不足外,还存在着所依据的事实、根据不足或相互矛盾,以及超越和滥用职权问题,已经侵害了纳税人的合法权益,而复议决定未加以纠正,注册税务师仍可与申请人研究通过进一步的申诉得到解决。

（4）在复议机关对税务机关的不作为行为裁决应在一定期限内履行时,注册税务师应尽快与税务机关沟通,将所请求的办税事项予以完成,并以书面形式告知申请人。

【例14-4】 ××地板加工厂是街道办企业,2011年4月开业,被主管国税局认定为增值税小规模企业。2011年10月该厂向某建材公司销售地板81 190元,购货方要求开具增值税专用发票。于是,该厂办税员到××税务所办理代开增值税专用发票事宜,提供了购货方进货合同、增值税一般纳税人税务登记证、开户银行及账号等凭证。但是,遭到开票人员的拒绝。理由是该厂未办理代开增值税专用发票的审批手续。于是,该厂办税员到区国税局补办了审批代开增值税专用发票的批文,而税务所又以该厂会计核算不健全为由拒绝代开发票,影响了购销双方的经营活动。为此,该厂委托××税务师事务所代理税务行政复议,向区国税局税务行政复议委员会提出复议申请,要求税务所为该厂向增值税一般纳税人销售货物代开专用发票。

税务行政复议机关经过审理后认为:根据国家税务总局《关于由税务所为小规模企业代开增值税专用发票的通知》的规定:凡能够认真履行纳税义务并提供销售货物或应税劳务的证明,购货方为增值税一般纳税人的证件,可由税务所代开增值税专用发票。该厂基本符合条件,尽管会计核算不够健全,但不能作为拒绝代开专用发票的理由。为此,某区国税局税务行政复议机关于2011年10月14日作出复议决定:税务所应在2日内纠正不作为行为,为××地板加工厂代开增值税专用发票。注册税务师收到《复议决定书》后,协助该厂办税人员办理了代开发票事宜并以书面报告提示如下:

关于代理税务行政复议有关事项的说明

××地板加工厂：

贵厂因××税务所拒绝代开增值税专用发票一事，委托我所代理税务行政复议。经区国税局税务行政复议委员会审查，决定受理贵厂的复议申请，并认为复议提出的请求事实清楚，理由充分，复议决定××税务所为贵厂向建材公司销售地板的业务代开增值税专用发票。至此，我所代理的税务行政复议程序便告结束。如下事项提请贵厂予以关注，以利于今后做好办税工作。

第一，办税员到税务所办理代开增值税专用发票，应先到区国税局征管科办理代开增值税专用发票审批手续，提供购货方税务登记证副本、开户银行及账号证明、购货合同等取得审批表后再到税务所办理代开发票事宜。

第二，贵厂为小规模企业，增值税"应交税费"明细账的核算与普通发票开具的不含税金额要做到账证相符，对于消费者个人购买地板未开具发票的销售行为，其收入也要在同期一并申报纳税。

第三，根据贵厂 2011 年 4 月—10 月的销售情况，年应税销售额预计能达到 50 万元以上。按政策规定可在明年 1 月 31 日前向区国税局申请认定增值税一般纳税人。因此，贵厂应加强财务会计核算和原始计税资料的管理，为被认定为增值税一般纳税人积极创造条件。

××税务师事务所（签章）

注册税务师：××（签章）

2011 年 10 月 15 日

工作任务评价标准

评价标准：

（1）是否进行了接受业务的风险测试及评价；

（2）是否进行了必要的资料收集；

（3）是否确定了正确的代理策略。

思　考　题

一、单项选择题

1. 纳税人认为税务机关的具体行政行为所依据的（　　）不合法，在对具体行政行为复议时，可一并向复议机关提出对该规定的审查申请。

A. 国家税务总局制定的规定　　　　　B. 国务院制定的行政法规

C. 财政部制定的行政规章　　　　　　D. 地方人民代表大会制定的地方法

2. A 企业 2008 年 8 月份取得 10 张增值税抵扣发票，其中有 5 张税务机关以票面模糊为由，不予以抵扣。A 企业表示不服，应当按照（　　）提出行政复议。

A. 税务机关作出的行政处罚

B. 税务机关不予依法办理或者答复的行为

C. 税务机关作出的征税行为

D. 税务机关作出的强制执行措施

3. 以下人员中不属于行政复议的申请人的是（　　）。

A. 扣缴义务人　　　　　　　　B. 纳税担保人

C. 税务行政复议代理人　　　　D. 纳税义务人

4. A市B县国税局C镇税务所在执法时给予本镇纳税人李某1 000元罚款的行政处罚，李某不服申请行政复议，则被申请人是（　　）。

A. A市国税局　　　　　　　　B. B县国税局

C. C镇税务所　　　　　　　　D. B县人民政府

5. 对国家税务总局作出的具体行政复议不服的，应当向（　　）申请行政复议。

A. 国家税务总局　　　　　　　B. 国务院

C. 全国人民代表大会常务委员会　　D. B或者是C

二、多项选择题

1. 税务机关作出的税收保全措施有（　　）。

A. 书面通知银行或其他金融机构冻结存款

B. 书面通知银行或其他金融机构从其存款中扣缴税款

C. 扣押、查封企业的资产

D. 变卖、拍卖企业的资产

2. 税务行政复议的受案范围包括（　　）。

A. 税务机关责令纳税人提供纳税担保或者不依法确认纳税担保有效的行为

B. 税务机关不依法给予举报奖励的行为

C. 税务机关作出的纳税指导行为

D. 税务机关作出的行政处罚行为

3. 税务行政复议的第三人是指与申请复议的具体行政行为有利害关系的个人和组织。这里所说的"利害关系"是指经济上的（　　）等。

A. 债权关系　　　　　　　　　B. 债务关系

C. 供销关系　　　　　　　　　D. 股权关系

4. 2008年5月北京市地税局对所管辖的A公司作出了罚款50 000元的行政处罚决定，A公司不服，决定提出行政复议，依法对该复议案件享有复议权的行政机关有（　　）。

A. 国家税务总局　　　　　　　B. 北京市地税局

C. 国务院　　　　　　　　　　D. 北京市国税局

5. 以下有关税务行政复议代理实务的表述正确的有（　　）。

A. 对税务机关依法设立的派出机构按照税收法律、法规以自己的名义作出的具体行政行为不服，申请复议的，该派出机构是被申请人

B. 税务行政复议代理人是指接受当事人委托，以被代理人的名义，在法律规定

　　或当事人授予的权限范围内,为代理复议行为而参加复议的法人及自然人

C. 对省级以下各级税务局作出的税务具体行政行为不服的,向其上一级税务机关申请行政复议

D. 对省级地方税务局作出的具体行政行为不服的,向国家税务总局或省级人民政府申请复议

案例分析

案例:

(1) A县国税局根据举报派人到城区向阳五金店检查,查实该店上月隐瞒收入少缴税款 1 420.20 元。8 月 11 日,A 县国税局依法作出并送达《税务处理决定书》,责令该店于 8 月 26 日前缴清税款及滞纳金。尽管该店认为自己没有少缴税,但仍于 8 月 15 日按规定缴纳了全部税款及滞纳金。由于负责人业务繁忙,所以直到 12 月 10 日才向 B 市国税局提出复议申请。

(2) W 个人,对于 2008 年新修订的个人所得税法中费用扣除额的标准 2 000 元,认为在制定上考虑的有关因素不足,制定的费用扣除金额太少,应当做出调整,故向户口所在地的 A 县地税局提出了行政复议的申请。

(3) 某房地产公司由于遭受自然灾害,资金紧张,于是在 8 月 31 日向当地 C 省地方税务机关提出延期缴纳税款的申请,9 月 15 日,省地方税务机关做出不予批准延期缴纳税款的决定。房地产公司不服,于是在 9 月 20 日向当地省人民政府提出了行政复议,9 月 24 日省人民政府决定受理,但是该企业财务负责人认为应当向税务机关提出行政复议,于是在 9 月 25 日向国家税务总局提出行政复议。

思考:分析以上代理纳税人提出的行政复议中,复议机关是否应当受理,并说明具体的税务行政复议的规定。

推荐阅读书目和参考文献

1. 全国注册税务师职业资格考试教材组编. 税务代理实务. 中国税务出版社.

2. 中华会计网校. 税务代理实务(梦想成真 * 系列辅导丛书). 人民出版社, 2011 年.

3. 东奥会计在线. 税务代理实务(轻松过关 * 系列辅导丛书). 经济科学出版社, 2001 年.

4. 刘雅娟著. 税务会计(高职高专财会税务专业系列教材). 清华大学出版社, 2010 年.

5. 纳税审查实例(税务辅导站). 中国税务出版社, 2010 年.

6. 查账与调账实用技巧. 立信会计出版社, 2009 年.

7. 湖北财税职业学院——精品课程——2010 年省级精品课程. www. hbftc. org. cn/application/jpkc/swdlsw.

8. 国家精品课程资源网——郝宝爱, 山西省财政税务专科学校, 2008 年校级精品课程. www. jingpinke. com/course/details/contents.

9. 考试吧——注册税务师考试——税务代理实务栏目. www. exam8. com/kuaiji/shuiwu/shiwu/.

10. 税务登记与管理实务实训(税务代理实务——省级精品课程配套系列教材). 长江出版社, 2010 年.

11. 财考网 http://www. ck100. com/.

12. 税收资讯网 http://www. taxation. cn/bookshop/book. asp? id=552.

13. 中国税网 http://www. ctaxnews. com. cn/.

14. 国家税务总局 http://www. chinatax. gov. cn.

15. 中国会计视野 http://www. esnai. com.

16. 艾华. 纳税检查. 中国人民大学出版社, 2005.

17. 张亮. 税法. 北京理工大学出版社.

18. 税法一(2011 版). 中国税务出版社.

19. 税法二(2011 版). 中国税务出版社.